BACON

SA VIE, SON TEMPS

SA PHILOSOPHIE

ET SON INFLUENCE JUSQU'A NOS JOURS

PAR

CHARLES DE RÉMUSAT

DE L'ACADÉMIE FRANÇAISE.

PARIS

DIDIER ET Cⁱᵉ, LIBRAIRES-ÉDITEURS,

35, QUAI DES AUGUSTINS.

1858

Réserve de tous droits.

BACON

Paris.—Imprimerie de Bourdier, et Ce, 20, rue Mazarine.

PRÉFACE

Il existe un assez grand nombre d'histoires de la philosophie, et les auteurs à qui nous les devons n'ont en général manqué ni de sagacité ni de savoir. Cependant on a souvent remarqué qu'il était difficile de les lire. Malgré l'importance du sujet, il attire peu la curiosité commune, et lorsqu'il l'attire, elle est rarement satisfaite. On ne trouve guère dans ces ouvrages qu'une exposition successive de systèmes, distribués par époques, par écoles ou par régions, analysés dans un langage abstrait et uniforme, quelquefois appréciés suivant une doctrine inférieure aux doctrines qu'elle sert à juger. Rien n'est aride et monotone comme ces éternelles déductions de théories soumises au même contrôle, et il faut une vocation particulière ou une impérieuse nécessité pour avoir le courage d'affronter et de suivre jusqu'au bout ces récits des plus grands travaux cependant qui aient illustré l'esprit humain.

La philosophie ne peut cesser d'être un sujet fort sérieux; mais du sérieux à l'ennui la distance est grande encore. L'histoire de la politique est sérieuse, et elle peut être attachante; bien traitée, elle intéresse autant qu'elle éclaire. Les systèmes philosophiques sont les principaux événements, ce semble, de l'histoire de la pensée. A moins de s'accuser d'une incurable frivolité, il est impossible de professer l'indifférence touchant les plus hautes questions de notre nature et de notre destinée. On ne saurait guère prétendre qu'on se soucie peu de connaître ce qu'en ont pensé les plus célèbres des hommes de l'antiquité, du moyen âge et des temps modernes. Et cependant que de lecteurs instruits et judicieux avouent qu'ils n'ont pas eu la patience d'étudier dans les livres les doctrines et les écoles principales de la philosophie! Rien n'est plus commun que les gens d'esprit qui se vantent de n'y rien comprendre. Or ce pourrait bien n'être pas uniquement la faute de ces gens d'esprit. Il est facile d'accuser la légèreté des lecteurs ; mais c'est aux écrivains d'en triompher et de réussir à donner de l'intérêt à ce qu'il pourrait bien y avoir après tout de plus intéressant au monde. Pour écrire l'histoire de la philosophie avec une variété et un mouvement qui soutînt l'attention, il suffirait peut-être de se rappeler davantage qu'elle est une histoire.

Pourquoi en effet se réduirait-elle à l'exposition des systèmes philosophiques? L'histoire politique ne se borne pas à exposer les systèmes politiques des différents États. Une histoire de la philosophie pourrait être au moins une histoire des philosophes. Leur vie individuelle n'a pas toujours été froide et uniforme. Ils sont sortis plus d'une fois des retraites de l'étude et de l'enseignement. Quand on les place dans le milieu où ils ont respiré, lorsqu'on rappelle les événements, les institutions, les religions, toutes les circonstances sociales en un mot qui ont entouré le berceau des écoles importantes et l'existence de leurs fondateurs, lorsqu'on raconte comment, sous l'influence des faits, des mœurs et des opinions, se sont créés, modifiés et détruits les principaux systèmes tour à tour conformes ou opposés au mouvement général des esprits, lorsqu'on les représente à leur naissance, puis dans leur développement, dans leurs progrès, leur lutte et leur décadence, on est conduit à embrasser, à retracer un tableau si vaste et si varié qu'il ne peut manquer d'intéresser même les indifférents en matière de métaphysique, et l'insuffisance du talent empêcherait seule un pareil sujet de piquer la curiosité et de divertir la raison.

Dans le projet de réconcilier *les honnêtes gens* avec l'histoire de la philosophie, il m'avait semblé qu'on pourrait prendre l'Angleterre pour champ d'épreuve. Depuis le temps de Bacon jusqu'au nôtre, la société britannique, traversée par des révolutions politiques et des dissensions religieuses, a été constamment agitée ou plutôt animée par une liberté sans exemple. Les événements et les institutions, les controverses de la littérature et de la théologie, les débats des partis et des sectes, ont donné aux opinions philosophiques qui se sont produites chez nos voisins une réalité et une action qu'elles n'ont pas eues en tout pays. Il serait instructif et il serait piquant de caractériser à la fois l'esprit, la doctrine et la personne de tous ces écrivains, de tous ces penseurs, presque toujours mêlés par position aux affaires de leur pays. C'est en Angleterre surtout qu'une histoire de la philosophie serait une partie importante de l'histoire de la société.

Il fallait bien commencer par le chancelier Bacon, et une moitié de l'ouvrage que je publie aurait servi de début au livre dont je me permets d'indiquer l'idée, le reconnaissant trop considérable pour les forces et le temps qui me restent. Seulement, en me décidant à changer ce travail en une monographie de Bacon, j'ai dû la développer, la compléter, et y ajouter une esquisse de l'histoire de ses doctrines depuis sa mort jusqu'à nos jours. Toute cette partie de l'ouvrage aurait été fondue dans la suite d'une histoire générale. Les interprètes, les continuateurs et les adversaires du baconisme ne s'y seraient montrés qu'à leurs dates; ils paraissent ici séparés de tout le reste; le mouvement général de la pensée et de la science n'a pu être reproduit tout entier, et cet ouvrage ne saurait être regardé que comme un très-imparfait spécimen de celui que je méditais. On voudra bien ne chercher ici qu'un travail sur la vie, les écrits, la doctrine et l'influence de Bacon. J'ose espérer que l'analyse de sa philosophie aura, dans la pâleur d'une traduction sommaire, conservé quelques-unes des nuances de l'original, et comme un faible reflet du talent qui a tant servi à ce grand écrivain pour se placer au rang des grands philosophes.

Bacon s'est tellement attaché à s'isoler, il a tenu si peu compte de ses prédécesseurs qu'il était moins nécessaire de préparer son histoire par celle des philosophes anglais venus avant lui. Il suffisait d'indiquer le petit nombre de ceux auxquels il a pu emprunter quelque chose. Ce n'est pas qu'un retour sur les siècles de la scolastique, dans la Grande-Bretagne, eût été dépourvu d'intérêt et d'instruction. Ces îles fameuses ont produit plus d'un nom célèbre dans cette partie des annales de l'esprit humain. Dès le septième siècle, le père de l'histoire nationale, Bède le Vénérable, semble, par la diversité de son savoir et par sa connaissance de la philosophie [1], supérieur à tout ce qui s'efforce d'écrire et de penser au début du moyen

---

[1] Il faut cependant un peu rabattre de la part d'érudition philosophique qu'on lui a longtemps attribuée. Sur la foi d'un recueil de sentences d'Aristote et d'autres anciens inséré communément dans ses œuvres, on le jugeait plus instruit au septième siècle que ne l'étaient les savants du douzième. Mais cet ouvrage, sur lequel nous avions tous, y compris Jourdain lui-même, bâti nos hypothèses, ne peut être, comme nous l'a appris M. Renan, antérieur au temps d'Averroès : nouvelle preuve du peu de confiance que méritent les anciennes éditions de nombre d'écrivains du moyen âge. (*Averroès et l'Averroïsme*, par E. Renan, p. 174.)

âge. Alcuin le suit de près, mais il est remarquable que ce confident de Charlemagne, appelé jeune encore à la cour de ce prince, a exercé sur le continent, ainsi que plusieurs de ses compatriotes, sa plus grande influence. Alcuin, Jean Scot Érigène, Jean de Salisbury, Alexandre de Hales, Roger Bacon, Richard de Middleton, Duns Scot, Walter Burleigh, Guillaume Occam, auquel la justice prescrit de joindre Thomas Bradwardine, ne doivent certes pas être placés à un rang obscur dans les fastes de la scolastique. Mais les plus renommés d'entre eux ont réformé ou dominé surtout des écoles gauloises ou germaniques, et cette science à laquelle, dès le neuvième siècle, on donnait pour berceau l'Écosse sous le nom vague alors d'Hibernie, n'a point porté sur le sol natal ses fruits les plus éclatants. La présence de Lanfranc et d'Anselme, ces deux Méridionaux, qui vinrent mourir sur le rivage de l'Angleterre, n'a pas compensé pour elle ce que lui a fait perdre l'expatriation d'Alcuin, d'Érigène, d'Alexandre de Hales et de quelques autres, et il serait difficile de montrer dans les écoles britanniques une trace continue du platonisme original du grand archevêque de Cantorbéry. En général, malgré de grands talents individuels, la philosophie, pour le fond, ne s'est pas en Angleterre notablement distinguée de la scolastique jusqu'au seizième siècle.

L'opinion commune sur la scolastique peut être incomplète, elle n'est pas fausse. C'était éminemment un péripatétisme, mais un péripatétisme compris, interprété, traduit d'une manière particulière, et dans lequel les défauts de la doctrine primitive étaient plus souvent exagérés que corrigés. Lors donc que Bacon, chez les Anglais, et, chez nous, Descartes, ont pris Aristote pour adversaire, ils n'ont pas été tout à fait injustes. Sans contredit, la logique, après s'être emparée des esprits avec cette puissance absolue de transformation intellectuelle qu'exerce toute science exacte exclusivement étudiée, a par la suite communiqué quelque chose de son empire à la physique et à la métaphysique du même maître. Ainsi le monde intellectuel est devenu la conquête du précepteur d'Alexandre. Il ne faut pas croire cependant que cette vaste autorité n'ait point rencontré de résistance, ni soulevé de révolte. Jamais la soumission ne fut universelle. L'indépendance ne fut jamais sans asile. En tout temps, il y eut de libres esprits dont les uns ne consentirent pas à regarder la logique comme la science de toute réalité, dont les autres, en acceptant, en admirant la logique, refusèrent la même adhésion au reste du péripatétisme. Or ce sont là, contre la scolastique et son autorité, les deux accusations fondamentales par lesquelles l'esprit moderne commença cette protestation qui dure encore. Il serait facile de montrer, dès le douzième siècle, dans le disciple d'Abélard, Jean de Salisbury, une très-pénétrante conception des bornes de la logique et de son impuissance aussitôt qu'on l'abandonne à elle-même, c'est-à-dire apparemment dès qu'on cherche la vérité ailleurs que dans les choses[1]. Également, Roger Bacon, à qui des découvertes au moins entrevues en mécanique et en physique ont fait une renommée qui ne peut être mensongère, a opposé tous ses instincts d'observateur aux préjugés des purs dialecticiens, et il n'a pas tenu à lui que la réforme des sciences ne fût avancée de deux siècles.

Mais des protestations isolées ne pouvaient prévaloir contre l'aristotélisme enseigné dès 850, dit-on, dans l'école d'Oxford, et que l'on trouve, en 1109, installé à Cambridge par des moines de Crowland. Telle fut l'influence exercée par cette forte doctrine, qu'elle imposait ses formes et ses termes à ses ad-

---

[1] Voyez notamment le passage cité par Dugald Stewart, *Phil. de l'Esp. hum.*, part. II, chap. III, sect. II.

versaires mêmes, et qu'elle dominait jusque dans les controverses qui déchiraient son sein. Les débats qui agitèrent la scolastique contribuèrent à prolonger sa durée, en occupant, en absorbant les esprits de toutes sortes, ceux qui tendaient à l'unité comme ceux qui inclinaient à la dissidence. La tradition comme l'examen, la soumission comme la résistance, l'agression comme la défense trouvèrent à se déployer dans le champ de la même dialectique, et les docteurs les plus hardis, les plus disputeurs, ne rendirent pas toujours grand service à l'indépendance de l'esprit humain. La liberté de raisonner donna souvent le change sur la liberté de penser. Aussi étaient-ce de pures querelles de scolastiques, celles qui signalèrent les derniers jours de l'activité philosophique du moyen âge. Les opposants que dans les universités anglaises rencontra saint Thomas d'Aquin, attaquaient en lui le commentateur plutôt que le disciple d'Aristote, et l'emploi qu'il faisait en théologie de la doctrine du maître plutôt que cette doctrine même. Enfin, après les succès d'Occam dans l'enseignement et la discussion, les objections de Thomas Bradwardine ont pu placer leur auteur assez haut dans l'estime des critiques, mais elles n'ont suscité qu'une controverse inféconde et qui semble le dernier effort d'une philosophie expirante. Ces luttes suprêmes des sectes du moyen âge précédèrent de plus de cent cinquante ans les premiers travaux de Bacon. Il y a là comme une lacune dans l'histoire de la philosophie, un intervalle singulier pendant lequel les bruits contentieux de l'école se taisent peu à peu, à mesure que s'élève et se rapproche l'harmonieuse et puissante voix de la renaissance.

Car il arrive enfin, ce seizième siècle, ère mémorable de la délivrance, aurore du jour de gloire de l'esprit humain. Qui peut en parler sans reconnaissance? Qui peut le célébrer sans enthousiasme? Mais comment le peindre dignement? Où trouver un dessin assez fier, une couleur assez vive, pour représenter cette incomparable époque où les génies et les caractères luttèrent de grandeur avec les événements?

Telle est pourtant la scène où il faudrait placer Bacon, et dont la description aurait pu précéder son histoire. Mais le tableau se fût trop agrandi, et il a fallu me borner à en dire assez pour expliquer ce que Bacon a dû à son temps et ce qu'il n'a dû qu'à lui-même. Si ce volume était accueilli avec indulgence, je pourrais plus tard, en tâchant de faire mieux connaître lord

Herbert de Cherbury et d'autres contemporains ou successeurs de Bacon, essayer une esquisse plus terminée du moyen âge philosophique et de la renaissance en Angleterre, et tracer ainsi l'introduction de l'histoire que je n'ose plus entreprendre.

Pour le moment, renfermons-nous dans l'étude du baconisme. Le champ est limité. Il n'offre point de mines nouvelles à creuser, de découvertes à faire. C'est une philosophie bien vite connue, si l'on ose parler ainsi, et je ne puis, en cherchant à la décrire et à la juger, prétendre à aucune originalité. Cependant l'examen n'en viendra peut-être pas sans à-propos. Bacon est un des grands promoteurs de l'esprit des temps modernes. Il a puissamment contribué à lui donner sa direction, à lui inspirer confiance dans sa puissance et dans ses destinées. Il l'a par avance assez fidèlement représenté. Dédain du passé, foi dans la raison, croyance au progrès, respect pour les faits, amour de la nature, passion de l'utilité, tout cela se trouve dans Bacon et dans ses livres. Mais à l'orgueil de la pensée, il joint la crainte de la spéculation, à l'enthousiasme de la science, la défiance de tout enthousiasme; il fait, comme on l'a dit de Socrate, descendre la philosophie sur la terre, mais il l'attache à la terre, ce que Socrate n'a point fait. L'élévation de son génie ne se retrouve pas toujours dans ses idées, et il est quelquefois inquiet et comme embarrassé de sa grandeur.

Ne pourrait-on pas reconnaître là quelques caractères de l'esprit du temps? Espérances, témérités, découragements, abaissements, terreurs; tout cela ne se retrouve-t-il pas dans l'histoire de la pensée, comme dans la vie réelle des peuples? La philosophie ne se ressent-elle pas de tout ce qu'éprouve la société; et ne peut-on pas étudier dans Bacon nos idées à leur origine? N'annonçait-il pas ce que nous sommes?

Personne n'en est plus convaincu que moi, aucune révolution n'a plus fait pour la vérité et l'humanité que la révolution commencée il y a trois siècles. Mais tout astre a ses éclipses, et l'esprit nouveau des sociétés et des sciences n'est pas une lumière sans nuages. Formé contre l'autorité et le moyen âge, il peut y ramener toutes les fois qu'il s'égare ou qu'il s'abaisse. La violence et la faiblesse sont les deux écueils de toute puissance, et quand il touche à ces écueils, on songe avec quelque regret au port qu'on a quitté. C'est ce qui s'appelle en politique une réaction. Ainsi les erreurs du baconisme ramènent à ce que Bacon a détruit ; on se prend à craindre que le monde moderne n'ait été abusé par de fausses lueurs ; la raison est punie de ses excès par ses défaillances. Quand la science veut aller au delà des conditions de la nature humaine, elle retombe bientôt en deçà. Ayant manqué le vrai, elle s'enferme dans l'utile; intimidée, humiliée, elle abandonne un terrain où le préjugé rentre en maître. Ces oscillations philosophiques ont leurs analogues dans le monde social, et l'homme est le même acteur sur tous les théâtres. On trouvera sans doute, dans la philosophie de Bacon, le principe de bien des succès et le germe de bien des fautes. On aimera peut-être à rechercher jusqu'à quel point il a contribué aux progrès comme aux déviations du savoir humain, comment il est pour quelque chose dans les erreurs même au-dessus desquelles il s'est élevé, comment il nous a poussés sur la pente sans s'y précipiter lui-même, et l'on voudra voir s'il a fait aux hommes tout le bien qu'il espérait. En ce moment, quelques-uns disent grand mal de la révolution intellectuelle à laquelle il a participé ; d'autres croient sauver l'honneur de cette révolution en la réduisant aux résultats matériels des sciences expérimentales. Ce sont deux opinions qui peuvent citer Bacon, l'une pour l'accuser, l'autre en l'invoquant. Bacon ne sera pas tout entier dans ces citations; il y sera cependant. Voilà pourquoi ce livre est plus opportun qu'il ne semble, et cette fois encore, en m'occupant de pure philosophie, je ne croyais oublier ni mon temps ni mon pays.

BACON

LIVRE I

VIE DE BACON

CHAPITRE I

1561—1593

Considérations préliminaires. — Naissance et jeunesse de Bacon. — Études et voyage. — Ses commencements et ses succès au barreau. — Sa situation auprès de la reine Élisabeth.

Il y a, pour les ouvrages d'esprit comme pour le caractère des hommes, une qualité qui ne peut être ni acquise, ni imitée, qui, si elle n'est pas la plus nécessaire, est la plus imposante, une qualité qu'on supplée, mais que rien n'égale, et qui produit sur l'imagination plus d'effet encore que le vrai et le beau, c'est la grandeur. La grandeur semble résider plutôt dans la manière que dans la pensée. Elle peut ne pas se trouver réunie à l'étendue de l'intelligence, à l'abondance des idées, à l'art le plus profond, même au génie. Les anciens, ces maîtres de la philosophie et de l'éloquence, n'ont pas su toujours donner cette qualité incomparable à leurs chefs-d'œuvre, et le sentiment du beau domine peut-être celui du grand chez Platon lui-même. Descartes en est plus près que Leibnitz, quoique Leibnitz ne semble pas fort au-dessous de Descartes. Bossuet, qui n'est pas, cependant, l'égal de Leibnitz, de Descartes, ni de Platon, a plus qu'eux, et peut-être plus qu'aucun écrivain français, cet attribut de la grandeur. On le retrouverait plutôt chez Buffon que chez Voltaire, ou chez Montesquieu lui-même, à qui cependant rien ne manque en élévation et en étendue, et parmi les écrivains de notre âge, un seul peut-être, dont le nom est sur les lèvres de tous les amis de la philosophie, offre dans les formes de son style cette grandeur que le talent seul ne donne pas. — Il est impossible de ne pas reconnaître une certaine grandeur dans Bacon.

Sa philosophie, si on la juge dans son résultat final, ne prend point un sublime essor. La spéculation pure l'effraye, et il n'a songé qu'à *mettre des plombs aux ailes de la pensée*. Il recommande l'expérience, et d'un doigt impérieux montre aux sciences le chemin où, marchant sur le réel, elles trouveront l'utile. Des esprits tournés vers la terre ont aimé à le prendre pour guide, et jamais les plus hardis n'ont fait gloire de suivre ses leçons. Cependant les écrits où il enseigne à la physique l'observation, à la métaphysique l'induction, ont par le ton, par la forme, par la largeur des vues, une certaine solennité qui s'empare des imaginations les plus rebelles. Il prend en écrivant un air de commandement, le ton du maître. Il parle de plus haut qu'il ne pense, et quand on lui reprocherait de la subtilité et de la recherche, la singularité des rapprochements et le luxe des images, il resterait toujours au philosophe et certainement à l'écrivain ce caractère que je ne puis définir qu'en le nommant encore, la grandeur.

Rien donc de plus légitime, de plus motivé que sa renommée. L'excès d'admiration qu'il inspire à ses compatriotes s'expliquerait par l'allure de sa pensée et de sa diction, quand le fond des doctrines ne le justifierait en rien. Mais on a besoin de trouver la vérité dans ce qu'on admire. On répugne à ne pas croire infaillible celui qui parle naturellement le langage de l'autorité. Il y a quelque chose de semblable dans la déférence que, nous autres Français, nous portons à Bossuet. Nous avons peine à ne pas placer sa raison à la même hauteur que son éloquence, et nous craignons d'avoir tort en pensant autrement que l'homme qui parle ainsi. Ce semble un manque de respect que de n'être pas de son avis. Les Anglais ont un peu de cette faiblesse pour leur Bacon. Il se saisit tellement de l'imagination, qu'il force la raison à s'incliner, et il les éblouit autant qu'il les éclaire. C'est que, même en rasant presque toujours le sol, il montre les ailes d'un aigle.

Il faut que cette puissance soit en lui bien réelle, puisqu'elle surmonte la langue ingrate dans laquelle nous lisons ses principaux ouvrages. Sa latinité n'est pas classique ni d'un goût irréprochable. Il contraint l'idiome antique à des pensées toutes modernes; mais il transforme ce qu'il contraint ainsi. Aux effets d'une diction brillante, il joint l'abondance des points de vue, la variété des applications, beaucoup d'idées de détail, beaucoup d'esprit ; enfin, il faut bien en convenir, la pensée générale de sa philosophie est juste et bonne en ce qui touche la méthode des sciences. Il faut plus y ajouter qu'en ôter pour l'égaler à la vérité, et le monde moderne n'a pas eu tort quand il a proclamé Bacon un des grands serviteurs de l'esprit humain.

Nous aimons à lier étroitement la vie des hommes à leurs ouvrages, et à placer leurs idées au milieu de leurs actions. Peu de philosophes plus que Bacon exigeraient qu'on unît ainsi l'histoire à la critique, non que sa vie soit d'un vif attrait en elle-même, mais elle est importante. Elle contient plus d'une austère leçon, et fait voir par le contraste quelle distance sépare quelquefois ces choses quelquefois si étroitement liées, les conceptions de l'intelligence et les principes de la conduite. Elle nous montre en opposition le génie et le caractère, la philosophie et le pouvoir. Elle n'est pas à la gloire de l'esprit humain, et elle lui prouve, une fois de plus, qu'il n'est pas tout. Or c'est aussi là une vérité que doit recueillir la science. Bacon fut, comme on sait, chancelier d'Angleterre, et sa valeur morale est restée un triste problème pour ceux qui voudraient de tout point estimer ce qu'ils admirent. Le doute à son égard est même de l'indulgence, quoiqu'une extrême sévérité ait été taxée d'injustice. Nous ne pourrons imiter toute l'indulgence des écrivains du dernier siècle, aujourd'hui qu'on n'a plus la ressource de savoir mal l'histoire, en négligeant les monuments authentiques. Nous concevons Voltaire, appliquant à

Bacon le mot de Bolingbroke sur Marlborough :
« C'est un si grand homme, que j'ai oublié ses
vices [1]. » La nation anglaise peut s'efforcer d'oublier
de même ; mais ses meilleurs écrivains ne lui ont pas
caché la vérité, et nous serons obligé de la dire,
quoi qu'il en coûte. Toutefois, la société déplorable
au sein de laquelle a vécu Bacon, et qui a été pour
beaucoup dans ses fautes, n'était pas celle où son
esprit devait lui survivre. Elle était elle-même à la
veille de se modifier, et avec la révolution approchait
l'ère de la vraie société moderne. C'est dans l'Angleterre, telle que la révolution l'a faite, que nous vou-
drons voir se développer la philosophie du premier
des peuples libres. Bacon, qui appartient par son
esprit à cette philosophie, est plutôt, par sa vie, du
seizième siècle. Comme tous les hommes qui ont contribué à déterminer un grand mouvement intellectuel,
sa pensée dépasse son temps. Son temps devra donc
nous occuper moins que sa pensée [2].

[1] « J'ai lu dans quelques écrivains que le chancelier Bacon
confessa tout, qu'il avoua même qu'il avait reçu une bourse
des mains d'une femme. Mais j'aime mieux rapporter le bon mot
de milord Bolingbroke que de circonstancier l'infamie du
chancelier Bacon. » (Lettre de Voltaire à Thieriot, du 24 janvier 1735, sur la publication des *Lettres anglaises*.)

[2] Le nombre des travaux biographiques sur Bacon est trop
grand pour que nous en dressions le catalogue. Nous nous
sommes servi pour cette esquisse, d'abord de sa correspondance
et de ses œuvres, puis de quelques documents contemporains
ou peu s'en faut, comme la notice de William Rawley, son secrétaire et son chapelain, *Nobilissimi auctoris vita*, Opusc. var.
posth., 1 vol. in-8, Lond., 1658 ; *Baconiana* de Thomas Tenison,
Lond., 1679 ; *Lives of eminent men*, by John Aubrey, 2 vol

Il existe en tout pays une classe d'hommes considérable, distinguée même, la première peut-être par l'influence continue et par l'utilité de tous les jours, quoique, par l'éclat des services et de la renommée, elle n'occupe que la seconde place. C'est une classe que connaissait peu l'antiquité, que connaissait peu le moyen âge, et dont le nom même serait difficile à trouver. C'est celle des fonctionnaires publics, comme on dirait en France aujourd'hui, de ces hommes consacrés par profession à l'administration générale, et admis par là au gouvernement. Elle a, dans toute l'Europe, en partie divisé, en partie remplacé l'aristocratie; elle a grandi avec la puissance de l'État. C'est sous les Tudors, on l'a remar-

in-8, Lond., 1813. Sans négliger les vies de Bacon, par D. Mallet, *Bacon's Works*, 4 vol. in-4°, Lond., 1740; par l'abbé Émery, *Christianisme de Bacon*, 2 vol. in-12, Paris, an VII; par M. de Vauzelles, *Histoire de la vie et des ouvrages de Bacon*, 2 vol. in-8, Paris, 1833, nous avons eu principalement sous les yeux l'essai sur Bacon de M. Macaulay, *Critical and historical Essays*, éd. Tauchnitz, t. III, p. 1-146; les biographies de Nicolas et de François Bacon, par lord Campbell, *The lives of the lord chancellors*, 2ᵉ édit., Lond., 1846, t. II, ch. XLIII, LI et suiv.; la vie de Bacon, par M. Basil Montagu, *The Works of Fr. Bacon*, 16 vol. in-8, Lond., 1834, t. XVI, 1ʳᵉ et 2ᵉ parties; la notice de M. Bouillet, *Œuvres philosophiques de Bacon*, 3 vol. in-8, Paris, 1834, t. I, p. v; celle de M. Riaux, *Œuvres de Bacon*, 2 vol. in-12, Paris, 1845, t. I. Quand nous citons Bacon, c'est toujours, pour la philosophie, l'édition de M. Bouillet, et pour le reste, l'édition de Londres de 1824, 10 vol. in-4°. La plus belle, quoiqu'un peu confuse, est celle de M. Montagu, publiée par Pickering. Longman en publie en ce moment une nouvelle qui paraît plus commode et plus complète : *The entire Works of F. Bacon*, a new ed. by *R. Leslie Ellis, J. Spedding et D. Heath*.

qué [1], qu'elle a commencé en Angleterre à mériter l'attention de l'histoire. Leur gouvernement, à peu près despotique dans ses procédés et son langage, mais ordinairement national et régulier, exigea le concours et fonda le crédit de ces agents capables qui mettent leur conscience et leur honneur à servir l'État et à représenter l'autorité, quelquefois aux dépens de la conscience et de l'honneur ; de ces hommes d'affaires, amis de la règle, dévoués au public, fidèles aux lois, mais dociles au pouvoir, fût-il dédaigneux des lois, du public et de toutes règles. Les deux Cecil sont, sous le règne d'Élisabeth et de son successeur, les modèles de ce genre d'hommes publics, habiles plutôt que grands ministres, sachant se maintenir à la cour sans jamais rompre avec le pays. C'est en général dans la portion de la nation d'où sortait la magistrature, c'est sur la lisière de la noblesse et de la bourgeoisie, c'est partout où la jeunesse avait reçu complète l'éducation libérale, que se recrutaient, à la fin du moyen âge, les conseils d'État et tout ce qui y ressemble. Même en Angleterre, la judicature était alors, bien plus qu'aujourd'hui, un acheminement à la politique, et d'autres ministres que les chanceliers venaient des hautes cours du royaume. A cette classe peu riche en grands hommes, mais bien pourvue en gens de mérite, et où les philosophes du premier ordre sont encore plus rares que les politiques du premier rang, appartenait la famille de Bacon.

---

[1] Macaulay, *Burleigh and his times*, Essays, t. II, p. 81.

Son père, sir Nicolas Bacon, fut pendant plus de vingt ans lord garde ou *lord keeper* du grand sceau de la reine Élisabeth. Né en 1510, d'une famille considérée du Suffolk, il avait siégé dans les cours spéciales du règne de Henri VIII et des deux règnes suivants, et conservé une honorable réputation, quoique, suivant la mode du temps, il eût poussé la prudence jusqu'à paraître catholique sous la reine Marie. Appuyé par son beau-frère William Cecil, qui, grâce à la même prudence, s'était, depuis Édouard VI, maintenu dans le ministère, en se ménageant d'avance la faveur d'Élisabeth, il fut, dès que celle-ci monta sur le trône, créé chevalier, et il reçut le grand sceau que venait de perdre le chancelier Heath en refusant le serment de suprématie. Sir Nicolas, dans ces fonctions qu'il conserva jusqu'à sa mort, fit constamment preuve de capacité, de probité, de modération, autant que le lui permit son dévouement au pouvoir royal. Fidèle à sa devise : *Mediocria firma*, il n'ambitionna ni le titre de chancelier, ni la pairie. « C'était, dit son fils [1], un homme tout simple, droit et constant, sans aucune finesse ni duplicité; il pensait que, dans les choses de la vie privée et dans les affaires de l'État, il fallait prendre appui sur une ferme et sage conduite, non sur l'art de circonvenir autrui, suivant ce mot de Salomon : « L'homme prudent regarde à

---

[1] *Certain Observation upon a libel*, 1592; *Bacon's Works*, t. III, p. 96. — Son portrait, d'après un original de Zucchero, est dans la collection du duc de Bedford, à Woburn Abbey. — Edm. Lodge, *Port. of illust. person.*, t. II, 3-5, in-4°, Lond., 1824.

« ses pas; le sot se détourne pour aller de biais. »
Aussi l'évêque de Ross, qui était un observateur pénétrant, disait-il de lui qu'on ne pouvait le gagner par des paroles, et qu'il était impossible d'en venir à bout, parce qu'il n'offrait pas de prise; et la reine-mère de France, princesse très-politique, remarquait qu'il aurait dû siéger dans le conseil d'Espagne, parce qu'il dédaignait les incidents et en restait toujours au point de départ. » Son illustre fils est loin d'avoir mérité les mêmes éloges.

On a remarqué que jamais les femmes d'un haut rang en Angleterre n'ont été plus distinguées par l'instruction et le goût des lettres qu'à la fin du règne de Henri VIII et à la cour d'Édouard VI. Lady Jane Grey se consolait des ennuis de sa mélancolique jeunesse, en lisant le Phédon dans l'original. La princesse Élisabeth parlait plusieurs langues, et s'entretenait en grec avec son maître, Roger Ascham. Les cinq filles de sir Anthony Cooke [1], un des précepteurs du roi Édouard, la passaient encore en savoir. L'aînée, qu'on mettait au premier rang après Jane Grey, Mildred, avait épousé William Cecil, qui, connu plus tard sous le nom de Burleigh [2], demeura quarante

---

[1] De Gyddy Hall, Essex, mort le 11 juin 1576, enterré à Rumford, avec inscriptions grecque, anglaise et latine.

[2] L'orthographe ancienne est Burghley, et elle a été reprise. Le marquis d'Exeter, qui représente aujourd'hui la famille, prend, parmi ses titres, celui de lord Burghley, et c'est ainsi que M. Nares a écrit ce nom dans ses mémoires sur la vie du ministre d'Élisabeth, publiés en 1828-1832. Nous avons suivi l'usage et l'exemple de M. Macaulay dans son essai sur Burleigh et son temps.

ans secrétaire d'État ou lord trésorier, premier ministre d'un grand règne qui dut beaucoup à sa sagesse. Anne, sœur de lady Burleigh, fut la seconde femme de sir Nicolas Bacon, dont elle eut deux fils, Anthony et Francis [1]. Elle écrivait en grec, savait la théologie, passait pour dévouée au plus pur protestantisme, et traduisait cependant les sermons de Bernard Ochin, un des premiers de cette secte d'origine italienne à laquelle Lélie et Fauste Socin ont donné leur nom. Il est rare que la liberté de penser en matière de religion n'ait point pénétré par quelque endroit dans l'éducation des philosophes modernes.

Francis Bacon était né le 22 janvier 1561, à York House, résidence de son père à Londres, dans le Strand, non loin de Charing Cross [3]. Délicat et mala-

[1] Il n'existe pas de descendants du nom de sir Nicolas. Sa première femme, Jane Fernley, lui donna cinq enfants. L'aîné, Nicolas, eut un fils, sir Edmond, mort sans postérité en 1649, et connu par une seule lettre adressée à son oncle le chancelier. Les deux autres, Nathaniel et Édouard, n'eurent que des filles. Les deux fils de la seconde femme ne paraissent pas avoir eu d'enfants. (*Works*, t. VI, p. 130. Strype, *Ann. of the Reform.*, t. II, p. 210, éd. d'Oxford, 1824.)

[2] Pierre Martyr avait dédié à sir Anthony Cooke son commentaire de l'Épître aux Romains. Strype n'hésite pas à attribuer la version de vingt-cinq sermons d'Ochin, traduits par *A. C. Gentlewomann*, à lady Bacon, qui avait également traduit du latin l'apologie de l'Église d'Angleterre, par l'évêque Jewell. (*Ibid.*, et *Ecclesiast. memor.*, t. II, p. 415, éd. d'Oxf., 1822; *A Wood Athenæ Oxon.*, éd. de Bliss, Lond., 1813, t. I, p. 394.)

[3] Cette maison, autrefois Norwich-House, changea de nom quand la reine Marie la donna à Heath, archevêque d'York, lequel l'habita comme chancelier. Elle demeura pendant un temps la résidence de ses successeurs Nicolas Bacon, Egerton, lord

dif, il parut de bonne heure intelligent et curieux. Les phénomènes de la nature attiraient surtout son attention. On disait qu'il avait l'esprit de sa mère. Il plut à la reine Élisabeth, lorsque, dans une des visites qu'elle fit à son garde des sceaux, à Redgrave ou à Gorhambury [1], on lui amena le jeune Frank en cheveux bouclés. Elle le questionna beaucoup, en l'appelant son petit *lord keeper*. Mais elle ne devait plus tard garder de cette parole aucun souvenir, et elle ne fit point la fortune de Bacon.

A treize ans, le 16 juin 1573, il entra à l'Université de Cambridge et il étudia au collége de la Trinité, sous John Whitgift, qui en était supérieur, et qui fut par la suite primat d'Angleterre, plus renommé pour son savoir que pour ses lumières ou sa tolérance. Il quitta Cambridge à seize ans, sans y avoir pris ses degrés, mal satisfait du cours d'études qu'on y suivait, et n'ayant puisé, dans ce qu'on lui enseignait de la philosophie d'Aristote, qu'un dédain précoce pour les leçons et pour le maître. On dit qu'il rêva dès lors une rénovation des sciences. Descartes aussi

Bacon, jusqu'à ce qu'elle fût comprise dans l'hôtel de Buckingham. Elle avait une façade sur le Strand et une autre sur la Tamise. Dans les constructions encore nommées York Buildings, il y a une maison, occupée par des papetiers libraires, Varty et Owen, au coin de Villiers-street, et dans laquelle il subsiste, dit-on, une partie d'une cave du temps de Bacon. (*Voir* les dessins dans *Old England, a pictorial museum*, n° 1857.)

[1] Redgrave Hall était un domaine situé près de Botesdale, en Suffolk, et provenant de confiscations, suivant lord Campbell. Gorhambury, près St. Albans, Hertford, était une résidence ornée dont les ruines existent encore dans le parc de lord Verulam.

passe pour avoir, dès le collége, songé à réformer l'esprit humain.

En ce temps-là déjà, un voyage sur le continent était regardé comme le complément de l'éducation d'un Anglais de bonne maison: Bacon visita Paris et une partie de la France, cinq ans après la Saint-Barthélemy. C'était une de ces époques de guerre civile européenne où chacun, retrouvant en toute région les mêmes partis, ne se sent nulle part étranger. L'occasion était favorable pour observer le monde politique, et le jeune voyageur, qui était recommandé à l'ambassadeur d'Angleterre, sir Amyas Paulet, fut employé un moment sous ses ordres. C'est apparemment cette courte excursion dans la diplomatie qui le conduisit à inventer un chiffre auquel il attachait plus tard assez d'importance pour l'insérer dans son grand ouvrage philosophique [1]. Il fit mieux de profiter de sa position pour recueillir sur l'état de l'Europe les notes qu'on trouve dans ses ouvrages. Il s'y montre assez bien instruit du caractère des princes et de la situation de leurs finances [2]. « Henri III, dit-il, a trente ans, une constitution faible, toute sorte d'infirmités ; livré avec excès à ses plaisirs déréglés, n'ayant de goût que la danse, les fêtes... Pas grand esprit, mais une tenue agréable, et faisant bien son personnage... Abhorrant la guerre et toute espèce d'action, il travaille pourtant, sans manquer un

---

[1] *Inventum... quod certe, quum adolescentuli essemus Parisiis, excogitavimus, nec etiam adhuc visa nobis res digna est quæ pereat.* (*De Augmentis*, l. VI, c. I; t. I, p. 290.)

[2] *Of the state of Europe*, Works, t. III, p. 3.

jour, à la ruine des gens qu'il hait, comme par exemple tous ceux de la Religion et la maison de Bourbon. »

Bacon se trouvait à Poitiers quand la nouvelle de la mort de son père le rappela dans sa patrie (20 février 1579[1]). Quoique sir Nicolas eût été, selon l'usage, enrichi par la confiscation des biens d'Église, il ne laissait pas une très-grande fortune. On citait son manoir de Gorhambury, près St. Albans, où il avait planté et dessiné des jardins dans le goût du temps. Mais ce château et toutes les terres échurent à son fils Anthony, qui hérita de sa modestie avec ses biens. Les infirmités de ce dernier l'empêchèrent de jouer un rôle public; mais il passait pour un fin politique, et se mêla sous main de beaucoup d'affaires[2]. Il demeura lié assez intimement avec son frère, quoiqu'on ne voie pas qu'il l'ait jamais aidé de sa fortune.

Leur père avait mis en réserve une somme d'argent pour acheter un domaine au plus jeune de ses fils. Mais cette somme, n'ayant pas été employée à temps, dut être partagée entre tous les enfants, et Francis se trouva, à son entrée dans le monde, dans la situation la plus gênée. On l'avait destiné à la jurisprudence. Il s'y sentait beaucoup de répugnance,

---

[1] Thomas Baker, dans les notes manuscrites imprimées à la suite du tome IV des *Annales* de Strype, donne comme date exacte de cette mort avril 1579, et Strype lui-même la place en 1578, ce qui tient probablement à la différence du vieux au nouveau style. Ce même Baker fait naître Bacon en 1560. J'ai suivi les dates reçues.

[2] Aubrey, qui était contemporain, en parle comme d'un homme fort supérieur à son frère, *for the politiques* (sic). (*Lives*, t. II, part. II, p. 221.)

et il espérait que la protection de son oncle, lord Burleigh, le dispenserait de suivre une carrière qui l'attirait si peu. Mais il apprit à vingt ans combien il aurait tort de compter sur un appui qu'il ne cessa cependant d'implorer avec plus de persévérance que de dignité. On n'a jamais bien expliqué la froideur négligente de Burleigh pour son neveu. Celui-ci l'accuse d'avoir systématiquement repoussé les gens de mérite[1]. On a supposé qu'il voulait réserver tout son crédit pour ses enfants et surtout pour son second fils, Robert, dont il tenait et dont il réussit à faire son successeur. Mais Bacon ne pouvait être un concurrent dangereux pour ses cousins, et Burleigh était assez puissant pour porter et soutenir très-haut toute sa famille. Il est probable que la vivacité d'imagination, la hardiesse d'idées, le ton tranchant d'un jeune homme plein d'esprit, d'ardeur et de vanité, déplut constamment à l'expérience exigeante et désabusée d'un homme d'État qui devait volontiers trouver le génie même téméraire et chimérique. Il disait de Bacon : « C'est un spéculatif, » et ce mot était un arrêt sans appel. Il ne témoigna le plus souvent qu'une assez dédaigneuse indifférence au neveu dont il aurait dû s'enorgueillir. Malheureusement, ce neveu était de ceux qu'on n'améliore point en les humiliant. La disgrâce le blessait sans l'indigner, et ajoutait à son irritation d'amour-propre tout ce qu'elle ôtait à la fierté de son caractère. Peut-être se serait-il mieux conduit dans la fortune, s'il eût moins pâti pour y monter.

[1] Lettre à Buckingham, *Works*, t. V, lett. 153.

CHAPITRE I. — 1580.

Il lui fallut commencer comme les plus modestes étudiants de la loi. Il entra en 1580 à Gray's Inn [1], un de ces établissements singuliers où d'anciennes, riches et libres corporations doivent former, par des études préparatoires, tous les juges et tous les avocats de l'Angleterre. Bacon y eut, selon l'usage, un logement, *chambers*, qu'il devait conserver toute sa vie, et que l'on montre encore sous le n° 1 dans Gray's Inn-square, tel, dit-on, qu'il l'occupa dans ses dernières années [2]. Ses études en droit furent assez profondes, et quoiqu'il n'ait jamais dû s'assimiler de tout point aux hommes du métier, il se fit une bonne position dans la savante compagnie. Les assesseurs ou officiers qui la dirigent sous le nom de *benchers*, lui

---

[1] A Londres, nul n'est *barrister*, avocat, s'il n'a fait un stage très-peu laborieux dans un des quatre *Inns of court*, *hospitia curiæ*; académies de jurisprudence médiocrement dignes du titre que leur donne Ben Jonson, « les plus nobles écoles (*nurseries*) d'humanité et de liberté. » Gray's Inn fut fondé sous Édouard III, au nord de l'extrémité ouest de la Cité, entre Holborn et King's-road, sur le terrain du manoir de Portpoole, que lord Gray de Wilton avait vendu au prieur et au couvent d'East Sheen, Surrey, et qui fut loué par eux 6 liv. 13 schel. 4 den., *à certains étudiants de la loi*. A la réformation, la propriété passa à la couronne, qui paraît l'avoir donnée à la corporation. Les bâtiments ne sont pas très-anciens. La grande salle est de 1560, les jardins sont de 1600. C'est là, dans Gray's Inn-walks, que quelques arbres passaient pour avoir été plantés par Bacon; mais ils n'existent plus. C'était une promenade fort à la mode sous Charles II.

[2] La dédicace des *Essais* de Bacon est datée *From my chambers at Graies Inn this* 30 *of januarie* 1597. Suivant le recueil pittoresque intitulé *Old England*, page 162, le logement de Bacon brûla en 1676, et la maison actuelle n'en occupe que la place.

témoignèrent de bonne heure une certaine confiance, et à diverses époques de sa vie, il s'est occupé d'embellir ce docte asile de sa jeunesse.

On croit généralement que le jeune étudiant en droit trouvait du temps pour penser dès lors à la philosophie. Il l'a dit lui-même ; mais il n'a pas dit qu'aucun maître, aucune lecture, aucun entretien eût donné l'éveil à sa pensée. Le tour indépendant de son esprit porte à croire qu'il dut beaucoup à lui-même. Cependant il avait récemment visité la France où l'infortuné Ramus devait avoir laissé des traces de son passage, et pendant qu'il étudiait à Gray's Inn, un Napolitain, compromis en Italie par ses irrévérences envers Aristote et saint Thomas, venait chercher la liberté de la science, il l'espérait du moins, en Angleterre. Jordano Bruno n'avait guère plus de trente ans, lorsque après quelque séjour à Paris, il vint descendre à Londres, chez Michel de Castelnau, ambassadeur de Henri III auprès d'Élisabeth, et qui lui-même ayant connu et traduit Ramus, aimait les lettres et peut-être la philosophie. Bruno fut bien accueilli par la reine qu'il compara doctement à Sémiramis et à Cléopâtre, à Diane et à Amphitrite ; et il partagea l'admiration des lettrés pour sir Philippe Sidney qui brillait au-dessus de tous par la grâce, la bravoure et la poésie. C'était en 1583. Peu après son arrivée, Bruno assista à la fête savante que l'Université d'Oxford donna au comte Albert de Lasco, de la famille des rois de Pologne. Leicester était chancelier de l'institution, et le puissant favori voulut accompagner lui-même le Palatin qui fut harangué par le docteur Toby Matthew, destiné à l'archevêché d'York, répondit en bon latin et prit grand plaisir aux divers exercices académiques. Le moins curieux ne fut pas sans doute la discussion en forme dans laquelle Bruno fut admis à défendre, devant les professeurs scandalisés, le mouvement de la terre et l'infinité du monde. On l'autorisa pourtant à faire un cours, où il exposa avec réserve une théologie dite platonique, et soutint probablement, contre la logique d'Aristote, celle de Raymond Lulle, ce *grand art* auquel il bornait alors en apparence ses prétentions novatrices. Les témérités de l'école d'Alexandrie étaient au fond de la doctrine de Bruno; bien qu'il les couvrît d'un voile, il n'évita pas l'indignation, les attaques et les dédains de l'Université, et révolta la philosophie aristotélique, alors médiocrement cultivée et despotiquement imposée par les maîtres officiels de l'enseignement. Il a lui-même rendu compte de cette campagne scientifique, non sans se plaindre et se moquer de l'état où il avait trouvé les sciences en Angleterre. Suivant lui, la cour d'Élisabeth et les cabarets des universités étaient les vrais rendez-vous des beaux esprits. L'art de parler ou plutôt de déclamer était leur seule étude, et toute la philosophie se réduisait dans les universités à une intelligence purement technique de l'*Organon* d'Aristote, dont on ne pouvait violer aucune règle sans payer cinq schellings d'amende¹.

Il est difficile de penser que le jeune Bacon n'ait

---

¹ *Jordano Bruno*, par Christian Bartholmèss, 2 vol. in-8, Paris, 1846, t. I, liv. IV, p. 102.

pas rencontré, recherché même Jordano Bruno, soit aux solennités savantes d'Oxford, soit dans le cercle littéraire que Sidney avait fondé à Londres, et où l'on veut que le voyageur italien ait introduit la liberté de penser. Cependant il faut être juste; si Bacon a entendu Bruno, qu'il ne cite qu'une fois [1], il n'a pas plus été converti par lui au néo-platonisme qu'au système de Copernic. Il n'adoptait aucun système contemporain dans sa partie positive, pas plus les spéculations de Campanella que les démonstrations de Galilée. Mais dans sa partie critique ou polémique, la doctrine de Bruno a pu sans doute exciter et enhardir l'esprit de l'étudiant de Gray's Inn à mettre en prévention générale l'enseignement et la direction des sciences depuis l'origine du moyen âge jusqu'à la renaissance. C'était un procès à faire gagner à l'esprit humain contre l'autorité, et ce procès-là, Bacon le plaida toute sa vie.

Cependant il en fallait plaider d'autres, et commencer l'exercice public de sa profession. Il débuta au barreau, et se fit remarquer au point d'être bientôt élu lui-même un des *benchers* de Gray's Inn ; et, deux ans après, choisi pour lecteur de carême (*lent reader*), c'est-à-dire pour donner des leçons orales de droit dans l'établissement. Mais le jeune *barrister* ne se confinait pas dans une pratique vulgaire. Il laissait percer un esprit trop vif et trop étendu, sa curiosité se répandait sur trop de sujets divers, les entraves de la routine et du préjugé lui étaient en tout trop

---

[1] *Hist. nat. et exp., Monit.*, t. II, p. 258.

importunes, enfin il portait trop de philosophie dans
la jurisprudence pour que ses confrères et ses rivaux,
même les plus habiles, lui rendissent une justice entière. Tandis qu'il se montrait aux légistes préoccupé,
à bon droit, de ce qu'il a lui-même nommé les lois
des lois, *leges legum*[1], il avait, dès l'année 1585, tracé
les premiers linéaments de l'*Instauratio magna*, c'est-
à-dire d'une nouvelle organisation du savoir humain.
Il esquissait, sous différentes formes, l'œuvre qu'il
appelait fièrement le plus grand enfantement du
Temps, *Temporis partus maximus*[2]. C'est de cet ouvrage qu'un secrétaire du comte d'Essex, Henri Cuffe,
disait : « Un fou n'aurait pu le faire, un sage ne l'aurait pas osé. » Probablement Bacon ne cachait pas
ses idées sous le boisseau de la modestie ; il ne devait
s'interdire, dans ses entretiens, ni l'originalité qui
étonne, ni la présomption qui blesse ; et, malgré la
gaieté de son esprit et l'agrément de son commerce,
il avait déjà des ennemis. Dans le nombre, il compta,
de bonne heure, Édouard Coke[3], son aîné de dix ans.
Celui qui devait être le plus grand jurisconsulte de

---

[1] Celui de ses ouvrages auquel on a donné ce titre, les
Aphorismes de Droit, ou le *De Fontibus juris*, n'a été publié qu'en
1623, dans le traité *De Augmentis*, édition de M. Bouillet, t. I,
p. 451. Tout ce qu'il a écrit sur la législation est resté longtemps manuscrit. Voir, sur ce sujet, une longue note dans l'é-
dition de M. Montagu, t. XVI, part. II, note CC.

[2] *Epistola ad patrem Fulgentium*, édition Bouillet, t. III,
p. 552.

[3] Né en 1551, élève, comme Bacon, de Whitgift à Trinity College, Édouard Coke entra au barreau par l'école d'Inner Temple.
Il parcourut avec éclat toutes les charges de judicature. Son

son pays et de son temps, sans en être un des plus grands esprits, cet homme éminent par la subtilité et la rigueur, mais sans lettres, sans goût, sans idées, ressentait contre Bacon ce mélange de dédain et de jalousie, dont ne préserve pas un mérite réel mais spécial, et s'exprimait sur son compte avec une dénigrante hauteur. Déclamateur pédantesque dès qu'il ne raisonnait pas en droit, Coke ne pouvait apprécier, même au plus faible degré, les vues neuves, les solides pensées, les traits brillants de son jeune confrère, et peut-être déjà s'élevait-il entre eux, avec la jalousie de métier, un pressentiment de la dissidence d'opinion et de nature qui devait les opposer un jour l'un à l'autre, sous les bannières divisées de la cour et du Parlement.

Mais alors Coke n'était pas l'orateur populaire qui devait braver Charles Ier; il n'était que le plus habile et le plus riche avocat de Londres. Son rival, luttant péniblement contre la concurrence et la pauvreté, s'efforçait, par son zèle à intervenir dans les poursuites où l'État était intéressé, de rendre son nom plus favorable dans le monde du gouvernement. Mais, prévenue par l'exemple ou les conseils de son ministre, Élisabeth disait, en parlant de Bacon : « Il a beaucoup d'esprit et d'instruction, mais dans la loi il montre bientôt le bout de son savoir; il n'est pas profond. »

---

commentaire sur Littleton est l'oracle de la jurisprudence anglaise. Il fut Orateur de la Chambre des communes, et passe pour avoir rédigé la fameuse Pétition de Droit. Il mourut en 1634. (Voyez sa vie dans lord Campbell, *Lives of the chief justices*, t. I, chap. VII et suiv.)

Cependant elle daigna le nommer son conseil extraordinaire, titre alors nouveau, et qui lui donnait le droit, après l'avocat et le solliciteur général, de porter au barreau une robe de soie, et d'être employé dans les procès de la couronne¹. Il y gagna l'honneur d'approcher souvent la reine, dont il n'obtint cependant qu'une stérile bienveillance. Elle aimait sa conversation, il plaidait ses affaires, et il n'arrivait à rien. Il écrivait une réponse à un pamphlet politique, où, en défendant la mémoire de son père, il célébrait l'administration de Burleigh ², et Burleigh le laissait, s'épuisant en sollicitations inutiles, lui représenter humblement la modicité de sa fortune; son zèle à

---

¹ Le procureur ou avocat (*attorney*) général et le solliciteur général, auxquels on adjoignait autrefois le sergent du roi, sont considérés comme les premiers conseils ou les conseils *ordinaires* de la couronne, *learned counsel*. C'est pourquoi Bacon fut nommé conseil extraordinaire. Le titre de conseil de la reine est donné maintenant avec assez de facilité à des avocats plaidants, qui n'abandonnent pas pour cela leur profession, mais qui ne peuvent plus plaider contre la couronne (les procès criminels sont censés soutenus par les accusés contre le roi) sans sa permission; laquelle, du reste, n'est jamais refusée. Bacon passe pour le premier qui ait été nommé conseil du roi, n'étant que simple *barrister*. On exigeait ordinairement le grade de sergent, *serjeant* ou *sergeant at law*, *serviens ad legem*, le grade le plus élevé de la profession, et qui, jusque dans ces derniers temps, était nécessaire pour occuper devant la Cour des Plaids communs, parce qu'il suppose une connaissance spéciale de la loi commune, *common law*. La distinction entre *serjeant* et *barrister* est peu importante aujourd'hui. Au reste, le titre de Bacon ne paraît avoir été confirmé par un brevet irrévocable, *patent*, que peu après l'avénement de Jacques Ier.

² *Certain Observation upon a libel*, 1592. Works, t. III, p. 40.

servir comme *bon patriote* et comme *parent indigne* l'homme qui était l'*Atlas de la république* et l'honneur de sa maison. « Je le confesse, écrivait Bacon, en 1591, au lord trésorier [1], mon ambition est grande dans l'ordre contemplatif, mais elle est modeste dans l'ordre civil. J'ai fait de la science entière ma province ; j'en veux balayer tout ce qui la dévaste, frivoles disputeurs, expérimentateurs aveugles, diseurs d'impostures traditionnelles... Que ce soit curiosité, vaine gloire, nature ou, pour en parler plus favorablement, philanthropie, c'est un point fixé dans mon esprit et que rien n'en fera sortir... Et si votre seigneurie ne veut pas m'avancer... je vends mon petit héritage, je l'échange contre un placement d'un revenu certain, ou quelque office qui rapporte et qui soit exercé par un suppléant, et, abandonnant toute idée de service public, je deviens un triste faiseur de livres, ou un simple pionnier dans cette mine où la vérité gît si profondément enfouie. » Il n'était parvenu à obtenir de lord Burleigh que la survivance du greffe de la Chambre étoilée, c'est-à-dire du Conseil privé constitué en cour de justice. Cette charge devait rapporter seize cents livres sterling par an ; mais il lui fallut attendre la vacance vingt années encore. Il restait donc pauvre et dans une gêne humiliante. Son talent était plus loué que sa pratique n'était étendue. On venait l'entendre, la reine elle-même assistait quelquefois à ses plaidoiries ; mais les clients qui enrichissent leur défenseur ne se pressaient pas

---

[1] *Works*, t. V, lett. 7.

autour de lui; et son cousin, sir Robert Cecil, qui prétendait lui vouloir du bien, continuait à dire que c'était un homme abandonné à des rêveries philosophiques, et plus fait pour troubler que pour servir les affaires publiques. Or, sir Robert, que son père n'avait pas encore réussi à faire nommer secrétaire d'État, lui était du moins adjoint dans l'exercice de sa charge, et déjà possédait quelque chose de l'autorité d'un ministre.

CHAPITRE II.

1593—1599.

Bacon à la Chambre des communes; son opposition et sa disgrâce.
— Il est soutenu par le comte d'Essex. — Publication des *Essais*.
— Puissance du comte d'Essex. — Ses expéditions en Espagne,
ses imprudences et son déclin. — Situation de Bacon entre Essex
et la reine.

Malgré sa disposition à plier devant le plus fort et à baiser la main qui le frappait, ce fut peut-être par un mouvement d'irritation et dans un désir de vengeance que Bacon voulut s'ouvrir une nouvelle carrière, et qu'il se présenta en 1593 aux électeurs du comté de Middlesex. Quatre années venaient de s'écouler sans parlement. Élisabeth était obéie et populaire, en gouvernant en vertu de la prérogative seule. Elle n'avait besoin des Chambres que pour ses finances; car les nécessités du trésor public ont été l'origine des rares libertés de toutes les nations modernes. En Angleterre, elles ont obligé les plus impérieux monarques à plier tôt ou tard devant les droits du peuple. Élisabeth ne convoquait le nouveau Parlement qu'avec défiance, et le menaçait en le rassemblant. Les premiers orateurs qui s'avisèrent d'entretenir la Chambre des communes des affaires dont la Reine ne lui parlait pas, furent envoyés en prison, et une loi de compression fut enregistrée sans mot dire.

Le Parlement n'était donc pas alors, il s'en faut bien, tout ce qu'il est devenu, une arène où le pouvoir est le prix du combat. Cependant la connaissance des affaires, l'art de les discuter, la conduite des assemblées, l'adresse et l'éloquence y jouaient déjà un certain rôle, et ouvraient des chances brillantes à l'ambition. Entré dans la Chambre avec son frère qui fut élu par Wallingford, Bacon put croire que dans cette enceinte qu'il ne devait plus quitter avant de devenir chancelier, il se dédommagerait d'une longue attente, en conquérant, de gré ou de force, la faveur royale. Il apportait dans le débat son expérience des luttes de la parole, les trésors d'une instruction variée et d'une imagination puissante. On a souvent cité ce que Ben Jonson, bon juge du talent, a écrit du sien : « Il a paru de mon temps un noble orateur plein de gravité dans sa parole. Son langage, quand il pouvait s'épargner ou éviter la raillerie, avait la dignité du censeur. Jamais homme n'a parlé de façon plus nette, plus pressée, plus puissante, n'a moins souffert le vide ou la langueur dans ce que proférait sa bouche. Point de passage de son discours où il ne répandît ses grâces particulières. Ses auditeurs ne pouvaient tousser ou détourner leur regard de lui, sans y perdre quelque chose. Il commandait par la parole et tenait ses juges irrités ou charmés à sa dévotion. Aucun homme n'eut davantage leurs affections en sa puissance. Qui l'entendait n'éprouvait qu'une crainte, c'est qu'il ne se tôt[1]. » Nul doute que Bacon n'ait porté à Westminster quelque chose de cette éloquence, d'abord judiciaire, en l'appropriant à un nouvel emploi. Dans les extraits qui nous restent de ses discours, le goût actuel ne trouverait cependant pas grand sujet d'admiration. Mais les citations que lui fournissaient en abondance la littérature et l'histoire étaient alors mieux reçues qu'elles ne le seraient aujourd'hui, et l'imagination, jusque dans le positif du débat politique, ne cessait de donner comme une auréole brillante à sa pensée. « Le comte de Salisbury[2], disait sir Walter Raleigh, qui lui-même excellait dans la prose et la poésie, a été un bon orateur et un méchant écrivain ; le comte de Northampton[3] au contraire, bon écrivain, mauvais orateur ; mais sir Francis Bacon l'a emporté tout ensemble dans l'art de parler comme dans l'art d'écrire[4]. »

Soutenir en Europe la cause du protestantisme, poursuivre d'une hostilité implacable l'Espagne humiliée par le naufrage de *la flotte invincible*, maintenir au-dedans l'ordre et la prospérité, avec une fermeté habile et rarement généreuse, veiller avec une sollicitude animée par l'orgueil à la grandeur de l'État et aux intérêts du peuple, chercher le bonheur

---

[1] *Discoveries*, B. Jonson's Works, t. IX, p. 185, édit. de Gifford, 1816.

[2] Sir Robert Cecil, plus tard comte de Salisbury, secrétaire d'État et lord trésorier.

[3] Henri Howard, comte de Northampton, lord du sceau privé sous Jacques Ier, et qui mourut en 1614.

[4] Ces paroles de Raleigh sont rapportées par Rawley, qui dit les avoir entendues. (*Bacon*, édit. Bouillet, t. I, p. LXXX.)

public sans s'interdire la violence et la ruse utiles, telle était la bonne politique d'un temps qui en connaissait de bien pire et n'en rêvait pas de meilleure, et d'un règne cher encore aujourd'hui au reconnaissant patriotisme de la nation britannique. Les circonstances étaient donc peu propices pour chercher la faveur du pays dans la défaveur de la cour. Et cependant Bacon, si bien fait pour comprendre et suivre les circonstances, céda cette fois aux mauvais calculs du ressentiment ou peut-être de la conscience. Son premier discours avait eu pour but la demande d'une réforme de la loi civile; pensée qui l'occupa toute sa vie [1]. Mais après que les Communes eurent voté quelques subsides, la Chambre des pairs se laissa persuader de les trouver insuffisants, et insista dans une conférence pour une augmentation. Son intervention inusitée, irrégulière même en de pareilles matières, blessa les Communes; et Bacon se rendit l'interprète de leur mécontentement. Tous les arguments de l'orateur populaire qui défend le contribuable se retrouvent dans son discours. « Ainsi donc, pour contenter le fisc, on exigeait du gentilhomme sa vaisselle d'argent, du fermier ses vaisseaux de cuivre. C'était au Parlement de chercher les plaies du royaume. Fallait-il exposer la sûreté de la reine qui avait plus besoin de l'amour que de l'argent du peuple? Fallait-il créer au service des princes à venir un mauvais précédent dont ils pourraient abuser? L'histoire n'enseigne-t-elle pas que de tous les

---

[1] Voyez, dans ses œuvres, le tome IV, pages 287 et suiv.

peuples l'Anglais est le moins fait pour la basse sujétion d'un peuple taxable ? »

Bacon s'attira une vive réponse de sir Robert Cecil, et s'il ne fut pas envoyé à la Tour ni traduit devant la Chambre étoilée, on lui signifia qu'il ne devait plus compter sur les bontés de la reine. Il connut alors toute son imprudence. En vain multiplia-t-il les protestations et les excuses ; en vain demanda-t-il grâce au lord trésorier, et chercha-t-il à désarmer le garde du grand sceau par des lettres pleines de soumission [1]. La carrière des emplois publics parut lui être fermée pour jamais.

Déjà l'année précédente, Édouard Coke avait été préféré pour les fonctions de solliciteur général de la couronne. Celles de procureur général vinrent à vaquer, et Bacon, sans être découragé par sa disgrâce, eut un moment la présomption d'y aspirer. Par un avancement régulier, Coke, qui d'ailleurs avait servi la cour comme Orateur de la Chambre des communes, passa encore devant lui. Restait la chance d'obtenir le poste qu'il laissait disponible. Du côté du vieux et sévère Burleigh, Bacon espérait peu ; heureusement le puissant ministre n'était pas seul puissant. En face de lui, il rencontrait toujours un rival auprès de la reine. Le ministre et le favori se faisaient équilibre entre eux. Écrasé par Cecil, on pouvait être relevé par Essex. Depuis la mort de Leicester (1588), Robert Devereux, comte d'Essex, avait fait naître dans le cœur d'Élisabeth une de ces affections singulières

---

[1] *Works*, t. V, lett. 11 ; t. VI, p. 2.

dont la définition embarrasse encore la loyauté et la sagacité des historiens anglais. Peut-être avait-il plus d'éclat que de mérite; la présomption pouvait l'égarer jusqu'à l'insolence. Mais il était aimable, brave, spirituel; un ami chaud, un protecteur fidèle, un courtisan populaire, qui donnait à ses qualités et même à ses défauts le prestige d'une grâce chevaleresque. Bacon, en s'attachant à lui, gagna son amitié et son appui. L'exemple de son intervention cordiale et zélée décida Burleigh à quelques démarches. Voici un billet du premier ministre : « Neveu, je n'ai pas le loisir d'écrire beaucoup; mais en réponse j'ai tâché de vous placer. Mais la reine a demandé au lord keeper les noms de divers légistes à choisir. Il m'en a informé et je vous ai nommé comme un homme qui convenait à l'emploi. Sa seigneurie a adhéré par manière d'amitié, à cause de votre père; mais il a montré du scrupule à vous mettre de niveau avec certains qu'il a nommés comme Brograve et Branthwayt qu'il appuie spécialement. Mais je continuerai à vous rappeler à Sa Majesté et à implorer l'aide de mylord d'Essex. Votre affectionné oncle. »
Les sollicitations durèrent plusieurs années. Nous en avons toute l'histoire dans les correspondances du temps. Le garde du sceau, sir John Puckering, était le grand obstacle. Il trouvait que Bacon était pour lui peu respectueux. Lord Essex répondait que cela tenait à sa franchise et qu'il avait avec lui les mêmes manières. Bacon écrivait d'un ton de prière ou de re-

---

[1] 27 septembre 1593. *Works*, t. VI, p. 5.

proche alternativement. Il protestait de son respect pour le ministre et lui rappelait ce que son père avait fait pour lui. Burleigh et son fils se montraient peu actifs; le dernier même fut soupçonné d'être hostile. « Puisque l'assistance de ceux qui devraient être les amis de M. Bacon me manque, écrivait le comte d'Essex, cela me rend plus zélé moi-même [1]. » Et il pressait incessamment la reine. Elle s'obstinait à trouver que le candidat n'était pas assez bon jurisconsulte; elle rappelait le malencontreux discours contre les subsides; deux points que sir John Puckering ne lui laissait pas oublier. Quelquefois elle s'impatientait de l'insistance des sollicitations. Ne pouvait-on pas attendre? La place n'était pas donnée. Si l'on continuait de la presser ainsi, elle chercherait dans toute l'Angleterre un solliciteur général plutôt que de prendre Bacon. « Mais, ajoutait-elle, c'est cet Essex! Je suis plus fâchée contre lui que contre Bacon. » Essex, en ardent ami, en favori confiant, bravait tous les caprices de son humeur, et tantôt par l'adresse, tantôt par la brusquerie, il essayait de les vaincre. « Je l'ai trouvée fort sur la réserve, écrit-il une fois de la cour même [2], prenant soin de ne me donner aucune sorte d'espoir; cependant point passionnée contre vous, jusqu'à ce que je me sois montré passionné pour vous. Elle m'a dit alors que personne ne vous trouvait propre à l'emploi, hors mylord trésorier et moi... Je l'ai pressée, je lui ai dit qu'elle pouvait ne pas annoncer ses intentions aux autres,

---

[1] *Id.*, t. V, lett. 13, 17, 31.
[2] 28 mars 1594, *Works*, t. VI, p. 9 et suiv.

mais me donner une secrète promesse, qui serait pour moi une aussi grande consolation que le contraire serait un grand déboire. Elle m'a répondu qu'elle n'était pas convaincue, et ne voulait entendre parler de rien jusqu'à Pâques, qu'elle aviserait alors avec son conseil, absent maintenant tout entier ; et enfin toute en colère, elle m'a prié de m'aller coucher, si je ne voulais pas lui parler d'autre chose. Sur quoi, la colère m'a pris aussi, et je suis sorti, en disant que tant que je serais avec elle, je ne pourrais que la solliciter pour une affaire et un homme qui m'intéressaient autant, et qu'en conséquence je me retirerais pour attendre l'heure où je serais plus gracieusement écouté, et nous nous sommes séparés. Ainsi, demain, je partirai d'ici tout exprès, et jeudi je lui écrirai une lettre de plainte. Le soir ou vendredi au matin, je serai de retour, et je recommencerai. »

Bacon, de son côté, se résolut à écrire à la reine, et, suivant un usage qui paraîtrait aujourd'hui singulier, il lui envoya un joyau. Un de ses amis, courtisan délié, confident discret, homme d'esprit et de bon conseil, Fulke Greville, présent au moment où la reine avait reçu la lettre et le cadeau, se hâta de l'informer qu'elle avait refusé le bijou, mais en l'admirant beaucoup. « Ou je me trompe, ajoutait-il [1], ou elle avait au fond grande envie de le prendre...

---

[1] 17 juin 1594. *Works*, t. VI, p. 15. Cf., p. 6 et 18. Greville ou Grevil est connu par des lettres et des poésies. Il fut l'ami de sir Philippe Sidney et chancelier de l'Échiquier sous Jacques Ier, en 1615. Trois ans après, il eut le titre de lord Brooke de Beauchamp-Court. *Athen. oxon.*, t. III, p. 429.

Cent livres, sterling ou cinquante et vous serez son solliciteur général. » La prévoyance de Greville fut en défaut. Bacon passa par vingt alternatives d'espérance et de découragement. Il alla jusqu'à composer une allégorie assez froide qu'Essex fit représenter devant la reine le jour anniversaire de son avénement (17 novembre 1594[1]). Élisabeth s'en montra fort satisfaite. Mais il courait, il le dit lui-même, comme un enfant après un oiseau qui s'envole au moment où il se laisse le plus approcher, et le sergent Fleming fut nommé solliciteur général.

Bacon fut au désespoir. Déjà il avait eu l'idée de se retirer à l'Université de Cambridge; lorsqu'elle venait de lui conférer le grade de maître ès arts (le 27 juillet 1594). Il déclara qu'il n'oserait plus se présenter devant la reine. Il voulait quitter l'Angleterre et voyager. Il l'écrivit à Robert Cecil. Twickenham Park, maison de campagne appartenant à lord Essex, était alors la retraite où il cherchait le repos et l'obscurité. Un jour, Essex y vint de Richmond et lui dit : « M. Bacon, la reine m'a refusé une place pour vous, et elle a nommé une autre personne. Je sais que vos propres affaires sont ce qui vous touche le moins; mais mal vous a pris d'avoir mis en moi votre confiance et votre appui. Vous avez

---

[1] Il composa les discours de personnages de divers états qui dans cet intermède, *device*, prononcèrent l'éloge de la reine. (*Works*, t. IV, p. 22.) Suivant lord Campbell, p. 294, Fleming fut nommé en novembre 1595, le mois même de la représentation. M. Montagu recule cette nomination en novembre 1596. Cette date paraît douteuse. (T. XVI, part. I, p. XXXIII.)

donné de votre temps et de vos pensées à mes affaires ; que je meure si je ne fais quelque chose pour votre fortune. Vous ne refuserez pas de recevoir de moi un petit domaine que je vous veux donner. » Bacon lui répondit qu'il lui rappelait le duc de Guise qui avait, dit-on, placé en bienfaits tous ses domaines ; mais qu'il se gardât d'une telle libéralité, car parmi tous ceux qu'il croirait par là engager à lui, il pourrait bien trouver de mauvais débiteurs. Le comte s'écria qu'il s'en inquiétait peu et le pressa d'accepter. « Je vous devrai donc foi et hommage, reprit Bacon, et j'y souscris. Soyez donc mon seigneur après le roi ; mais je ne puis être plus à vous que je ne suis [1]. » Il devint ainsi propriétaire à Twickenham même, sur les bords les plus charmants de la Tamise [2].

---

[1] Lettre au comte de Devonshire, ou *The Apology of sir Fr. Bacon*, etc. *Works*, t. II, p. 211.

[2] Twickenham, à dix milles de Londres, dépendait primitivement de la paroisse d'Isleworth. Le manoir, dit alors de Twickenham, après avoir été donné à l'archevêque et aux moines de Canterbury, est revenu à la couronne. Twickenham Park n'est pas le manoir. Désigné aussi sous le nom d'Isleworth Park ou de *New park of Richmond*, ce lieu, qui avait été cédé à bail à Édouard Bacon, troisième fils de sir Nicolas par sa première femme, passa, comme on le voit dans le texte, aux mains de Francis. On sait, par ses papiers conservés au British Museum, qu'il eut le projet d'y établir une compagnie pour l'exploration des mines abandonnées. Après s'être dessaisi de cette propriété, il donna pour instruction à Thomas Bushel, son agent dans ses entreprises métallurgiques, de la racheter, s'il était possible, pour en faire le siége des recherches et des études nécessaires, « ayant, dit-il, trouvé ce lieu très-commode pour la mise à l'épreuve de ses conclusions philosophiques, exprimées dans un papier scellé de son sceau, et qu'il aurait lui-même réduites en

Ce séjour, illustré par tant de noms célèbres et qu'aujourd'hui les Français doivent aimer, devint son lieu d'étude et de consolation. C'est là que l'on veut qu'il ait inventé, pour connaître par la température l'état de l'atmosphère sans sortir de chez lui, une espèce de thermomètre dont il aurait fait hommage au comte d'Essex[1]. C'est là qu'il mit la dernière main aux ouvrages par lesquels il espérait faire rougir ou désarmer la rigueur de la reine. Sa résignation la toucha en effet, et, le croyant apparemment assez puni de sa malheureuse opposition, elle se montra portée à faire vaquer pour lui un des emplois qu'il ambitionnait. Afin de témoigner de sa compétence de jurisconsulte, il rédigea pour elle et lui dédia son traité manuscrit des éléments et de l'usage de la loi

pratique et revêtues de l'autorité d'un acte du Parlement, si les vicissitudes de la fortune ne l'en eussent empêché. » C'est en 1606, à ce qu'il paraît, que Bacon cessa de posséder Twickenham Park, qui, depuis lors, a passé en diverses mains jusqu'à l'année 1805, époque où la maison fut démolie et la propriété divisée. Lysons, qui donne ces détails, n'a pas connu la donation d'Essex à Bacon. (*The Environs of London*, vol. II, part. II, 2 in-4°, Lond., 1811.)

[1] Ce point de l'histoire des sciences a son importance, parce qu'on en conclut que Bacon aurait été l'inventeur du thermomètre à air, attribué en général à Drebbel, et par M. Biot à Galilée. On aurait alors quelque chose à répondre à ceux qui reprochent à Bacon de n'avoir fait aucune découverte. Mais s'il décrit avec détail (*Nov. Org.*, liv. II, aph. 12) et mentionne souvent l'instrument qu'il appelle *vitrum calendare* (*Hist. vit. et mort.*, et ailleurs), il ne dit pas qu'il l'ait inventé. Drebbel, qui faisait en Angleterre des expériences de physique et, comme on disait, de magie, passe pour avoir publié la description de son instrument en 1621 ; mais il pouvait l'avoir montré à Bacon avant 1620, date de la première édition de l'*Orga-*

commune¹. Enfin, il commença le cours de sa véritable renommée en publiant ses *Essais*².

C'était sa première publication littéraire (1597). Ce titre d'*Essais* venait d'être mis en grand honneur dans notre pays. Il y avait dix-sept ans que les *Essais* de Montaigne avaient paru, le premier livre sérieux

num. Or c'est en 1592 que Bacon avait commencé à habiter Twickenham Park, et Bushel prétend qu'Essex lui en avait fait don en récompense d'un *curieux secret de la nature*, pour connaître, *au moyen d'un verre philosophique avec un peu d'eau*, le temps qu'il faisait. Mais Bushel n'était pas né en 1592; il se trompe sur l'origine de la donation de Twickenham, et sa description n'est pas exactement celle du thermomètre à air. Il est vrai seulement que cet instrument, ayant paru indiquer avec la température les accidents météorologiques, a été à l'origine nommé *weather glass*, et que Bacon s'en est un des premiers servi. (*Bacon*, édit. Bouillet, t. II, p. 112, 489; édit. Montagu, t. XVI, part. II, note yy; *Encycl. brit.*, t. I, Diss. IV par Leslie, sec. II, A. 6, p. 640; Whewell, *Phil. of the ind. scienc.*, t. 1, l. IV, chap. IV, sect. V, A. 13; *Hist. de Bacon*, par M. de Vauzelles, t. I, p. 30.)

¹ *The Elements of the common Lawes of England*, 1630. C'est le texte anglais des aphorismes latins insérés au huitième livre du *De Augmentis*, *Works*, t. IV, p. 5.

² *Essayes. Religious meditations. Places of persuasion and dissuasion*, in-4°, Lond., 1597. Ce triple titre de la première édition indique trois ouvrages qui ont été séparés, les essais proprement dits, en latin *Sermones fideles*, puis les *Meditationes sacræ*, enfin *Colores boni et mali*. La *Bibliotheca britannica* donne à cette première édition ce titre qui est celui de la neuvième: *Essays or Councils civil and moral*. La première est dédiée à Anthony Bacon, et ne contient que dix essais, tandis que la neuvième de 1625, la dernière publiée du vivant de l'auteur, en contient cinquante-huit, et est dédiée au duc de Buckingham. La traduction latine ne fut imprimée qu'en 1638, par Rawley. (Voyez *Works*, t. II, p. 249.; édit. Bouillet, t. III, p. 211, et sur les éditions et traductions des *Essais*, la note 3 I, du *Bacon* de M. Montagu, t. XVI, IIe partie.)

en notre langue qui ait été populaire, livre bien propre à changer le goût du temps et à émanciper la raison. Montaigne n'a rien inventé; mais, avec des idées médiocrement neuves, il n'est pas médiocrement original. Le premier, il a donné à la littérature la liberté de la conversation. Les *Essais* de Bacon ne reproduisent pas les grâces négligées du sceptique français; on n'y retrouve point cette bonhomie un peu ironique, ces confidences ingénues, qui prêtent tant de charme à ses causeries immortelles. Mais pour la variété des sujets, la qualité de l'esprit, la portée des réflexions, la gravité, la profondeur, ils semblent supérieurs au livre de Montaigne que Bacon cite et qu'il avait lu. Dans une des réimpressions, ils sont intitulés : *Conseils de morale et de politique*, et dans la version latine faite sous les yeux de Bacon lui-même : *Sermones fideles sive interiora rerum*. On a remarqué que ce dernier titre rappelle ces mots célèbres : *Cecy est un livre de bonne foy*. « Ce sont, disait l'auteur, comme les lettres de Sénèque, des méditations détachées, fruits de mon verger cueillis avant d'être mûrs. » Car dès lors il nourrissait de plus grands projets. La politique, qui tient dans ce livre assez de place, y est traitée à la manière de Machiavel, et au point de vue de cette partie de la philosophie qui peut s'appeler la prudence. Le style, un peu travaillé dans son tour sentencieux, a des qualités remarquables, et c'est un des ouvrages qui ont formé la langue anglaise. Il n'en est pas qu'on cite plus souvent, et si les auteurs sont, comme le veut Shaftesbury, des maîtres d'entendement, ou, comme le dit Voltaire, des maîtres à penser, Bacon peut-être a, par ses *Essais*, encore plus excité, développé l'esprit anglais que par ses programmes de réorganisation des sciences. La haute philosophie agit d'une manière moins directe et plus lointaine sur les intelligences que cette philosophie usuelle qui réfléchit librement et converse avec le lecteur sans méthode et sans apprêt touchant la vérité. Les *Essais* de Bacon sont un livre classique qui a donné naissance à tout un genre littéraire. Les *Essayists* forment une famille d'auteurs fort goûtée de nos voisins, et dont la succession a, de Bacon à Macaulay, laissé dans leur histoire intellectuelle une trace brillante.

Les *Essais* de Bacon eurent un grand succès. Il en parut neuf éditions pendant sa vie, chacune avec des additions, et celles de la dernière sont considérables. La réputation de l'écrivain releva encore celle du jurisconsulte et de l'orateur. Il avait été réélu au Parlement (octobre 1597), et, cette fois, il ne manqua pas d'appuyer avec chaleur la demande de subsides formée par le ministère. Son cousin Cecil, maintenant secrétaire d'État, semblait le voir d'un œil bienveillant. Le bruit de son talent lui attirait la faveur du pouvoir et du public. La pauvreté étant la seule chose qu'il ne réussit pas à vaincre, il songea à s'enrichir par un mariage. Lady Hatton, belle et riche, veuve de l'héritier d'un chancelier, était la petite-fille de lord Burleigh. Bacon aspirait à sa main, qui fut demandée pour lui à sir Thomas Cecil, son père, par cet infatigable protecteur, le comte d'Essex. Lady

Hatton était citée pour son esprit, mais aussi pour son humeur capricieuse et violente. A Bacon, pauvre et sans emploi, elle préféra le procureur général Coke, qui avait près de cinquante ans, mais qui était fort riche, et elle l'épousa secrètement (1598). Jamais elle ne voulut prendre le nom de son mari ; elle le tourmenta toute sa vie ; et, pour cette union irrégulièrement formée sans les publications voulues, le procureur général se vit, par ordre de son ancien maître, Whitgift, maintenant archevêque de Canterbury, poursuivi en violation des lois de l'Église. Il fallut que, pour obtenir son pardon, il alléguât une ignorance très-invraisemblable. On peut douter que Bacon eût été plus heureux en ménage que lui, s'il eût formé ces liens. Cependant sa figure était plus agréable, il avait plus de jeunesse, son humeur et son esprit étaient tout autrement aimables. Enfin, il paraît avoir eu pour sa cousine [1] un goût sincère et persistant, si l'on en juge par ses ressentiments contre Édouard Coke, par l'empire qu'elle parut quelquefois exercer sur lui, enfin par la marque de souvenir qu'il lui donne dans son testament. La perte de ses espérances de ce côté vint l'affliger dans un moment cruel. Sa gêne en était arrivée à ce point qu'un impitoyable usurier, qui lui avait prêté trois cents livres sterling, le faisait arrêter dans une rue de la Cité, et il resta quelques jours sous les verrous, obligé d'invoquer pour sa libération son caractère public et son cousin le ministre [2].

---

[1] Sa nièce à la mode de Bretagne.
[2] Lettre à sir R. Cecil, t. VI, p. 43.

Cependant la bienveillance et la confiance de la reine ne lui manquaient plus. Ses travaux de jurisprudence, dont il reste des monuments très-estimés, avaient enfin forcé l'incrédulité de l'envie à lui reconnaître du mérite dans sa profession. De même que l'attorney et le solliciteur général sont des avocats consultants de la couronne, attachés à son service, et qui dirigent toutes ses affaires judiciaires, les conseils du roi ou de la reine sont appelés, seulement dans les cas particuliers, à donner au gouvernement leur avis sur un procès qui l'intéresse, à faire même pour lui certains actes d'instruction, et enfin à prendre la parole pour sa cause. Bacon était donc assez souvent consulté par son altière maîtresse. Elle venait même lui demander à dîner dans sa retraite de Twickenham, et l'entretenir de certains écrits déplaisants qu'elle aurait voulu faire poursuivre comme séditieux. Des conversations plus intimes rapprochaient encore la souveraine et le sujet. Bacon passait pour le confident du comte d'Essex. Il servait souvent d'intermédiaire utile ou de négociateur discret entre le favori et une princesse jalouse de tout, même de la gloire de celui qu'elle aimait. Essex avait, en 1596, obtenu, à grand'peine, le commandement d'une expédition en Espagne. La guerre offensive répugnait à la prudence de Burleigh. La reine redoutait presque également, pour Essex, les périls de la guerre et la grandeur que donne la victoire. Cadix emporté de vive

---

[1] Voyez son *Histoire du bureau des aliénations* et ses *Lectures* dans la chaire de Gray's Inn sur le statut des usages, t. IV, p. 152 et 158.

force, quelques exploits heureux, la bravoure, la générosité, l'humanité du jeune général avaient donné une certaine solidité brillante à l'éclat un peu superficiel de sa valeur politique. L'Angleterre l'avait accueilli à son retour avec enthousiasme. Le gouvernement seul s'était montré froid et défiant, et la reine, qui voulut qu'on supprimât jusqu'aux relations d'une campagne dont elle tenait à diminuer l'importance, remarqua avec mécontentement qu'Essex avait traité le roi d'Espagne en ennemi personnel, et s'était, pour le vaincre, égalé à lui. Charmé de ses succès, insubordonné, arrogant, le comte était tout propre à compromettre sa gloire par sa vanité. Témoin de ses imprudences et des ombrages de la reine, Bacon conseillait à l'un la modestie, à l'autre la générosité. Il écrivit au premier une longue lettre, qui est un cours complet de bonne conduite à l'usage des favoris d'une princesse impérieuse et défiante [1]. Tout leur art doit être de se faire pardonner leur fortune, et de dissimuler leur mérite et leurs services. Bacon établit qu'on ne peut, sans inconvénient, ajouter au rang d'un favori l'importance politique, la réputation militaire, la popularité. C'est là ce qui rend la reine craintive et dissimulée, parce qu'elle ne sait plus quelle force il lui reste. Aussi va-t-il jusqu'à conseiller à lord Essex de donner à Élisabeth un favori nouveau, qui ne soit rien de plus, et qui demeure tout à la dévotion de son protecteur.

Essex était peu capable de l'écouter. Fier et am-

---

[1] 4 octobre 1596. *Works*, t. V, lett. 52.

bitieux, peut-être n'était-il pas insensible à l'attrait de la vraie grandeur; mais il manquait de sagesse et de patience. Il visait très-haut, mais la légèreté, l'ostentation, le détournait de son but. Il se croyait sûr de la reine, ayant éprouvé plus d'une fois qu'en la rudoyant il la dominait. Tantôt il l'inquiétait, en se disant malade; tantôt il lui portait ombrage en cherchant la faveur publique, en se rapprochant de l'opposition, ou la désespérait par le bruit de ses infidélités. Il assistait aux réunions puritaines de lady Russell, et donnait des soins à mistress Bridges, la plus belle des filles d'honneur [1]. Certain d'être aimé, il voulait se faire craindre. Cette conduite pouvait réussir pendant un temps, et, comme il avait dans le caractère quelque chose d'héroïque, il comptait la relever par une guerre nouvelle, et demandait encore une armée à mener en Espagne. La résistance qu'il rencontra aurait été peut-être invincible, si Walter Raleigh, qui avait passé pour son rival à la mort de Leicester, mais qui éprouvait plus que toute autre ambition celle de la gloire et des aventures, n'avait employé tous ses efforts à réconcilier Essex et Burleigh, et à faire résoudre une nouvelle expédition dans laquelle il devait, comme dans la première, commander une escadre [2]. Essex eut le commandement sur terre

[1] Élisabeth, fille d'Anthony Cooke, et par conséquent tante de Bacon, avait épousé lord John Russell, un fils du comte de Bedford. (Voir sur elle et sur Mrs. Bridges, un ouvrage que nous avons souvent consulté, *Memoirs of the court of Elisabeth*, par Lucy Aikin, t. II, ch. XXV.)

[2] *Sydney Papers*, lett. de White, de 1596 et 1597, t. II, p. 24, 37, 42, 44, 54, 55.

et sur mer. Mais des vents peu favorables déconcertèrent tous les plans, et divisèrent la flotte (1597). Raleigh arriva le premier sur les Açores, et s'empara du Fayal, sans attendre son général en chef. Tout se réduisit à cet exploit inutile, et à la prise de trois riches bâtiments de la Havane, qui servirent à payer les frais de la guerre. Quand la reine revit les généraux et leur chef, elle leur fit un accueil glacé. Essex n'aperçut à son retour que des signes de disgrâce. Trop fier pour plier, il s'indigna, ou plutôt il bouda, et ne parut plus. On répandit le bruit qu'il était malade. La reine, touchée, consentit à une réconciliation solennelle, et, le 7 janvier 1598, elle lui accorda, en présence du Conseil privé, le titre héréditaire de comte-maréchal. Bacon n'avait pas abandonné son bienfaiteur; ses avis n'avaient tendu qu'à mettre un terme à une rupture qui l'alarmait pour lui-même, et il se réjouit d'un retour de faveur. Au mois de mars 1598, la cour croyait encore à la puissance du comte d'Essex. Mais son orgueil et son impétuosité ne lui permettaient pas de la conserver. Un jour, il eut, avec la reine, en présence de quelques-uns de ses serviteurs, une si vive dispute pour le choix d'un officier, qu'après quelques paroles emportées, il lui tourna le dos avec un rire dédaigneux. Élisabeth, furieuse, le prit par les oreilles, et s'écria : « Allez vous faire pendre. » Essex porta la main sur son épée en jurant que de Henri VIII lui-même il n'eût pas souffert une pareille indignité, et il sortit du palais la rage dans le cœur. Qu'on juge de l'inquiétude de

Bacon. Il trouvait déjà que la reine était pour lui d'une froideur alarmante. « Vous verrez, écrivait-il à un ami [1], que mon affaire sera un appendice de celle de mylord d'Essex. » Il songeait à faire un voyage par précaution. Il suppliait le hautain favori de fléchir et de s'excuser. Il le pressait d'écrire à la reine, et lui rédigeait des projets de lettres. Enfin, on s'entremit de tant de côtés qu'une réconciliation fut ménagée. Essex exigea, pour y mettre le sceau, qu'on lui donnât le gouvernement de l'Irlande, alors en proie à une insurrection armée. La répugnance de la reine était extrême, et elle venait de perdre le vieux conseiller dont elle opposait habilement la haute expérience aux exigences d'un jeune téméraire. Lord Burleigh était mort dans la soixante-dix-huitième année de son âge, le 4 août 1598. Bacon redoutait, pour Essex, la mission d'aller pacifier l'Irlande. Il essayait vainement de l'en dissuader. Dans son impatience d'agir et d'occuper de lui le monde, Essex emporta de haute lutte le commandement auquel il aspirait: « On ne fait rien de la reine, disait-il, que par autorité ou par nécessité. — Ces procédés-là, répondait Bacon, ressemblent aux eaux thermales, qui donnent un accès de force, et qui détruisent l'estomac. » Il comparait Essex à un médecin qui ne songe pas à guérir le malade, mais à le tenir en état de faiblesse, pour être sans cesse appelé. Ne pouvant le détourner d'une mission périlleuse, il voulut au moins l'aider à la mieux remplir, et lui adressa un mémoire

---

[1] *Worth*, t. V, lett. 39, 42 et 43.

sur les difficultés du gouvernement de l'Irlande [1]. Le comte d'Essex était plus propre à les braver qu'à les vaincre; il partit (mars 1599).

[1] *Works*, t. V, lett. 48.

CHAPITRE III.

1599—1603.

Expédition d'Essex en Irlande. — Son retour, sa disgrâce et sa chute. — Premières poursuites contre lui. — Ses complots, son procès et sa mort. — Conduite de Bacon. — Derniers jours et mort d'Élisabeth.

Pendant l'absence de lord Essex, Shakspeare fit représenter sa tragédie du *Roi Henri V*. Dans cet ouvrage tout consacré à la gloire du vainqueur d'Azincourt, le chœur, qui vient au commencement de chaque acte réciter un poétique résumé des événements qui vont suivre, décrit, au début du cinquième, l'entrée triomphale du roi à Londres. « Ainsi, continue-t-il, et par une ressemblance non de rang, mais d'affection, si maintenant le général de notre gracieuse impératrice arrivait d'Irlande, comme il pourra le faire l'heureux moment venu, rapportant la rébellion percée de son épée, quelle foule quitterait la paisible cité pour aller à sa rencontre! Avec bien plus et bien plus de raison encore, on courait vers Henri. » Shakspeare jugeait comme le vulgaire, son royalisme se trompait, et, bien contre son gré, il était mauvais courtisan. Essex, en Irlande, ne sut que mécontenter sa maîtresse. Il tint aussi peu de compte des conseils de Bacon que des instructions royales. Il fit des nominations qui déplurent à la reine, conféra, sans autorisation, des titres de chevalerie. Non moins inhabile à opprimer qu'à obéir, il savait mal déployer cette vigueur systématique qui plaît tant au pouvoir absolu. Par intérêt ou générosité, il ménagea lorsqu'on lui ordonnait de frapper. Il voulut gagner ceux qu'il était chargé de soumettre, et comme il manquait de suite, d'application et de prudence, il réussit mal et parut avoir écouté des calculs de popularité plutôt que le bien de l'État. La reine s'en plaignit amèrement à Bacon. Un jour, dans le palais de Nonsuch[1], il lui dit qu'au lieu de ces éternelles récriminations, elle devrait garder toujours auprès d'elle Essex, avec la baguette blanche à la main, comme autrefois Leicester. « Rien, ajoutait-il, n'est moins à propos que de l'accuser sans cesse tout en lui donnant au loin d'importants commandements[2]. » Il est vrai que les commandements avaient été arrachés à la faiblesse par l'importunité. Élisabeth, comme pour le punir de sa propre condes-

---

[1] Nonsuch, *non pareil*, était un palais commencé par Henri VIII, près d'Ewell, sur la route de Londres à Epsom. C'était la résidence favorite d'Élisabeth. Les bâtiments et les jardins qui, avec ceux de lord Burleigh, à Theobalds, passaient pour ce que l'Angleterre avait alors de plus magnifique, furent donnés par Charles II à la duchesse de Cleveland, baronne de Nonsuch, qui les a détruits.

[2] Ces paroles, ainsi que toutes celles de Bacon dans l'affaire du comte d'Essex, sont tirées de son apologie écrite par lui-même. (*Works*, t. II, p. 218.) La baguette blanche est portée

cendance, blâmait et contrariait à tout moment son lieutenant en Irlande. Il recevait des ordres qu'il n'exécutait pas, des dépêches qui l'irritaient, et, fatigué d'une situation insupportable, il quitta brusquement son gouvernement et parut à l'improviste à Nonsuch devant sa souveraine. Tout poudreux du voyage, il la trouva à sa toilette, les cheveux en désordre ; il tomba à ses genoux et lui baisa les mains. Le visage de la reine rayonna un moment d'affection et de joie, et tout semblait oublié. Mais, dans la journée, elle entendit son conseil. Le nouveau trésorier, Thomas Sackville, lord Buckhurst[1], un vieillard plus célèbre comme poëte que comme politique, n'y exerçait pas une influence décisive ; mais le secrétaire d'État Cecil y avait pris peu à peu tout l'ascendant de son père, et il en usait plus hardiment. Lord Essex s'en aperçut le jour même au changement des manières de la reine, quand il la revit. Le soir, il eut ordre de garder les arrêts dans sa chambre, et le lendemain à York House, dans la maison du garde du sceau, sir Thomas Egerton, qui d'ailleurs ne lui était pas hostile. Cette sorte de détention se prolongea et

par certains grands officiers de la couronne. Mais elle est surtout l'insigne du *lord steward of the household*, ou grand maître de la maison, auquel, en le nommant, le roi adresse cette phrase en français : « Sénéchal, tenez le bâton de notre maison. » Leicester avait en effet occupé ce premier emploi de la maison de la reine, emploi qui ne fut jamais conféré au comte d'Essex.

[1] Plus tard créé comte de Dorset. Né en 1527, mort en 1608, il est l'auteur de la première tragédie régulière qu'on ait jouée en Angleterre, *Gorboduc*, 1561, et du recueil de poésies historiques connu sous le titre de *Miroir des magistrats*, 1563.

tint la cour inquiète et divisée durant plusieurs mois.

Bacon aurait bien voulu ne voir dans tout cela que les effets d'un refroidissement passager. Il avait essayé d'entretenir un moment Essex à Nonsuch, et même écrit quelques mots d'avis, craignant de ne pouvoir le joindre. C'est un petit nuage, disait-il, *nubecula, a mist,* et il passera, *cito transibit*[1]. Cependant il ne faut pas négliger la reine ; il faut dissiper tous ses ombrages, et, pour cela, sans cesse la voir et l'obséder jusqu'à l'importunité. Le comte avait écouté Bacon en secouant la tête d'un air incrédule, et maintenant il était comme en prison. Bacon ne jugea pas à propos de l'y visiter ni de prendre publiquement sa défense. C'était, a-t-il prétendu, pour se conserver les moyens d'approcher la reine et de plaider auprès d'elle la cause d'un ami. Nul doute qu'il n'ait alors fait pour Essex de sincères efforts, et qu'en se pliant à la conseiller dans cette triste affaire, il n'ait tâché de détourner sa souveraine des voies de rigueur, et de diriger la politique dans le sens de la clémence. Toutefois, après un premier examen dans le conseil, elle voulut que la Chambre étoilée rendît une déclaration publique sur la conduite d'Essex en Irlande. Bacon représenta que cette manière de procéder serait sans autorité sur l'opinion, qu'elle l'indisposerait au lieu de la convaincre. Il s'abstint de paraître à la réunion de Westminster, où, devant la multitude assemblée, les ministres et les autres membres de la Chambre étoilée, opinant à haute voix et sans avoir

---

[1] *Works*, t. V, lett. 49.

entendu aucun contradicteur, proclamèrent que le gouvernement, dans l'affaire d'Irlande, avait rempli son devoir; et l'ordre fut donné aux officiers de justice de poursuivre tout écrit où le contraire serait soutenu (30 novembre 1599).

Cet ordre intéressait Bacon comme conseil de la Reine, et son absence avait été remarquée. Le public sait toujours un peu de la vérité, mais il l'exagère et l'envenime. On accusa Bacon de n'avoir désapprouvé cette mesure, que parce qu'il conseillait des procédés plus rigoureux, et il eut à s'en justifier : nous avons plusieurs lettres où il prend Cecil lui-même à témoin de la réserve qu'il a gardée. Il ne paraît pas s'être jamais aperçu qu'en voulant jouer à la fois le rôle du courtisan prudent et de l'utile ami, il tentait l'impossible et réaliserait l'odieux. La duplicité à bonne intention est dans les affaires publiques la perte des hommes faibles. Essex tomba sérieusement malade; Élisabeth émue lui permit de retourner dans sa maison, en lui interdisant tout commerce avec quelques-uns de ses amis, tels que lord Southampton et Bacon, et en lui donnant pour gardien sir Richard Barkley [1]. Les ennemis du favori ne manquèrent pas de dire que la maladie était feinte, et comme ses amis continuaient d'exciter pour lui l'opinion, comme des ministres de l'Église avaient publiquement prié pour son rétablissement, la reine reprit tous ses ombrages. Elle le voulait soumis, désarmé, faible, prosterné à ses pieds, et peut-être l'eût-elle

[1] *Sydney Papers,* lettre de White du 15 mars 1599 (1600), t. II, p. 179.

relevé alors pour le placer plus haut que jamais. Bacon s'obstinait à l'espérer. Il se séparait ainsi de tout le parti du comte d'Essex, se plaignant des imprudences d'un zèle qu'il blâmait surtout pour ne pas l'imiter. Cependant un jour qu'Élisabeth était venue dîner chez lui à Twickenham, il fit, malgré son peu de talent pour la poésie, un sonnet où il implorait sa clémence, et il le lui remit quand elle le quitta. Il s'est vanté de l'avoir détournée jusqu'au bout de toute poursuite en forme contre Essex, et d'avoir encouru sa disgrâce ou du moins sa défiance, en obtenant d'elle que le procès se convertît en une enquête extra-judiciaire devant le garde du sceau, et une commission de membres du Conseil privé et des cours de justice. Toutefois, comme l'inculpé devait être entendu et qu'il fallait une procédure quelque peu régulière, quoiqu'on n'en dût ni publier ni mettre par écrit les détails, la présence des conseils de la couronne était nécessaire, et la question fut agitée si Bacon devait figurer parmi eux. Il apprit que la reine avait paru indécise. L'inquiétude le prit, il soupçonna que ses ennemis lui tendaient un piége, et il s'empressa de lui écrire que si elle voulait le dispenser d'intervenir dans l'affaire, il le tiendrait pour faveur insigne; mais qu'il connaissait les divers degrés du devoir, et que son devoir envers elle était absolu. Et soit qu'il n'obtînt aucune réponse, soit que la reine eût dit d'une manière générale que tout le monde devait remplir sa tâche, il suivit *le devoir absolu*, en disant d'ailleurs que la querelle étant ouverte, s'il n'épousait pas celle d'Élisabeth, il perdrait tout crédit auprès d'elle, et ne pourrait plus être à mylord d'aucun service.

Le jeudi, 5 juin 1600, à York House, dix-huit commissaires, parmi lesquels on distinguait Whitgift, archevêque de Canterbury, Egerton, lord garde du sceau, le grand trésorier, lord Buckhurst et le secrétaire d'État Cecil, firent comparaître devant eux le comte d'Essex pour répondre aux charges que devaient produire contre lui le procureur général, Édouard Coke, le solliciteur général, Fleming, le sergent de la reine, Yelverton, et le savant conseil Bacon. Essex fut, avec toutes les déclamations d'usage, accusé de manque de respect et de désobéissance. Son plus grand méfait était d'avoir donné, contrairement aux ordres qu'il avait reçus, le commandement de sa cavalerie au comte de Southampton, dont la loyauté était suspecte à la reine[1]. Bacon, lorsque ce fut son tour de prendre la parole (et il parla le dernier du côté de l'accusation), dit en débutant, qu'il espérait que tout le monde et le comte lui-même reconnaissaient que ses obligations envers lui étaient mises en séquestre et comme à l'écart. Il exalta la bonté singulière de la reine pour n'avoir pas voulu d'une poursuite devant la Chambre étoilée ni d'une accusation de déloyauté qu'on aurait dû porter devant d'autres juges. Il parut s'applaudir de n'avoir à dénoncer qu'une lettre irrespectueuse pour la

---

[1] Ce personnage aimable et distingué, Thomas Wriothesly, né en 1573, mort en 1624, paraît avoir encouru la sévérité de la reine par une témérité qu'elle ne pardonnait pas. Il s'était marié sans sa permission à Élisabeth Vernon (1598).

royauté, rendue publique par d'imprudents amis. La tâche était ingrate, car il s'agissait de la lettre même qu'Essex avait adressée au lord keeper Egerton dans un premier moment d'irritation, le jour où la reine l'avait si violemment outragé. Il fut ensuite question de quelques pamphlets séditieux qu'on l'accusait d'avoir encouragés. En discutant ces griefs, Bacon s'exprima d'ailleurs avec modération, quoiqu'il fût trouvé très-éloquent. Les juges étaient restés couverts. Essex avait été obligé d'entendre une partie des réquisitoires à genoux ou debout. La seule intercession de l'archevêque de Canterbury lui fit donner d'abord un coussin, puis de temps en temps un siége. Quand on lui permit de parler, il prit un ton de soumission, il loua la générosité de la reine et parut se recommander à sa bonté. Cependant dès qu'il fit mine de vouloir se justifier, Egerton l'arrêta et l'avertit qu'il pourrait se nuire. Un humble recours à la grâce de Sa Majesté devait être sa seule défense, et après avoir disserté sur les vertus de la reine et les merveilles de son gouvernement, le ministre prononça la sentence. C'était une simple censure de la conduite du comte, qui devait, en conséquence, perdre ses emplois et garder les arrêts dans sa maison tant qu'il plairait à Sa Majesté [1].

Ce jugement n'excédait que de très-peu ce que l'autorité royale aurait pu prononcer sans tout cet appareil. La détention mitigée qu'il prescrivait et qui

---

[1] Il y a plusieurs relations de cette séance : la plus détaillée est de Morrison. (Voyez dans la vie de Bacon par M. Montagu, la note 4 C, t. XVI, part. II.)

seule était une mesure inconstitutionnelle, ne fut pas maintenue par la reine. Parmi les emplois dont Essex était dépouillé, on n'avait pas compris la charge de grand écuyer, *master of the horse*, et c'était un lien qui le rattachait encore à sa souveraine. Bacon ne douta donc point qu'une grâce entière ou même une réconciliation complète ne pût être obtenue. Le lendemain du jugement, il avait vu la reine et reçu d'elle l'ordre d'écrire une relation de tout ce qui s'était passé la veille et de la lui apporter. Quelques jours après, il vint lui en donner lecture [1]. Il avait rédigé avec soin les protestations de soumission et de fidélité faites par l'accusé. « Comme vous avez bien exprimé la part de mylord! s'écria Élisabeth. Je vois qu'une ancienne affection ne s'oublie pas aisément. » Bacon lui répondit, il le raconte du moins, qu'il espérait bien qu'elle voulait parler pour elle-même, et il obtint qu'aucune publicité ne serait donnée à son récit, qui fut en effet supprimé. En même temps, il s'efforçait de se rapprocher discrètement du comte d'Essex et de l'engager dans une conduite prudente et modeste qui ne les compromit pas tous deux. Il lui écrivit de Gray's Inn, le 20 juillet 1600, une lettre embarrassée. Lord Essex avait dû s'expliquer ses actions, et, mieux que personne, les comprendre. Bacon était et voulait être *bonus civis* et *bonus vir*. Il y avait des choses qu'il aimait encore plus que sa seigneurie, mais peu de personnes qu'il

---

[1] *The Proceedings of the earl of Essex.* (*Works*, t. III, p. 120.)

aimât davantage. Il avait toujours déploré qu'elle voulût voler avec des ailes de cire, redoutant pour elle le destin d'Icare. Qu'elle s'élevât par ses propres ailes, surtout de plumes d'autruche ou de tout autre oiseau qui ne fût pas un oiseau de proie, nul n'en serait plus heureux que lui. A cette lettre gauche et affectée, Essex répondit avec un reste de bienveillance mêlée d'ironie et de quelque dédain. Il ne songeait ni à expliquer ni à censurer les actions de Bacon ; il les ignorait toutes, hors une seule, et ce dernier trait portait coup. « Vous me priez, continuait-il, de croire que vous aspirez seulement à la conscience et à la réputation de *bonus civis* et de *bonus vir*, et je vous assure sincèrement que puisque c'est là votre ambition (bien que votre conduite soit de l'action et votre pensée de la contemplation), nous pourrons très-bien tous deux *convenire in eodem tertio* et *convenire inter nos ipsos*... Je suis étranger à toute conception poétique, autrement je vous dirais quelque chose de votre poétique exemple. Mais ce que je dois vous dire, c'est que je n'ai jamais volé avec d'autres ailes que ma confiance dans la faveur de ma souveraine et mon désir de la mériter ; et lorsqu'une de ces ailes m'a manqué, je ne voulais qu'aller tomber aux pieds de ma souveraine, quand elle aurait dû souffrir que je fusse brisé dans ma chute. »

Ce dernier sentiment était de nature à satisfaire Élisabeth, et Bacon le fit valoir avec diligence. Souffrant et abattu, car je ne puis croire qu'il s'humiliât par dissimulation, Essex multipliait les témoignages de douleur et de repentir. Rien ne pouvait plus sûrement toucher la reine. Triomphante et désarmée, elle leva toutes les consignes qui gênaient encore sa liberté et lui permit d'aller à la campagne où il promettait « *de vivre comme Nabuchodonosor avec les animaux des champs, de brouter l'herbe et de se tremper de la rosée du ciel.* » Bacon espéra que la querelle touchait à son terme; il écrivit au comte pour le féliciter et célébrer la réconciliation prochaine. Il lui disait en citant Térence :

>Neque tu illam sati' noveras
>Nec te illa. Hoc ubi fit non vere vivitur [1].

Dans l'espoir d'attendrir les cœurs, il composa avec art pour son frère Antony et pour Essex deux lettres dont chacun d'eux devait copier une, et luimême les aurait ensuite communiquées à la reine comme un sincère témoignage des sentiments d'un sujet désolé. C'était le moment où il s'efforçait de se justifier auprès des amis du comte et surtout de lord Henri Howard, afin de les ramener tous au plan de conduite qu'il recommandait. Essex semblait le seconder en restant sans bruit à la campagne dans une attitude de regret et d'abattement. Mais il faut connaître ici toute la misère des courtisans. Essex avait de l'élévation d'âme, une générosité véritable ; mais le métier de favori entraîne un tel besoin de honteux abus, de si tyranniques habitudes d'opulence et d'a-

[1] *Heautontim.*, act. I, v. 101. (Voyez *Works*, t. V, lett. 53, et, pour toutes les autres citations, les lettres 50, 54, 55, 56 et 57, et t. VI, p. 43.)

vidité, que voyant approcher le terme d'un monopole des vins d'Espagne créé à son profit plusieurs années auparavant, il en demanda à la reine le renouvellement comme une chose décisive pour sa fortune. La défiante Élisabeth crut aussitôt deviner le secret de tous ses abaissements et le motif intéressé de son repentir. Elle refusa, et se plaignit à Bacon. Il essaya de l'apaiser par une distinction d'école entre ce que les hommes font pour leur perfection et ce qu'ils font pour leur conservation. Mais il échoua, et tout l'échafaudage de ses soins fut renversé.

Ruiné et consterné, Essex n'écouta plus que le ressentiment. Ballotté sans cesse entre la douleur et l'orgueil, tour à tour humble et irrité, prêt à tout, excepté à la patience et à l'obscurité, il fut rendu par le désespoir à sa témérité naturelle, et confiant dans la faveur du public qui s'intéressait à ses malheurs, il abandonna son âme à la vengeance. Il voulut à tout prix se saisir par la force d'un pouvoir quelconque, fût-ce du pouvoir royal, et de suppliant devint conspirateur. Aidé du comte de Southampton et de Walter Raleigh, lié par des intelligences secrètes avec le roi d'Écosse qui prétendait à l'héritage d'Élisabeth, il agita toute la Cité pour sa cause. Un jour enfin, il fit de sa maison une forteresse et il donna le signal de la révolte. Ses amis se réunirent à lui, prêts à soulever la ville. Le plus dévoué de tous, lord Southampton, accourut des Pays-Bas pour partager ses périls. Telle était la passion de ce protecteur de Shakspeare pour les émotions du théâtre que la veille du jour marqué pour éclater, il voulut avec d'autres conjurés faire représenter la tragédie de *La vie et la mort de Richard II*, et comme les acteurs trouvaient la pièce un peu vieillie, sir Gilly Merrick leur donna quarante schillings pour ajouter au produit de la recette [1].

S'il s'agit de la pièce telle que nous la possédons, cette circonstance, qui fut relevée dans le procès des conspirateurs, dut aggraver leur situation. Car on voit dans cet ouvrage, Richard II, non-seulement détrôné par un complot et déposé dans Westminster, mais assassiné dans sa prison. Cependant la loyauté de Shakspeare y éclate en tirades pathétiques sur l'inviolabilité des souverains, et sa flexible impartialité y passe sans effort de l'intérêt de la conspiration à la cause de la royauté [2]. Je ne sais si la tragédie manqua son effet, mais la tentative fut vaine. L'insurrection éclata au jour fixé, le samedi 8 février 1601 ; ce fut une crise d'un moment. La royauté en sortit aisément victorieuse, et le comte d'Essex, pris les armes à la main, fut traduit pour haute trahison devant la Chambre des pairs.

[1] *State trials*, 43 ; Eliz., t. I, p. 1415 ; Drake, *Shakspeare and his times*, chap. V, p. 356 de l'édition de Paris.

[2] Ce motif, entre autres, a fait douter qu'il s'agit du *Richard II* de Shakspeare. On pense qu'il existait un autre ouvrage sur le même sujet et intitulé *Henri IV*. Il est certain que, dans les deux premières éditions de l'ouvrage de Shakspeare, la scène de la déposition du roi ne figurait pas ; mais on convient qu'elle faisait partie de la pièce originale. Il est vrai que si celle-ci est de 1596 ou 1597, au plus tôt de 1595, on ne peut dire que ce fût une vieille pièce en 1601. Mais elle pouvait être usée pour avoir été beaucoup jouée. Il y a sur cette curieuse anecdote de l'histoire du théâtre anglais plus d'un point douteux à éclaircir. (Voyez le *Shakspeare* de Collier, vol. IV, p. 105.)

Bacon s'était cru dans le dernier péril. De bonne heure, désespérant de ramener Essex au sang-froid et à la sagesse, il n'avait songé qu'à sauver sa barque du naufrage. Il se sentait accusé par le public d'avoir agi contre son bienfaiteur ; il voyait lui échapper pour jamais la confiance royale. Que devait penser une princesse implacable dont il avait voulu engourdir les ressentiments? Il résolut de tout sacrifier à sa sûreté. Au commencement de l'année, il avait demandé une audience à la reine. Là, il lui exposa sa conduite et sa situation avec beaucoup d'émotion et d'éloquence, lui déclarant qu'avant de tomber sans retour, il avait voulu lui ouvrir son cœur. Perdu pour jamais, il prierait pour elle. La reine fut touchée, ou elle le comprit, et elle lui dit avec bienveillance, comme Notre Seigneur à saint Paul : *Gratia mea sufficit* [1]. Alors, pénétré de reconnaissance, il essaya, dit-il, de hasarder un mot touchant le comte d'Essex. *Ne verbum quidem*, lui dit-elle, en donnant à son courroux comme à ses bontés le latin pour interprète. Il se le tint pour dit, et sortit résolu à ne plus se mêler d'une affaire où il ne pourrait que se perdre sans faire aucun bien.

Jusque-là, sa conduite est celle d'un cœur froid, mais non perfide. Il agit en bon serviteur d'une monarchie presque absolue ; il se comporte en homme prudent qui espère concilier tous ses devoirs et se soustraire à tous les périls. Heureux s'il fût demeuré inébranlable dans le projet de rester en dehors de

---

[1] II Cor. XII, 9.

tout. On pourrait lui contester l'indépendance, la reconnaissance, la fidélité, le courage ; il lui resterait au moins de quoi faire un courtisan sage, un fonctionnaire considéré. Mais le jour où le comte d'Essex fut extrait de la Tour de Londres pour comparaître dans Westminster Hall, il put voir auprès du sergent de la couronne, du procureur et du solliciteur général, debout à la barre de la Cour, le conseil extraordinaire de la reine, Francis Bacon, chargé de soutenir contre lui une accusation capitale. L'illustre avocat ne fit défaut à aucune des règles de l'emploi ; il ne refusa à la cause aucune des déclamations nécessaires. L'accusé fut pathétiquement comparé à Caïn, à Pisistrate, au duc de Guise, et l'on dit que cette dernière comparaison emporta la condamnation. Essex, qui ne se défendait que par les argnments dont Bacon l'avait jadis armé en écrivant pour lui, fit une claire allusion à ces anciens efforts d'un défenseur qui l'accusait aujourd'hui. « Si c'est le bon plaisir de vos seigneuries, dit-il, je produirai M. Bacon pour mon témoin. — Mylord, répondit l'ingrat accusateur, il est vrai que j'ai dépensé plus d'heures auprès de vous qu'auprès d'aucun homme au monde pour faire de vous un fidèle sujet [1]. »

Essex eut la tête tranchée dans l'intérieur de la Tour de Londres, le 25 février 1601. Il avait trente-quatre ans. C'était un grand seigneur, doué de tout

---

[1] Il m'est impossible de blâmer Essex dans ce dialogue, comme le fait l'auteur d'un article de la *Revue d'Édinburg*, où d'ailleurs toute cette affaire est parfaitement exposée. (N° 199, 1855.)

ce qui plaît à la multitude. On apercevait, dans la rigueur d'Élisabeth, je ne sais quelle vengeance qui ne venait ni de la justice, ni de la politique. Essex mourut populaire. Il parut nécessaire de justifier sa condamnation, et de publier une apologie du gouvernement. La reine, se voyant froidement reçue dans la Cité, tenait beaucoup à cette apologie ; elle fit choix de Bacon pour l'écrire, et Bacon l'écrivit. Dans une *Déclaration des pratiques et trahisons tentées et accomplies par Robert, comte d'Essex* [1], il flétrit sa mémoire, après avoir sollicité judiciairement sa mort. Pouvait-il faire moins, en effet, sans être soupçonné d'un reste de sympathie et de commisération pour un criminel d'État ? Nous avons encore cet indigne écrit, et Bacon, dans une défense qu'il composa sous le règne suivant, nous dit, avec le plus grand sang-froid, qu'en l'écrivant il a obéi à l'exprès commandement de la reine, et qu'elle lui a même reproché d'avoir appelé mylord d'Essex celui qu'il aurait dû nommer suivant elle Essex, ou le feu comte d'Essex. Il n'a pas voulu que la postérité ignorât cette dernière preuve d'une héroïque fidélité.

On a soutenu, à sa décharge, qu'aucune traîtreuse intention ne l'avait conduit ; il n'eut jamais de colère contre un infortuné ; seulement, il désespéra à temps de le sauver, et, le voyant perdu, il ne crut point ajouter à sa perte en se chargeant de la demander. C'était une tâche légale, un devoir de profession qu'il

---

[1] *A Declaration of the practices and treasons*, etc., in-4° imprimé à Londres par John Parker, en 1601. (*Works*, t. III, p. 156.)

remplissait, et qui n'eût pas manqué d'être accompli par un autre, s'il l'eût décliné. Le crime n'était pas douteux, le tribunal était régulier, la condamnation motivée. D'une grande reine telle qu'Élisabeth, la sévérité ne pouvait être de l'injustice. Puisqu'elle en avait jugé ainsi, la raison d'État exigeait une condamnation. Bacon s'était acquitté envers l'amitié par ses conseils et ses efforts. En les repoussant, Essex l'avait dégagé; il perdait le droit d'entraîner dans son crime et dans sa chute celui qui avait tout fait pour le préserver de l'un et de l'autre. Libre envers une coupable imprudence, Bacon ne devait plus songer qu'à son propre salut, en remplissant les devoirs d'un loyal sujet. Essex en aurait-il moins péri, quand Bacon ne se serait pas montré bon serviteur de la reine?

On ferait mieux de dire tout simplement que si Bacon eût agi d'autre manière, il aurait perdu l'espoir d'être solliciteur général. Je dis l'espoir seulement, car ce n'est pas Élisabeth qui le nomma. Je crois vrai, d'ailleurs, tout ce qu'on allègue pour le défendre. Il a sûrement pensé tout ce qu'on lui fait penser. Rarement les sentiments des hommes sont aussi mauvais que leurs mauvaises actions. C'est toujours avec un certain nombre de raisons passables que dans la sphère des cours et des gouvernements les sages du monde perdent leur âme au service de l'État. Dans presque toute bassesse politique, il entre du dévouement.

Le prix du dévouement de Bacon se fit cependant encore attendre. Élisabeth, chagrine et irritée, voyait peut-être avec déplaisir l'homme qui l'avait servie dans un jour funeste. Ses dernières années furent sombres. Sa vie, non sa puissance, déclinait; son bonheur, non sa fortune, touchait au terme. Sa vieillesse ingrate ne fit point d'heureux [1]. Au mois de mars 1603, elle laissa le trône en mourant à son neveu Jacques VI, roi d'Écosse, et le règne de cette triste maison de Stuart commença.

---

[1] « Il y a trois jours qu'elle fut tenue comme morte, ayant demeuré assez longtemps sans parler avec une sueur froide, et quelque temps auparavant, elle avait dit de ne vouloir plus vivre et souhaiter la mort. Son chagrin et sa mélancolie ne se peuvent apaiser ni divertir, et continue de ne vouloir user d'aucun remède. » *Lettre de l'ambassadeur Beaumont au roi de France*, 24 mars 1603. — « Tous persistent en l'opinion qu'ils ont eue qu'elle a voulu mourir, et qu'une secrète mélancolie prise en partie sur l'appréhension du mépris de son âge que son courage ne pouvait supporter, partie sur le ressentiment de la mort du comte d'Essex... lui fit recevoir soudainement en son âme un tel déplaisir de vivre, etc... » (*Id.* du 8 avril, Mss. de la Bibliothèque Impériale.) Cette citation, ainsi que toutes celles de dépêches diplomatiques inédites, est due aux recherches et à l'obligeance de M. Grimblot.

CHAPITRE IV.

1603—1617.

Avénement de Jacques Ier. — Bacon se marie et reçoit un titre. — Sa conduite à la Chambre des communes. — Première édition du *Traité de l'Avancement des sciences*. — Conflit avec Édouard Coke. — Bacon est nommé solliciteur général. — Composition des *Cogitata et Visa*. — Publication du *De Sapientia veterum*. — Bacon devient procureur général. — Ses services au Parlement et devant les cours de justice. — Il se venge d'Édouard Coke. — Faveur de Buckingham ; il protége Bacon, qui est nommé garde du sceau.

On n'ignore pas que Jacques Ier, roi d'Angleterre, unissait à des vices grossiers les prétentions du bel esprit, celles du despotisme à la faiblesse d'un cœur bas et timide. Lettré jusqu'à la pédanterie, c'était un scolastique sur le trône, qui argumentait en forme et dissertait comme un livre sur sa foi et sur son autorité. La réalité du pouvoir absolu n'avait point dépopularisé les Tudor. La thèse du pouvoir absolu devait perdre les Stuart. Il est vrai que la pratique avait été souvent habile, ce que ne fut jamais la théorie. Mais ce goût malencontreux de Jacques pour la controverse et l'érudition devait au moins le rendre favorable au plus beau génie du royaume. Bacon n'avait pas négligé de rechercher d'avance ses bonnes grâces. Anthony, son frère, avait été de bonne heure l'intermédiaire de plusieurs hommes considérables avec la cour d'Écosse, et dès qu'Élisabeth rendit le dernier soupir, les lettres du philosophe assaillirent tous les serviteurs du nouveau roi [1]. Tandis qu'il composait en l'honneur d'Élisabeth un panégyrique très-orné[2], où il célèbre ses charmes à l'égal de ses talents politiques, et lui applique les vers où Virgile décrit les beautés de ses déesses, il écrivait à Jacques que le lis des montagnes est supérieur au lis des vallées, et que la plus grande bonne fortune d'Élisabeth était de l'avoir eu pour successeur, ce qui n'a point de sens comme flatterie, mais ce qui en aurait beaucoup comme épigramme[3]. Il alla au-devant du nouveau roi, et le vit à Broxbourne, où par ses empressements il dissipa les préventions qui pouvaient s'élever contre l'infidèle ami du comte d'Essex (7 mai 1603). Jacques le traita avec distinction, et Bacon publia que jamais prince n'avait paru plus éloigné de la vaine gloire et plus rappelé les rois de l'ancien temps. Ne négligeant rien pour se faire bien accueillir, il avait même, sans qu'on le lui demandât, préparé une proclamation royale à laquelle on préféra un projet rédigé par Édouard Coke. Divers personnages de l'intimité du roi étaient devenus ses correspondants habituels. Il n'en continuait pas moins de professer un amour exclusif pour la philosophie; il parlait de s'y consacrer tout entier. Seulement, comme il de-

---

[1] *Works,* t. V, lettres 62, 63, 64, 65, 66, 67.
[2] *A Discourse in praise of queen Elizabeth. Works,* t. II, p. 25.
[3] *Id.,* t. V, lett. 65.

mandait en mariage Alice Barnham, fille d'un riche alderman de la Cité, il faisait observer que, tandis que le roi venait de décréter une si grande promotion de chevaliers, seul il n'avait point de titre parmi ceux de ses confrères de Gray's Inn qui avaient passé par les mêmes degrés. Il représenta cette grave anomalie à son cousin Robert Cecil, qui était resté ministre avec le plus grand crédit, et son vœu fut bientôt exaucé.

Sir Francis Bacon, chevalier, marié, riche, devenu peu après, par la mort de son frère, propriétaire de Gorhambury et de tous les biens paternels, ne pouvait ni oublier ni effacer le souvenir, importun sous un nouveau règne, de funestes services rendus sous le précédent. Les amis du comte d'Essex étaient en faveur à la cour : la faveur populaire ne les avait jamais abandonnés. Bacon prétendait bien les avoir ménagés et secrètement servis ; mais le public n'en croyait rien. Le comte de Southampton, le généreux ami des lettres, le défenseur des intérêts populaires, esprit indépendant, mais remuant, destiné à de continuelles alternatives de crédit et de disgrâce ; John Davies, légiste irlandais, connu plus tard par des poëmes philosophiques, et que le roi devait élever à de hautes fonctions judiciaires, sortaient à peine de la prison où ils avaient été conduits à la suite d'Essex. Bacon se rapprochait d'eux avec affectation. Nous avons les lettres qu'il s'empressait de leur écrire. Il se vantait d'avoir sauvé la vie à six accusés. « Je puis, disait-il à Southampton avec naïveté, être aujourd'hui pour vous sûrement ce qu'auparavant j'étais véritablement[1]. » Enfin, pour essayer de désarmer l'opinion, il adressa au comte de Devonshire une apologie très-étudiée, et qui, dans sa maladresse, n'a point protégé sa mémoire contre les justes rigueurs de la postérité[2].

En excusant le passé, il ne négligeait pas de se faire valoir dans le présent. La succession au trône d'Élisabeth étant demeurée longtemps une question obscure, plusieurs prétendants avaient pu y aspirer, et, dans le nombre, on avait nommé lady Arabella Stuart, qui après Jacques était, dans la ligne écossaise, la plus proche de la couronne, et qui, née en Angleterre, pouvait se prévaloir d'un avantage exigé formellement par la loi féodale. Une conspiration, ou plutôt une tentative de conspiration, avait été essayée pour elle, et sir Walter Raleigh y était impliqué. Sa part dans ce complot très-obscur est restée douteuse, et l'on ne put guère établir contre lui que le fait d'avoir été instruit des desseins de lord Cobham, qui s'était concerté avec l'envoyé d'Espagne et des Pays-Bas. Encore est-ce un seul témoignage à demi rétracté qui chargea sir Walter. Il n'en fut pas moins mis à la Tour de Londres, et traduit devant le jury pour haute trahison. Là il fut exposé à tous les outrages que d'indignes magistrats prodiguaient alors aux accusés haïs du roi. Rien de plus odieux ni de plus inique que les

---

[1] *Works*, t. V, lett. 68 et 71.

[2] Charles Blount, vice-lieutenant d'Irlande depuis le temps d'Essex, sous le nom de lord Mountjoy, maintenant comte de Devonshire. L'apologie, imprimée en 1604, se trouve dans les œuvres, t. II, p. 211.

procès de haute trahison sous le règne des Tudors et des Stuarts. Raleigh, quoiqu'il eût accueilli Jacques Ier avec des flatteries, lui était suspect par ses opinions religieuses. Un jésuite l'avait taxé d'athéisme. Il aimait les sciences, il cultivait la chimie, il était lié avec Thomas Harriot,[1] un des premiers mathématiciens du temps. Ce fut comme une circonstance aggravante dans son procès, et au moment de lui prononcer sa sentence, le lord juge Popham eut le front de lui dire : « Avant de sortir de ce monde, ne vous laissez pas persuader par Harriot ou tel autre docteur pareil qu'il n'y a point d'éternité dans le ciel, de peur de trouver en enfer une éternité de tourments. » Il fut en effet condamné à mort, et n'eut grâce de la vie qu'au pied de l'échafaud. On le reconduisit à la Tour, où il demeura environ treize ans, livré à des recherches scientifiques et à des travaux littéraires qui ont illustré sa mémoire. Dans cet odieux procès, dirigé au nom de la cour par Édouard Coke, qui montra sa violence ordinaire, Bacon figura près de lui comme conseil de la couronne. Heureusement le jaloux légiste ne lui laissa rien dire, et Bacon put s'excuser de sa mission par son silence.

Mais une autre occasion se présenta aussitôt de montrer à la cour sa valeur et ses sentiments. Le nouveau Parlement s'assembla le 19 mars 1604. Déjà, sous le précédent règne, on avait pu s'apercevoir que certains abus cesseraient d'être patiemment tolérés. Les monopoles concédés par autorité royale à des courtisans ou à leurs créatures s'étaient multipliés au point qu'un historien va jusqu'à dire que le seul commerce resté libre était celui du pain. Sous le dernier Parlement, Laurence Hyde avait proposé un bill pour les abolir. Bacon s'y était opposé, trouvant la mesure à la fois imprudente et ridicule. Cecil avait invoqué la maxime : La prérogative ne se discute pas. Mais un jeune membre, Hayward Townshend, ayant, dans un discours modeste, exprimé les plaintes de la Chambre, Bacon, en applaudissant à sa discrétion, avait dit qu'il fallait accepter la vérité *ex ore infantium et lactantium*. Cecil avait fini par condamner en principe tous les monopoles et par donner à la Chambre l'assurance qu'on n'en accorderait plus. *Amen*, dit la Chambre, suivant l'usage du temps [1]. En 1604, les plaintes se renouvelèrent avec plus de vivacité. On réunit dans les mêmes réclamations avec les monopoles les *purveyances* ou fournitures arbitraires, requises, aux prix d'un tarif très-bas, pour le service de la maison du roi ; on offrit de les racheter moyennant 50,000 livres sterling. La session fut très-animée, et Bacon y joua un rôle actif. Élu par les bourgs de Saint-Albans et d'Ipswich, il avait opté pour le dernier. En parlant sur toutes les questions, en siégeant dans vingt-neuf comités, il parvint à regagner quelque popularité sans s'aliéner la bienveillance de la cour. C'est le meilleur moment de sa carrière parlementaire. Il fut chargé de présenter au

[1] C'est dans la même session que Bacon proposa un bill sur les poids et mesures, où l'on retrouve ses idées habituelles de réforme et d'uniformité. Lord Campbell donne un passage assez remarquable de son exposé de motifs. (*Lives*, t. II, p. 320.)

roi les réclamations contre les *purveyances*, et il le fit avec tant d'art et de mesure qu'il ne déplut pas. Il se signala en même temps par ses judicieuses motions sur la réforme de la loi pénale, et par ses efforts pour ménager la réunion législative de l'Angleterre et de l'Écosse. Dans un plan qui a été conservé, il fut amené à poser les bases constitutionnelles de cette réunion, et l'on est heureux et surpris de retrouver sous sa plume, en ce qui touche la prérogative royale, des principes qui pourraient presque être avoués aujourd'hui [1]. Jacques avait tellement à cœur l'union des deux royaumes, qu'il dut prendre en bonne part tout ce qui fut tenté pour l'obtenir. Les temps d'Élisabeth étaient passés. Absolutiste en spéculation, Jacques souffrait l'opposition après l'avoir interdite. Pourvu que le droit divin restât en dehors, il admettait pratiquement la controverse et cédait en disputant. Quand la session prit fin, Bacon avait fait des progrès dans son esprit. Il reçut la patente du titre de conseil du roi [2], avec un salaire de quarante livres et une pension annuelle de soixante, en récompense des services rendus à la couronne par son frère et par lui. Aussi s'offrit-il au roi et à son chancelier Egerton, maintenant lord Ellesmere, pour écrire l'histoire d'Angleterre, et il y préluda par une dissertation sur la grandeur de ce royaume [3]. Ce fragment, qui resta inédit, n'est pas sans valeur, même aujour-

---

[1] *Works*, t. IV, p. 301.
[2] Les titres donnés par patentes sont considérés comme inamovibles.
[3] *Of the Greatness of kingdom of Britain*, t. III, p. 410.

d'hui. Il est cependant inférieur à l'essai qu'on place à la même époque, et qu'il adressa au prévôt du collége d'Eton. C'est l'esquisse d'un traité d'éducation, où sont indiqués les moyens d'aider au développement des facultés humaines [1]. Mais ce n'était là que les avant-coureurs d'une œuvre de toute autre importance.

Malgré cette vie si agitée, il n'avait pas cessé de nourrir les premières pensées de sa jeunesse. La réflexion, changeant de forme plutôt que d'objet, avait enfin posé dans son esprit toutes les bases de ses doctrines, et, comme pour en essayer la nouveauté sur l'intelligence du public, il écrivit en anglais son traité sur la valeur et l'avancement de la science divine et humaine [2]. C'est la première forme de l'ouvrage célèbre *De Dignitate et Augmentis scientiarum*. Il y développait ses vastes projets, et se plaçait au premier rang des écrivains de son temps. Jamais son imagination n'avait été plus échauffée par les grandes conceptions de sa raison. Il se sentait né pour les découvertes, pour les annoncer du moins, sinon pour les faire. Il s'exaltait à l'espérance d'être le réformateur de l'esprit humain ; il rêvait ce qui séduit et enivre le plus la raison, même dans le royaume de l'intelligence, une révolution. Par ins-

---

[1] *A Discourse touching the helps to the intellectual powers*, t. V, lett. 109. Ce morceau, que Montagu place en 1604, est renvoyé en 1613 par Bouillet. (En latin dans son édition, t. III, p. 521.)

[2] *The tvvoo Bookes of Francis Bacon. Of the proficience and aduancement of Learning, divine and humane*, in-4º, Lond., 1605. *Works*, t. J; Bouillet, t. I, p. LXXXIX et p. 5.

tant, il se croyait guéri de toute autre ambition. « Je n'en ai plus, je vous assure, écrivait-il à Cecil ; je ne place plus mon ambition que dans ma plume. Je compte, par mes écrits, transmettre mon nom avec gloire aux siècles futurs [1]. »

Peu d'hommes ont plus que Bacon vécu de la vie de la pensée. Jamais un jour peut-être ne s'écoulait sans qu'il revînt intérieurement à cette grande et chère idée qui domine dans tous ses écrits, et qu'il a reprise, remaniée, renouvelée incessamment, sans jamais parvenir à l'amener à sa véritable valeur ni à lui donner toute sa fécondité. Mais on sent, en le lisant, avec quelle passion d'orgueil et d'enthousiasme il se complaisait, il s'absorbait dans la contemplation du grand but de tous ses travaux. Sans doute il jura mille fois d'y consacrer toutes ses forces ; il était sincère, lorsqu'il répétait qu'il voulait appartenir sans partage à la vérité et à la gloire. Mais cette ardeur pour la spéculation était elle-même toute spéculative. C'était une de ces choses qui remplissent l'esprit et ne gouvernent pas la vie. En disant qu'il s'y dévouait tout entier, il pensait ce qu'il disait ; il le pensait et n'en faisait rien.

Tandis qu'il se nourrissait de méditation et d'espérance, il fallait vivre au milieu des vivants. Des besoins de fortune, de vanité, d'avancement réclamaient son temps. C'était le roi, c'était le Parlement, c'étaient les cours de justice qu'il ne pouvait se défendre d'occuper sans cesse de ses efforts et de son

[1] *Works*, t. VI, p. 47.

nom. L'énumération des travaux de toute sorte dont on trouve les traces dans ses œuvres serait sans terme. Cet esprit actif et facile ne se relâchait pas. Les affaires l'excitaient. Des rivaux, que dans son cœur il méprisait profondément, que du haut du ciel de la philosophie il croyait voir ramper sur la terre, lui opposaient une laborieuse concurrence, et, dans la lutte, il n'était pas toujours vainqueur. Avec une réputation du premier ordre, il ne pouvait sortir des seconds rangs. Arrogant, jaloux et brutal, Coke ne discontinuait pas de lui faire obstacle, de l'humilier par son autorité, de l'insulter quelquefois avec rudesse. Cet homme étrange donnait en plein tribunal d'étranges scènes, et se permettait tout. Sous le règne d'Élisabeth, un jour que devant la Cour de l'Échiquier Bacon présentait, en termes fort modérés, une requête pour la saisie de quelques biens, l'attorney général prit feu tout à coup, et un dialogue commença, qui caractérise le temps et les personnages. « Monsieur Bacon, dit Coke, si vous avez quelque dent contre moi, faites-la arracher, car elle vous fera plus de mal que toutes les dents de votre tête ne vous feront de bien. — Monsieur l'attorney, répondit Bacon, je vous respecte, je ne vous crains pas, et moins vous parlerez de votre grandeur, plus j'y penserai. — Je tiens à honte, reprit le magistrat, d'être sur un pied de grandeur par rapport à vous, qui êtes moins que peu, moins que ce qu'il y a de moindre. » Puis il tint d'autres propos insultants, si bien que Bacon, se redressant sous l'injure, s'écria: « Monsieur l'attorney, ne m'accablez pas ainsi ; car j'ai été votre supérieur et puis l'être encore, s'il plaît à la reine. » Coke l'avertit alors de se mêler de ses affaires et non de celles de la reine, en lui faisant remarquer qu'il n'avait pas prêté serment, ce qui signifiait qu'il n'était point serviteur officiel de la couronne. « Serment ou non, c'est tout un pour un honnête homme, reprit Bacon; j'ai toujours considéré d'abord mon service, et moi ensuite, et je demande à Dieu que vous en fassiez autant. » Il fut si ému de cette scène, qu'il en dressa un récit authentique qui se lit dans ses œuvres. Ces étranges relations ne devinrent pas meilleures sous le nouveau règne. Mais Bacon, se sentant plus soutenu, prit le parti d'adresser à son ennemi une lettre où il se plaint vivement et lui demande, en termes exprès, de changer de manière [1]. Cette lettre assez singulière, qu'il désigne lui-même sous le nom d'*expostulation*, n'est sur le ton ni de la menace, ni de la prière. Elle est écrite avec une franchise de langage qui n'est pas habituelle à l'auteur, quoiqu'on y sente toujours l'inférieur qui se plaint. On ne sait ce que Coke répondit; mais il fut peu après élevé au poste de premier juge de la Cour des Plaids communs, et Bacon reprit espérance. Il s'adressa à Robert Cecil, ou, pour le mieux désigner, au secrétaire d'État comte de Salisbury, croyant enfin toucher à ce poste de solliciteur général qu'on lui avait promis treize ans auparavant. Mais la promotion de Coke ne rendit point la place immédiatement vacante, et ce ne fut qu'après une année employée à supplier le

---

[1] *Works*, t. V, lett. 85; t. IV, *A true Remembrance*, p. 46.

roi et le chancelier, que Fleming étant devenu premier juge du Banc du roi, Bacon atteignit le but de ses infatigables vœux. Le 25 juin 1607, il mit irréparablement le pied sur le sol dangereux des fonctions publiques.

Il ne tarda pas à justifier le choix du roi. A la Chambre des communes, il devint un des meilleurs avocats du gouvernement (1608). Il prit en main la cause de l'union des deux royaumes, la soutint avec habileté en comblant Jacques de flatterie, et n'échoua que devant la résistance du préjugé national. Dans les cours de justice, il effaça bientôt par son zèle et sa capacité le procureur général Hobart, qui n'était qu'un légiste timoré. Bacon ne craignait rien, quand il avait le pouvoir pour lui, et son esprit possédait toute la vigueur qui manquait à son caractère. Il sut toujours habilement plier la loi à la politique, sans rien perdre de son autorité comme jurisconsulte. Quoique beaucoup de gens répugnent à croire qu'un homme de génie puisse être un homme d'affaires, les travaux de Bacon comme solliciteur général et dans tous ses autres emplois, ses arguments, comme on appelle ses conclusions motivées, sont encore fort estimés des gens du métier. Nous renvoyons les lecteurs à des juges plus compétents. Nous noterons, en passant, d'autres travaux. C'est l'époque (1607) où il termina l'ouvrage intitulé : *Cogitata et Visa de interpretatione naturæ*[1], qui contient une suite de vues sur le but des sciences et les moyens de les mettre

---

[1] *Works*, t. IX, p. 162 ; Bouillet, t. II, p. 355.

CHAPITRE IV. — 1609.

dans la voie de l'invention véritable. En d'autres termes, c'est une ébauche du premier livre du *Novum Organum*. Il ne l'imprima pas, mais il l'envoya à l'évêque d'Ely, Lancelot Andrews, comme un prélude à un plus grand ouvrage; à Toby Matthew, fils de l'archevêque d'York et théologien catholique, dont il goûtait le savoir et les conseils, et enfin à sir Thomas Bodley, dont le nom est cher encore à tous les amis des lettres [1]. On voit, par leurs réponses, que la hardiesse de ses réformes intellectuelles inquiétait leur prudence et leur scolastique. Mais en ce genre il ne se laissait pas intimider, et, en 1609, il publia son traité sur la sagesse des anciens, interprétation philosophique de la mythologie, œuvre ingénieuse sans doute et d'une subtilité brillante, mais où l'esprit se joue du bon sens et de la vraisemblance pour établir de douteuses vérités [2].

Il y avait alors un an qu'à la mort du comte de Dorset, Salisbury avait obtenu le titre de grand trésorier. Égal à son père en pouvoir, supérieur encore en lumières, il possédait la confiance du pays, et tant qu'il vécut, il prêta au gouvernement une considération politique que Jacques était si propre à lui faire perdre. Les principes sur lesquels s'était formée la mémorable alliance de Henri IV et d'Élisabeth ne furent point abandonnés; mais Henri IV mourut bientôt, et Cecil ne lui survécut guère que deux années (mai 1612). Lord Howard de Walden, qui lui

---

[1] *Works*, t. V, lett. 96, 97, 98, 99; t. IX, p. 193; Bouillet, t. II, p. 391.
[2] *De Sapientia veterum*, in-8, Lond., 1609; Bouillet, t. III, p. 383.

succéda, n'était pas pour le faire oublier. C'est sous son administration que la place de premier juge du Banc du roi étant devenue vacante, Bacon parvint à y faire transférer Édouard Coke. C'était un commencement de vengeance qu'il tirait de son vieil ennemi; car si le titre de premier juge du Banc du roi était plus élevé, celui de premier juge des Plaids communs était plus lucratif. Dans un mémoire écrit, Bacon représenta au roi la résistance que sa volonté avait souvent rencontrée dans les principes ou le caractère d'Édouard Coke, homme insociable par nature, disait-il, et populaire par habitude. Le changement qu'il conseillait serait, à l'égard de ce dernier, une mesure de discipline, et, pour toutes les cours, un encouragement à la complaisance. Ces raisons ne pouvaient manquer de toucher Jacques Ier. Coke fut contraint de se laisser reléguer dans un nouveau poste, et, peu après, ayant rencontré Bacon : « Monsieur, lui dit-il, ceci est de votre fait. C'est vous qui m'avez porté ce coup. — Ah ! mylord, répondit Bacon, votre seigneurie a tant gagné en largeur dans ces derniers temps, que vous aviez besoin de gagner en hauteur ; autrement vous seriez devenu un monstre. » Flatteur intelligent des prétentions royales, il avait eu soin de faire sentir à Jacques que les Plaids communs conviendraient parfaitement au procureur général, qui était un homme timide et scrupuleux, et que le solliciteur général, d'un tempérament plus vif et qui *allait plus rondement en besogne*[1],

---

[1] *Going more roundly to work*, t. VI, lett. au roi, et *Reasons*

le remplacerait avec toutes sortes d'avantages pour la prérogative royale. Aussi le remplaça-t-il (27 octobre 1613), et son zèle ne tarda pas à tenir toutes ses promesses.

Non content d'appuyer les volontés de la cour dans la Chambre des communes, Bacon épousa toutes ses mauvaises causes et les porta hardiment devant la justice. Grâce à ses soins, Olivier Saint-John, celui qui devait être un jour l'avocat de Hampden, puis solliciteur général et premier juge des Plaids communs sous Cromwell, fut condamné, par la Chambre étoilée, à l'amende et à la prison, pour avoir contesté au roi, dans une lettre imprimée au maire de Marlborough, le droit de lever, sous le nom de *benevolences*, des contributions dites volontaires, dont le refus était tenu pour acte de déloyauté. Grâce à ses soins, et malgré la résistance d'Édouard Coke, Peacham, un vieil ecclésiastique inculpé pour un sermon trouvé chez lui et qu'il n'avait jamais prononcé, succomba devant la Cour du Banc du roi, et finit ses jours en prison [1]. Bacon l'avait fait mettre à la question sous ses yeux, dans la Tour de Londres. L'éloquence et la dextérité, la chicane et la torture, étaient les instruments qu'il mettait au service des odieux préjugés de Jacques Ier. *Gloria in obsequio*, c'est tout ce que je puis offrir à Votre Majesté, écrivait-il au roi en lui demandant la place du chancelier dangereusement malade, et il ne rougissait pas à la seule pensée

why it should be exceedingly much for his majesty's service, etc., p. 70 et 71.

[1] *Works*, t. V, lett. 111, 114, 118, 119; t. VI, p. 78.

d'emprunter ainsi les paroles d'un ami de Séjan forcé de se justifier devant Tibère [1].

Les émoluments attachés à l'office d'attorney général s'élevaient à six mille livres sterling par an; il en gagnait seize cents comme titulaire du greffe de la Chambre étoilée. Presque tout cet énorme revenu se composait de rétributions analogues à ce qu'en France on nommait des *épices*. Ajoutez que ces fonctions ne lui interdisaient pas la plaidoirie des affaires privées, et il continua d'y donner ses soins, jusqu'au moment où le rétablissement de lord Ellesmere lui ayant fermé l'accès de la chancellerie, il prêta serment comme membre du Conseil privé (juin 1616). C'était alors, à quelques égards, le conseil des ministres.

Bacon pénétra donc de plus en plus dans le gouvernement, et trouva de nouvelles occasions de se faire reconnaître du roi pour le plus utile et le plus flexible des serviteurs. Dans une affaire mystérieuse et sinistre, dont les historiens s'occupent encore, il parvint à rendre un service moins reprochable et de ceux que les princes n'oublient pas. Robert Carr, d'abord vicomte de Rochester, puis comte de Somerset, avait été longtemps, par des motifs qu'on n'ose approfondir, le favori du roi, qui s'était plu à lui apprendre le latin. Son crédit déclinait déjà, lorsqu'une accusation d'empoisonnement l'amena devant la Chambre des lords. Il avait enlevé lady Frances

---

[1] *Tibi summum rerum judicium Dii dedere: nobis obsequii gloria relicta est.* — Tacite, *Ann.*, VI, 8; *Works*, t. V, lett. 127, cf. lett. 113, 115, 126, 128.

Howard à son premier mari, le fils du malheureux comte d'Essex, et, par un divorce scandaleusement obtenu, il en avait fait sa femme. Sir Thomas Overbury, confident de tous deux, leur étant devenu importun, ils avaient réussi à le faire mettre en prison. Là, après une longue détention, le poison les en délivra secrètement. La découverte du crime se fit attendre; elle tarda autant que dura la faveur de Somerset. Mais dès qu'un autre favori se fut montré sur l'horizon, les soupçons s'élevèrent et la justice s'émut. Dans cette étrange affaire, le crime avait été à chaque pas facilité ou protégé par la puissance que donne la faveur royale. L'accusation demandait donc à être soutenue avec adresse. L'attorney général, chargé de la poursuivre, sut concilier des devoirs opposés et atteindre les coupables, sans les pousser aux extrémités que le roi pouvait craindre [1]. On doit croire que l'habileté de Bacon coûta bien quelque chose à la stricte justice, et que la vie du principal accusé fut épargnée pour acheter son silence, tandis que les agents secondaires du crime furent sacrifiés. Somerset avait eu tous les secrets du prince; sa femme était fille du lord trésorier. Tous deux restèrent quelques années à la Tour, puis allèrent vivre à la campagne avec une pension de quatre mille livres sterling, et, par l'ordre du roi, les armoiries d'un condamné pour félonie n'en restèrent pas moins suspendues dans la chapelle de Windsor.

[1] *Works*, t. V, lett. 134, 136, 137, 138, 139, 140; t. VI, p. 94, 96, 104.

Bacon était maintenant assez puissant pour se venger de sir Édouard Coke. Le grand légiste se faisait haïr par ses qualités autant que par ses défauts. Insolent et gauche, indépendant et sévère, en maintenant, autant par orgueil que par conscience, l'autorité de sa charge et celle de la loi ; en contrariant, par ses arrêts, quelques-unes des honteuses transactions qui enrichissaient les courtisans, il était devenu populaire. Cependant sa dernière promotion, diminuant sa fortune, avait augmenté son importance. Il s'intitulait fièrement premier juge, non du Banc du roi, mais du royaume ; et, malgré les efforts de son adroit rival pour le rendre suspect au roi, il demeurait un candidat indiqué pour le poste de chancelier, que la santé déclinante d'Ellesmere allait rendre bientôt disponible. Bacon répétait bien au roi de vive voix et par écrit, tantôt que faire Coke chancelier c'était mettre un caractère dominateur dans un poste de domination, tantôt qu'il vaudrait mieux tirer parti de son talent pour les finances en le plaçant à la trésorerie, tantôt enfin que *les hommes populaires n'étaient pas de sûres montures pour la selle de Sa Majesté* [1]. Il dénonçait à propos tous les cas où, par ses décisions, Coke avait pu amoindrir ou entraver l'arbitraire royal, et il parvenait même à le faire tancer à White Hall par le roi en personne et devant tous les juges réunis. C'est dans cette occasion que le fier magistrat, rendu plus inflexible par la lutte même, au milieu de ses collègues, qui promettaient

---

[1] *Works*, t. V, lett. 135.

de conformer leur jurisprudence aux volontés souveraines, fit au roi cette belle et simple réponse : « Le cas échéant, je ferai ce qu'il conviendra que fasse un juge. » Il restait donc debout et presque menaçant. Mais le bonheur — ou le malheur — de Bacon voulut que sir Édouard s'opposât à ce que le titre de greffier en chef du Banc du roi, sinécure qui valait quatre mille livres sterling par an, fût, après avoir été promise à Somerset, transmise à son rival heureux, George Villiers. Cela suffit pour donner de la valeur à tous les reproches élevés contre Coke. On l'accusa d'excès de juridiction, de prétentions exorbitantes ; on releva dans ses recueils de décisions judiciaires certaines opinions comme contraires aux droits de la prérogative royale. Bacon se donna la mesquine satisfaction de lui écrire une lettre où, du ton d'un intérêt hypocrite, il l'engage à s'amender, lui offre autant de conseils qu'il trouve de torts à lui reprocher, et le torture tout à son aise en invoquant la charité chrétienne. Cité devant le Conseil privé, Coke fut réprimandé ; il entendit à genoux sa sentence : elle lui interdisait l'entrée du Conseil tant qu'il plairait au roi, le privait du droit d'aller tenir, pendant l'été de 1616, les assises des comtés de son ressort, et lui enjoignait d'employer ses vacances à corriger, sous l'inspection d'une commission de censure, la doctrine de ses arrêts, que l'absolutisme pédantesque de Jacques déclarait séditieuse. On le menaça même de le renvoyer devant la Chambre étoilée, et, quelques mois après, son office de juge lui fut même enlevé. Son successeur, sir Henri Montague, disposa comme on l'entendait du greffe du Banc du roi, et Bacon réunit à ses anciens titres celui de chancelier du duché de Cornouailles [1].

Son crédit était assuré par un crédit plus puissant. De bonne heure son œil perçant avait reconnu dans sir George Villiers le successeur certain du comte de Somerset, et il lui voua un attachement plus heureux et plus fidèle que celui qui l'avait lié au comte d'Essex. De ces deux favoris vains, ardents, légers, si peu propres à gouverner un grand empire, celui d'Élisabeth était le plus distingué par les talents comme le plus aimable par le caractère. Ce fut le plus malheureux; le moins digne conserva son pouvoir sous deux règnes et jusqu'à sa mort, pleurée du prince dont il prépara la perte.

A vingt-trois ans, Villiers avait attiré par sa bonne mine les regards séduits de son souverain. A vingt-quatre, il était grand écuyer, et il avait été fait successivement chevalier, baron, vicomte Villiers, comte de Buckingham. En s'attachant à lui, Bacon, qui raisonnait toujours à merveille sur le gouvernement, et qui aurait bien voulu trouver dans le pouvoir une sagesse qui justifiât son dévouement, lui adressa, sous forme épistolaire, un plan de conduite qu'on pourrait appeler le Parfait Favori [2]. C'est presque un traité de la pratique du gouvernement, écrit avec un soin minutieux et un excellent jugement. On y trouve plus

---

[1] *Works*, t. VI, p. 84, 123, 131 et 132.

[2] *Advice to sir G. Villiers*, etc., *when he kame favorite to king James* — *Works*, t. III, p. 429.

d'un conseil où la morale éclaire la politique, et qu'oublia souvent celui qui l'avait donné.

C'était pour Villiers que Somerset et Coke avaient été renversés. L'artisan de leur ruine eut sa récompense. Au mois de mars 1617, le chancelier Ellesmere, vaincu par l'âge et la maladie, rendit au roi le grand sceau, qui fut aussitôt confié aux mains de sir Francis Bacon. Le nouveau lord keeper se hâta d'écrire à Buckingham qu'il était « le plus véritable et le plus parfait miroir et exemple de ferme et généreuse amitié qu'on eût jamais vu à la cour[1]. » Un contemporain, sir Anthony Weldon, ajoute qu'en même temps il s'engagea à servir, sur les émoluments de sa nouvelle charge, une bonne pension à Villiers, comme faisaient tous ceux qui lui devaient leur emploi. C'est le même écrivain qui dit, en parlant de l'illustre chancelier : « Il n'a été possible qu'à un siècle indigne et corrompu en hommes et en mœurs de juger cet insigne drôle (*an arrant knave*) digne d'un poste aussi honorable. » — « Tout ce qui était grand et bon l'aimait et l'honorait, » dit John Aubrey, qui peut aussi passer pour un contemporain. Voilà les jugements que la postérité doit concilier [2].

Aucun des hommes dont le nom marque une époque de l'esprit humain n'a fait, je crois, une telle fortune politique. Nul philosophe, chez les modernes,

---

[1] *Works*, t. V, lett. 169.
[2] *The Court and Character of king James*, by sir A. Weldon, dans la *Secret history of the court of James I*. 2 vol. in-8, Lond., 1811. — J. Aubrey, *Lives of eminent men*, t. II, part. I, n° IV, p. 221.

n'a été appelé à participer d'aussi haut au gouvernement d'un grand pays. Mais, disons-le en baissant les yeux, l'épreuve ne fut pas glorieuse à la philosophie, et s'il fallait en juger sur ce seul exemple, le souhait de Platon serait un de ces vœux chimériques qui délivrent le vulgaire de la peine d'ajouter foi au génie. Non, il ne serait pas vrai que le bon gouvernement dépendit de l'union de la philosophie et de la puissance, et les hommes gagneraient peu à voir les philosophes devenir rois. — Mais ce danger n'est pas fort à craindre.

CHAPITRE V.

1617—1620.

Bacon ministre. — Gouvernement de Jacques Ier. — Rapports de Bacon avec Buckingham. — Il est nommé pair et chancelier. — Procès de Raleigh; procès de Yelverton. — Publication du *Novum Organum*. — Nouveau titre et grandeur de Bacon.

« Il y a des hommes, anges ailés par la science, par les passions, serpents qui rampent sur la terre. » Nous ne pouvons, après un grand écrivain, nous défendre du souvenir de cette phrase de Bacon, en considérant comme ministre l'auteur du *Novum Organum* [1]. Le cabinet dont il faisait partie a peu d'éclat historique. Salisbury, en mourant, avait laissé à Thomas Howard, comte de Suffolk, le rang de premier ministre, sous le titre de grand trésorier, poste analogue à celui qu'occupe aujourd'hui le premier lord de la trésorerie. Suffolk était un homme médiocre et faible, dominé par une femme impérieuse dont la rapacité le perdit. Des deux secrétaires d'État, l'un, sir Ralph Winwood, ne manquait pas de capacité, connaissait l'Europe et se montrait attaché

[1] *De Dignit. et Augm. scient.*, l. V, c. I; Macaulay, *Essays*, t. III, p. 55.

à sa religion et à la bonne politique ; l'autre, sir Thomas Lake, prouva, dans une triste épreuve, de l'indépendance et de l'honneur [1]. Mais tous deux n'avaient qu'un an ou deux à rester ministres. Herbert, Naunton, Calvert, Conway qui leur succédèrent rapidement, ne jouèrent qu'un rôle assez obscur. D'ailleurs l'influence prépondérante était aux mains de Buckingham, qui se passa bientôt la fantaisie de joindre à ses charges de cour celle de lord grand amiral. Il semblait ne convoiter le pouvoir que pour augmenter, par toutes les voies, son faste insolent. C'était le favori dans tout le mauvais sens du mot, un de ces hommes qui font du gouvernement leur moyen et non leur but, et qui semblent mis au monde pour décrier et perdre les monarchies. On le vit bien quand régna Charles Ier. Sous Jacques, il n'eut que sa large part des fautes impunies d'un cabinet médiocre, que maîtrisait un prince exigeant et faible, inique au besoin, plein de prétentions et de petitesses, jaloux d'une autorité qu'il employait mal, bigot, absolu, pédant, et pour qui les mots de gloire et de liberté n'avaient aucun sens. Son chancelier s'élevait de toute la tête au-dessus du royal entourage ; mais il ne semblait occupé que de ramener ses facultés au niveau de son caractère. Toujours le front incliné devant l'autorité suprême, il ne savait que la servir avec une adresse empressée dans le sens de ses

---

[1] Voyez l'histoire du procès de sa femme et de sa fille, dans les *Mémoires de la cour de Jacques Ier*, par Lucy Aikin, t. II, chap. XVIII, et dans les lettres de Bacon, *Works*, t. V, lett. 228, et t. VI, p. 235 et suiv.

préjugés, de ses faiblesses ou de ses passions. Pas une page de l'histoire n'atteste que Bacon ministre ait honoré une de ses journées par un noble conseil, par une digne résistance, par une généreuse initiative.

Nous ne le rendrons pas responsable de la politique extérieure de Jacques Ier. A cette époque, l'unité du cabinet et sa communauté d'action n'étaient établies ni en principe, ni en fait. La diplomatie et la guerre étaient réservées au roi ou à quelques conseillers plutôt confidents que ministres, et le chancelier n'était consulté en ces matières qu'autant qu'il savait se rendre indispensable. Bacon a toujours paru attaché aux principes de la politique d'Élisabeth ; mais, avec son ambition un peu subalterne, sa capacité un peu spéciale, plus touché des avantages du pouvoir que curieux d'en accroître la responsabilité, occupé incessamment de la direction de toutes les affaires compliquées qu'un gouvernement délègue ou renvoie à la justice, il a pu s'abstenir par prudence et n'être pour rien dans les tergiversations, les variations et les fautes qui amenèrent par toute l'Europe la décadence du nom anglais et de l'intérêt protestant. Quinze années se passèrent, en effet, pendant lesquelles l'Europe dut s'apercevoir du vide immense que laissent après eux des souverains comme Élisabeth et Henri IV, et la cause de la bonne politique put paraître à jamais désespérée. Mais en France, Richelieu la releva, et Henri IV put être moins regretté. Le fils de Marie Stuart ne fit en aucun temps à ses sujets l'illusion de la grandeur, et c'est le destin de cette dynastie que l'Angleterre ne lui dut pas un jour de gloire.

Bacon, du moins, montra-t-il dans les affaires du dedans cette capacité supérieure dont les effets peuvent racheter le temps perdu par un homme de génie fourvoyé dans le gouvernement ? On cite quelques parties de la législation anglaise si confuse et si compliquée, dont il a projeté la réforme ou l'amélioration; le plan d'un code pénal qu'il eût voulu faire succéder à cet amas de statuts et de précédents de tous les âges ; quelques affaires contentieuses savamment éclaircies ou habilement conduites [1]. Son esprit fertile en projets, épris des généralités, méditait en toutes choses des refontes, des révisions, des réorganisations méthodiques. Il devançait, en tout comme en philosophie, l'idée moderne de la codification. Mais il lui manqua toujours ce qu'il faut pour oser les réformes après les avoir conçues : partout, et s'il est permis de le dire, même en philosophie, il lui manqua cette forte logique et cette résolution d'esprit, cette hardiesse efficace et féconde qui réalise les idées et applique les systèmes. Comme ministre, occupé de maintenir sa position, de se ménager près du roi, de conserver ses appuis, plus avide de grandeur que de pouvoir, il était peu propre à rien faire de décisif et de durable. On sait seulement, par les mémoires et les documents contemporains, on sait, par sa correspondance même, avec quelle complaisance le plus illustre des chanceliers d'Angleterre sut

---

[1] Voyez, dans ses *Œuvres*, les tomes III, IV et VI, *passim*.

plier la justice au caprice de Jacques et de Buckingham ; comment, au mépris de ses promesses inaugurales, il autorisa des abus dommageables à la fortune publique ; comment des concessions de monopoles à des clients ou à des prête-noms du favori furent scellées du grand sceau et maintenues par des actes de contrainte qu'autorisèrent des arrêts de chancellerie. On sait que, dans les procès de son ressort, jamais l'intervention de Buckingham ne fut impuissante ou même dissimulée. On sait que jamais l'indépendance du magistrat ne fut en honneur auprès de celui qui était à lui seul tout un tribunal. Bacon, sans doute, ne fit souvent que suivre des principes qu'il aurait avoués. *Gloria in obsequio* est une devise qui dégrade d'avance le caractère d'un juge. Dans ses Essais, il écrit sans aucun scrupule : « En ce qui touche le prince ou l'État, les juges avant tout doivent avoir fixé dans leur mémoire le dernier article des Douze tables : *Salus populi suprema lex*, et tenir pour certain que les lois qui ne sont pas ordonnées à cette fin sont des choses captieuses et des oracles mal inspirés. Aussi est-il expédient que le roi ou l'État délibère bien souvent avec les juges, et par suite que les juges consultent bien souvent le prince et l'État ; l'un, quand dans les délibérations politiques intervient une question de droit ; les autres, quand, en matière légale, interviennent des considérations d'État... Que les juges se rappellent que le trône de Salomon était de chaque côté soutenu par des lions ; qu'ils soient des lions, mais des lions sous le trône [1]. » Qui

---

[1] *Essai* LIV ; édit. Bouillet, t. III, p. 371.

sait même si ces principes paraîtront d'un autre siècle? Bacon, apparemment, aurait pu s'autoriser de plus d'un exemple. Examinée de près, la vertu moyenne d'un chancelier d'Angleterre ou de France, vers ces temps-là, pourrait n'être pas trouvée de beaucoup supérieure à la sienne. Aux principes de moralité politique qui régnaient dans les deux cours, nous lui accordons volontiers qu'il fit à peu près comme les autres. Mais cette excuse, il n'en faut pas exagérer la valeur; trop de nobles exceptions prouvent qu'on peut toujours se distinguer de la foule, et quand un homme est de ceux dont l'esprit s'énorgueillit de surpasser leur siècle, il est fâcheux qu'il se contente d'avoir la conscience de tout le monde.

Dès que Bacon fut revêtu de sa nouvelle dignité, il donna à son installation la solennité la plus imposante. Quand il partit de Gray's Inn pour Westminster, en pompeux cortége, faisant porter le grand sceau devant lui, un de ses confrères de la même compagnie de jurisprudence dit, le voyant se mettre en marche : « Nous vivrons bien peu, si nous ne le voyons revenir ici en plus modeste équipage. » A Westminster, après le serment, il fit un discours en forme de programme qui semblait annoncer les plus beaux jours à la magistrature dont il était le chef. Il donna ses instructions au monde judiciaire. Ce fut son constant usage que de beaucoup communiquer avec les juges et les officiers supérieurs de la loi; il les réunissait souvent, les associait autant que possible à l'action du gouvernement, et, en exigeant de la justice un concours qui malheureusement ressemblait fort à la dépendance, il lui prescrivait, plus encore par son exemple que par ses ordres, l'activité, la célérité, le dévouement assidu aux devoirs de la profession. Du magistrat, il avait toutes les qualités, excepté les vertus indispensables.

Le roi voyageait en Écosse, et Bacon, en son absence, avait le rang, sinon peut-être le titre, de lord protecteur. Il tenait une véritable cour, et recevait les ambassadeurs dans la salle royale des banquets de White Hall. Un peu infatué de sa grandeur, il crut l'occasion favorable pour donner cours à ses longs ressentiments contre sir Édouard Coke. Le vieux légiste avait une fille qui devait hériter de sa grande fortune et de celle de lady Hatton. Il voulait la marier à sir John Villiers, frère de Buckingham. Mais la mère y était fort opposée; elle avait conservé sur Bacon une réelle influence, et d'ailleurs il voyait un retour possible de faveur pour son ennemi dans cette union, négociée par le secrétaire d'État Winwood, que ses hauteurs avaient offensé. Il usa des pouvoirs de sa charge, qui faisait de lui le tuteur des familles, pour encourager lady Hatton à enlever sa fille à son mari ; et quand celui-ci réclama, il invoqua en vain l'autorité du lord keeper ; il lui fallut, armé d'un mandat délivré par le secrétaire d'État, user de la force pour reprendre son enfant. Aussitôt Bacon le fit poursuivre pour violence par le procureur général ; il alla jusqu'à menacer d'un procès Winwood, qui avait signé le mandat. Égaré par la haine et par une singulière présomption, il entreprit de faire approuver sa conduite par le roi et par Buckingham lui-même [1]. Il poussa l'imprudence jusqu'à laisser, dans ses lettres à Jacques, des insinuations contre le favori. Des réponses sévères et très-sensées au fond ne se firent pas attendre. Sir John Yelverton, le solliciteur général, qui voyageait avec le roi, avertit Bacon qu'il préparait, par ses imprudences, un triomphe à sir Édouard Coke. Éclairé enfin sur sa faute et son danger, Bacon attendit avec anxiété le retour de son maître. En le revoyant, il n'épargna pour l'apaiser aucune soumission, et Buckingham, insensible à ses lettres apologétiques, lui refusa longtemps l'honneur de l'admettre à lui demander pardon. Il le reçut enfin, et le malheureux ministre se jeta à ses genoux. Il obtint sa grâce; mais le mariage qu'il craignait fut célébré. Sir Édouard Coke fut rétabli sur la liste du Conseil privé (septembre 1617), et ce jour enchaîna Bacon sans retour au favori qui venait de l'amnistier.

En prenant le grand sceau, il avait annoncé l'intention de ne l'appliquer à aucune patente de monopole. Mais il avait perdu le droit de rien refuser à Buckingham. Les monopoles furent prodigués sans mesure et scellés sans résistance. La chancellerie ne fut plus qu'un instrument. Aussi, le 4 janvier 1618, peu de jours après avoir scellé pour Buckingham les lettres patentes de marquis, le lord keeper fut-il fait lord chancelier. La pairie se fit peu attendre, et le 1er septembre suivant, sir Francis Bacon devint lord Verulam. Il avait pris ce titre de l'ancien nom

---

[1] *Works*, t. V, l. 181, 182; t. VI, p. 157-171.

d'une ville romaine du Hertford, d'où celle de Saint-Albans tire son origine, et qu'il voulut reconstruire sur le plan de ses antiques ruines [1].

Quelques mois après, sir Walter Raleigh débarquait à Plymouth; il revenait d'une expédition sur les côtes de l'Amérique du Sud. Toute sa vie il avait, suivant une croyance encore fort répandue, rêvé l'existence dans ces parages d'une *région dorée,* comme on disait, *El Dorado,* ou du moins de mines riches en métaux précieux. Tenté par cette proie, le roi, que pressait le besoin d'argent, avait, par les conseils du secrétaire d'État Winwood, tiré Raleigh de sa prison [2], et, sans lui octroyer de lettres de grâce, il l'avait investi du commandement militaire d'une escadre, lui laissant le soin de la former à ses frais et de la conduire à la recherche des mines d'or à la Guyane ou sur les bords de l'Orénoque (1617).

L'expédition n'avait point réussi; mais il paraît que la simple tentative avait entraîné les Anglais et leur aventureux commandant à quelques hostilités

---

[1] Le nom de la ville romaine disparut par la fondation d'une célèbre abbaye en l'honneur de saint Alban, sous le règne d'Offa, roi des Merciens. Verulam House fut bâti par Dobson, architecte de Bacon, à un demi-mille de la ville. Même en Angleterre, on appelle encore quelquefois le chancelier lord Bacon; mais cela n'est pas plus régulier que si l'on donnait à lord Chatham le nom de lord Pitt. Bacon s'est appelé successivement Bacon, sir Francis, lord Verulam, lord Saint-Alban.

[2] On avait eu de bonne heure cette pensée, que l'on mit plusieurs années à réaliser; car voici ce qu'on lit, dès 1611, dans la correspondance de l'envoyé de France:

« Je crois vous devoir donner avis d'une chose qui se passe ici qui est de conséquence, c'est qu'il y a un seigneur prison-

contre les Espagnols postés sur cette côte, et le petit fort de Saint-Thomas qu'ils occupaient avait été brûlé. Le roi d'Angleterre était alors en paix avec l'Espagne et songeait à marier, avec une infante, Charles, prince de Galles. Sur la plainte de l'ambassadeur Gondomar, il ordonna d'arrêter Raleigh à son arrivée et de lui faire son procès. La sentence de mort, rendue quatorze ou quinze ans auparavant contre lui pour haute trahison, n'avait point été exécutée ; mais plus de douze années de prison semblaient une peine suffisante, et le prince l'avait jugée telle, en lui rendant la liberté et en lui conférant peu après l'autorité d'un amiral. Les juges, consultés par le chancelier, pensèrent que la première condamnation, n'ayant pas été anéantie par des lettres d'abolition, subsistait, et que si elle ne permettait pas de lui intenter un nouveau procès pour un délit moindre, elle demeurait toujours exécutoire suivant sa forme et teneur. Ce fut aussi l'avis de lord Bacon [1], et en

nier dans la Tour, il y a deux ou trois ans, qui est un très-habile homme et des plus grands capitaines de mer de ce siècle, nommé Raleigh, qui a toujours fait la guerre cruelle aux Espagnols. Essayant de moyenner sa liberté, il a fait un discours secret de l'utilité de la guerre contre l'Espagne. Ce prince a voulu voir et a goûté, à ce que l'on m'a dit, ce traité, où les raisons sont vivement touchées de l'utilité de cette guerre. On parle de le mettre en liberté, lui armer des vaisseaux, et lui donner des gens de guerre pour aller en un lieu des Indes où il sait une mine d'or, dont il a fait les preuves par quelque essai qu'il en a fait apporter. Ils ont besoin ici d'une rencontre comme cela, car l'argent y est fort rare. » (Dépêche manuscrite de Spifame de Buysseaux à Villeroi, du 26 avril 1611.)

[1] *Works*, t. IV, p. 204, 210.

vertu d'un arrêt, vieux de près de seize ans, sir Walter Raleigh, au mois d'octobre 1618, eut la tête tranchée. C'est un des actes les plus odieux d'un odieux règne. Guerrier, navigateur, colonisateur, savant, historien, poëte, politique et courtisan, Raleigh est un des personnages les plus extraordinaires de ce temps. Ses fortunes diverses, ses découvertes, ses exploits, ses écrits, ses fautes, des traits héroïques, d'indignes intrigues, une vie d'aventurier, une mort admirable, répandent l'intérêt le plus varié sur l'histoire de cet homme remarquable, qui fut bassement sacrifié par son roi à la jalousie de l'Espagne, et par Bacon à la lâcheté de son roi. Raleigh n'appartenait-il pas d'ailleurs à cette élite intellectuelle qui illustrait l'émancipation du seizième siècle, et Bacon pouvait-il ignorer qu'il laissait immoler un des artisans de la grande restauration des sciences et des esprits ?

Deux condamnations, justes peut-être, mais que l'esprit de justice ne dicta pas, signalèrent ensuite le pouvoir de Buckingham et la complaisance du chancelier. Le lord trésorier comte de Suffolk, traduit, avec sa femme, pour avoir trafiqué des deniers publics, devant la Chambre étoilée, alors présidée par Édouard Coke, fut condamné à l'amende et à la prison. Buckingham fit réduire la peine moyennant sept mille livres sterling, et vendit au prix de vingt mille la trésorerie avec le titre de chancelier de l'Échiquier et la pairie, au premier juge du Banc du roi, sir Henri Montague, qui devint successivement baron Kimbolton, vicomte Mandevil, comte de Manchester (14 décembre 1620).

Le second procès fut celui du procureur général, sir Henri Yelverton, que la Chambre étoilée, sous la présidence de Bacon lui-même, eut à juger pour avoir inséré dans une charte octroyée à la Cité de Londres des clauses contraires, disait-on, à la volonté et à l'honneur du roi. Lord Verulam se plaignit pathétiquement d'avoir à se montrer si rigoureux envers un ancien ami, un confrère de Gray's Inn, un collègue plein de mérite, avec lequel il avait servi longtemps. Yelverton n'en fut pas moins condamné à la prison et à quatre mille livres d'amende. « Je suis à demi mort d'avoir siégé près de huit heures, écrivait Bacon à Buckingham en lui rendant compte de l'affaire. Je laisse à d'autres le soin de dire comment j'ai manié la cour. Mais les choses se sont passées au grand honneur de Sa Majesté [1]. » Le criminel d'État, en recevant la place d'attorney général, avait donné quatre mille livres au roi, sans en rien réserver pour le favori ; il avait légèrement parlé du chancelier, et protesté contre quelques patentes de concessions irrégulières. Cela explique sa condamnation,

---

[1] *Works*, t. VI, p. 258-260. Ces paroles sont extraites d'une lettre de Bacon du 11 novembre 1620. Le procès traîna cependant plus longtemps. Yelverton était appuyé par le public contre la cour, et le Parlement, qui se réunit bientôt, parut s'intéresser à lui. Il fut au moment d'être sauvé ; mais Buckingham le menaça en secret, l'intimida, le força à rétracter des propos tenus sur certains abus dénoncés au Parlement, et parvint à le faire condamner ensuite pour calomnie envers le roi et lui. Tout cela est bien expliqué dans les dépêches de M. de Tillières, envoyé de France, dép. du 29 mai 1621; Biblioth. imp., Mss. fond. Saint-Germain, n° 767.

et ces condamnations, à leur tour, expliquent le Long Parlement.

Ce fut le moment de la plus haute fortune de Bacon; et comme il lui resta toujours assez d'élévation d'esprit pour placer dans sa personne le philosophe au-dessus de tout le reste, il interrompit le cours des menées d'une lâche ambition pour travailler à l'honneur immortel de sa mémoire. Après quinze ans de silence sur les matières philosophiques, il donna au monde le livre dont la première ébauche datait de 1585, et qui sans cesse retouché, après avoir été recommencé jusqu'à douze fois, peut être regardé comme la pensée de sa vie. C'est le *Novum Organum*; « celui de mes ouvrages, a-t-il écrit, auquel j'attache le plus de prix [1]. » En lui donnant ce titre, il annonçait hardiment l'intention de remplacer l'*Organon* d'Aristote, c'est-à-dire de détrôner, en même temps que la logique, celui qu'il appelait le dictateur des sciences. En outre, la nouvelle logique n'était présentée que comme l'instrument d'une vaste réforme et la seconde partie d'un plus grand ouvrage, dont le prologue, la préface et le plan général étaient compris dans le même volume, sous le titre mémorable d'*Instauratio magna* [2]. Le tout était dédié à celui qui rappelait Salomon par la sagesse, par la paix, par le cœur et par les écrits. En allumant devant Jacques Ier « ce nouveau flambeau dans les ténèbres de la philo-

---

[1] *De Bell. sac.*, Epist. ded., 3; Bouillet, t. III, p. 491.

[2] Instauratio magna sive Novum Organum. Accedit parascue (*sic*) ad historiam naturalem et experimentalem. Fol, Lond., 1620.

sophie, » il pensait accomplir la prophétie de Daniel : *Multi pertransibunt et augebitur scientia.* Cette parole était fièrement gravée au bas d'un frontispice où l'on voyait un vaisseau près de franchir les colonnes d'Hercule. On doit trouver un peu d'étalage dans cette manière de philosopher. Mais Bacon pensait sérieusement remplir une mission donnée par la Providence[1]. Quelquefois cependant il avait parlé de lui avec une modestie plus agréable : « Je ne suis, disait-il dans une lettre à lord Salisbury, qu'un sonneur de cloche qui se lève le premier pour appeler les autres à l'église [2]. » Mais l'âge et les progrès de la fortune avaient haussé son orgueil. Il n'éprouvait plus qu'une crainte, c'était de prendre son vol trop au-dessus de la tête des hommes [3]. Dans les lettres qu'il joignit à l'envoi d'exemplaires de l'*Organum*, nous apprenons à connaître ses sentiments. Il fit hommage de son livre au roi, à Buckingham, aux Universités de Cambridge et d'Oxford. Celle-ci poussa la gratitude jusqu'à nommer maître-ès-arts le jeune homme qui lui apporta le livre de la part de Bacon [4]. Les réponses qu'il reçut contiennent plutôt des compliments que

---

[1] *Novum Organum*, I, aph. 95, cf. *De Augm.* II, X, et *Redarg. philos.*; § 62 ; Bouillet, t. I, p. 152; t. II, p. 56 et 450.

[2] *Works*, t. V, lett. 78 et 82. C'est la pensée qu'exprimait Campanella en jouant sur son propre nom. « Je ne suis que la cloche qui annonce une aurore nouvelle. »

[3] I have just cause to doubt that it flies too high over men's heads. Lett. à Lancelot Andrews, Bouillet, t. III, p. 492.

[4] William Moyle, le 4 novembre 1621 ; *Athen. oxon., Fast.*, t. V, part. I, p. 596 ; *Works*, t. V, lett. 242, t. VI. p. 252, 256.

d'intelligents éloges. Pas plus le roi que le favori, pas plus le favori que les universités ne devaient comprendre la portée de l'œuvre nouvelle. Distinguons cependant l'accueil que firent au *Novum Organum* sir Henri Wotton et sir Édouard Coke. Le premier, alors à Vienne, était un diplomate expérimenté qui cultivait les sciences de son temps, et qui reçut par les mains de Thomas Meautys, comme lui parent du chancelier, le livre « éternel bienfait pour tous les enfants de la nature et pour la nature elle-même qui n'eût jamais de plus noble interprète. » On voit par ces termes de sa lettre qu'il sentait toute la valeur d'un tel présent, et qu'il avait droit de s'enorgueillir d'une certaine fraternité d'études avec lord Bacon [1]. Quant à Coke, on montre encore à Holkham, en Norfolk, dans la bibliothèque du comte de Leicester, son descendant, un exemplaire du *Novum Organum*, et sur la page du titre ces mots : *Edw. C. ex dono auctoris*; puis au-dessous, de la main du sévère magistrat, cette rude leçon en vers latins : « Conseil à l'auteur. — Tu entreprends de restaurer les enseignements des anciens sages; restaure auparavant les lois et la justice. » Plus bas, et en vue de la vignette emblématique du navire franchissant les colonnes d'Hercule, l'inculte légiste avait écrit un distique anglais dont le sens est que le livre serait bon à mettre dans la cargaison du vaisseau de la folie [2]. La vé-

[1] The pride I take in a certain congeniality with your lordship's studies; *Works*, t. VI, p. 240.

[2] Le distique anglais est une allusion à une satire célèbre de Sébastien Brandt (1480), traduite en anglais par Alexandre

rité a dicté le conseil et le préjugé l'épigramme.

Quoique le *Novum Organum* soit loin d'avoir obtenu dès le premier jour un succès égal à sa renommée, il rehaussa encore la position du chancelier. Jamais elle ne parut plus digne d'envie. Sa puissance n'avait d'autres limites que celle de son crédit auprès du marquis de Buckingham. Le roi louait ses œuvres et ses services; ses ennemis avaient éprouvé son adresse à les atteindre. Son activité, qui se montrait égale dans la politique, la justice, la littérature et l'intrigue, était partout dirigée par des facultés supérieures, et il était à la fois admiré pour ses talents, redouté pour son influence, aimé pour l'affabilité de son accueil et l'agrément de sa conversation. Entouré d'une nombreuse clientèle, il vivait magnifiquement, soit à Gorhambury, où il avait appliqué les idées de son *Essai sur l'art des jardins* [1], soit à York House, la résidence paternelle dont il avait repris possession. C'est là que le 22 janvier 1621, il célébra le soixan-

---

Barklay, en 1508, sous ce titre : *The shyp of follys of the world.* Les vers latins sont comme il suit :

> Auctori consilium
> Instaurare paras veterum documenta sophorum
> Instaura leges justitiamque prius.

(Éd. Montagu, t. XVI, part. II, not. BBB.)

[1] Les dépenses de Bacon et de son père dans cette résidence avaient été considérables. Il avait des prétentions d'architecte. Verulam House était une construction dirigée par lui et par Dobson, le père du peintre. Nous en avons une description détaillée, ainsi que de ses jardins. Le tout ne paraît pas de fort bon goût, et fut détruit ou transformé peu d'années après sa mort. (J. Aubrey, *Lives*, t. II, part. I, p. 228-235.)

tième anniversaire de sa naissance dans une brillante réunion d'amis et d'admirateurs, et que le poëte Ben Jonson, plus recherché dans le grand monde que ne l'avait jamais été Shakspeare, célébra dans ses vers *l'heureux génie du lieu*, en demandant *une coupe profonde et couronnée* pour *chanter*, *en le louant*, *la sagesse de son roi* [1].

Peu de jours après, cette sagesse se signalait en donnant à Bacon un titre nouveau. Ayant pour ses témoins le prince de Galles et les premiers personnages de l'État, le marquis de Buckingham portant sa robe et lord Wentworth sa couronne, Bacon recevait à Theobalds ses lettres-patentes de vicomte de Saint-Alban. Mais, trois jours plus tard, un nouveau Parlement s'assemblait.

[1] *Underwoods*, LXX; *B. Jonson's works*, t. VIII, p. 440.

CHAPITRE VI

1621.

Ouverture du Parlement. — Première dénonciation contre Bacon. — Il est mis en accusation. — Son procès et sa condamnation.

Au milieu de toutes ses splendeurs, lord Saint-Alban[1] était loin d'apercevoir ce que lui réservait un prochain avenir. Il se doutait encore moins qu'après le sien viendrait bientôt le châtiment du triste gouvernement qu'il servait. Aussi profondément peut-être que le dernier des courtisans, il ignorait ce qui fermentait dans un pays où étaient nés déjà Pym et Hampden, Cromwell et mistress Hutchinson, où grondaient dans l'ombre les futurs accusateurs de Buckingham, de Strafford, de Charles Ier. Il n'y avait guère qu'un an que dans le plus solennel de ses ouvrages, il avait dit au roi : « De même que les corps

---

[1] Saint-Albans, ville du Hertfordshire, donne maintenant son nom à un duché créé en 1684, et qui n'a rien de commun avec le titre et la famille de Bacon. Celui-ci signait *Fr. St Alban*, et nous conserverons cette orthographe en le nommant. Mais on écrit aujourd'hui Saint-Albans pour distinguer la ville du saint dont elle porte le nom, et c'est de la ville que provient le titre de la pairie.

graves projetés éprouvent quelques trépidations avant de se poser et de se fixer, ainsi, ce semble, par un effet de la Providence divine, cette monarchie, avant d'être fixée et consolidée dans Votre Majesté et sa royale descendance (et j'espère qu'elle y demeurera à jamais affermie), a dû subir tant de mutations et de vicissitudes, qui sont comme les préludes de votre stabilité[1]. » Ainsi l'œil même d'un homme de génie peut être fermé aux signes précurseurs des révolutions.

Bacon avait conseillé lui-même au roi la convocation d'un nouveau Parlement. Il se flattait de l'avoir préparée par sa manière d'administrer la justice. C'est sa plume qui traça la proclamation adressée au peuple du royaume[2].

Deux Parlements s'étaient succédé depuis l'avénement de Jacques Ier, et leur conduite avait à peu près rassuré le roi qui se défiait de l'institution. Fondées sur des souvenirs nationaux, leurs justes prérogatives, à la fois obscures et sacrées comme tout ce qui vient du passé, étaient inconnues ou suspectes à un prince étranger, vaniteux et absolu comme un docteur, et qui se croyait le Salomon d'une nouvelle alliance. Infatué d'un pouvoir qu'il abandonnait presque tout entier au plus léger et au plus insolent des favoris, il était loin d'imaginer qu'il régnât au milieu du mécontentement général et que le mépris commençât à poindre sous le mécontentement.

En ouvrant la session, Jacques prononça un dis-

[1] *De Augm.*, II, vii, 3; t. I, p. 127.
[2] *Works*, t. V, p. 535, 536.

cours à sa manière (9 février 1621). Il y parla de l'économie de son administration, pour appuyer une demande de subsides. Il se dit prêt au redressement de tous les griefs ; mais il avertit que quiconque faisait la chasse aux griefs et voulait se rendre populaire avait l'esprit de Satan. Son chancelier n'ajouta que peu de mots. Comment parler en effet après un prince qui avait fait entendre de *tels oracles?* Seulement, il devait à chacune des deux Chambres un conseil : « Connais-toi toi-même. *Nosce te ipsum ;* et la première marque de cette connaissance de soi-même, c'est la modestie devant un si gracieux souverain. »

Et quand l'Orateur à peine élu, suivant un usage encore subsistant, réclama au nom et en faveur des Communes, par humble pétition, leurs anciens et assurés droits et priviléges [1], le chancelier, dont l'office était de répondre, prit soin, en lui notifiant l'acquiescement royal, de lui rappeler que « la liberté de la parole ne devait pas dégénérer en licence. » Mais pendant qu'il disait ces mots, il aurait déjà pu distinguer les regards sévères et menaçants d'Édouard Coke qui s'apprêtait à la vengeance.

Dès ses premières séances, en effet, le Parlement de 1621 proclama les griefs publics [2]. Non qu'il s'agît

---

[1] Depuis la sixième année de Henri VIII, il est d'usage que l'Orateur soit admis *to lay claim, by humble petition, to their ancient and undoubted rights and privileges*, et il paraît que cette demande même choqua une fois Jacques Ier. Le chancelier y répond : *His Majesty most readily confirms*, etc. (*A practical treatise of the law... of Parliament*, Th. Erskine May, 2e éd., in-8, Lond., 1851.)

[2] « Elle (la harangue du roi) avait fait quelque impression

encore de cette insuffisance de garanties qui mettait la constitution en problème et en péril. On ne se rendait pas un compte exact des causes, on ne ressentait que les effets. Les actes de la prérogative, depuis le commencement du règne, les édits rendus et les impôts établis, l'indulgence vraie ou prétendue envers les catholiques, les signes d'un rapprochement avec l'Espagne, le projet de marier le prince de Galles à l'infante, et les dispositions douteuses du gouvernement à soutenir la cause protestante dans la question de la succession du Palatinat, qui agitait l'Europe, tels étaient les motifs de mécontentement et de défiance. Avant d'accorder aucun subside, on

---

avantageuse pour les affaires du roi dans les esprits ou plus grossiers, ou plus portés à la douceur, ou bien gagnés à ce prince, ce qui faisait croire que les affaires se traiteraient dans lesdits États à son contentement. Mais depuis l'on a reconnu que les puritains, qui se taisaient et attendaient le temps pour faire paraître leur intention, se portent tout au contraire, soit qu'ils soient plus clairvoyants que les autres, ou que leur passion leur serve de raison, ou qu'ils soient ennemis de leur roi, duquel ne se pouvant venger d'autre façon, ils veulent le faire enrager en le contredisant ; car il avait désiré deux choses : l'une, qu'on ne touchât point à ses prérogatives ; l'autre, qu'ils se disposassent à donner de l'argent promptement... et qu'après on parlerait de leurs affaires, et qu'il leur donnerait le contentement que la raison et la justice requéraient ; ce qui lui a été refusé tout à plat, et ils ont fait résolution de n'accorder rien que l'on ne leur donnât sûreté de parler, et pour tout ce qu'ils pourraient dire, on ne les pourra reprendre ni à présent, ni à l'avenir, ce qu'ils font à cause qu'au dernier Parlement, quelques-uns furent mis en prison pour avoir trop causé. » Dépêche du comte de Tillières, envoyé de France, à Puysieux, du 21 février, Mss. fond Saint-Germain, à la Bibliothèque impériale.

réclama satisfaction sur tous ces points, et surtout une pleine assurance que la parole était libre et que nul ne serait recherché pour avoir dénoncé les abus. Au premier rang des abus, on plaçait les patentes de monopoles imprudemment départies aux créatures et même aux parents de Buckingham. Jusqu'au droit d'ouvrir des cabarets avait été concédé en privilége à des courtisans. On joignait à ces plaintes la demande d'une réforme dans les cours de justice et particulièrement *dans celle de chancellerie*. Coke, se posant en chef de l'opposition, fit former un comité d'enquête sur la question des monopoles, et vint solliciter, au nom des Communes, à la barre des lords, une conférence dans la chambre peinte. C'est lord Saint-Alban lui-même qui, assis sur le sac de laine, vit paraître à la barre son rude ennemi, porteur du message accusateur, et qui fut obligé d'y répondre par le consentement des pairs. A cette première attaque, Buckingham, surpris, aperçut le danger, et son orgueil ne le brava pas. D'accord avec le roi et le prince de Galles, il inaugura la politique des Stuarts : il livra les malheureux qu'il avait compromis. Les premiers furent deux personnages que la comédie contemporaine a mis en scène, comme des types d'avidité et de ridicule, deux concessionnaires de monopoles, dont l'un, sir Giles Mompesson, était le beau-frère et l'associé de sir Édouard Villiers, frère aîné de Buckingham[1].

---

[1] Des deux inculpés, Mompesson et sir Françis Michell, l'un était l'original de *sir Giles Overreach*, et l'autre du *juge Greedy*, dans la comédie de Massinger. (L. Campbell, *Life of Bacon*, p. 376.) Édouard Villiers était frère de père de Buckingham.

Leurs patentes avaient été scellées, leurs droits abusifs avaient été reconnus en justice par le chancelier; car en ce genre il concédait tout [1]. Cependant il conseilla de ne pas les défendre; il exhorta Buckingham à se montrer doux avec le Parlement. « Ne nous laissons pas mettre en pourpoint, disait-il; mais usons de modération. C'est ce qui vaut mieux dans les affaires d'État. Surtout que votre seigneurie n'épouse pas avec trop de dévouement les intérêts de son frère [2]. » Mais il se croyait trop puissant encore, surtout trop admiré, pour que les coups vinssent jusqu'à lui.

Cependant cinq jours après, le 12 mars, la Chambre des communes avait institué un comité d'enquête touchant les abus des cours de justice [3]. Le 15, sir Robert Philips, président du comité [4], car Édouard Coke n'avait pas voulu paraître, exposait que de grands abus avaient été découverts et que la personne contre laquelle s'élevaient les plaintes n'était pas moins que le lord chancelier. « Un homme, ajoutait-il, si bien doué de tous les talents de la nature et de l'art que je n'en dirai pas de lui davantage, étant incapable d'en dire assez. »

---

[1] *Works*, t. V, let. 163, 236; t. VI, p. 187, 194.

[2] *Id.*, lett. à Buckingham du 7 mars, t. VI, p. 275 et 276.

[3] Dès avant le 1er mars, selon Tillières, le roi, en repoussant toutes les autres plaintes, avait « pour la chancellerie montré désirer que s'il y avait des malversateurs, ils fussent châtiés et qu'il se pût pourvoir à l'avenir à ce que telles choses n'arrivassent plus. » Dépêche du 1er mars.

[4] Philips n'occupa ce poste qu'à défaut de sir Édouard Sackville, qui se dit indisposé et qui se montra peu après favorable à Bacon.

Bacon vivait avec somptuosité. Il avait les fantaisies d'un homme plein d'imagination et de vanité. York House était tenu grandement. On parle d'une belle volière qu'il y avait fait faire à grands frais, des fleurs dont sa table était toujours couverte, de la musique qu'il voulait entendre pendant ses heures de méditations. A Gorhambury, il avait une cour. Verulam House lui avait coûté dix mille livres sterling. Sa libéralité allait jusqu'à l'ostentation; le roi lui ayant envoyé un chevreuil, il donna cinquante livres sterling au garde. La hauteur de son esprit, autant que la facilité de son caractère, le portait à négliger les détails domestiques et la surveillance de son entourage. La conduite de sa femme, dans les choses qui la regardaient, n'était pas telle qu'il l'eût souhaité. Un monde de subalternes se remuait à son ombre et subsistait de sa puissance. On citait un de ses serviteurs, Hunt, dont il ne pouvait se séparer, et qui avait acheté en Somerset une terre de mille livres sterling de revenu [1]. La corruption avait pénétré dans sa maison; il ne pouvait l'ignorer, il ne s'en inquiétait pas. Quand on lui disait de regarder autour de lui, il répondait : « Je regarde au-dessus de moi. » Chose plus grave, le chancelier est, comme on sait, encore plus un juge qu'un ministre, le premier juge du royaume. C'est une de ses attributions que d'annuler les lettres-

---

[1] On disait que plusieurs de ses serviteurs, Meautys, Bushel, Idney, avaient des carrosses et des chevaux de course. La Compagnie des Indes orientales lui offrit ce qu'on appelait un cabinet de bijoux, et son page Cockame accepta le présent à son insu. (Aubrey, *Lives*, t. II, part. II, p. 222.)

patentes indûment accordées. Les testaments sont aussi de son ressort. Sa juridiction d'équité, discrétionnaire à quelques égards, est très-étendue. Bacon, dans un de ses *Essais*, avait dit au magistrat : « Lie non-seulement tes mains et celles des tiens, pour que les présents ne soient pas reçus, mais aussi les mains des solliciteurs, pour qu'ils ne soient pas offerts [1]. » Donner des présents à son juge était, cent exemples le prouvent, une pratique toujours condamnée, usitée communément, un de ces abus dont on finit par se moquer, ne les pouvant abolir, et qu'on rend ainsi moins odieux, grâce au ridicule. Les prohibitions naïves de nos anciennes lois attestent assez que la corruption du juge, et même à vil prix, n'était pas un crime imaginaire, et ce qui est au fond la plus infâme des iniquités tendait à devenir un simple abus de la profession. Mais ce que la loi défendait, ce que l'opinion tournait en risée, ce que toute probité un peu réfléchie devait repousser avec horreur, la con-

---

[1] Essai XI, *Works*, t. II, p. 277 ; Bouillet, t. III, p. 243. Voici la suite du passage : « L'intégrité réelle dépend de la première condition. De la seconde résulte l'intégrité prouvée, professée, la condamnation de la corruption même. Évite la faute, sans doute, mais encore le soupçon. Les esprits variables dont les changements se manifestent sans cause évidente se font soupçonner de corruption. Aussi, lorsque tu t'écartes de l'opinion que tu as fait connaître ou de la marche que tu as commencée, déclare-le toujours sincèrement ; publie en même temps, établis exactement les motifs qui t'ont touché, et n'imagine pas de changer furtivement. Un serviteur en faveur et puissant auprès de son maître, s'il n'existe de sa faveur aucune cause évidente, n'est la plupart du temps autre chose pour le public qu'une voie oblique ouverte à la corruption. »

science large et dédaigneuse de Bacon ne le répudia pas. C'est un des travers de quelques grands esprits de traiter de rigorisme le scrupule des vertus modestes, et de petitesse le rigorisme. Une suggestion de leur orgueil les met au-dessus des règles communes. Il semble que tout s'ennoblisse pour eux, jusqu'aux fautes vulgaires, et ce qu'il est méprisable de faire cesse de l'être, quand c'est eux qui le font. On ne soutient pas, on n'a point prouvé que Bacon eût vendu l'injustice, mais la justice seulement. L'iniquité soldée de ses arrêts n'a point été alléguée, et ce sont des corrupteurs condamnés par lui qui l'ont dénoncé. Les deux premiers qu'entendit le comité de la Chambre déclaraient que, las d'attendre une tardive sentence, ils s'étaient laissé persuader, par les gens du chancelier, que l'un pour cent livres sterling, l'autre pour quatre cents, obtiendraient promptement un jugement favorable, et l'un et l'autre avaient perdu leur procès. La Chambre reçut cette révélation avec une attention inquiète et sévère. Il n'éclata point de ces colères d'assemblée qui laissent soupçonner plus de passion que de justice. Rien n'indiqua, bien qu'on s'efforçât de le prétendre, que les calculs ou les ressentiments de la politique eussent été les vrais accusateurs de Bacon. Mais le mot d'accusation fut prononcé.

Dès la première séance, celle du 12 mars, lord Saint-Alban avait profité d'une conférence dans la chambre peinte, au sujet des monopoles, pour faire aux commissaires l'apologie anticipée de sa conduite judiciaire. Le lord trésorier, Mandevil, s'était également défendu. Mais en rentrant dans la Chambre des pairs, les deux lords, sur la proposition du lord chambellan lui-même, le comte de Pembroke, furent blâmés par un vote, pour avoir sans autorisation entretenu de leurs propres intérêts une réunion formée pour un autre objet, et ils durent reconnaître leur tort et demander pardon à la Chambre. C'était un fâcheux début. Le 17 mars, Bacon présidait pour la dernière fois, tremblant de voir à chaque instant apporter à la barre le message d'accusation contre lui (*impeachment*). Il leva la séance de bonne heure et revint à York House dans une grande agitation. Il se sentit ou se dit malade, se mit au lit, et de ce moment il cessa de paraître ; il ne sortit plus que pour voir le roi une ou deux fois en secret.

Il avait d'abord espéré que la royauté ferait reculer le Parlement. Il montrait une certaine confiance et ne pensait pas que le gouvernement se séparât de lui : « Votre seigneurie parlait du purgatoire, écrit-il à Buckingham, j'y suis maintenant. Mais mon âme est dans le calme ; car ma fortune n'est pas mon bonheur. Je sais que j'ai les mains et le cœur purs, et j'espère, quant à mes amis et à mes domestiques, que ma maison est pure aussi. Mais de Job lui-même ou du plus juste des juges on ferait un fou dans un temps où la grandeur est le but et l'accusation le jeu. Et si c'est là être chancelier, je pense que le grand sceau, fût-il gisant sur les bruyères de Hounslow, personne ne voudrait le ramasser. Mais le roi et votre seigneurie, j'espère, mettront un terme à mes peines de manière ou d'autre [1]. » Bacon eut bientôt avec Buckingham un entretien qui dut l'éclairer sur ce qu'il pouvait attendre.

L'alarme en effet était dans le gouvernement. La question des monopoles compromettait toute la cour, la famille de Buckingham et lui-même. Mompesson, ce membre des Communes décrété d'arrestation, s'était enfui, et la Chambre, irritée, menaçait le lord trésorier et surtout le chancelier. Pour conjurer l'orage, on était prêt à tous les sacrifices. Un homme d'église, Williams, doyen de Westminster, fut consulté dès le début de l'affaire par Buckingham, qui ne l'avait employé jusqu'alors qu'à d'obscures négociations. Il conseilla d'éloigner sir Édouard Villiers par une ambassade, *de jeter par dessus bord* les deux monopoleurs *comme marchandises dont on pouvait se passer*; et en tout il fut d'avis de ne point lutter contre le courant. Il gagna à ces conseils ce que probablement il n'espérait pas ; il fut plus tard le successeur de Bacon. Pour le moment, le premier juge du Banc du roi, sir James Ley, prit par commission, et à la prière même du chancelier, la direction des débats de la Chambre haute, à laquelle les Communes demandaient déjà la conférence préalable. Le 20 mars, Buckingham, qui, de la part du roi, s'était rendu à York House, fit connaître à la Chambre la maladie du chancelier, et remit une lettre de lui où d'un ton triste, mais non désespéré, il semblait aller au-devant de

---

[1] *Works*, t. VI, p. 277 ; cf., t. V, les lett. 255, 256, 257, 258, du 25 mars au 21 avril 1621.

l'accusation et priait ses collègues de lui accorder certains moyens de défense [1]. Dès la veille, le secrétaire d'État Calvert avait apporté à l'autre Chambre un message du roi. Sa Majesté pensait qu'après une session déjà longue, un ajournement viendrait à propos. Elle avait appris avec chagrin les plaintes élevées contre le chancelier, ayant toujours pris soin de faire les meilleurs choix ; mais nul ne pouvait prévoir de tels accidents. Elle se rassurait en pensant que son honneur était cher à la Chambre. Cependant elle proposait de renvoyer l'affaire à une commission de six pairs et de douze membres des Communes pour l'examiner sur dépositions attestées par serment. Elle espérait d'ailleurs que le chancelier était exempt de toute faute ; mais, s'il était coupable, elle ne doutait pas que la Chambre ne fît justice. On voulait ainsi gagner du temps. Sir Édouard Coke dit que la commission proposée ne devait apporter aucun obstacle à la marche de l'instruction parlementaire, et la Chambre continua de préparer l'accusation et de recueillir des preuves, malgré l'opposition de sir Édouard Sackville et de Thomas Meautys.

La proposition royale n'eut aucune suite, et de séance en séance, les charges s'accumulèrent à tel point, qu'il fallut bientôt souffrir le procès ou dissoudre le Parlement. Le 27 mars, après avoir ratifié l'arrêt rendu par les lords contre sir Giles Mompesson [2],

---

[1] Requête du 19 mars. *Works*, t. IV, p. 529.
[2] « Je vous ai mandé comme le chevalier Mompesson s'était enfui, et comme ceux du Parlement avaient tourné leur colère contre le chancelier et le grand trésorier, qui avaient donné

Jacques vint au Parlement, annonça la révocation des trois principaux monopoles, et donna l'assurance que celui qui était auprès de lui (Buckingham) s'était toujours montré disposé à rendre de bons offices aux deux Chambres et aux membres de l'une ou de l'autre. Il leur fit le même éloge du prince de Galles, mais en seconde ligne ; il les remercia de leur affection et de leur respect; puis, sans nommer le chancelier, passant à ces actes de corruption *dont le monde parlait tant*, il parut dans le doute sur les projets de la Chambre haute, conseilla de procéder sans passion, avec lenteur, conformément aux lois, et de ne pas écouter les impertinents discours de ceux qui confondent les innocents et les coupables. Après quoi, il ajourna les Chambres au 17 avril. Il avait cru satisfaire le Parlement et s'en délivrer; rendant finesse pour finesse, le Parlement parut charmé de son langage, et les lords fondèrent à perpétuité, pour célébrer l'anniversaire de ce jour, un sermon solennel auquel ils devaient assister en cérémonie.

« Si le Parlement eût duré, écrit l'ambassadeur de

---

approbation aux patentes qu'avait obtenues ledit Mompesson. Depuis ils ont donné arrêt contre lui par lequel ils l'ont condamné à être banni de la ville de Londres et de la cour de douze milles, dégradé de noblesse, confisqué tous ses biens, et par dessus il est condamné à cent mille livres de France d'amende, afin qu'il ne puisse plus rien acquérir, ôté de la protection de la loi, qui est une très-mauvaise chose pour lui, car qui le voudra battre, estropier et même tuer, le peut faire sans encourir aucune peine. Plût à Dieu que ceux qui se mêlent en France de telles affaires fussent aussi maltraités! » Dépêche de Tillières du 13 avril.

France, le comte de Tillières, à son gouvernement, le chancelier *eût eu le saut*, et comme je l'entends, non sans sujet, ayant fort malversé en sa charge. Le marquis de Buckingham l'assisté de tout son pouvoir et n'en peut venir à bout, non plus que de la rupture du Parlement qu'il a fort souhaitée. » Mais Buckingham n'avait pas tardé à reconnaître qu'il s'exposerait lui-même, s'il ne livrait Bacon, et que le roi pourrait les trahir tous deux, s'il le voulait forcer à défendre son chancelier. « Pour celui-ci, écrit le même diplomate [1], il n'est *remis sur le trottoir* (?), mais il y sera bientôt avec assurance de sa perte. Je l'ai appris de M. le marquis de Buckingham qui est son ami, et lequel m'a témoigné de recevoir à déplaisir, non pas sa ruine, car il dit qu'il l'a bien méritée, mais son mauvais gouvernement, étant homme qui avait de bonnes parties, et mis de sa main en la charge qu'il possède; mais que pour lui, il est si affectionné au service de son maître et au bien de son pays qu'il abandonnerait son propre frère, s'il avait malversé. Quelques-uns croient que cette sincérité n'est qu'en paroles, et qu'en effet il a fait son pouvoir pour le sauver, mais ..... qu'il n'a pu empêcher le chancelier de tomber ni rompre le Parlement comme il avait dessein; que le roi a dit en plein Parlement qu'il l'abandonnerait lui-même, s'il avait manqué à quelque chose et contribué aux désordres de l'État; et enfin une grande mélancolie qui paraît en lui et en toute sa maison. Il ne sert de rien de dire que son

[1] Dépêches manuscrites du 13 avril et du 2 mai.

maître le caresse plus que jamais, d'autant que l'on sait que le jour de devant que le comte de Somerset fut mis en prison, il faisait le même avec lui. » Buckingham savait ce que dit encore Tillières, que des passions du roi *la crainte était la plus forte*, et il se conduisit en conséquence. Mais Bacon fut longtemps sans s'avouer toute la lâcheté de ses protecteurs : il espérait avoir intéressé le roi dans sa cause. Un prince aussi jaloux de sa prérogative ne pouvait laisser la main du Parlement saisir aussi près de son trône un de ses premiers serviteurs. Mais les conseils de Williams étaient toujours écoutés. Jacques n'était impérieux qu'en principe ; il manquait autant de générosité que d'audace. L'ivrognerie avait tout abaissé en lui, jusqu'à son insolence. Dégradé par ses vices, il ne retrouvait un peu d'énergie que pour s'attacher à celui qui savait le mieux les entretenir et les flatter. Charles, son fils, qui a conservé dans l'histoire une attitude de fierté, aurait dû pousser le roi à la résistance. Mais après quelque hésitation, il avait passé sous le même empire, et, pour expliquer cette continuation de l'influence de Buckingham, on est allé jusqu'à supposer au fils quelques-uns des vices les plus honteux du père [1]. De tels protecteurs, Bacon ne pouvait attendre que des faiblesses. Le roi, qui estimait avant tout les tours du métier de roi, *King's craft*, après avoir voulu dissoudre la Chambre, jugea que plus il défendrait son chancelier, plus il expose-

---

[1] Dépêches manuscrites du comte de Tillières, du 12 janvier et du 14 février 1623.

rait son favori. Bacon lui écrivit qu'il lui adressait le gémissement de la colombe dont il prenait les ailes pour voler à lui, ces ailes qui, il y avait sept jours encore, lui semblaient devoir l'élever si haut. Dans cette lettre, il lui rappelle ses services, ceux de son père. Il est *né un bon patriote*, il a grandi dans la Chambre des communes, et il faut maintenant qu'elle soit son tombeau. Quant au fait d'avoir été corrompu par des présents, le jour où le livre des cœurs sera ouvert, il espère que son cœur sera trouvé pur. Ce cœur n'a point été souillé par l'habitude coupable de pervertir la justice moyennant salaire. Mais il peut avoir été faible, il peut avoir eu sa part des abus du temps. Du reste, il s'en rapporte au roi sur ce qu'il doit faire pour sa défense; il est dans ses mains comme de l'argile [1]. Jacques ayant consenti à le recevoir, Bacon lui répéta que pour la corruption il était aussi innocent qu'aucun des enfants nés le jour des Saints-Innocents. Il voulait dire (lui-même l'explique ainsi) que jamais la vue d'un présent n'avait déterminé une de ses sentences. Mais il était prêt, si le roi l'ordonnait, à se sacrifier pour Sa Majesté; cependant il fit entendre qu'il vaudrait mieux dissoudre la Chambre : « Ceux qui frappent votre chancelier porteront leurs coups jusqu'à votre couronne, ajoutait-il; je suis la première, je désire être la dernière victime [2]. » La dissolution tentait toujours le roi; mais Williams représentait que le Parlement était dans son droit, et

---

[1] Lett. du 25 mars, *Works*, t. V, lett. 256.
[2] *Works*, t. VI, p. 280-284.

qu'il agissait régulièrement. « En voulant sauver
« quelques cormorans qui devaient rendre gorge de
« ce qu'ils avaient dévoré, on ouvrirait l'écluse et
« l'on se noyerait. »

Devant toute justice anglaise, la loi ouvre deux
rôles à l'accusé, plaider coupable ou plaider non coupable, c'est-à-dire avouer ou nier le délit. Le gouvernement fut d'avis que Bacon fît un aveu qui pourrait désarmer ses juges, et dont à tout événement
les conséquences seraient adoucies par la protection
royale. On prétend que Bacon s'y résigna par dévouement. Il aurait alors sacrifié son honneur à son maître ; ce serait la plus vile interprétation du *gloria in
obsequio*. Le vrai, c'est qu'abandonné par la couronne, il n'eut pas le courage de se défendre pour
son propre compte, et de lui déplaire sans se sauver.
Il était hors d'état de détruire les faits articulés
contre lui, et il n'avait ni l'énergie ni l'impudence
qui guerroye contre la vérité. Son orgueil même préférait l'humilité d'un aveu, qu'il pouvait rendre touchant et presque digne encore, aux misères de la dénégation et de la chicane. Il était d'ailleurs jusqu'au
fond de sa pensée un adorateur du pouvoir, surtout
du pouvoir royal. Dès que le roi n'étendait plus son
sceptre devant lui, et qu'une autorité régulière s'élevait contre lui, le philosophe se sentait isolé et
perdu. Il manquait de la hauteur et des passions qui
soutiennent la résistance et soulèvent contre la force.
La force enfin, on ne saurait trop le redire, quoi qu'il
en coûte, la force cette fois était la justice. — Bacon
se soumit.

Dans une lettre habilement calculée pour émouvoir ses juges, il confessa, pallia, excusa ses torts. Cette lettre fut, le 17 avril, à la rentrée du Parlement, présentée à la Chambre des lords par le prince de Galles en personne [1]; elle tendait à obtenir que l'affaire fût réduite à la perte de l'office de chancelier. Mais ce n'était pas assez pour la Chambre régulièrement saisie d'une accusation dont les vingt-huit articles devaient être examinés judiciairement. Il furent communiqués à l'accusé qui répondit par écrit distinctement sur chacun et avoua tout [2]. Pour plus de sûreté, une commission de la Chambre des lords se rendit chez lui, et devant elle il renouvela cet aveu : « Mylords, dit-il, cette lettre où je m'accuse, elle est de moi ; c'est mon acte, ma main, mon cœur. Je supplie vos seigneuries d'être remplies de pitié pour un pauvre roseau brisé. » Il ne comparut pas devant la Cour. Ses collègues n'insistèrent pas pour l'entendre. Le procès fut conduit d'ailleurs avec régularité ; la justice de la Cour fut inflexible, mais non passionnée. Presqu'à la veille de la sentence, Bacon suppliait encore le roi d'intervenir, pour lui épargner un arrêt, pour écarter ce calice de lui. Sa soumission et la perte du grand sceau serait un exemple pour quatre siècles ; et, voulant flatter jusqu'au bout Jacques dans son goût pour le style affecté, il avait le sang-froid de lui écrire : « Un homme qui a reçu des présents peut

---

[1] *The humble submission and supplication*, etc. *Works*, t. IV, p. 533.

[2] *The humble confession and supplication of me, the lord chancellor*, t. IV, p. 538.

en faire, j'offre donc un présent à Votre Majesté; et si elle me sauve, je lui donnerai une bonne histoire d'Angleterre et un meilleur digeste de nos lois[1]. » Il était trop tard : la Chambre des lords, à l'unanimité, déclara le chancelier d'Angleterre coupable de corruption, *bribery*. Préservé par l'opposition des évêques de la perte de son titre, il fut condamné à payer quarante mille livres sterling d'amende, à demeurer prisonnier dans la Tour de Londres, tant que ce serait le bon plaisir du roi ; déclaré incapable d'occuper aucun poste dans l'État, aucun siége dans le Parlement; il eut défense, sa vie durant, de résider où séjournerait la cour. Cette terrible sentence est du 3 mai 1621[2].

Bacon a écrit dans la déclaration mise sous les yeux des pairs d'Angleterre : « Descendant dans ma conscience et appelant tous mes souvenirs, je confesse pleinement et ingénûment que je suis coupable de corruption et renonce à toute défense. » On ne peut entreprendre ce qu'il n'a pas fait, ni le justifier lorsqu'il s'accuse. Disons seulement qu'il a toujours affirmé n'avoir jamais vendu ni bénéfice ni charge ecclésiastique, jamais à prix d'argent livré une pièce ou rompu un scellé, jamais partagé de honteux profits avec ses employés, jamais reçu de présents pour

---

[1] Lettre du 21 avril. *Works*, t. V, lett. 258.

[2] « Il (le procureur général) n'en aura pas bonne issue, non plus que le chancelier, qui a été dépossédé de toutes ses charges et eût été (*mot illisible*), comme l'on croit, sans qu'étant malade, il n'a pu se représenter, envoyé à la Tour et ses biens confisqués. » Tillières, dépêche du 13 mai.

une affaire pendante. Il pensait qu'en recevoir après le jugement, ou du moins sans savoir si l'affaire n'était pas jugée, constituait une grande différence de culpabilité, et il l'invoquait à son profit. C'est avec ces restrictions qu'il faut admettre toutes ces protestations de pureté qu'il adressait sans cesse au roi, à Buckingham, à ses amis. Il se trouvait innocent, n'ayant jamais, croyait-il, jugé pour de l'argent, et il acceptait des présents, parce que tout le monde, le roi lui-même, en recevait. Nous ne faisons aucune difficulté d'enregistrer la défense de Bacon, nous la tenons pour fondée en fait, et nous trouvons la condamnation juste.

Pour en finir avec ce triste dénoûment de son histoire, ajoutons qu'il ne se manifesta ni un très-vif intérêt pour le sauver, ni une violente passion pour le perdre. Édouard Coke, seul peut-être, s'en fit une cruelle joie. La chute de Bacon ne fut même point un aussi grand événement que nous le fait supposer la célébrité posthume de son nom. On ne voit point que par le monde sa réputation en ait énormément souffert. On savait fort mal, on comprenait fort peu ce qui se passait en Angleterre, et, dans ce temps-là, non moins que dans le nôtre, quoique par des raisons un peu différentes, les condamnations judiciaires prononcées contre d'importants personnages frappaient surtout les esprits comme des revers de fortune et d'éclatantes disgrâces. La pitié était plus prompte à s'émouvoir que l'indignation.

CHAPITRE VII.

1621—1626.

Bacon aprés sa chute. — Ses efforts pour rétablir sa fortune. — Ses consolations, ses amis et ses travaux. — Écrits divers. — Révision et édition définitive de l'*Instauratio Magna*. — Avénement de Charles Ier. — Démarches et occupations de Bacon. — Sa dernière expérience, sa maladie et sa mort. — Réflexions sur son caractère et sur ses opinions.

Les malheurs de Bacon furent adoucis par la bienveillance royale. La Chambre des lords y avait compté. Conduit à la Tour par le shériff de Middlesex, il n'y resta que deux jours, et, en moins de deux jours, il avait déjà sollicité son élargissement. On lui fit remise de l'amende qui fut, il est vrai, absorbée par ses dettes. Exilé d'abord à Parson's Green, chez un officier du prince de Galles, puis à Gorhambury, il continua d'obséder le roi, son fils, Buckingham, les ministres, les pairs, les courtisans, d'humbles et pressantes pétitions. Il serait monotone et pénible d'analyser plus de trente lettres[1] où d'un ton plaintif il demande sa grâce entière. Il n'y semble pas juger sa position suivant les lois de l'honneur; il ne se croit

---

[1] *Works*, t. V, lett. 259, 265, 267, 268, 274 et suiv.

que malheureux, et son malheur est surtout d'être privé de la présence du roi. Il se compare à Démosthène, à Marcus Livius, à Sénèque, tous exilés, dit-il, pour des affaires d'argent et restaurés avec éclat dans leurs honneurs et leur dignité [1]. Il implore le garde du sceau Williams, qui l'avait fait sacrifier; il s'adresse au nouveau trésorier, lord Cranfield, homme obscur, qu'un caprice de Buckingham avait élevé [2]. Il écrit à lord Digby qu'il n'est pourtant pas un jésuite ou un lépreux pour être traité ainsi [3]. Il presse ses amis, Meautys, Matthew, de veiller pour lui et de lui regagner la bienveillance un peu distraite du favori tout puissant. C'est là l'oubli qui lui tient au cœur. On voit qu'il se croit, sur Buckingham, les droits d'un homme qui s'est immolé pour le sauver. Quelquefois il espère acheter les bontés du duc en lui cédant sa maison ou sa terre [4]. Il avait assez vite obtenu la permission de revenir à Londres. En 1622, il obtient celle de voir le roi, et il s'écrie qu'il peut chanter le *Nunc dimittis*. Il reconnaît ses bontés par une lettre pleine de citations et d'allusions littéraires : *Vexat censura columbas* ; ce n'est pas sur les plus grands pécheurs que s'est écroulée la tour de Siloé.

---

[1] Il s'agit probablement de C. Livius Salinator, condamné pour péculat l'an 534 de Rome, et consul une seconde fois quelques années après. (T. V, let. 266.)

[2] Montague, lord Mandevil ou Manchester, n'était pas resté deux ans principal ministre. Lionel Cranfield, comte de Middlesex, le remplaça en 1621. (*Works*, t. VI, p. 517.)

[3] *Id. ibid.*, p. 296. John, lord Digby, plus tard comte de Bristol.

[4] *Id. ibid.*, p. 311, 321.

Cette dernière pensée revient souvent dans les notes qu'il gardait pour lui seul et dont il écrivait l'anglais en caractères grecs[1]. Il s'y présente toujours comme un homme qui s'est dévoué pour le salut de plus grands coupables, et l'on voit qu'au fond du cœur il trouve Jacques et Buckingham des ingrats. Aussi ne peut-il comprendre qu'on le laisse soumis si longtemps aux effets politiques et civils de sa condamnation. Ses lettres au roi ont quelquefois l'accent du désespoir. « Je me prosterne à vos pieds, dit-il, moi votre ancien serviteur, vieux de soixante ans d'âge et de plus de trois années de misère. » — « Votre seigneurie fera bien, dans le grand âge où vous êtes, écrit-il au nouveau lord trésorier Marlborough, de penser à votre tombeau comme je pense au mien[2]. »

Enfin le roi le releva de toutes les incapacités qu'il avait encourues. C'était en 1624, et il fut convoqué à la plus prochaine session du Parlement. Mais on ne le revit plus à la Chambre des pairs, ni sous le présent règne ni sous le règne suivant. La vie publique de Bacon était finie ; jamais elle n'aurait dû commencer.

Les difficultés et les ennuis que ne manque guère d'engendrer la mauvaise conduite des affaires domestiques le suivirent dans sa retraite. Le roi lui avait accordé une pension de douze cents livres sterling,

---

[1] *Luc*, XIII, 4. — *Works*, t. VI, p. 329, 335.
[2] *Id.*, t. V, lett. 293, 294 et 295. Le comte de Marlborough était sir James Ley qui, selon Beatson, en 1622, et selon lord Campbell, en 1624, remplaça le comte de Middlesex, poursuivi pour malversations. (*Lives of the Chief Just.*, t. I, 367.)

ce qui, avec d'autres dons et le produit de son bien, élevait son revenu à plus de soixante mille francs de notre monnaie. Mais sa pension était inexactement payée; sa femme n'avait pas d'ordre; il négligeait ses affaires, continuait de vivre avec un luxe qui choquait ses protecteurs, ne sachant pas réformer son équipage ni se passer d'une suite dispendieuse. Il fut obligé pourtant de renoncer à l'habitation de York House, dont il avait déclaré qu'il ne se séparerait pas et qui devint la splendide résidence du duc de Buckingham [1]. Il emprunta sur Gorhambury, où il n'eut bientôt plus d'autre luxe que ses arbres. A Londres, il demeura quelquefois chez le maître des rôles, sir Julius Cæsar, qui avait épousé une de ses nièces [2],

[1] Il écrit au duc de Lennox de lui pardonner s'il ne peut lui céder la maison où son père est mort, où lui-même a respiré pour la première fois, et où il rendra le dernier soupir, s'il plaît à Dieu et au roi. On ne s'explique pas comment cette maison, qui était la résidence officielle du chancelier (car Essex, qui l'avait désirée pour lui-même, y fut retenu sous la garde d'Egerton), était restée le logement personnel de Bacon, d'autant qu'elle ne cessa pas d'appartenir aux archevêques d'York, de qui Buckingham l'acheta en 1624, en échange de terres que le roi lui donnait. Il y construisit un hôtel fastueux, dont les bâtiments et les jardins occupaient tout le terrain de Hungerford Market, de George, Villiers, Duke, Buckingham-street. De ce somptueux *Jorschaux* (York House), dont Bassompierre vante la magnificence, il ne reste qu'une porte ornée de colonnes donnant sur la rivière, *Water-gate*, construite sur les dessins d'Inigo Jones. Cromwell donna cette habitation à Fairfax, dont la fille avait épousé le second duc de Buckingham, et celui-ci la vendit, en 1672, à des particuliers qui convertirent tout en rues et en maisons, encore nommées *York Buildings*. Pierre le Grand en 1698, et Harley en 1708, habitèrent un de ces bâtiments. (*London*, by P. Cuningham, *passim*.)

[2] Ce nom singulier est celui d'un habile jurisconsulte, fils

et dont la générosité venait à son aide. Le plus souvent il occupa ses anciennes chambres de Gray's Inn, c'est-à-dire ce logement professionnel auquel certains membres de cette corporation ont droit dans les bâtiments qui lui appartiennent. On prétend, sans fondement, que cet appartement peut se voir encore, conservé dans son ancien état. Sur les terrains dépendant de l'établissement, il avait tracé des allées, planté des arbres qui ont récemment disparu. C'était au lieu qu'on appelle encore le mont de Bacon. Il s'était, pendant son ministère, occupé d'obtenir l'autorisation de convertir en promenade les champs de Lincoln's Inn-fields[1], et, parmi ses innovations, on lui attribue la création du premier de ces squares ombragés qui sont le plus grand embellissement de la ville de Londres. Plus encore que dans cet asile de sa jeunesse studieuse, il se plaisait sous les beaux ombrages de Gorhambury. Malgré sa ruine, il put conserver cette résidence préférée, et c'est là qu'il trouva encore des jours que l'étude rendait heureux.

Tous les témoignages s'accordent à faire l'éloge de Bacon dans sa vie privée, si toutefois on la réduit à

---

aîné de Cæsar Dalmarius, médecin vénitien, qui obtint la confiance des reines Marie et Élisabeth. Né en 1558, sir Charles Adelmare, *alias* Cæsar (son nom se lit ainsi dans certains actes), remplit plusieurs emplois judiciaires, fut membre du Conseil privé en 1607, même un moment chancelier de l'Échiquier, et mourut maître des rôles en 1636. Il avait épousé, je crois, une fille d'Édouard, troisième fils de Nicolas Bacon. (Edm. Lodge, *Illust. of Brit. hist.*, t. III, p. 387 ; Aubrey, *Lives*, t. II, part. I, p. 225.)

[1] *Works*, t. VI, p. 207.

ses habitudes personnelles. Il était simple dans ses vêtements, sobre dans son régime, modeste dans ses plaisirs, ne connaissant d'autre jeu que le jeu de boules. D'odieuses inculpations contre ses mœurs sont tombées comme des calomnies [1]. Son commerce était agréable. On cite de lui des bons mots, qui nous paraissent assez froids, mais qui plaisaient; lui-même y mettait du prix et il n'a pas négligé de les recueillir [2]. Quoique trop sensible à la flatterie de ses inférieurs, il aimait la société des hommes distingués, et sa conversation, tour à tour solide et enjouée, les attirait autour de lui. Les noms de ses amis doivent trouver place dans sa biographie.

Celui que nous devrions peut-être citer le premier était mort avant sa disgrâce. C'est sir Thomas Bodley [3], ce généreux ami des lettres, qui, après avoir servi utilement dans les cours de l'Europe la grande politique d'Élisabeth et contribué par son ordre à chercher des alliés à notre roi de Navarre, termina honorablement sa vie en fondant à Oxford la riche bibliothèque qui conserve son nom.

---

[1] *Hist. de Bacon*, par M. de Vauzelles, t. II, p. 75.

[2] *A Collection of apophthegms*, *Works*, t. II, p. 400. Un docteur Bayly a publié un recueil de *Witty Apopht.* de Jacques Ier, Charles Ier, Bacon, Morus, etc. *Ath. Oxon.*, t. III, p. 202.

[3] Né en 1544 et mort en 1612. Sa famille avait été persécutée sous Marie. Employé dans la diplomatie par Burleigh; entre 1580 et 1597, il fut ambassadeur en Danemark, puis auprès des puissances allemandes. Enfin, retiré à Oxford, il s'occupa de rétablir la bibliothèque de l'Université et d'enrichir celle que le duc de Gloucester avait fondée dans le quinzième siècle, et qu'il dota en mourant de presque tout son bien.

Lancelot Andrews[1], érudit et théologien, prédicateur habile, dont l'affectation plaisait au goût de l'époque et qu'un contemporain appelle l'Homère de la chaire, réunissait toutes les vertus épiscopales à un zèle ardent pour les doctrines qui devaient plus tard coûter à Laud un prix si funeste. Il jugeait la philosophie de Bacon avec les idées de la philosophie scolastique, mais il admirait son esprit, et quand il mourut évêque de Winchester, Milton, tout jeune encore, séduit apparemment par sa piété et son talent, le célébra dans une élégie latine. Andrews était membre de la Société des Antiquaires, fondée sous Élisabeth par l'archevêque Parker, et que recommandèrent, à son origine, les noms encore cités de Cotton et de Camden. Quoique Bacon fût plus lettré qu'érudit, il est difficile qu'il n'ait pas pris intérêt à cette première institution académique qui avait compté dans son sein un homme aussi accompli aux yeux de ses contemporains que sir Philippe Sidney, et des ministres tels que sir Thomas Lake et le comte de Marlborough[2]. Mais deux de ses membres du moins et des plus éminents, Selden et Davies, figuraient dans le cercle qui se réunissait autour de Bacon. John Selden, jeune encore, déjà connu par son *Histoire des Dîmes*, et mis par la postérité au nombre

---

[1] Né à Londres en 1555, mort en 1626. Versé dans le grec, l'hébreu et la théologie, il fut fort employé dans les controverses contre Rome, et écrivit contre Bellarmin.

[2] Voir, relativement à la Société des Antiquaires, l'ouvrage de Lucy Aikin sur la cour de Jacques Ier. *Memorial of the court*, etc., 2 vol. in-8, Lond., 1822.

des grands érudits de son pays, avait offert plus d'une fois à Bacon le tribut particulier de ses recherches ; et consulté par lui sur des précédents qui pouvaient lui servir dans ses disgrâces, il avait loyalement répondu à son appel[1]. Après lui, sir John Davies, peu connu aujourd'hui, mérite encore quelque souvenir. C'était un jurisconsulte de Middle Temple, qui composa longtemps des vers et nombre d'acrostiches en l'honneur de la reine Élisabeth, sans se faire remarquer d'elle. Son *Nosce te ipsum*, poëme sur l'immortalité de l'âme, lui mérite pourtant une place dans le tableau de la philosophie du temps, et lui attira l'attention de Jacques Ier, qui le fit chevalier et son solliciteur général en Irlande[2].

Nous avons déjà nommé plus d'une fois Ben Jonson. Maçon, soldat, comédien, il était devenu un des premiers poëtes dramatiques du temps où régnait Shakspeare. Il excellait dans les masques, les pastorales, dans tous ces intermèdes alors goûtés de la cour et du beau monde ; et librement admis auprès de Bacon, qu'il savait apprécier, il le chantait à sa

---

[1] Né en 1584, Selden avait étudié au Temple. Il consacra ses connaissances de jurisconsulte surtout à des travaux historiques sur la législation. En 1616, il adressa à Bacon une notice sur la dignité de chancelier. Ses talents et son érudition furent toujours au service de la constitution de son pays ; il fut un des avocats de John Hampden, et arrêté avec d'autres membres du Parlement en 1629. Cependant, à la mort de Charles Ier, il se sépara, par la retraite, du parti de la révolution. Son *Mare clausum* est célèbre (1625). Sa mort en 1654.

[2] Né en 1570, mort en 1626. Le *Nosce te ipsum* est de 1599. On a publié de lui quelques ouvrages posthumes de droit et d'histoire.

table en vers un peu rudes, mais expressifs. Peu d'hommes ont parlé de lui avec une admiration plus sentie et une estime plus fidèle. Ce n'est pas assurément louer un philosophe en faiseur de comédies que de dire : « Ce que je sens pour sa personne n'a jamais été augmenté par sa place ou par ses honneurs; mais j'ai eu et je lui garde respect pour la grandeur qui n'appartenait qu'à lui; car il m'a toujours semblé, par son ouvrage, un des plus grands hommes et des plus dignes d'admiration que les siècles aient vus [1]. »

Mais, dans un cercle encore plus étroit d'intimité, il faut placer les deux cousins de Bacon, sir Henri Wotton et sir Thomas Meautys, le premier[2], voyageur, antiquaire et moraliste, admirateur intelligent et convaincu des grandes vues scientifiques de l'auteur de l'*Instauratio Magna*; le second, dévoué confident,

---

[1] Né en 1574, Ben Jonson mourut en 1637. Ce n'était pas seulement un poëte plein d'énergie, de facilité, et même d'imagination, c'était un esprit qui comprenait les choses les plus sérieuses; et quelques lignes qu'il a écrites sur le *Novum Organum* prouvent qu'il était capable et digne d'entendre Bacon. (Voyez tout le passage intitulé : *De Augmentis scientiarum. J. Cæsar. Lord Saint-Alban, Discoveries*, t. IX, p. 185.) Il l'admirait au point d'espérer que ses disgrâces ne serviraient qu'à mettre en lumière sa vertu. « Dans son adversité, dit-il, je n'ai jamais demandé à Dieu que de lui donner la force; car pour la grandeur, elle ne pouvait lui manquer. »

[2] Né en 1568, mort en 1639. Il a composé quelques ouvrages d'érudition, d'histoire et de pédagogie, publiés, pour la plupart, après sa mort. Isaac Walton, qui a écrit sa vie, a donné une collection de ses œuvres. *Reliquiæ Wottonianæ*, in-8, Lond., 1651. (Voir *The lives of Donne, Wotton*, etc., éd. d'Oxford, 1824.)

ami courageux, qui ne l'abandonna ni dans ses périls ni dans ses disgrâces, et dont il a dit : « Ma richesse, dans mon adversité, a été d'avoir un bon maître (le roi), un bon ami (Buckingham), et un bon serviteur (Meautys). » Après avoir été son serviteur pendant sa vie, Meautys devint clerc du Conseil privé; il fut fait chevalier, et s'étant rendu acquéreur de la terre de Gorhambury, il la laissa à un parent dont la descendance devait relever la pairie de Verulam[1].

Toby Matthew[2] était dans une position un peu secondaire, quoique fils d'un archevêque d'York; mais sa conversion à la religion catholique lui avait fermé toute carrière, et compromis, emprisonné même à l'époque du complot des poudres, il avait été forcé de s'expatrier. Bacon, en lui témoignant de l'intérêt, n'avait

---

[1] T. V, lett. 265. Sir Thomas Meautys, cousin et héritier du précédent, étant devenu propriétaire de Gorhambury, près Saint-Albans, épousa Anne, fille de sir Nathaniel Bacon, le fils de sir Nicolas par sa première femme. De là vint la seule descendance ou plutôt la seule représentation de la famille. Cette lady Meautys, femme d'une piété ardente et dévouée à la haute Église, épousa en secondes noces sir Harbottle Grimstone. Celui-ci, ayant acheté la réversion de Gorhambury d'un neveu du second Thomas Meautys, acheva de détruire le château, dont il vendit les matériaux. Cette terre appartient maintenant à James Walter Grimston, héritier de James Büceneil, vicomte Grimston, créé, en 1815, comte de Verulam. Ainsi les deux titres successifs de pairie de Bacon sont divisés : un Grimston est comte de Vérulam, un Aubrey de Vere Beauclerk, duc de Saint-Albans.

[2] Né en 1578, mort en 1655. Il a écrit une vie de sainte Thérèse et traduit les *Confessions de saint Augustin*. (Voyez, dans les *Œuvres de Bacon*, le t. V, lett. 92, 95, 99, 102, 174, 250, 277, 285, et le t. VI, p. 91, 217, 511.

pu ni osé le servir; il s'était efforcé surtout de le dissuader *d'une superstition* si voisine de la trahison, et qui risquait fort d'être *pire que l'athéisme*. Cependant, durant dix années que Matthew parcourut le continent, Bacon entretint une correspondance avec lui, lui ayant même donné, pour plus de sûreté, un chiffre qu'il avait inventé. Il lui envoyait ses écrits, lui demandait des conseils qu'il recevait avec empressement, et se faisait tenir par lui au courant des nouvelles européennes de la science et de la politique. Revenu en Angleterre en 1617, Matthew n'y put rester qu'un an; son exil et sa correspondance recommencèrent. Toutefois, en 1622, il fut définitivement rappelé. C'était le moment où, décidément infidèle à l'ancienne politique, le cabinet anglais se rapprochait de l'Espagne, et la religion de Matthew, ainsi que ses relations avec ce pays, le firent employer par Buckingham aux négociations du mariage avec l'infante. Du même coup, il devint pour Bacon un intercesseur utile. Il lui était certainement dévoué, il le servit de son mieux; mais, confiné par sa position dans les services secrets, il avait eu aussi le malheur de compromettre son protecteur, et son nom se lit dans le quatorzième article des faits de corruption prouvés contre le lord chancelier. Toutefois, il méritait sa confiance, au moins dans les choses d'esprit. Il avait une instruction peu commune, et certains préjugés d'Église mêlés à une certaine liberté de pensée, en faisaient, au milieu d'une société protestante, un critique intelligent et original.

Entièrement subordonné à son maître, William

Rawley [1], chapelain de Bacon, resta jusqu'à la fin le confident et l'auxiliaire de tous ses travaux, et il a, mieux que personne, servi sa mémoire par une biographie précieuse et la publication de nombreux manuscrits. Avec Rawley, avec Ben Jonson lui-même, George Herbert [2], d'une famille noble, poëte et théologien, aidait le grand écrivain à traduire en latin ses ouvrages anglais, et Bacon l'en remercie dans la dédicace d'une version de quelques psaumes. En visitant Cambridge avec le roi Jacques en 1619, il avait distingué Herbert, alors revêtu du titre d'Orateur de l'Université. Il l'avait attiré à Londres et à la cour, que Herbert ne quitta que sous le règne suivant pour entrer dans les ordres sacrés. Recteur de Bemerton, près Salisbury, il finit ses jours dans une grande piété. On en trouve les preuves dans ses lettres à sa mère qui ont été conservées. On dit que Pope estimait ses vers. Arnold y admirait un sentiment éloquemment religieux [3].

Au nombre des confidents intimes de Bacon, nous

---

[1] Né à Norwich vers 1588, mort en 1667.

[2] Né en 1593, mort en 1632, il était du pays de Galles, de la même famille que les comtes de Pembroke, et un des frères puînés de lord Herbert de Cherbury. C'est probablement cette circonstance qui a fait dire par erreur que ce dernier était l'ami et le collaborateur de Bacon. Rien dans les ouvrages de l'un ni de l'autre, rien non plus, je crois, dans aucun auteur contemporain, ne confirme cette supposition, fréquemment répétée et pour nous sans nulle vraisemblance. (Voir la vie de G. Herbert dans *The Lives* de Walton et dans Granger, *Biogr. hist. of Engl.*, t. II, p. 355.)

[3] *Life and Corresp.*, by A. Stanley, lettre à Cornish, p. 49, 7ᵉ édit.

devons nommer à part Thomas Bushel, jeune homme d'une famille noble., qui entra chez lui comme son page et qui devint son collaborateur dans ses expériences scientifiques. Il semble même les avoir comprises mieux que lui, si l'on en juge par ce qu'il nous a laissé, une relation de quelques-unes et un exposé de sa théorie de l'exploitation des mines. Il n'avait guère que trente-neuf ans, quand Bacon mourut, et plus de trente ans après, dans ses curieuses publications [1], il défendait encore la mémoire de Bacon contre la rigueur du jugement qui l'avait frappé. Enfin un autre jeune homme, né en 1588, après avoir dirigé la dernière éducation d'un fils du comte de Devonshire et parcouru avec lui le continent, fut, à son retour, présenté à Bacon qui l'accueillit avec sa bonté ordinaire et qui bientôt distingua entre tous Thomas Hobbes. Il aimait à se promener dans les allées de ses jardins avec lui, avec Rawley, avec Bushel, qui souvent devaient prendre note de ses pensées et les écrire en courant. Mais c'était Hobbes qui, disait-il, les saisissait le plus vite et les reproduisait le mieux. L'élève ne profita que trop de l'enseignement d'un tel maître, et s'emparant avec prédilection des points hasardeux de sa doctrine, il en élagua certaines inconséquences heureuses qui les tempérent, et son esprit, plus ferme et plus rigoureux, organisa, sur les principes de Bacon, une forte et fausse philosophie.

[1] Il mourut en 1674. Son principal ouvrage est intitulé : *Abridgment of L. C. Bacon's philosophical theory of mineral prosecutions.* (Lond., 1659. Voy. *Athen. Oxon.*, t. III, p. 1007.)

Ainsi entouré, doué de l'esprit le plus actif, toujours curieux des secrets de la nature, toujours préoccupé de ses grands projets intellectuels, il semble que Bacon pouvait finir doucement sa vie. Sans cesse dans ses écrits, il gémit d'avoir contrarié sa nature en s'adonnant aux affaires, « se connaissant moins propre à jouer un rôle qu'à tenir un livre. » Sa pensée, dit-il, a toujours été absente de ses actions, et il ajoute comme le psalmiste : « *Mon âme a été longtemps étrangère*[1]. » Rentré dans la retraite, il pouvait, se relevant avec courage, racheter bien des souvenirs par une noble espérance de servir la postérité. « *Posteritati (secula enim ista requirunt) inservio*[2]. » Il avait soixante ans ; il ne lui en restait plus que six à passer sur la terre. Mais ce temps pouvait être utilement employé pour sa mémoire et pour l'humanité. Il revenait à la liberté de l'intelligence et du travail, riche d'expérience et de méditation, joignant à ses ouvrages publiés une foule de plans, de recueils, de projets, et des masses d'observations, de notes et d'idées, matériaux de toute sorte qui n'attendaient que la main-d'œuvre. Le premier fruit de son loisir fut une histoire de Henri VII qu'il aurait voulu continuer jusqu'aux règnes de Henri VIII et d'Élisabeth[3]. Cet

---

[1] Multum incola fuit anima mea, Ps. 119, v. 6. (Lett. à Th. Bodley, *Works*, t. V, lett. 67; cf. *De Augm.*, l. VIII, c. III; *Precatio*, § 3 ; lett. à Casaubon ; Bouillet, t. I, p. 439 ; t. III, p. 477 et 543.)

[2] Lettre au P. Fulgence; Bouillet, t. III, p. 551.

[3] *The historie of the raigne of king Henry the Seventh, by the right honourable Francis, lord Verulam, viscount Saint-Alban*, Lond., 1622.

ouvrage, accueilli avec curiosité, n'eut pas un grand succès. Le roi l'avait lu avant l'impression, et l'on devine de quels défauts le livre avait eu besoin pour passer par une telle censure. Il est cependant encore estimé. Grotius le trouve *écrit avec un grand jugement.* Locke le propose comme un modèle d'histoire spéciale. On y trouve quelques morceaux remarquables, un récit intelligent, partout la trace d'un esprit consommé dans les affaires du monde, mais à qui trop d'expérience a fait perdre la liberté du jugement. L'habitude des secrets d'État le rend timide à dévoiler ceux mêmes qui ne lui ont pas été confiés, et il hésite à tout dire. Il consent à sembler moins pénétrant pour paraître plus sage. La narration a de la clarté, de l'ordre, de l'exactitude; mais on doit reprocher à l'écrivain le défaut de simplicité, à l'historien le défaut d'indépendance.

Parmi les opuscules de Bacon, un des plus dignes d'attention est assurément celui qu'il intitule : *Dialogue sur la guerre sacrée* [1]. On peut trouver étrange qu'au commencement du dix-septième siècle on s'occupât de la croisade contre les musulmans, quoique le père Joseph l'ait prêchée dans un poëme latin, et que Mazarin ait, par testament, donné six cent mille livres pour l'entreprendre. Mais dans cet écrit, qui n'est point fini, la question des guerres dites de religion venait naturellement; et en y mettant aux prises des interlocuteurs de croyances diverses, Bacon

---

[1] *An Advertisement touching a holy war,* Lond., in-4°, 1622; *Works,* t. III, p. 467; Éd. Bouillet, *Dialogus de bello sacro,* t. III, p. 487.

devait donner à sa discussion un caractère hautement philosophique. La dédicace à Lancelot Andrews est d'ailleurs plus intéressante que l'ouvrage et donne, sur les projets et les œuvres de l'auteur, des renseignements du plus grand prix.

Ses efforts pour reprendre en jurisconsulte les travaux du magistrat et composer un digeste des lois anglaises, sont une preuve honorable de l'esprit de réformation qui l'animait, et auquel, dans les affaires publiques, son caractère et son temps lui permirent peu de donner un libre cours. Les historiens de la législation peuvent encore consulter avec fruit ses ouvrages[1]. Pour nous, ses idées de codification que Jacques Ier négligea en tout temps d'encourager, nous intéressent surtout parce qu'elles contribuèrent à lui inspirer une introduction à la législation célèbre sous ce titre : *De la Justice universelle et des Sources du droit*[2]. Ce travail, en effet, trouvait place dans cette philosophie encyclopédique, la pensée continuelle, ou, si l'on veut, le rêve de Bacon. C'est un des monuments qui devaient composer le vaste ensemble dont il a tracé le plan. Ce qui le distingue singulièrement, ce qui atteste qu'il avait conçu dans un esprit positif et pratique un projet qui semble, par son immensité, appartenir à la pure spéculation, c'est, quoiqu'il ait échoué dans la tentative, son soin

[1] *A preparation toward the union of the laws of England and Scotland. — A proposition to His Majesty touching the compiling and amending of the laws of England. — An offer of a digest to be made of the laws of England.* (*Works*, t. IV, p. 287, 363 et 374.)

[2] *De Augm.*, VIII, III ; t. I, p. 451.

assidu de recueillir des observations sur toutes les parties de la science et de rédiger, de tous les ordres de phénomènes, des histoires spéciales qui devaient constituer et préparer l'histoire universelle de la nature. Ainsi l'histoire des vents, celle de la vie et de la mort, celle du son, celle de la densité et de la rareté, celle de la pesanteur et de la légèreté, sont les productions de cette époque de sa vie, du moins sous leur forme définitive de rédaction [1]. Tout cela, sans doute, appartient à une physique qui a vieilli, qui, peut-être, n'a jamais vécu. Souvent les observations sont inexactes ou vagues, les explications obscures et bizarres. Mais quels laborieux préparatifs d'une théorie inductive de la nature! C'était comme une collection d'échantillons tirés d'une mine immense. C'étaient les spécimens d'ouvrages à finir dont il avait dressé la table des matières, en composant cette pépinière des pépinières, cette *Sylva sylvarum*, qui l'occupa jusqu'à son dernier jour, et qui contient jusqu'à dix centuries d'observations et d'expériences [2]. Pour achever le grand ouvrage dont il prétendait esquisser quelque partie, pour préparer l'*Historia Mater*, comme il l'appelle, il traçait, dans le roman de *La Nouvelle Atlantide*, le plan d'une société ou d'une académie qu'il nommait singulièrement *le college de l'œuvre des six jours*, lui donnant pour objet d'études toute la création [3]. C'était là l'*Institut de Salomon*, qu'il croyait, par ce nom, re-

---

[1] *Works*, t. VIII et IX; éd. Bouillet, t. II, p. 525.
[2] *Id.*, t. I, p. 245, et t. II, p. 1.
[3] Éd. Bouillet, t. III, p. 157.

commander à la vanité de Jacques 1ᵉʳ, et qui devait un jour se réaliser sous le titre de la Société royale de Londres. Cowley, dans l'ode où il en célèbre la fondation, la met pour ainsi dire sous l'invocation de Bacon, *le lord chancelier des lois de la nature* [1].

Mais au-dessus même de la physique, dont on voit qu'il ne limitait pas très-étroitement l'empire, se plaçait ce qu'il aurait pu appeler la métaphysique, quoiqu'il entendît autrement le mot; c'est-à-dire la philosophie des sciences, inséparable d'une certaine philosophie de l'esprit humain. C'est la recherche et la description de la méthode à laquelle nous devons nos connaissances et de l'ordre que cette méthode leur doit imposer. C'est ce qu'il voulait nommer une fois *le globe intellectuel* et qu'il avait ébauché sous ce nom [2]; c'est ce qu'avaient annoncé, comme les esquisses annoncent le tableau, l'ouvrage anglais de 1605 et le *Novum Organum* de 1620, réunis en un corps de doctrine. Toujours jaloux de compléter et d'ordonner sous une forme définitive cette matière immense de sa pensée, il traduisait ou faisait traduire d'anglais en latin ou remettait de latin en anglais ses œuvres de toutes sortes, et en préparait la collection méthodique et la rédaction dernière. A l'aide de savants in-

---

[1] La pensée est plus bizarre ; il dit de Bacon :

Whom a wise king and nature chose
Lord chancellor of both their laws.

(Ode à la Société royale, dans son histoire par Sprat, in-4°, Lond., 1734.)

[2] *Descriptio Globi intellectualis.* Bouillet, t. III, p. 1.

terprètes, il donnait, avec de nouveaux développements, une version latine de son livre sur l'avancement des sciences, et le liait systématiquement au *Novum Organum* sous le titre général d'*Instauratio Magna* (1623). C'est là son véritable monument. Il est triste de lire dans la lettre par laquelle il adresse à Jacques Ier un livre immortel, « *le pauvre fruit de son « loisir*, cet humble post-scriptum : *Det Vestra Ma-« jestas obolum Belisario* [1]. »

On dit, en effet, que tandis qu'à la campagne il étalait encore les débris d'un luxe malheureux, son dénûment était tel parfois qu'il fut obligé de demander une provision de bière à lord Brooke (son ancien ami Fulke Greville), qui la lui fit refuser par son sommelier [2]. Cette gêne humiliante peut expliquer comment, au milieu de travaux si dignes de remplir toute une vie, d'absorber, de charmer toute une intelligence, l'homme d'État déchu, le ministre dégradé ne cessait de venir importuner encore et distraire le philosophe.

[1] *F. Baconis, B. de Verulamio, V. C. Sancti Albani, de Dignitate et Augmentis scientiarum libri IX, ad regem suum*, in-fol., Lond., 1623. Cet ouvrage, qui n'est qu'une première partie d'un tout dont l'*Organum* est la seconde, remplit le premier volume de l'édition de M. Bouillet. La lettre d'envoi, *Works*, t. VI, p. 357, finit ainsi : « Todos duelos con pan son buenos. Itaque det Vestra Majestas, etc.

[2] Les contemporains entrent dans mille détails sur les habitudes et la santé de Bacon. Par exemple, il avait besoin, pour dormir la nuit, de boire, avant de se coucher, un verre de bière forte. Il prétendait qu'au moment de certains changements lunaires, il se sentait fortement indisposé. Au printemps il se promenait en voiture découverte pour recevoir la pluie, qui était, disait-il, très-salutaire *à cause du nitre de l'air*. (Aubrey, *Lives*, t. II, part. I.)

Pressé par une ambition incorrigible, par l'amer regret de sa chute, par des nécessités de fortune, il fit plus d'un effort, heureusement infructueux, pour persuader au roi de le rappeler aux affaires. Il écrivait sans cesse au duc de Buckingham; il donnait d'excellents avis qui n'étaient pas toujours demandés [1]; il s'offrait pour des services qu'on n'accueillait point. Au roi, qui n'avait pas même attendu la mort de Henri IV pour se rapprocher de l'Espagne, il proposait de revenir aux alliances d'Élisabeth et de l'envoyer lui-même négocier le mariage du prince de Galles avec Henriette de France. Il cherchait tous les moyens de renouer, avec le monde politique, les liens qu'il n'aurait jamais dû former. Quelquefois il sollicitait seulement la faculté de n'être pas obligé à étudier pour vivre, après avoir vécu pour étudier [2]; il se réduisit même à demander la charge de prévôt du collége d'Eton, et sir Henri Wotton lui fut préféré, parce qu'il laissait vacante une place de maître des rôles dont Buckingham avait besoin. Bacon ne pouvait se dissimuler le refroidissement et l'oubli de son ancien protecteur. Il essayait de le servir en publiant des considérations sur une guerre avec l'Espagne, en justifiant la brusque rupture qui avait succédé aux négociations matrimoniales de Madrid [3]. C'était suivre l'opinion publique qui approuvait la rupture, mais elle n'en était pas moins sévère pour le favori qui

---

[1] *Works*, t. VI, p. 358, 363, 364.

[2] *Works*, t. V, lett. 276. Il signe : « De Votre Majesté le pauvre ancien serviteur et mendiant, *beadsman*. »

[3] *Considerations touching a war with Spain*, t. III, p. 499.

renonçait à l'union avec l'Espagne, parce qu'elle avait échoué, non parce qu'elle était impopulaire. Enfin Jacques Ier mourut et Charles Ier monta sur le trône. Les bontés maintes fois éprouvées du prince de Galles donnèrent à Bacon une espérance qui ne fut point remplie, et le duc de Buckingham, qui ne perdit rien de son pouvoir, conserva son indifférence. Jamais Bacon ne put réussir à se faire arracher aux travaux d'un loisir plus glorieux que ses actions. Il perdit courage et il renonça à tout. C'était en 1625. Cette même année, une maladie épidémique dévastait la ville de Londres. Il en fut atteint et n'en réchappa qu'en y laissant ce qui lui restait de ses forces et de sa santé. Il languit une année, obligé, sans renoncer au travail, de proportionner ses occupations à sa faiblesse. On raconte que lorsque le marquis d'Effiat vint un moment remplacer en Angleterre le comte de Tillières pour négocier l'union de la princesse Henriette, sœur de Louis XIII, avec le prince de Galles, il rendit visite à Bacon qui, malade et caché, le reçut les rideaux fermés. « Vous ressemblez aux anges, lui dit le courtisan français, on entend parler d'eux sans cesse, on les croit supérieurs aux hommes, et on n'a jamais la consolation de les voir [1]. »

[1] Effiat vint, comme envoyé extraordinaire, à la fin de 1624; et fut peu après membre d'une ambassade collective extraordinaire, dont le duc de Chevreuse était le chef. Tillières ne fut cependant que momentanément rappelé. (*Mémoires de Richelieu*, t. XV et XVI.) On a deux lettres françaises de Bacon au marquis d'Effiat, qu'il appelle : « M. l'ambassadeur mon fils. » La première est pour lui offrir « un *recompilement de ses Essayes morales et civiles* (9ᵉ édition des *Essais*, 1625), puisqu'il

Pendant les dernières années de sa vie, Bacon ne publia qu'une dernière et plus complète édition de ses *Essais*[1], un recueil d'apophthegmes et une traduction en vers de quelques psaumes; mais il n'eut jamais lui-même une haute idée de son talent pour la poésie.

Il donnait une grande partie de son temps à des recherches expérimentales, quoique faute de connaissances premières et du véritable don de l'observation, le résultat de ses travaux dans les sciences naturelles soit des plus médiocres. Il voulait, dans un temps, composer chaque mois une histoire d'un ordre de phénomènes physiques, et il se montrait curieux et zélé plutôt qu'habile dans l'étude de la nature. Cette disposition lui coûta la vie. Par un jour glacial du printemps de 1626, le 2 avril, il se promenait en voiture avec le docteur Witherborne, Écossais et médecin du roi, dans les environs de Highgate, et voyant tomber de la neige, il eut l'idée de l'employer comme moyen de conservation des matières putrescibles. Il descendit aussitôt, entra chez une pauvre

---

« faict et traite mariages non-seulement entre les princes d'Angleterre et de France, mais aussi entre les langues. » (Il faisait traduire le *De Augmentis*.) La seconde est pour le prier de lui ménager les bonnes grâces de la nouvelle reine; elle est du 18 janvier 1623 (6). (*Works* , t. V, lett. 299, et t. VI, p. 584.)

[1] *A Collection of apophtegms new and old: Works*, t. II, p. 399. — *The translation of certain psalms*, etc., *id.*; p. 551. Aubrey dit qu'il cachait son talent pour les vers, et cite comme fort jolie une pièce de vers qui commence ainsi :

The world's a bubble and the life of man
Less than a span, etc.

(*Lives*, t. II, part. I, p. 223.)

femme, acheta une poule, et disposa tout pour faire sur place l'expérience qu'il avait conçue. Cependant le froid le saisit, et il se sentit assez incommodé pour chercher asile dans une maison du comte d'Arundel [1]. Nous avons encore la lettre pleine de courtoisie par laquelle il demandait pardon à ce seigneur de s'être, en son absence, installé chez lui. C'est la dernière qu'il ait écrite. « J'ai été sur le point, lui disait-il, d'éprouver le sort de Pline l'ancien, qui mourut pour s'être trop approché du Vésuve, afin d'en mieux observer l'éruption, » et il a soin de lui marquer que l'expérience de la neige a réussi. Mais, trop faible pour se faire transporter, il resta chez lord Arundel, entouré des soins respectueux des gens de la maison. Après une semaine de maladie, il mourut le jour de Pâques, 9 avril, dans sa soixante-sixième année. On ne cite, parmi les siens, que sir Julius Cæsar qui ait assisté à ses derniers moments. Il fut enterré sans pompe, et, selon son désir, près de Saint-Albans, dans l'église de Saint-Michel, où sa mère était ensevelie [2]. Il n'avait point d'enfants, et sa femme lui survécut vingt-quatre ans [3].

---

[1] *Works*, t. V, lett. 300. Lord Arundel avait une maison qu'il n'habitait pas à Highgate, près de Londres, sur la route de Saint-Albans. Il est connu par son goût pour les arts et par les marbres d'Arundel.

[2] Voir la gravure de son tombeau dans *Old England's Worthies*, in-fol°, 1847, p. 107.

[3] Aubrey dit pourtant que sa fille épousa un sir Thomas Underhill « her gentleman usher, whom she made deafe and blind with too much of Venus. » (*Lives*, t. II, part. I, n° iv, p. 226.) Ce doit être une erreur : c'est la veuve de Bacon qui épousa son huissier, sir John Underwood.

Sir Thomas Meautys lui fit élever un monument en marbre blanc où il est représenté assis, dans l'attitude du travail. Voici l'épitaphe composée par sir Henri Wotton : « François Bacon, baron de Verulam, vicomte de Saint-Alban, ou plus connu sous les titres de lumière des sciences, de modèle de l'éloquence, s'asseyait ainsi. Après avoir résolu tous les problèmes de la sagesse naturelle et civile, il obéit à cet ordre de la nature : ce qui est composé sera dissous [1]. L'an du Seigneur MDCXXVI, de son âge LXVIe. A la mémoire d'un si grand homme, Thomas Meautys, dans le culte de ce qui survit, dans l'admiration de ce qui n'est plus, éleva ce monument. » On ne manquera pas de remarquer que toute pensée positivement religieuse semble exclue à dessein de cette inscription.

Quatre ou cinq mois avant sa mort, à la fin de 1625, croyant son terme proche, Bacon avait fait ses dispositions. Réconcilié avec Williams qui, n'ayant plus le grand sceau, n'était qu'évêque de Lincoln, il le pria de vouloir bien, de concert avec sir Humphrey May, chancelier du duché de Lancastre, publier ses discours et ses lettres, et la commission était acceptée, mais ne fut point remplie [2]. Il dédiait en même temps à George Herbert, comme poëte et comme théologien, sa traduction de sept psaumes. Enfin il écrivait (19 décembre) un testament [3] qui ne doit pas

---

[1] *Composita solvantur*, principe de philosophie naturelle reçu parmi les scolastiques.
[2] *Works*, t. V, lett. 296.
[3] Ses exécuteurs testamentaires sont sir Humphrey May, le juge Hutton, sir Thomas Crewe, sir Euball Thelwal, sir Fran-

être oublié. Au milieu de quelques dispositions dont la plus intéressante est la fondation de deux chaires de philosophie naturelle à Oxford et à Cambridge¹, on y trouve une sorte de confession digne et mélancolique qui relève un peu son âme de sa vie. « Je lègue mon nom et ma mémoire, dit-il, aux discours des hommes charitables, et aux nations étrangères, et aux âges futurs. » Double témoignage des sentiments d'un cœur humilié et d'un esprit fier, prière du faible qui a besoin de pardon, noble appel du génie sûr de son immortalité. Tel est le contraste étrange que présente cet homme extraordinaire, cet homme vulgaire et grand. Pope a dit dans un vers célèbre : *Le plus sage, le plus brillant et le plus vil des hommes*² ; trois hyperboles dont nous n'acceptons aucune. Nous nous croyons quitte envers la stricte justice ; nous n'insisterons pas, la vie de Bacon a dû le peindre. Que sert d'ajouter qu'il avait des qualités aimables et bienveillantes, une belle figure, un œil vif³ qui pré-

---

cis Barneham et sir John Constable, ses deux beaux-frères. Il y a des legs nombreux pour ses amis et ses serviteurs, le marquis Fiatt (d'Effiat), le comte de Dorset, Meautys, Matthew, Rawley, etc., et, ce qu'on doit remarquer, lady Coke (lady Hatton) qu'il n'oublia jamais, et ses deux enfants. Dans un codicille, il révoque, *pour de grandes et justes causes*, une disposition insérée dans le testament en faveur de sa femme. (*Works*, t. VI, p. 411.)

[1] Les fonds de la succession ne purent suffire pour cette fondation. Bacon se croyait toujours plus riche qu'il n'était.

[2]   If parts allure you, think how Bacon shin'd,
  The wisest, brightest, meanest of mankind.
            (Ess. on Man., IV, v. 281.)

[3] L'œil d'une vipère, disait Harvey, son médecin, à John Aubrey. (*Lives*, t. II, part. I, n° IV.) Sa physionomie est intelli-

venait en sa faveur, une vanité si haute qu'elle lui permettait d'être affable et facile, un esprit prompt et même enjoué qui donnait beaucoup d'attrait à son commerce? La nature morale de Bacon était de celles que l'expérience de la vie n'apprend que trop à connaître. Son intelligence avait tout ce qui manquait à son caractère, et même la supériorité de l'une, absorbant ce qu'il y avait en lui de besoin d'élévation et de noble orgueil, l'abandonnait sans armes aux faiblesses de sa nature. Il faut ajouter que dans la famille et le monde où il était né, il avait sucé avec le lait ces opinions, en quelque sorte officielles, que développe et consacre trop souvent la recherche ou l'exercice des fonctions publiques. Des facultés d'un homme, il y a peu de plus digne emploi que ces fonctions. Mais comme tout a son péril, on y contracte parfois une disposition à voir dans l'autorité un privilége qui couvre tout. On abdique la liberté d'un esprit qui se juge, se gouverne, se condamne, et l'on réserve toute conscience morale, s'il en reste, pour la vie privée, pour les sentiments intimes. La vie publique devient quelque chose comme la guerre où tout est permis. Pourvu que l'État soit servi ou le maître satisfait, l'âme est en repos. Des facultés éminentes, nous

---

gente et douce dans ses portraits, gravés pour la plupart d'après un original de Van Somer, de la collection du comte de Verulam. C'est probablement le tableau vu par Aubrey à Gorhambury, en 1656. Les nouveaux éditeurs ont préféré une vieille gravure de Simon Pass, qu'ils supposent faite d'après un tableau de Cornelius Jansenn, probablement encore existant. (Éd. Longman, t. I, p. xv ; E. Lodge, *Port. of illustr. pers.*, t. II, 19.)

l'avons vu dans nos tristes jours, ne préservent pas de cette perte d'indépendance, de cette abnégation de la vraie dignité, y compris celle de l'esprit. On a pu remarquer qu'un grand savoir, un mérite incontesté, mais spécial, devenait quelquefois un motif de plus de se rendre indifférent à certaines délicatesses et supérieur à certains devoirs ; et des savants même illustres nous ont fait penser à quelques-unes des faiblesses de Bacon.

Mais les plus criminelles ne peuvent pas être mises tout entières sur le compte de ses préjugés. Celui qui se vantait si haut d'être, par sa raison, en avant de son temps, ne peut être reçu à s'excuser de ses fautes par les exemples ou les opinions dont il était entouré. L'âme de Bacon était au-dessous du niveau commun.

On ne peut parler de son âme sans se demander quelles étaient ses opinions religieuses. C'est un point qui veut être éclairci. Nous n'en avons rien dit, et il ne paraît pas qu'elles aient joué un grand rôle dans sa vie. Nul doute qu'il n'ait respecté, comme une consigne, l'ordre établi dans son Église. Il aurait, s'il l'eût fallu, inventé l'érastianisme, en cela d'accord avec l'archevêque Parker, primat sous Élisabeth, ami de collège de Cecil et de Bacon. Mais nous ajouterons que, sinon par les sentiments, au moins par la croyance, il était chrétien. On en a douté ; ses ouvrages n'abondent pas en déclarations explicites et détaillées sur les dogmes de la foi. Il s'est même reproché d'avoir tant écrit, et si peu sur la religion [1].

[1] Epit. dédic. du *Dial. de bello sacro*; éd. Bouillet, t. III, p. 493.

Rien n'annonce en lui de vives dispositions à la piété. Son mépris des autorités scolastiques, sa prédilection pour les sciences positives et les recherches expérimentales, le caractère pour ainsi dire terrestre de sa philosophie, les conséquences que les doctrines empiriques en ont tirées, les hommages que lui a rendus notre dix-huitième siècle, et l'honneur suspect d'avoir été pris pour maître par d'Alembert et par Diderot, avaient pu donner des doutes plausibles sur la nature ou la réalité de sa foi religieuse; nous conviendrons même que l'incrédulité, ou, pour mieux parler, qu'une liberté de pensée, taxée d'incrédulité par les diverses Églises, a été connue de meilleure heure et plus répandue dans le monde moderne qu'on ne le croit et surtout qu'on ne l'avoue ; et les protestations ou les précautions orthodoxes de quelques grands esprits nous inspirent une confiance médiocre. Une partie des passages nombreux, où Bacon fait au christianisme des allusions toutes favorables, pourraient être récusés par des critiques difficiles, qui se rappelleraient ce qu'il a dit de l'usage opportun de la dissimulation [1]. On pourrait croire que ce ne sont là que des formes convenues, des habitudes de langage, en un mot que c'est une orthodoxie de style. Cependant il faut remarquer que si, par des conséquences plus ou moins spécieuses, quelques-unes de ses vues ont prêté ou conduit à l'irréligion, l'irréligion n'a inspiré aucun de ses ouvrages; aucun n'a eu pour but la négation ou même l'affaiblissement d'un dogme

---

[1] *Serm. fidel.*, VI; éd. Bouillet, p. 230.

quelconque. Un seul des écrits qu'on lui attribue pourrait inspirer des doutes. On a publié comme de lui, dix-neuf ans après sa mort, quelques pages sur la croyance chrétienne, où trente-quatre paragraphes sont consacrés à prouver que les articles de foi ont tous un caractère de paradoxe et de contradiction, et le dernier, après avoir opposé à la nature finie de l'homme la béatitude infinie, se termine par ces mots : « Gloire soit à Dieu[1]. » D'abord l'authenticité de cet opuscule n'est pas entièrement justifiée par des preuves certaines, et elle a été contestée par d'assez bonnes autorités. On y remarque, en effet, une précision logique, une forme antithétique et piquante qui n'est pas beaucoup dans la manière de l'auteur. Enfin, quelle qu'en fût la source, cet écrit pourrait être, soit un pur exercice d'esprit, soit une comparaison entre les dogmes de la foi et les données du sens commun, qui n'attesterait pas nécessairement l'intention de sacrifier les uns aux autres, qui pourrait même être conçue dans une vue tout opposée. Tous les *Sic et*

---

[1] *The Characters of a believing Christian in paradoxes and seeming contradictions*; Works, t. II, p. 494. Cet écrit fut publié pour la première fois en 1645, et inséré trois ans après dans les *Bacon's Remains*, in-4°, 1648. Or, tout n'est pas tenu pour authentique dans ce recueil. Rawley et Tenison publiant, l'un sa *Secunda Resuscitatio*, en 1658, l'autre son *Baconiana*, en 1679, se sont plaints qu'on eût attribué à Bacon des ouvrages apocryphes, et ni l'un ni l'autre n'ont repris ni avoué les *Paradoxes*, que M. Montagu et M. Bouillet ne croient pas de Bacon. Mais il y a d'autres avis. Ritter penche à regarder l'ouvrage comme un essai de jeunesse, abandonné plus tard. (Montagu; t. VII, préf., p. XVI; Bouillet, t. I, p. 547, et t. II, p. XXIII, Ritter, *Gesch. der Phil.*, t. X, p. 318.)

Non ne sont pas des professions de scepticisme religieux, et un théologien catholique très-respecté a même vu, dans les *Paradoxes* de Bacon, une preuve nouvelle en faveur de sa foi. Elle serait ainsi le résultat d'un examen impartial et attentif; c'est d'une confrontation très-exacte entre toutes les parties de le doctrine chrétienne qu'il serait *sorti aussi humble, aussi fidèle, aussi pénétré de la vérité du christianisme qu'il l'était auparavant*[1]. Sans oser aller aussi loin, nous dirons qu'un écrit douteux dans son origine, dans son sens, dans son but, ne peut suffire pour prévaloir dans notre esprit contre l'autorité des nombreux passages où Bacon parle en fidèle. Il serait trop long de les indiquer et nous y reviendrons en étudiant sa philosophie[2]. Mais rien ne nous autorise à en contester la sincérité, et il nous paraît que, sans aucune piété spontanée, sans nulle ferveur intime de vrai chrétien, Bacon devait, par la nature de son esprit, adhérer, sans répugnance et sans hésitation, à la foi de son pays et de son gouvernement, quand même on écarterait le témoignage suspect, si l'on veut, de son secrétaire William Rawley, qui dit qu'il prati-

---

[1] *Le Christianisme de F. Bacon*, par M. Émery, disc. prél., p. XLVII.

[2] On peut citer quatre prières insérées dans ses *Œuvres: Precatio*, t. II, p. 489, 490, 493; édit. Bouillet, t. III, p. 476; les *Meditationes sacræ*, id. ibid., p. 463; ce qu'il dit de la théologie, *De Augm.*, III, II, et IX, 1 ; de l'histoire des prophéties, id. II, XI; de la morale chrétienne, id. VII, I, II et III; éd. Bouillet, t. I, p. 133, 166, 349 et 475; quelques allégories du *De Sapientia veterum*, comme celle sur Prométhée; et ses lettres, *passim*,

quait exactement les devoirs de la religion et qu'il mourut dans ses croyances[1]. Nous possédons la preuve directe qu'il avait employé ses facultés à se la rendre propre sous une forme philosophique. A une certaine époque de sa vie, probablement en 1622, il écrivit en anglais une profession de foi développée qui est singulièrement remarquable. C'est une exposition raisonnée d'un protestantisme orthodoxe et presque catholique[2]. Les idées chrétiennes y sont traduites sous une forme aussi rationnelle qu'il est possible de le faire sans les altérer. Rien n'est outré, rien n'est atténué. Le mystère y est rendu intelligible jusqu'au point où il cesserait d'être un mystère. On ne voit nulle raison de supposer que cette pièce, qu'il ne publia pas, ne fût point l'expression sincère de sa conviction. Ce n'est pas une adhésion verbale à un pur formulaire, mais la déduction d'une croyance réfléchie, et, suivant nous, un monument des plus propres à frapper les esprits les moins dociles à toute inspiration chrétienne.

Il importe, pour la suite de l'histoire des opinions philosophiquement religieuses en Angleterre, de constater, sur quelques points précis du dogme, la pensée personnelle de Bacon. La réformation anglicane a sans doute produit autant d'exemples de foi vive et de piété sincère que les autres formes du christia-

---

[1] *Nobiliss. auctor. vit.* XX; Bouillet, t. I, p. LXXXIII.
[2] *Works*, t. II, p. 481; Bouillet, t. III, p. 478. « Il serait difficile d'y trouver quelque article qui ne pût être avoué par un théologien de l'Église romaine. » Émery, ouvrage cité, disc. prél., p. XLVI.

nisme ; mais elle n'a pas échappé à son caractère de réformation, et ses efforts d'intolérance ne l'ont pas empêchée d'introduire, avec l'obligation de croire, une certaine liberté de choisir. Nous verrons plus d'un exemple de ces conséquences du libre examen, donné même par des hommes que le protestantisme britannique ne répudie pas. Nous verrons se porter la controverse ou se trahir la dissidence, non-seulement entre les libres penseurs et les croyants, mais de chrétiens à chrétiens, sur quatre points principaux : la Trinité, les miracles, la justification, l'Église. Or, aux termes de sa profession de foi, Bacon, sur le dogme de la Trinité, nous paraît rigoureusement correct. « Il n'y a, dit-il, qu'un seul et même Dieu..., éternellement et personnellement Père, Fils et Saint-Esprit. » Sur la justification gratuite en Jésus-Christ, sans spécifier en termes étroits une adhésion formelle aux principes calvinistes, il ne s'écarte pas de l'esprit général de la réformation, et il énonce, de la manière la plus forte, qu'aucune des créatures de Dieu n'est telle que le Dieu pur, le Dieu saint, le Dieu jaloux puisse se plaire en elle, *s'il ne la regarde dans la face du Médiateur*; en sorte que si, par une disposition de sa providence, l'Agneau de Dieu n'eût été immolé avant tous les siècles, il n'y aurait pas eu de création. C'est en considération du Médiateur, non-seulement que le monde est sauvé, mais qu'il existe.

Ce Médiateur est, pour Bacon, le Fils unique de Dieu, Jésus-Christ, sauveur du monde, dont la naissance, la vie, la mort, la résurrection, l'ascension, sont telles qu'il est dit dans les Écritures, et dont les souffrances et les mérites, quoique suffisants pour effacer tous les péchés du monde, ne sont efficaces que pour ceux qu'a régénérés l'Esprit-Saint, qui souffle où il lui plaît.

Enfin, sur la matière épineuse de l'Église, Bacon reconnaît une Église universelle et catholique. Celle-là, invisible, est par toute la terre la communion des fidèles nés ou à naître. Il y a aussi une Église visible, distinguée par les signes de l'alliance de Dieu, qui a reçu de lui la doctrine et les sacrements, et dont la succession se continuera, depuis les prophètes du Nouveau Testament, jusqu'à la consommation de l'œuvre. Les membres en sont appelés de Dieu et par une grâce intérieure, suivie d'une vocation extérieure et de l'ordination de l'Église même[1]. Ces derniers mots sont une déclaration qui pourrait s'appliquer à l'Église romaine, mais qui, dans la pensée de Bacon, le rattache à l'Église anglicane.

Ce dernier point ne pouvait guère être douteux. Le fidèle serviteur des Tudors et des Stuarts ne devait pas être soupçonné de se séparer du culte légal. Comment son prince n'aurait-il pas été *le défenseur de sa foi?* Il était le maître de sa conscience. Cependant il ne faudrait pas accuser Bacon d'avoir porté jusqu'à l'intolérance l'adhésion à l'unité liturgique. Non-

---

[1] Il a dit de la discipline de son Église : « Je ne dirai pas, comme font quelques-uns, qu'elle est *de jure divino*, mais je dis et je pense *ex animo* qu'elle est la plus proche de la vérité apostolique, et je dirai avec confiance qu'elle est de toutes la mieux adaptée à la monarchie. » *Advice to sir G. Villiers, Works*, t. III, p. 429.

seulement dans ses ouvrages, mais en divers mémoires adressés à Élisabeth ou à Jacques touchant les dissensions religieuses et les moyens de rétablir la concorde, il n'a exprimé que des opinions modérées et s'est élevé contre toute intervention de la force dans le gouvernement des consciences. Dans le domaine de la philosophie, il n'a reconnu d'empire qu'à la raison[1]. Mais il n'en est pas moins vrai que, la dernière année de sa vie, il composa, étant malade, une prière qu'Addison avait raison de trouver admirable, un psaume, ainsi qu'il l'appelle[2], rempli d'un sentiment profond et mélancolique digne de la foi d'un chrétien.

[1] *De Augm.*, XI, 1; *Ess.*, III; lett. au fr. Baranzan, éd. Bouillet, t. I, p. 475; t. III, p. 219 et 548. — *An Advertisement touching the controversies*, etc. Works, t. II, p. 499. — *Certain Considerations touching the better pacification*, etc. Lond., 1604, id., p. 524.

[2] *Works*, t. II, p. 489; en latin dans Bouillet, t. III, p. 476; Addison, *Tatler*, n° 267.

LIVRE II

ANALYSE DES OUVRAGES

ET

DE LA PHILOSOPHIE DE BACON

CHAPITRE I

Des ouvrages de Bacon en général.

La nation anglaise, cette nation de la politique et du commerce, est loin d'être un peuple sans imagination. Quel pays moderne plus fertile en grands poëtes? Le règne d'Élisabeth est une des époques où l'imagination a le plus brillé en Angleterre, à travers un nuage de pédanterie, et, des écrivains du règne d'Élisabeth, aucun peut-être n'avait plus d'imagination que Bacon, quoiqu'il ne se soit pas exercé dans les sujets d'invention et qu'il manquât de l'art du poëte. Aussi, quand son nom ne serait resté que dans l'histoire de la littérature, y occuperait-il encore une grande place, et les critiques le citent à bon droit parmi les premiers modèles de la prose anglaise. *C'est un excellent maître d'éloquence*, disaient de lui ses contemporains[1]. On peut même soupçonner que, sans l'éclat de son talent, son rang serait beaucoup moins élevé dans la philosophie. Il a donné à sa pensée cet accent qui la rend puissante et durable; il a prêté comme une brillante armure à la vérité.

Avec un peu d'habileté pour tourner un vers, il aurait pu faire, de ses ingénieuses interprétations de la mythologie, quelques gracieux tableaux. Ses récits historiques ont un certain mérite de narration ; ses écrits politiques sont d'un homme supérieur[2]. Mais ce sont surtout les réflexions dont il sème tous ses ouvrages qui, par la forme autant que par le fond, attestent l'originalité du grand écrivain. On a cru remarquer, dans sa manière générale de considérer et de peindre les caractères et les affaires des hommes, quelque chose qui rappelle Shakspeare, ou plutôt c'est Shakspeare qui, pénétré de la lecture des *Essais* de Bacon, en aura, peut-être sans dessein, reproduit quelques traits dans ses incomparables scènes. Une certaine disposition à comprendre avec profondeur la réalité des choses plutôt qu'à la juger avec sévérité était commune au chancelier et au comédien, au philosophe et au poète, et je ne sais quel machiavélisme élevé et calme était un des caractères de leur génie. C'est là ce qui a pu un moment inspirer l'étrange idée d'attribuer à Bacon les tragédies de Shakspeare. C'était assurément faire au premier

---

[1] Voyez Peacham, *Compleat Gentleman*, cité par Drake, *Shaksp. et his Times*.

[2] Grotius, *Epist.* 246, p. 84, in-fol°, Amst., 1687; Hallam, *Constit. Hist.*, ch. VI, not.

beaucoup trop d'honneur, et il faudrait admirer la modestie ou la négligence de celui qui, après avoir écrit le *Novum Organum*, aurait laissé ignorer au monde que la même main avait crayonné les images d'Othello et d'Hamlet, et que le rénovateur des méthodes scientifiques était le chantre de Juliette et de Roméo. Mais nous avons vu, dans la précieuse bibliothèque de M. Cousin, l'exemplaire unique des *Essais* qui passe pour avoir appartenu à Shakspeare[1]; son nom s'y lit encore écrit de sa main, et nous concevons que le poëte dramatique, dont aucune pièce avant les *Essais* n'avait encore été imprimée, ait pu apprendre à penser à l'école de Bacon, bien que Bacon, dans son dédaigneux silence, ait paru ignorer jusqu'à l'existence du plus glorieux de ses contemporains.

Mais il vaut mieux lire les ouvrages littéraires que les juger. Abandonnons ceux de Bacon à la curiosité des gens de goût; un attrait que nous n'entreprendrons pas d'excuser nous ramène exclusivement à ses écrits philosophiques. C'est d'eux seuls que nous nous sentions le droit et l'envie d'entretenir le lecteur.

Une pensée générale y respire; elle échauffa l'esprit, elle remplit la vie de Bacon : c'est celle d'une réforme universelle des sciences ou de la philoso-

---

[1] Si l'on ne regarde *Titus Andronicus* comme un ouvrage de Shakspeare (publié, dit-on, en 1594), aucune de ses pièces ne paraît avoir été livrée à l'impression avant 1597, date de la publication de *Roméo et Juliette*, de *Richard II* et de *Richard III*, selon Collier (*Shakspeare*, t. I). Watt retarde même d'un an la publication des deux derniers ouvrages. Mais il recule celle du *Roi Jean* jusqu'en 1591. (*Bibl. brit.*)

phie, qui les comprend toutes. Que cette réforme fût possible, nécessaire, opportune, et qu'il fût appelé à la provoquer, à en exposer les motifs et les moyens, à en annoncer l'accomplissement, qu'il dût même la commencer et peut-être en exécuter quelques parties, indiquer du moins comment elle devait s'opérer; qu'en un mot, au monument à construire, il dût servir d'architecte, prêt à servir aussi d'ouvrier [1], c'est la conviction et l'espérance qu'il conçut de trèsbonne heure et qu'il entretint jusqu'à son dernier soupir. Il a dit même, avec une modestie fière encore, qu'il estimait plus son œuvre comme produit du temps que du génie. Ce qu'il en admire, c'est que la pensée première de mettre en suspicion tant de préjugés consacrés par les années soit venue à l'esprit d'un homme ; le reste, ajoute-t-il, a suivi de soi-même. On est réduit à des conjectures sur le moment précis où Bacon imagina *d'allumer le flambeau dans les ténèbres de la philosophie* [2]. On a voulu l'y faire songer dès le temps qu'il était à l'Université. Il est probable assurément que le jeune étudiant de Trinity College sortait souvent mécontent des leçons de ses maîtres, et qu'il se sera plus d'une fois dit qu'il y avait quelque chose à faire aux sciences humaines. Cependant, d'après une de ses lettres [3], il ne paraît pas qu'avant l'âge de vingt-quatre à vingt-cinq ans, il ait fixé bien distinctement dans son esprit l'idée qui jusqu'alors

---

[1] *De Augmentis scientiarum*, VII, 1, t. I, p. 350.
[2] *Instaur. Mag.*, dédic., t. I, p. 8., cf. *Novum Organ.*, l. I, aph. 122, t. II, p. 75.
[3] *Ad. P. Fulgent.*, t. III, p. 552.

avait dû le traverser. Mais, à partir de cette date, il s'occupa sans relâche de mûrir cette idée, de la développer et de lui donner la meilleure forme. Il ébaucha, il termina plusieurs ouvrages; il les refit après les avoir terminés. Mais tous se tiennent et très-souvent se répètent. Ils constituent presque un seul et même ouvrage sous des titres variés, et ne diffèrent que par le cadre, l'ordonnance et l'étendue. Aussi est-il, au premier abord, assez difficile de se rendre compte de l'œuvre totale de Bacon et de l'ordre dans lequel il doit être étudié. Cependant on le connaîtrait suffisamment, si l'on s'en tenait à trois écrits qu'il a publiés lui-même, d'abord le traité en anglais *De l'avancement de la Science divine et humaine*, imprimé en 1605, puis le *Novum Organum* (1620), et enfin la traduction latine du premier ouvrage, donnée en 1623, enrichie de nouveaux développements, portant ce titre : *De Dignitate et Augmentis scientiarum*, et formant, avec une révision du *Novum Organum*, l'*Instauratio Magna*. On voit que les deux premiers traités ne sont que les deux parties du troisième; le troisième, une seconde édition des deux premiers. On peut dire que ce dernier est le monument de Bacon. C'est le plus achevé de ses grands ouvrages, ou le plus près d'être achevé.

Cependant d'autres écrits philosophiques, qui sont des esquisses ou des fragments, des sommaires ou des appendices, sont parvenus à la postérité, conservés par les soins de fidèles dépositaires[1]. Malgré des re-

---

[1] Ces éditeurs posthumes sont Rawley, Gruter, l'archevêque

dites innombrables, il y a dans tous à profiter. Le plus important est le *Cogitata et Visa de Interpretatione naturæ*, que Dugald Stewart regarde comme une des compositions les plus parfaites de l'auteur. On y trouve, en effet, avec une grande richesse de traits brillants, la substance de ses idées philosophiques; et cet écrit tiendrait lieu de tous les autres au lecteur dont les instants seraient comptés. En dehors des ouvrages purement philosophiques de Bacon, on ferait bien de consulter le *De Sapientia veterum*, qui reproduit quelques-unes de ses doctrines sous des formes allégoriques, et de relire attentivement les *Essais*, en latin, *Sermones fideles*, cet excellent recueil, écrit pour tout le monde, où, de temps en temps, reparais-

Tenison et Stephens. Voici la liste des écrits philosophiques de Bacon, pour la plupart avec deux dates, la première celle de la composition, la seconde celle de la publication : 1585 (ou 1590), *Temporis partus masculus* (*maximus?*) *sive de Interpretatione naturæ libri tres*. On prétend, sans grandes preuves, que cet ouvrage a été publié aussitôt que composé, mais qu'il s'est perdu. (Voyez l'édition Montagu, t. XI, p. VII, 478.) En tout cas, ce qui aurait été publié alors ne serait qu'un spécimen, et non l'ouvrage encore incomplet, donné seulement par Gruter en 1653. (Voyez édit. Bouillet, t. II, p. XXVIII, XLVI, et p. 341.) — 1597, *Meditationes sacræ*, 1597. — Avant 1603, *Mr Bacon in praise of Knowledge;* — *Valerius Terminus, of the Interpretation of nature with the annotations of Hermes Stella;* — *Filum labyrinthi sive Formula inquisitionis ad filios* (en anglais, malgré le titre latin); ces trois ouvrages (édit. de 1824, t. II, p. 125, 127 et 167) sont, ainsi que les suivants, de premières ébauches du *De Augmentis*. — 1603, *De Interpretatione naturæ proemium*, 1653. — 1605, *Cogitata et Visa de Interpretatione naturæ*, 1653. — 1609, *Partis Instaurationis Magnæ delineatio et argumentum*, 1653. — *Redargutio philosophiarum*, 1653 et 1740. — 1610, *De Principiis atque Ori-*

sent plus simples et plus piquantes des pensées de l'*Instauratio Magna*. En joignant à ces lectures quelque partie de la correspondance, on compléterait tout ce qu'il serait utile et possible de connaître pour apprécier le génie philosophique de Bacon.

Nous essayerons de le décrire avec exactitude, en lui laissant, autant que possible, son langage. Bacon est de ces philosophes chez lesquels, à la différence de Leibnitz ou de Kant, la manière de dire ajoute beaucoup à la manière de penser. Toute philosophie d'ailleurs a non-seulement un sens, mais un caractère que l'analyse ne doit pas effacer.

Quelques mots encore sur la composition de l'*Instauratio Magna*. On pourrait dire qu'à l'exception

---

ginibus. — 1618; *De Fluxu et Refluxu maris*: — *Cogitationes de Natura rerum*; ces trois ouvrages ont été publiés par Gruter, en 1653. — *Abecedarium naturæ*, 1679. — 1620, *Parasceve ad historiam naturalem et experimentalem*, 1620. — 1621; *Descriptio globi intellectualis*; 1653. — *Thema cœli*; 1653. — *Nova Atlantis*, 1627. — *Historiæ naturalis et experimentalis norma et præfatio*, 1622. — *Ejusdem Tabulæ*. — *Scalæ intellectus præfatio destinata*. — *Topica inquisitionis de Luce*. — *Filum labyrinthi sive Inquisitio legitima de Motu*. — *Prodromorum philosophiæ secundæ præfatio*. — *Canones mobiles de Ventis*. — *Aphorismi et consilia de Auxiliis mentis*. — *De Interpretatione naturæ sententiæ XII*. — 1622; *Dialogus de bello sacro*; 1638. — 1624; *Sylva sylvarum*; 1627. — 1625; *Precatio et Confessio fidei*, 1694. Le classement de ces ouvrages ou fragments est fort difficile, et les éditeurs ne sont pas d'accord. Nous avons suivi l'ordre proposé par M. Bouillet, qui donne presque tous ces écrits dans son excellente édition des *Œuvres philosophiques de Bacon*, la meilleure de beaucoup jusqu'à présent, au jugement des auteurs de celle qui se publie en ce moment à Londres, t. I, p. IV.

de la préface générale et de l'exposition du plan[1], aucune partie n'en a été finie. La première, intitulée *Partitiones scientiarum*, devait contenir un tableau méthodique des sciences, de leurs objets, de leurs lacunes. Elle est remplacée d'une manière satisfaisante par un panégyrique des sciences, *Dignitas*, objet du livre I, et un exposé de leurs progrès possibles, *Augmenta*, véritable discours encyclopédique qui équivaut à peu près au *Partitiones scientiarum*, puisque des neuf livres qui le composent le premier traite de la poésie, le second de l'histoire, les six derniers de la philosophie, ou, plus exactement, le troisième de Dieu et de la nature, le quatrième de l'homme en général, les trois suivants de ses facultés, savoir : le cinquième de la raison, le sixième du langage (et tous deux forment une première logique), le septième de la volonté ou plutôt de la morale, le huitième de la société et des lois, le neuvième, qui n'est qu'une esquisse, de la théologie révélée.

La seconde partie de l'*Instauratio* devait être la nouvelle logique, ou plutôt un traité complet de l'art d'interpréter la nature. Elle contient en effet d'abord le *Novum Organum*, que Bacon plaçait au-dessus de tous ses ouvrages et qu'il a récrit douze fois[2]. Mais cette composition elle-même n'est pas complète. Le livre premier, où l'auteur a fondu presque toute la substance des *Cogitata et Visa*, est, au jugement de

---

[1] *Præfatio generalis* et *Distributio operis*, t. I, p. 9 et 19.
[2] *Dialog. de bel. sac.*, dédic., t. III, p. 491; W. Rawley, *Bac. vita*, t. I, p. LXXX.

M. Macaulay, ce que Bacon a fait de mieux [1]. Il se divise en deux sections : l'une sur les sources et les formes de l'erreur dans les sciences ; l'autre qui contient les prolégomènes de la méthode destinée à délivrer les sciences des chaînes de l'erreur. Le second livre, qui devait donner cette méthode ou les règles de l'art d'interpréter la nature, n'en offre que l'exposition générale, une application à titre d'exemple, puis, des neuf parties dont cet art devait se composer, la première seulement ou celle qui traite de l'autorité des faits, *prærogativæ instantiarum*. Le reste est, ou peu s'en faut, un simple programme.

Il en est de même à peu près des quatre dernières parties de l'*Instauratio*, recomposées avec des fragments.

Sous le titre de *Phénomènes de l'univers* ou *Histoire naturelle et expérimentale pour servir de fondement à la philosophie*, la troisième partie ne contient qu'une préface et des tables d'histoire naturelle tant générale que spéciale. Mais *ces forêts de la nature*, qu'annonçait Bacon [2], s'y chercheraient en vain.

La quatrième, sous le titre d'*Échelle de l'entendement*, contient aussi une préface sur le but et les pro-

---

[1] *Crit. Ess.*, t. III, p. 144.

[2] *Sylvas naturæ. Inst. pars IV* (t. II, p. 297). — La *Sylva sylvarum* n'était que la pépinière des forêts, c'est-à-dire un répertoire sans limites et toujours ouvert où devaient être recueillis tous les faits destinés à constituer la *Sylva naturæ*, ou l'histoire générale et régulière de la nature. Cette seconde partie, Bacon écrit au père Fulgence qu'il l'avait préparée, et Rawley dit, dans la préface de la *Sylva sylvarum*, qu'elle était prête. (T. II, p. vi, et t. III, p. 551.)

cédés de la science. Deux exemples, *le Fil du laby-rinthe* ou recherches sur le mouvement, et *la Topique* ou le modèle de recherches sur la lumière, sont présentés comme des échelons par lesquels l'entendement monte à la science.

La cinquième, *Prodromes* ou *Anticipations de la philosophie seconde*, ne renferme qu'une préface qui annonçait le recueil de tout ce qu'on pouvait emprunter aux anciennes méthodes à titre de connaissances provisoires. C'était, dit Bacon, payer un intérêt avant le remboursement du capital[1]. Mais ce recueil n'existe plus.

La sixième partie enfin, couronnement de tout l'ouvrage, devait offrir la *philosophie seconde* ou *la science active*, c'est-à-dire la philosophie sous sa dernière forme, la science telle qu'elle doit être pour agir sur les destinées de l'humanité. C'était le résumé de toutes les recherches, le fruit de tous les travaux, le produit de toutes les méthodes, la philosophie définitive en un mot. Mais Bacon s'est toujours borné à la promettre.

Au reste, eût-il prolongé sa vie et mis la dernière main à son monument, l'ordonnance en pourrait être plus symétrique, les proportions mieux gardées, mais je doute qu'en pénétrant dans l'intérieur, on y eût trouvé un beaucoup plus riche trésor d'idées et de connaissances. Dans la voie où il était engagé, au point où les sciences en étaient encore, il ne pouvait ajouter beaucoup à la philosophie telle qu'il nous l'a

---

[1] *Instaur., Dist. oper.*, t. I, p. 30.

laissée, ni nous en apprendre beaucoup plus qu'il ne nous en a dit. — Mais c'est le moment de le redire après lui.

Les historiens de la philosophie ont analysé celle de Bacon, et tous en ont fidèlement reproduit l'esprit général. Brucker, qui reste leur maître, au moins pour l'érudition, est exact, encore qu'un peu bref, touchant celui qu'il appelle le père de la philosophie éclectique [1]. Ses successeurs n'ont pas beaucoup ajouté à ce qu'il nous apprend. Presque tous Allemands, c'est-à-dire spéculatifs, ils n'ont pu payer un large tribut d'attention au créateur de la théorie de l'expérience. En lui décernant quelques louanges banales, ils ont en général peu insisté sur les mérites du premier des promoteurs de l'empirisme, jusqu'au jour encore récent où, du sein des témérités mêmes de l'extrême spéculation, une philosophie empirique est sortie, non comme une réaction, mais, chose étrange, comme une conséquence dernière du mouvement germanique. Nous aurons à nous occuper de ce lointain résultat de l'impulsion donnée par le baconisme, quand nous en suivrons le cours historique. Mais ici, jaloux seulement d'esquisser la doctrine dans son ensemble, nous ne pouvons, en reconnaissant tout le mérite des diverses expositions qui ont précédé la nôtre, y renvoyer tout simplement nos lecteurs [2]. Il nous semble qu'il

---

[1] Magno Verulamio vero eclecticæ philosophiæ parente, *Hist. crit. phil.*, l. I, c. I, § 4. Voyez, sur Bacon, tout le chapitre IV, p. 90-106 du t. IV, pars alt, de l'édit. de 1766.

[2] Buhle, t. II, part. II, ch. V, p. 811-825, de la trad.; Tenne-

y aurait moyen de donner une idée plus vraie encore et plus vive du génie de Bacon tel qu'il est exprimé dans son système, et, au lieu de faire abstraction du philosophe dans le tableau de sa philosophie, de la personnifier en quelque sorte en la montrant avec quelques-unes de ses formes et de ses couleurs, et en faisant, s'il se peut, parler Bacon.

mann, *Gesch. der Phil.*, t. X, part. VII, sect. I, § 1, p. 7-53; Ritter, *Christ. Phil.*, t. VI, l. V, ch. I, p. 309-387. — La plus exacte et la plus substantielle analyse de la philosophie de Bacon est peut-être dans la préface générale de l'édition de 1857, par M. Ellis, t. I, p. 21.

CHAPITRE II.

Introduction à la philosophie de Bacon. (Analyse de la première partie du *De Augmentis*.)

Les hommes ne connaissent bien ni leurs richesses ni leurs forces; ils exagèrent les unes ou se défient trop des autres. Ainsi les sciences sont comme des colonnes fatales devant lesquelles s'arrêtent la curiosité et l'espérance.

Si cependant on fait l'inventaire de l'héritage du savoir humain, il restera peu de chose comme vérité ou comme utilité. Toute notre sagesse n'est, dans ses origines, que celle de la Grèce; c'est donc une sagesse au berceau; semblable à l'enfance, elle babille et n'engendre point. Comme la Scylla de la fable, la science porte une tête de femme, et à son sein attachés, aboient des monstres bruyants. C'est là l'image de la scolastique. Toujours la même, toujours stérile, avec elle l'assertion demeure assertion, la question reste question; la controverse est éternelle. La tradition des sciences se passe entre deux personnages, le maître et l'écolier, jamais entre l'inventeur et celui qui perfectionne l'invention. Aussi les sciences sont-elles stationnaires, à la différence des arts mécaniques. La philosophie intellectuelle¹ est une statue; on l'adore, mais elle est immobile. Ceux qui ont commencé ont tout fait. Depuis lors, les hommes se sont contentés d'adhérer en silence. Souvent même, parmi les auteurs, un seul s'est élevé, il a tout effacé, tout dominé. République des lettres, état populaire asservi à des dictateurs.

De là le découragement, l'indolence, le dégoût de tout travail original, l'impatience contre toute nouveauté. Ceux qui ont essayé de sortir de servitude ont échoué. Les uns, n'allant pas jusqu'à la racine du mal, ont fait comme les eaux qui ne remontent pas plus haut que le point d'où elles sont descendues; les autres, n'obéissant qu'à une aveugle ardeur, ont changé pour changer, détruit pour détruire. Ils ont pu donner exemple de liberté, mais ils n'ont ni cherché avec patience, ni rien trouvé de solide. Honorables dans l'intention, ils ont été faibles dans l'effort. D'autres plus sages se sont attachés à l'expérience, mais à l'expérience toute seule. Ils ont expérimenté au hasard, et non avec méthode; ils n'ont fait que de petites choses. Leur travail, plus fructueux que lumineux, ne s'est pas réglé sur celui du Créateur, qui a commencé par créer le jour, avant de créer la matière. Enfin ceux qui se sont fiés à la dialectique, qui en ont tout attendu, ont vu bientôt que l'esprit humain, réduit à lui-même, ne méritait pas entière confiance, et que leur art, bon pour les discussions de la vie civile, était loin d'égaler la sub-

---

¹ *Philosophia et scientiæ intellectuales*, pure œuvre de l'intelligence sans l'appui de l'expérience. (*Instaur. Mag.*, *præfat. gener.*, t. I, p. 10.)

tilité de la nature. En s'efforçant d'embrasser ce qu'elle ne peut saisir, la dialectique ne fait que consolider l'erreur. Tout est donc à refaire ; la science humaine est un édifice dont la masse entière manque de fondement. Il faut une régénération des sciences, plus qu'une restauration, une *instauration* véritable.

L'ensemble des choses, ou cet univers qui est l'objet à connaître, est un labyrinthe immense. La route à suivre, tantôt obscure, tantôt éclairée, ne se montre pas à la première vue ; les guides qui se présentent ne sont que les premiers qui s'y soient égarés. Ne comptez pas sur la fortune, ne comptez pas sur votre jugement. Il faut marcher un fil à la main, et, partant des premières perceptions des sens, se frayer pas à pas une route sûre. Ce n'est pas que les anciens soient à mépriser, mais les premiers navigateurs, conduits à la lueur des astres, n'ont pas fait de bien grandes découvertes ; celles-ci attendaient l'invention de la boussole [1].

Ainsi la tentative de Bacon lui est inspirée par le sentiment de la légitime humiliation de l'esprit humain. Il s'agit d'une entreprise plus modeste qu'elle ne semble, et qui, substituant la puissance de la méthode à celle du génie, tend à égaliser presque tous les esprits devant les sciences [2]. Les hommes avant lui, jetant à peine les yeux sur les choses, se sont figuré que l'invention était le fruit de la simple pensée. Ils ont invoqué leur esprit et lui ont demandé

---

[1] *Præf. gen.*, p. 9-15. Cf. *Nov. Org.*, I, 84, t. II, p. 45.
[2] *Præf. gen.*, ibid.; *Nov. Org.*, I, 122; t. II, p. 75.

des oracles. Pour Bacon, il se maintiendra au cœur des choses ; il ne se fiera à l'intelligence qu'autant que les rayons qui viennent des choses, par l'entremise des sens, auront formé dans l'esprit de sûres images ; et pratiquant l'humilité [1] dans l'enseignement comme dans la recherche, il rapprochera toujours ses idées des réalités, offrant incessamment le moyen de redresser celles-là par celles-ci, s'efforçant d'unir en légitime mariage l'expérience et la raison. Il espère, et il le demande au Dieu Père, au Dieu Verbe, au Dieu Esprit, il espère que cette nouvelle aumône accordée aux souffrances de la famille humaine passera par ses mains, et qu'en rouvrant les voies du sens de l'homme, en avivant la lumière naturelle, il ne répandra pas d'obscurité sur les saints mystères. Les choses humaines ne doivent pas nuire aux divines. Que le sens s'arrête devant celles-ci ; le sens est comme le soleil, il découvre la face de la terre et ferme les portes du ciel. La terre est le domaine de la science, et c'est la science ambitieuse du bien et du mal qui perdit Adam, non la chaste science de la nature.

Et sans parler de lui-même, Bacon termine sa préface générale, dont on vient de lire un extrait, en rappelant instamment qu'il s'agit, non de vaines idées, mais d'œuvres réelles, non des rêveries d'une secte, mais des intérêts de l'humanité, et que, délivrés de tous les préjugés de doctrines, munis des secours qu'il leur offre, en marquant le terme d'erreurs

---

[1] Majestic humility, Macaulay, p. 95.

infinies, les hommes n'ont plus qu'à se porter en avant et à contribuer pour leur part aux travaux de l'avenir[1].

Pour consommer un si grand ouvrage, il faut, selon Bacon, pratiquer dans les sciences une grande division, les partager en deux, le connu et l'inconnu, ce qui a été étudié et ce qui a été négligé, tracer ainsi la carte du monde scientifique, qui a aussi ses terres désertes et ses terres cultivées. Puis, après avoir reconnu le vieux monde, il faut armer l'esprit humain pour un long voyage. Il faut régler l'usage de la raison dans la recherche des choses, instituer un art nouveau, celui de l'interprétation de la nature. C'est bien encore une logique; mais d'un genre inconnu, et qui, tendant à d'autres démonstrations que la logique vulgaire, doit en différer dans son but, dans sa marche et dans son point de départ. Il s'agit d'inventer, non des arguments, mais des arts, non de raisonner conformément aux principes, mais de trouver les principes. De là suit qu'au lieu de procéder par le syllogisme, il faut procéder par l'induction. Le syllogisme accepte des notions toutes faites; puis, de propositions formées sur ces notions, il tire des propositions moyennes. Mais si les notions ont été mal formées, si elles n'ont pas été exactement déterminées, tout s'écroule. Nous rejetons donc le syllogisme[2]. C'est à l'induction qu'il faut demander

---

[1] Cet alinéa correspond au passage de la *præfatio generalis*, dont Kant a fait l'épigraphe de la seconde édition de la *Critique de la Raison pure*. (T. I, p. 18.)

[2] Rejicimus igitur syllogismum. *Distrib. oper.* II, t. I, p. 21.

notions et propositions, quand il s'agit de définir des faits et d'expliquer la réalité. L'induction est alors la seule forme de démonstration qui suive fidèlement les sens, serre de près la nature, et conduise à opérer par les choses sur les choses.

Les dialecticiens empruntent les principes aux sciences particulières. En même temps ils sont pleins de respect pour les notions premières¹ ; enfin, ils se reposent sur les informations immédiates des sens. Mais la logique véritable pénètre dans le domaine de toutes les sciences, et les force à rendre raison de leurs principes. Quant aux notions premières, elle tient pour suspect tout ce que recueille l'intelligence abandonnée à elle-même. Enfin elle discute les informations des sens et les contrôle par l'expérience; car les sens peuvent être trompés. Sans doute il serait insensé de vouloir atteindre autrement que par la

— Toute cette logique nouvelle diffère moins de l'ancienne, quant aux principes, que Bacon ne veut le faire entendre. (Cf. *Pr. Anal.*, I, II, 6-9; x, 1 et suiv. *Sec. Anal.*, II, XIX, 7; XXIII, 5.)

¹ Dans les passages où Bacon critique les méthodes antérieures à la sienne, il faut entendre les expressions au sens qui leur était donné par la logique des écoles. Ainsi ces mots de *notions premières* ne désignent pas des idées qui soient *à priori* dans l'entendement, mais celles que l'esprit se forme de l'objet, immédiatement après la sensation. *Notio prima* est synonyme d'*intentio prima*. Ce n'est guère plus que la perception des modernes. Reconnaître un homme dans l'objet d'une sensation, c'est une intention première; reconnaître qu'en tant qu'homme il est une espèce, c'est une intention seconde. La logique vulgaire ne donnait aucun moyen de contrôler les notions premières, résultat prochain de la sensation, et Bacon ne veut pas les admettre sans examen dans la science de la nature.

sensation aux choses de la nature, et la lumière naturelle qu'elle nous donne mériterait une confiance absolue, si l'entendement était une table rase [1] qui reçût les rayons comme une surface polie. Mais des illusions l'obstruent, des illusions qui en sont les idoles; l'entendement est par lui-même plus enclin à l'erreur que les sens, et il se laisse dominer par les préjugés des hommes et les systèmes des philosophes.

Il faut donc purger l'entendement par une triple critique, la critique des philosophies, la critique des démonstrations, la critique de la raison humaine [2]. Ainsi Bacon espère dresser, sous les auspices de la divine Bonté, le lit nuptial de l'esprit et de la nature.

La méthode ainsi dessinée à grands traits, il restera à recueillir, à décrire les phénomènes de l'univers, à composer une histoire naturelle et expérimentale pour servir de fondement à la philosophie. Cette histoire doit, comme la logique, se former sur un plan nouveau. Elle ne doit pas être le produit de la pure méditation, encore moins de l'argumentation. Tout doit être pris dans les choses mêmes [3]. Non qu'elle doive se borner à une simple vue des phéno-

---

[1] Instar tabulæ abrasæ. (*Dist. op.*, 13, t. I, p. 24.) Au lieu de prendre la *tabula rasa*, comme les scolastiques d'après Aristote, pour l'état primitif de l'esprit humain, Bacon se sert de cette métaphore pour désigner l'état où il voudrait amener l'intelligence, après l'avoir, comme Descartes, déblayée de tout préjugé : *Expurgata jam et abrasa et æquata mentis area.* (*Nov. Org.*, 1, 115; *Bodl. epist.*; t. II; p. 69 et 593.)

[2] Tribus redargutionibus; redargutione philosophiarum... demonstrationum... rationis humanæ nativæ. (*Dist. op.*, II, t. I, p 25; cf. *Nov. Org.*, loc. cit.)

[3] Omnia a rebus ipsis petenda sunt. (*Ibid.*, III, 16; t. I,

mènes, il faut à l'observation ordinaire joindre l'observation savante, c'est-à-dire expérimenter avec art; car cette histoire naturelle, qui est comme la première mamelle de la philosophie, doit porter la lumière dans la recherche des causes, et ne se point arrêter à des détails curieux que la nature jette sur nos pas, comme les fruits d'Atalante, pour retarder notre course [1].

Alors, le moment viendra d'aborder la philosophie. Pour y monter, il faut en quelque sorte une échelle intellectuelle. On lui donnera d'abord pour degrés des exemples bien choisis qui mettent, pour ainsi dire, sous les yeux les conditions les plus diverses des phénomènes et de l'observation. Ce seront des types, propres, comme les figures des mathématiques, à rendre la démonstration plus facile à suivre et plus claire.

Mais quand il faudra enfin établir la science, devra-t-on la croire entièrement à refaire et rejeter tout ce qu'on enseigne? Il ne faut pas marcher en aveugle

p. 25; cf. *Nov. Org.*, I, 122; t. II, p. 75.) Rerum inventio a naturæ luce petenda, non ab antiquitatis tenebris repetenda est.

[1] On voit ici, comme dans beaucoup d'autres passages, que Bacon, en recommandant l'observation, n'entend nullement qu'on doive recueillir seulement des phénomènes détachés, mais diriger mieux la recherche de leurs causes. (Voir ci-après ét *De Aug.*, I, 87; III, IV, 4; V, 1, 3; *Nov. Org.*, I. 64; *Parasc. ad hist. nat.*, V; *Cogitat. de Nat. rer.*, III; t. I, p. 93, 174, 195; t. II, p. 26, 242; t. III, p. 89.) La comparaison prise de la fable d'Atalante, ainsi que beaucoup d'autres pensées ou figures qu'il affectionne, se retrouve plus d'une fois dans Bacon. (Cf. *De Aug.*, *Dist. op.* III, 20; l. I, 48; t. I, p. 27 et 75; *Nov. Org.*, I, 70 et 117; t. II, p. 55 et 70; *De Sap. veter.*, XXV, t. III, p. 438.)

vers un but nouveau, et dédaigner tout ce qu'on peut en chemin rencontrer d'utile. Comme des tentes pour s'y reposer, on donnera les doctrines qu'on se sera faites ou qu'on tiendra du passé, mais à titre de science provisoire. Ces opinions sont comme les préludes et les anticipations de la philosophie dernière. Seulement rien n'en doit être accueilli que sous la réserve d'un doute général. C'est là une légitime acatalepsie, non pas celle qui détruit la possibilité de toute conclusion, en contestant la compétence de l'esprit humain[1], celle qui énerve et désespère, mais celle qui en même temps qu'elle suspecte tout ce qui n'est pas le résultat d'une méthode régulière, indique les degrés par où l'on atteint à la certitude, et les moyens d'arriver, par une inquisition légitime et sévère, à une doctrine définitive[2]. Cette partie suprême serait la philosophie, non pas première, mais seconde; non pas seulement spéculative, mais active. Bacon dit formellement qu'il la croit au-dessus de ses forces et de ses espérances. Il n'aspire qu'à en indiquer les commencements et la route. C'est à la fortune du genre humain de la lui donner un jour. Elle sera une chose efficace, plus qu'un bonheur contemplatif, une puissance[3].

[1] Incompetentia humani intellectus. (*Instaur.*, pars IV, *præf.*, t. II, p. 296.)

[2] Voilà le doute préalable de Bacon. On verra plus bas que Gassendi le compare à celui de Descartes. On peut dès à présent apercevoir en quoi il y ressemble et combien il en diffère. (Cf. *Nov. Org.*, I, 126; *Cogit. et Vis.*, XVIII; t. II, p. 78 et 387; et ci-après, l. IV, ch. II.)

[3] *Dist. op.*, VI, 29; t. I, p. 31; cf. *De Aug.*, I, 48, p. 73. C'est

L'homme ne dispose pas de la nature, elle est la limite de son savoir et de son pouvoir. Car aucune force ne saurait rompre la chaîne des causes entre elles, et l'on ne maîtrise la nature qu'en lui obéissant. La philosophie ainsi préparée ne prendra pas, si Dieu le permet, le rêve de la fantaisie pour l'exemplaire du monde ; elle sera l'apocalypse écrite, la vision véritable des vestiges et des empreintes du Créateur sur toute la création [1].

La promesse d'une telle science, de quelque déclaration d'humilité qu'on l'accompagne, ne peut manquer de provoquer des doutes et même des scrupules. Au temps de Bacon ainsi qu'au nôtre, la politique et

---

ici, pour la première fois, que nous rencontrons cette pensée, sans cesse attribuée à Bacon dans ces termes : *Science*, ou *knowledge*, ou *learning is power;* car on la cite sous toutes ces formes, dont aucune ne se trouve textuellement dans ses ouvrages. M. Montagu croit la reconnaître à la fin du premier livre du *De Augmentis*, 88, p. 94. Mais il s'y agit d'autre chose, et d'un *imperium scientiæ* qui n'est guère que l'ascendant du savant sur le reste des hommes. (Ed. Montagu, t. II, p. xv, 85 et 599.) Le sens de la maxime : *savoir est pouvoir*, se retrouve plutôt dans les aphorismes 3 et 129 du livre Ier du *Nov. Org.*, dans le quatrième du livre II : « Viæ ad potentiam atque ad scientiam humanam conjunctissimæ et feræ eædem. » T. II, p. 9, 81 et 84. (Cf. *Nov. Atlant.*, 29, t. III, p. 194), et surtout dans ces mots : Hominis imperium sola scientia constare, tantum enim potest quantum scit. (*Cogit. et Vis.*, XVI, t. II, p. 379); ou bien encore dans ceux-ci : *The sovereignty of man lieth in knowledge.* (*Praise of Knowl.*, *Works*, t. II, p. 126).

[1] Descartes emploie une expression analogue en disant qu'en nous l'idée de Dieu est « comme la marque de l'ouvrier empreinte sur son ouvrage. » (*Médit.*, III, t. I, p. 290) Tout ceci est extrait de la *Distributio operis*, t. I, p. 19-52 ; cf., *Nov. Org.*, I; 124; t. II, p. 77.)

la religion s'inquiétaient quelquefois de la philosophie. Il dit à la religion : Salomon et saint Paul n'ont condamné dans les sciences humaines qu'une ambition qui leur fait franchir leurs limites. La science peut contempler toute la nature, pourvu qu'elle soit dirigée par la charité, pourvu qu'elle ne pense pas atteindre les divins mystères. La contemplation de la nature inspire l'admiration, non la connaissance de Dieu. Mais l'ignorance des causes secondes n'est pas nécessaire pour adorer la cause première. Dieu, dans l'ordre accoutumé, n'opère que par les causes secondes; et les ignorer ou les méconnaître, garder l'erreur par piété, c'est mentir pour Dieu, comme le dit Job ; c'est *immoler à l'auteur de toute vérité l'immonde hostie du mensonge*[1]. « Enfin l'expérience le prouve, si quelques gouttes de philosophie ont pu exciter à l'athéisme, la philosophie ramène à la religion celui qu'elle abreuve à longs traits. Sur le seuil de la philosophie, quand les causes secondes, objet immédiat des sens, viennent comme assaillir l'esprit humain, et que l'âme s'y arrête et s'y attache, il se peut que l'oubli de la première cause se glisse à leur suite. Mais si l'esprit va plus avant, s'il considère la dépendance des causes entre elles, leur succession, leur enchaînement, et les œuvres qui montrent une Providence, il croira facilement avec les poëtes que l'an-

---

[1] Bacon revient souvent sur les dangers de ce qu'il appelle la *zélotypie* des théologiens, qu'il regarde comme l'ennemie la plus importune des sciences naturelles. (*De Aug.*, I, 3, etc.; t. I, p. 39-44; cf. *Cogit. et Vis.*, VII, t. II, p. 360; *Serm. fidel.*, XVII, t. III, p. 262.)

neau suprême de la chaîne de la nature est attaché au pied du trône de Jupiter [1]. »

Les objections des politiques sont plus variées, mais plus futiles. Quand ils s'élèvent contre les sciences, il suffirait presque de leur citer des exemples. Les Alexandre et les César étaient-ils des ennemis de l'étude? Le législateur ou le magistrat qui n'a pas réfléchi sur les principes des lois ressemble au médecin qui, plein d'une confiance aveugle dans quelques remèdes empiriques, néglige les symptômes et les causes des maladies, et les traite sans réflexion ni méthode. Toutes les objections que la raison d'État, cette fiction des méchants, comme l'appelait Pie V [2], peut diriger contre l'alliance des lettres et des affaires, Bacon les dissipe ou les réduit à leur valeur. On sent en le lisant qu'il aime la science et les savants, mais qu'il connaît leurs faiblesses. Tantôt il dit avec fierté que si le savoir-faire leur manque, ils ont en compensation la connaissance du droit chemin. Tantôt il confesse modestement qu'ils peuvent dans les affaires se montrer incertains, timides, quel-

---

[1] *De Aug.*, I, 5; t. I, p. 43. J'ai traduit le passage, parce qu'il est important et souvent cité. Bacon est revenu plus d'une fois à cette pensée : « Peu de philosophie naturelle incline les hommes à l'athéisme; mais une science plus profonde les ramène à la religion. » Ces mots des *Essais* se retrouvent presque textuellement dans les *Méditations sacrées*. (*Serm. fid.*, XVI, 1; *Med. sac.*, X, t. III, p. 259, 473. — Sur les sentiments religieux de Bacon, cf. *Præf. gen.*, 17; *De Aug.*, I, 3-5, 48; II, 11; IX, t. I, p. 17, 74, 79, 98, 114, 134, 166, 475; *De Princ. et Orig.*, 44, t. III, p. 144; *De Sap. vet.*, XXVI, t. III, p. 439.)

[2] *De Aug.*, I, 8; t. I, p. 47.

quefois obstinés, trop affectionner les rapprochements et les comparaisons ; mais il montre comment la réflexion et l'histoire peuvent les éclairer et les prémunir, et l'on s'aperçoit qu'au fond de sa conscience, le lord chancelier voit ses fautes et ne s'en prend pas à son génie. Il entend d'ailleurs que la science écoute les conseils qu'il donne, et se délivre de ses abus comme les savants de leurs travers. Un des plus récents est cette curiosité de mots, cette vaine affectation de langage qui vers le temps de Luther s'est, par mépris de la scolastique, emparée des esprits. On ne s'est plus occupé des choses, mais des paroles. C'est le temps des Carr et des Ascham[1]. Il y a de la frivolité dans ce luxe littéraire : mais l'erreur est plus fâcheuse encore dans les choses que dans les mots ; le style passe après la science. Sous les formes de l'école, se cachait une science vaine et litigieuse. Or la science n'est rien que l'image de la vérité. La vérité de l'être et la vérité du connaître n'en font qu'une[2], ou ne diffèrent entre elles que comme le rayon direct et le rayon réfléchi. Quand le mensonge

---

[1] *Id.*, p. 61. Roger Ascham, né en 1515, mort en 1568, était un helléniste habile. Il fut précepteur d'Élisabeth, puis secrétaire pour le latin sous le règne de Marie et le suivant. Il a écrit un ouvrage d'éducation *The Schole-Master*, qui n'est qu'une méthode d'enseigner les langues anciennes. Nicolas Carr, professeur de grec à l'université de Cambridge, a donné en latin un écrit sur Martin Bucer, et fait une traduction de Démosthènes, publiée après sa mort, en 1571.

[2] Veritas essendi et veritas cognoscendi idem sunt. (*De Aug.*, I, 33 ; t. I, p. 65.) Cette pensée, traduite exactement du texte anglais (*Works*, t. I, p. 34), est plus développée dans un fragment sur la connaissance : « L'esprit est l'homme et la connais-

est dans la science, la science n'est plus. Il faut donc se défendre de la crédulité qui encourage l'imposture. Si l'on accueille trop aisément les faits, on encombrera l'histoire naturelle de fables, comme Pline, Albert, Cardan, ont fait, malgré l'exemple d'Aristote. Ce n'est pas qu'on doive rejeter tous les cas extraordinaires. Mais si l'on prête créance à tout ce qui se donne pour science, on en croira des arts où l'imagination domine, comme l'astrologie, la magie, l'alchimie. Et cependant ceux qui les ont cultivés ont comme les enfants du vieillard d'Ésope fertilisé la terre en la bêchant pour trouver un trésor. La crédulité que l'on accorde, non aux arts, mais aux auteurs, celle qui leur décerne une autorité, non pas sénatoriale, mais dictatoriale, est ce qui a le plus avili les sciences. Par elle, celles-ci sont tombées en langueur, elles semblent n'avoir plus de sang dans les veines. Le temps qui perfectionne les découvertes mécani-

---

sance de l'esprit. Un homme n'est que ce qu'il connaît. L'esprit lui-même n'est qu'un accident pour la connaissance. Car la connaissance est un double de ce qui est. La vérité de l'être et du connaître ne fait qu'un. » (*In praise of Knowl., Works*, t. II, p. 125.) Ce passage pourrait être l'épigraphe de l'idéalisme, et par suite d'un système d'identité universelle, ou, comme on dit, de panthéisme. Cependant Bacon est fort éloigné de ces téméraires conséquences, et il entend seulement faire l'éloge du savoir et de l'esprit humain, qui correspondent à la vérité des choses, bien que sa proposition soit toute pareille au vers de Parménide :

Τὸ γὰρ αὐτὸ νοεῖν ἐστί τε καί εἶναι.

Sa pensée est plutôt celle qu'il exprime ailleurs : « L'intelligence humaine est le modèle du monde. » (*Nov. Org.*, 1 ; 120, 24 ; t. II ; p. 72, 76.)

ques n'ajoute rien aux inventions philosophiques, quand elles sont acceptées avec une foi aveugle. L'esprit humain devient esclave à perpétuité. La vérité est fille du temps et non de l'autorité. Jamais dictature ne fut plus absolue que celle d'Aristote. Sous son empire, les moines enfermaient leur âme dans ses écrits comme leur corps dans une cellule. Ignorant l'histoire et de la nature et du temps, ils n'avaient d'autre matière d'étude que leur propre esprit. C'est le travail de l'araignée tirant d'elle-même des fils d'une finesse admirable, mais qui ne servent à rien. Sans doute le disciple doit croire, mais une fois qu'il sait, il doit user de son jugement [1]. Le disciple ne doit au maître qu'une foi temporaire. Comme une eau dérivée, une doctrine, dérivée d'Aristote, ne s'élèvera jamais au-dessus d'Aristote. Il ne faut aimer avec excès ni la nouveauté, ni l'antiquité. La nouveauté ne doit pas rejeter l'antiquité, mais y ajouter. L'antiquité ne doit pas porter envie à la nouveauté. Antiquité dans le temps, jeunesse du monde. C'est notre temps qui est ancien, puisque le monde a vieilli [2]. De ce qu'une chose ne s'est point faite, la faiblesse d'esprit conclut qu'elle est impossible, puis

---

[1] Oportet jam edoctum judicio suo uti. (*De Aug.*, I, 36; t. I, p. 68.) Cette proposition d'Aristote : Δεῖ πιστεύειν τὸν μανθάνοντα (*Sophist. Elench.*, II, 2), Bacon se borne à la limiter; Malebranche est plus sévère, et veut y voir comme la formule anticipée de la prétention à l'autorité absolue qu'Aristote exerça dans l'école. (*Rech. de la Vér.*, l. III, part. I, ch. III, § 2.)

[2] Antiquitas seculi juventus mundi (*De Aug.*, I, 38, t. I, p. 69; cf. *Nov. Org.*, 1, 84; *Cogit. et Vis.*, XVII; t. II, p. 45,

la trouve toute simple après qu'elle s'est faite. Tantôt on s'imagine que la vérité seule pouvant prévaloir, ce qui a duré doit être vrai ; tantôt, que toute connaissance universelle, toute philosophie première est chimérique, et qu'il ne faut s'attacher qu'aux choses particulières; tantôt enfin qu'on doit, s'arrachant à toute contemplation du dehors, tourner autour de ses propres pensées et contempler le monde dans le microcosme, en sorte que le savant façonnerait la science à son image et non à la ressemblance de la nature. Mais de toutes les erreurs la plus grave est de mettre en oubli le vrai but que doivent se proposer les philosophes, et qui n'est ni l'amusement, ni le lucre, ni la gloire, mais de dépenser le don divin de la raison pour l'utilité du genre humain [1].

---

46 et 381). Cette pensée souvent répétée, dont on veut trouver le germe dans Esdras (II, xiv, 10), est empruntée à Bruno, suivant M. Whewell (*Cena delle cineri*, 1, cf. Batholmess, *J. Bruno*, t. II, l. II, D, p. 117). « Ce n'est pas, dit Descartes, que nous accordions beaucoup aux anciens à cause de leur ancienneté ; c'est nous plutôt qui devrions être dits les plus vieux. Car le monde est plus vieux que de leur temps, et nous avons une plus grande expérience des choses. » (Fragments cité par Baillet, *Vie*, l. VIII, ch. X, p. 551.) On retrouve la même idée dans Pascal, Malebranche, Bentham, et, ce qui est plus extraordinaire, Bonald. (*Essai sur les lois nat.*, Dissert. fin., p. 311, 2ᵉ édit., 1817 ; cf. D. Stewart, *Dissert.*, note F, *Works*, éd. Hamilton, t. I, p. 559.)

[1] Ut donum rationis divinitus datum in usus humani generis impendant. (*De Aug.*, I, 48, t. I, p. 73.)

CHAPITRE III.

Description encyclopédique de l'esprit humain d'après Bacon.
(Analyse de la seconde partie du *De Augmentis*.)

Il est difficile de relever avec plus de sagacité que Bacon toutes les fautes dont l'histoire des sciences offre le tableau. Quoique ses critiques ne soient pas toujours justement appliquées, elles sont justes en elles-mêmes, et caractérisent avec exactitude de véritables travers de l'esprit humain. Aucun des écueils qu'il signale n'avait été évité par le moyen âge, et même après que l'heure de la renaissance eût sonné, c'était une bonne œuvre philosophique que de montrer aux sciences la voie de leurs progrès. *Les accroissements des sciences*, voilà en effet le grand objet dont s'entretient la vive imagination de Bacon. Non content d'indiquer en passant ce qu'il faut créer en fait de colléges, de bibliothèques, d'académies, et d'exciter la vanité du roi d'Angleterre à une protection des lettres plus active et plus éclairée, il pénètre au cœur de la science même, afin de mieux connaître ses ressources et ses besoins; et celui qui a tant recommandé de prendre les choses pour point de départ, d'aller de la nature à l'esprit, et non comme ceux qu'il appelle les *intellectualistes* [1], de l'esprit à la nature, cherche la science dans ce qui sait, non dans ce qui est à savoir, et par une inconséquence qu'il n'a point aperçue, il propose cette célèbre partition du savoir fondée sur la division des facultés principales de l'esprit humain.

Mémoire, imagination, raison, cette division comprend, suivant Bacon, toute l'âme intellectuelle, siége de la science; et la science se divise conséquemment en histoire, poésie et philosophie [2]. L'histoire traite des individus réels, alors même qu'elle est l'histoire des espèces. La poésie s'attache aux individus fictifs ou fabuleux. La philosophie délaisse tout ce qui est individu. Ce ne sont pas les impressions particulières, mais les notions abstraites de ces impressions, que la raison combine ou sépare d'après la loi de la nature et de l'évidence des choses. Là est la matière et l'œuvre de la philosophie. Cette division est complète aux yeux de son auteur; car la théologie qu'elle semble omettre roule sur des faits comme l'histoire, ou sur des paraboles comme la poésie, ou enfin sur des préceptes et des dogmes, et elle est alors comme une philosophie éternelle [3].

---

[1] Intellectualistæ qui tamen pro maxime sublimibus et divinis philosophis haberi solent. (*De Aug.*, I, 43; t. I, p. 71.)

[2] *Id.*, II, 1; t. I, p. 109; cf. *Glob. intell.*, I, t. III, p. 5. — Cette division a été admise par d'Alembert et Diderot en tête de l'*Encyclopédie*. Seulement, ils ont changé l'ordre des facultés, mis la raison avant l'imagination, et modifié la division des branches et sous-branches de l'arbre généalogique des connaissances humaines. (Voyez ci-après, l. III, ch. II.)

[3] *Id. ib.*, p. 111. *Perennis philosophia* est une expression qu'on attribue d'ordinaire à Leibnitz, parce qu'il s'en sert dans

Nous touchons ici à un des premiers tableaux encyclopédiques qu'on ait faits. On a douté qu'un tel tableau fût une œuvre possible. Celui de Bacon renferme des parties admirables, au nombre desquelles, malgré la juste autorité de Stewart et de Hallam, nous ne mettrons pourtant pas ce qu'il dit de la poésie [1]. Il ne voit en elle que la fiction. Il distingue l'expression du sujet, et négligeant l'expression comme une simple formule, il divise la poésie, d'après le sujet, en narrative, dramatique et parabolique. Il semble ignorer que la poésie réside moins dans le genre ou le sujet que dans la manière de concevoir, de sentir et de peindre. Il dit cependant que, fût-elle narrative ou héroïque, elle accorde à la nature humaine ce que l'histoire lui refuse. Elle rehausse et embellit la réalité, elle élève l'âme, elle ravit au sublime. Quant à la poésie dramatique, le contemporain de Shakspeare ne sait qu'une chose, c'est qu'elle serait éminemment utile, si elle était plus saine. La parabole l'attire davantage. Il admire la vérité qu'elle cache sous des fables, et la mythologie n'est pour lui que la philosophie voilée. Cette pensée est au reste le sujet d'un de ses ouvrages; or de tous ses ouvrages il aime à faire ensuite des parties de la philosophie [2].

une lettre à Montmort (*Op. phil.*, éd. Erdmann, p. 704). Elle avait été employée avant Bacon par Eugubinus (Steucho), dont un ouvrage est intitulé : *De Perenni Philosophia.* (*A. Steuchii tomi trés*, Paris, 1577.)

[1] D. Stewart, *Encyc. brit.*, dissert. I, part. I, ch. II, sect. 1, p. 33 ; Hallam, *Introd. to the lit. of Europ.*, t. III, ch. III, sect. II, 48.

[2] *Id. ib.*, XIII, p. 156-160 ; cf. *De Sapientia veterum*, t. III, p. 385-460.

Il parle de l'histoire avec une toute autre profondeur. « C'est à la foi de l'histoire que sont confiés les exemples des aïeux, les vicissitudes des choses, les monuments de la sagesse politique, le nom enfin et la réputation des hommes. A la dignité de l'œuvre se joint la difficulté qui n'est pas moindre. Car pour ramener en écrivant son esprit au passé et le faire ancien si l'on peut ainsi dire, pour scruter avec diligence, rapporter avec fidélité et liberté, mettre enfin sous les yeux mêmes, à la lumière de l'expression, les mouvements des temps, les caractères des personnages, les agitations des conseils, le cours des actions, semblable au cours des eaux[1], l'intérieur des prétextes, les mystères du gouvernement, il faut et la grandeur du travail, et celle du jugement, surtout quand les choses anciennes sont entourées de tant d'incertitudes et les récentes de tant de périls[2]. » Tout ce que l'auteur ajoute sur les divisions, les formes, les matériaux de l'histoire, est juste et substantiel. Il n'oublie rien. Le premier, il a songé à l'histoire littéraire; il la met avant l'histoire politique; car ce doit être l'histoire de l'esprit humain décrit par ses œuvres. Tous les arts y doivent figurer. Sans elle, l'histoire du monde n'aurait qu'un œil comme Polyphème[3]. A l'histoire ecclésiastique, il rattache, sous l'étrange nom d'*Histoire de Némésis*, une histoire secrète des conseils de Dieu dans le gouvernement des affaires du monde : Avant Bossuet, il

---

[1] Actionum, tanquam aquarum, ductus.
[2] *Id. ib.*, v, p. 121.
[3] *Id. ib.*, iv, p. 118.

CHAP. III. — CLASSIFICATION DES SCIENCES. 189

avait pensé qu'on pouvait raconter le rôle que la Providence remplit sur la terre [1].

Mais, comme on le présume bien, c'est l'histoire naturelle qui excite surtout sa sollicitude. N'est-elle pas le fondement de toute sa philosophie? Il en énumère les objets et les parties. Elle doit décrire et les phénomènes, et ce que l'homme en a fait. Tout le pouvoir de l'homme sur la nature se réduit à des mouvements. Mais les mouvements qu'il lui imprime sont des expériences qui la dévoilent ou des arts qui la subjuguent, toutes choses dont la connaissance importe à *la philosophie naturelle;* à cette science dont Bacon peut-être a donné le nom aux Anglais, à cette physique vraiment générale dont il célèbre éloquemment les bienfaits et qui par ses artifices enchaîne la nature comme Protée, pour la forcer, en changeant de forme, à se montrer sous tous ses aspects. Elle se fonde sur une histoire de la nature, et celle-ci doit se diviser en histoire narrative et en histoire inductive [2].

Mais tandis que l'histoire ne quitte pas la terre et guide plutôt qu'elle n'éclaire, tandis que la poésie est comme le songe de la science, chose agréable, changeante, qui veut paraître quelque peu divine, ce qui est aussi la prétention des songes, le temps est venu de me réveiller, dit Bacon, et de m'élever au-dessus de la terre, fendant l'éther pur de la philosophie [3].

[1] *Id. ib.*, xi, p. 134.
[2] *Id. ib.*, ii et iii, p. 116-118. — Sur ce mot de *philosophie naturelle,* maintenant consacré en anglais, cf. *Nov. Org.*, I, 79, 80, 96; t. II, p. 40, 41, 58.
[3] *Id.*, III, 1, p. 161.

Les sciences sont comme les eaux qui viennent ou du ciel, ou de la terre. Toute science est ou divinement inspirée ou originaire des sens ; elle est théologie ou philosophie [1].

Mais distincte de la théologie sacrée, science d'inspiration, la philosophie contient aussi une théologie naturelle. Car elle considère Dieu d'abord, puis la nature et l'homme ; la nature parvient à notre connaissance par un rayon direct ; Dieu par un rayon réfracté, à travers le milieu de la création ; l'homme par un rayon réfléchi. De là trois doctrines comparables, non à des lignes qui convergent vers un même angle, mais à des branches qui partent d'un même tronc. Ce tronc serait la science universelle, la philosophie mère, la sagesse comme l'appelaient les anciens. Elle existe sans doute ; elle doit du moins exister ; mais il faut encore la mettre à regret parmi les *desiderata*. On n'en possède qu'une poignée d'axiomes qui se trouvant applicables à des ordres d'idées bien différents, témoignent de l'unité d'une science fondamentale. Cette pensée remarquable est justifiée par des exemples dont quelques-uns ont été choisis avec plus de subtilité que de jugement. Ainsi l'axiome : *Deux choses qui conviennent à une troisième convien-*

---

[1] C'est un des passages où Bacon paraît dériver des sens toute science non révélée. Cependant il ne faut pas y voir une solution donnée à la question célèbre de l'origine des idées. Il n'entend guère dire que ceci : la philosophie ou science de la nature ne vient pas du ciel, mais du commerce de l'homme comme être sensible avec le monde extérieur. (Voyez plus bas, liv. III, ch. I.)

nent entre elles, est assurément vrai en logique comme en mathématiques ; mais il nous est difficile d'admettre avec Bacon que cet axiome qu'il tient pour vrai en physique : *La réduction d'une chose à ses principes en empêche la destruction* soit en même temps un axiome politique, et cela parce que Machiavel a présenté la réformation d'une république comme le moyen de la sauver.

De cette science encore spéculative connue seulement par quelques axiomes qui sont comme les vestiges de la nature, il faut descendre à une autre partie de cette philosophie première dont les anciens ont su le nom C'est la science des conditions adventices ou transcendantes [1] des choses, c'est-à-dire des modes universels, dont toute chose est susceptible, le peu, le beaucoup, le semblable, le différent, le possible, l'être, le non-être, etc. On reconnaît ici de véritables catégories. Ces questions, ajoute Bacon, ne sont pas proprement du ressort de la physique ; mais la dialectique qui jusqu'ici en a traité, s'est trop détachée des choses réelles. Tout le travail en doit être repris dans une vue d'application, et cette science aussi est à refaire ; c'est encore un *desideratum* [2].

On voit donc que le père de la philosophie natu-

---

[1] Ces expressions paraîtront inusitées avec cette application. Cependant l'auteur y revient plusieurs fois et les explique clairement. (*Abeced. nat.*, t. II, p. 288.) Il s'agit de qualités ou conditions des êtres qui ne sont pas intrinsèques, mais comparatives, et plutôt relatives au sujet qui observe qu'à l'objet observé : « quæ videntur transcendentia et parum stringunt de corpore naturæ. »

[2] *De Aug.*, III, 1 ; t. I, p. 162-166.

relle, l'apôtre des sciences d'observation, leur superpose une science préalable et universelle, une philosophie première qui est l'unité de la variété. Sans doute, il veut que cette science soit conçue en vue de l'application, et contrôlée par l'expérience. Mais ici du moins, il en établit l'existence par des raisons générales; il la pose *à priori* ou peu s'en faut, et le nom de *Sophie* qu'il lui donne la place en quelque sorte au-dessus de la philosophie même.

Ainsi précédée, la philosophie aborde le premier de ses objets, Dieu. La théologie naturelle ou la philosophie divine n'est qu'une étincelle de science. Ce que la lumière naturelle nous enseigne de Dieu suffit pour la réfutation de l'athéisme et pour la connaissance de la loi morale, mais ne suffit pas pour enseigner la religion. Aussi Dieu n'a-t-il jamais fait de miracles pour convertir l'athée, mais bien pour éclairer des idolâtres qui déjà croyaient en lui et ne se trompaient que de culte. Les ouvrages de Dieu montrent sa puissance et sa sagesse, mais ne nous donnent pas son image; ils nous révèlent la bonté, la prescience, le gouvernement d'un Dieu rémunérateur et vengeur; on peut même inférer de ce spectacle prudemment contemplé d'admirables secrets touchant ses attributs et la dispensation des choses de l'univers. Mais il ne serait pas sûr d'y chercher la connaissance et moins encore l'explication des mystères de la foi. On risquerait d'introduire l'hérésie dans la religion ou le fantastique dans la philosophie[1]. Dans la théologie sacrée, on quitte l'esquif de

---

[1] *Id. ib.*, II, p. 166-168.

la raison humaine pour monter sur le vaisseau de la foi; ici les astres de la philosophie ne suffiraient plus à nous conduire. La prérogative de Dieu s'étend à la raison de l'homme comme à sa volonté, et de même que nous devons obéir à la loi de Dieu contre notre volonté, nous devons croire à sa parole contre notre raison. Car si nous ne croyions qu'à des choses conformes à la raison, ce seraient les choses, et non pas leur auteur, qui obtiendraient notre créance. Plus un mystère semble étrange, extraordinaire et comme incroyable, plus est grande la victoire de la foi, et Dieu en est plus honoré [1]. La théologie sacrée doit donc être dérivée de la parole et des oracles de Dieu, non de la lumière naturelle et du *dictamen* de la raison. Car si les cieux racontent la gloire de Dieu, ils ne racontent pas sa volonté. Mais après qu'on a puisé dans la parole sainte les objets de la foi, un certain usage de la raison est permis. Les païens ne connaissaient point de confession fixe; Mahomet interdit toute controverse. Le christianisme est un juste milieu, une *mediocritas aurea* entre ces deux extrêmes [2]. Les mystères peuvent être rendus accessibles à l'intelli-

---

[1] Cette pensée, qu'un traducteur de Bacon, Lasalle, s'obstine à trouver ironique, peut être rapprochée d'un passage de Locke sur les miracles, passage qui a scandalisé Laplace : « Lorsque des événements surnaturels sont conformes aux fins que se propose celui qui a le pouvoir de changer le cours de la nature dans un tel temps et dans de telles circonstances, ils peuvent être d'autant plus propres à trouver créance dans nos esprits, qu'ils sont plus au-dessus des observations ordinaires ou même qu'ils y sont plus opposés. » *Essai*, l. IV, ch. XVI, 13; Laplace, *Théor. anal. des Probab.*, introd., p. XLIV.)

[2] Cf. *Med. sac.*, XI, t. III, p. 473.

gence par l'expression ; puis, les dogmes étant pris pour majeures, le raisonnement peut s'y appliquer et la déduction syllogistique vient à propos, pourvu qu'elle soit conduite avec réserve. Car l'excès à craindre est celui de la dispute. L'Église a besoin d'un opium qui calme les fureurs dont elle est agitée. Parmi les *desiderata*, nous placerons un livre qu'on intitulerait *Sophron* ou du légitime usage de la raison dans les choses divines.

Mais dans la théologie naturelle elle-même, l'excès est plus à craindre que le défaut. La lumière naturelle s'entend de deux manières[1]. Elle est cette connaissance qui résulte du sens, de l'induction, de la raison, de la déduction, selon les lois du ciel et de la terre. Elle est aussi la connaissance qui illumine notre âme par un instinct tout intérieur, suivant la loi de la

---

[1] *De Aug.*, III, 11, et IX, 1 ; t. I, p. 166 et 477. L'expression de *lumière naturelle*, déjà employée et originaire du passage où Aristote compare l'intelligence à la lumière, οἷον τὸ φῶς (*De An.*, III, v, 1), est empruntée aux scolastiques : « Cognitio quam per naturalem rationem habemus duo requirit, scilicet phantasmata ex sensibilibus accepta et *lumen naturale* intelligibile cujus virtute intelligibiles conceptiones abstrahimus. (Aquin., *Sum.*, I, q. 12, a. 13 ; cf. q. 106, a. 1, et Sec. sec., q. 8, a. 1.) Ces mots étaient opposés à ceux de lumière surnaturelle ou divine, et la philosophie traitait spécialement des choses « cognoscibilia lumine naturalis rationis. » (*Id.*, I, q. 1, a. 1.) Ils désignaient, pour Bacon, à la fois le sens commun ou la raison dans son application générale aux choses, et les principes internes qui lui servent de flambeau, en sorte qu'il appelle la philosophie *accensio major luminis naturalis*. (*Temp. part. masc.*, t. II, p. 533, 534.) « Je ne saurais rien révoquer en doute, dit Descartes, de ce que la lumière naturelle me fait voir être vrai. » (*Médit.*, III, t. I, p. 270 ; cf. p. 304 et 338.) « En connaissant qu'il y a un Dieu... on connaît aussi tous ses

conscience, dernier reste d'une ancienne et primitive pureté! C'est à ce titre que l'âme a des clartés qui lui font apercevoir la perfection et discerner la loi morale. Mais cette lumière n'est pas très-vive. Elle nous sert plutôt à condamner les vices qu'à pleinement connaître nos devoirs. En ce qui touche la morale aussi, la religion dépend d'une révélation divine. Une partie de la loi morale est supérieure à la lumière naturelle [1].

C'est en étudiant la nature que la philosophie rentre dans son domaine [2]. Elle est là devant la mine qu'elle creuse et qu'elle exploite. De là une division de la philosophie en spéculative et en opérative, suivant qu'elle s'occupe de la recherche des causes ou de la production des effets. L'une ouvre les entrailles de la nature, l'autre la forge pour ainsi dire sur l'en-

attributs autant qu'ils peuvent être connus par la lumière naturelle. » (*Princip.*, I, 11 et 22; t. III, p. 69 et 77.) Le titre d'un de ses ouvrages : *Recherche de la vérité par la lumière naturelle... toute pure et sans emprunter le secours de la religion et de la philosophie*, t. IX, p. IV et 333, définit en quelque sorte les mots de *lumière naturelle*. Voyez aussi ce passage d'une lettre au P. Mersenne : « Pour moi, je n'ai pour règle des miennes (vérités) que la lumière naturelle. » (T. VIII, p. 168.)

[1] C'est là que Bacon s'explique le mieux sur un sujet délicat qu'il a plusieurs fois touché, l'usage légitime de la raison en théologie, et la question de l'unité de l'Église. La violence des controverses, la hardiesse des sectes, les droits de la raison, ceux de l'autorité royale le préoccupent et gênent la liberté de son argumentation. Ce qu'il dit dans le *De Augmentis* n'est pas sur tous ces points entièrement conforme à ce qu'il dit dans ses ouvrages anglais. (*De Aug.*, IX, 1; t. I, p. 475-480; cf. *Serm. fid.*, III, t. III, p. 219; *Works*, t. II, p. 499 et 524, et les écrits politiques sur l'union de l'Église.)

[2] *De Aug.*, III, IV, t. I, p. 170.

clume. La première est ou physique ou métaphysique. Sous ces deux noms, elle recherche les causes; mais suivant la classification des causes admises dans l'école[1], la physique traite de la cause efficiente et matérielle, la métaphysique de la cause formelle et finale. La physique est intermédiaire entre l'histoire naturelle et la métaphysique.

On peut la diviser en physique concrète et en physique abstraite. Comme concrète, elle a les mêmes objets que l'histoire naturelle, savoir les corps célestes, les météores, le globe terrestre, les grandes collections ou les éléments, les petites collections ou les espèces, enfin les choses mécaniques. Bacon, qui parle ainsi, ne traite complétement d'aucun de ces objets, et dans ce qu'il en dit, le faux le dispute au vrai. Il s'arrête cependant à la vue des corps célestes. La science lui en paraît encore peu avancée. L'astronomie a son fondement dans les phénomènes; mais pour l'astrologie, la superstition n'y a presque rien laissé de raisonnable. L'astronomie ne montre que l'extérieur des cieux; elle décrit des positions et des mouvements; mais la matière des astres et leur influence réciproque lui échappent. Aussi toutes les hypothèses dont elle s'est servie, comme les épicycles et autres, sont-elles abandonnées, et c'est l'absurdité de tant de suppositions qui a poussé les hommes à l'idée du mouvement diurne de la terre, ce qui pour nous est très-certainement faux[2]. Cependant

---

[1] Classification d'Aristote, *Mét.*, V, II, et VIII, IV; *Phys.*, II, III; *Sec. Anal.*, II, XI.

[2] Quod nobis constat falsissimum esse. (*De Aug.*, III, IV; t. I,

la matière des mobiles et la cause des mouvements restent inconnues. On se borne à des observations et à des démonstrations mathématiques. Mais les mathématiques font voir l'arrangement général des choses, et rien de plus. Elles décrivent la machine, et l'astronomie n'en saura pas davantage, tant qu'on s'obstinera à la classer parmi les arts mathématiques. Si elle se portait sur la nature même des choses, elle serait la plus noble partie de la physique. Elle retrouverait dans les espaces célestes les propriétés universelles ou catholiques de la matière [1]. C'est cette partie physique de l'astronomie qu'il faut créer, cette *astronomie vivante* [2], qui décrira le ciel, et non pas seulement la figure du ciel.

Mais bien plus qu'à la physique du ciel ou du globe, Bacon s'attache à ce qu'il appelle la physique ab-

p. 175.) Bacon, qui réfute ici parfaitement l'astrologie, encore en honneur de son temps, n'a jamais pu admettre le principe du vrai système du monde, tout en raisonnant assez bien sur l'astronomie. « C'est une *concession non concessible*, dit-il, que ce que demande Galilée. » (*Nov. Org.*, II, 46.) Il convient cependant que l'hypothèse de Copernic a été acceptée, parce qu'*elle ne répugne point aux phénomènes;* et il ajoute qu'on ne peut la réfuter par les principes astronomiques, mais bien par les principes de la philosophie naturelle. Laplace cite comme un *abus étrange* de l'induction les raisonnements par lesquels Bacon s'efforce de prouver l'immobilité de la terre; mais M. Bouillet le soupçonne d'avoir en cela écouté la prudence, qui arrêtait Descartes lui-même. (*De Aug.*, IV, 1; *Nov. Org*, II, 36, 46; *Glob. intel.*, VI; t. I, p. 204; t. II, p. 156, 191, 496, 499; t. III, p. 17; *Essai philos. sur les Probab.*, 4ᵉ édit., p. 246.)

[1] Materiæ appetitus et passiones maxime catholicas, quæ in utroque globo validæ sunt, et universitatem rerum transverberant. (*De Aug.*, III, ɪᴠ, 4, p. 175.)

[2] Quam *Astronomiam vivam* nominabimus (*Id. ib.*, p. 176).

straite, par une dénomination qui n'a qu'une faible analogie avec la *physique générale* des modernes. C'est celle qui de la connaissance de certains corps particuliers passe à la connaissance des conditions et des qualités primordiales de la matière. Mais cette connaissance, si longtemps l'objet principal de la philosophie antique, ne peut être abordée sur nouveaux frais sans un retour sur les systèmes antérieurs à la réforme de Bacon. Ici, en effet, nous trouvons une revue des doctrines enseignées depuis Pythagore jusqu'à William Gilbert ; et comme Bacon est revenu souvent sur ce sujet, comme l'histoire de la philosophie est une partie intégrante de toute philosophie, recueillons ici les principaux traits de ce tableau du passé.

La fable d'Orphée lui représente la naissance de la philosophie. Par ses chants, Orphée veut désarmer les dieux infernaux, et il adoucit les animaux sauvages. Ainsi la philosophie, dans son premier et plus noble effort, cherche à prolonger la vie de tous les êtres ; puis, malheureuse et attristée, elle adoucit les mœurs des hommes et civilise les nations [1]. La Grèce a produit les premiers philosophes qui nous soient connus. Mais nous ne savons que leurs noms, leurs écrits ont péri. Si cependant on consulte Aristote qui les réfute, Platon, Cicéron, Plutarque qui les citent, les vies de Diogène de Laërce et le poëme de Lucrèce, on entrevoit qu'à l'exception de Pythagore, qu'égara la superstition, ils ont pensé avec une cer-

---

[1] *De Sap. vet.*, XI, t. III, p. 414.

taine solidité et tourné autour de la nature des choses. Anaxagore, Empédocle, Leucippe, mais surtout Héraclite, Démocrite, Parménide, mériteraient d'être mieux connus. Comme ils ne tenaient point d'école, ils se portaient à la poursuite de la vérité avec moins d'affectation, avec moins d'ostentation que leurs successeurs. Socrate ne rendit pas service à la science en la détournant de la contemplation de l'univers. La pensée, en s'emprisonnant dans ses propres limites, devint stérile. Chez les Grecs, nation vaine et parleuse, le désir de briller, le goût de la dispute, la hâte de conclure, la manie des systèmes multiplièrent et accréditèrent l'erreur. On délaissa de plus en plus l'observation pour la spéculation. Platon était un homme d'un sublime génie; il discutait d'une manière piquante; il abonde en belles maximes morales; il a même connu la bonne méthode; mais il l'a mal appliquée. Il regardait plus au monde social qu'au monde physique, et voulait de la science de la nature faire une science divine[1]. Aristote, ce si grand homme, était certainement aussi un grand philosophe[2]. Lorsqu'il décrit les animaux, il cherche le vrai avec une sévère intégrité. Dans ses *Problèmes*, il paraît faire cas de l'expérience. Mais, en sa qualité de Grec, il était trop prompt à décider. Bientôt dédai-

---

[1] *De Aug.*, I, 56; t. I, p. 68; *Nov. Org.*, I, 63, 65, 71; *Temp. part. masc.*, II; *Cogit. et Vis.*, XIII; *Redarg. philos.*, t. II, p. 26, 27, 54, 344, 367, 368, 430.

[2] Tantus ipse vir, *Nov. Org.*, I, 98; cf. *Redarg. philos.*, t. II, p. 59, 428; Magnus certe philosophus, *De Aug.*, I, 71; t. I, p. 85.

gnant l'expérience, ou plutôt la tordant et l'anchaînant à ses caprices, il fit de la philosophie naturelle la vassale de sa logique. Imitant l'ambition de son élève, il médita la conquête des esprits et la monarchie universelle. Heureux ravisseur de l'empire de la science [1], il fit comme les princes ottomans, pour assurer son pouvoir il égorgea tous ses frères. Platon subordonnait le monde aux idées et Aristote les idées aux mots. Si l'un était un poëte, l'autre était un sophiste. L'un corrompait la science par la théologie, l'autre par la dialectique, comme plus tard Proclus par les mathématiques [2]. La philosophie ne fut plus qu'une arène livrée à des sectes purement spéculatives, et la dispute engendra le doute. L'acatalepsie domina dans l'Académie. La science énervée et découragée devint incapable de progrès. L'invasion des barbares fut son dernier naufrage. Sur les flots du

---

[1] Bacon applique à Aristote, en l'altérant un peu, le vers de Lucain sur Alexandre : *Felix prædo*, etc. (X , v. 21-27. Voir *De Aug.*, III, iv ; t. I, p. 171.)

[2] Sir William Hamilton ne veut pas qu'Aristote ait corrompu la philosophie naturelle par sa dialectique (logique), mais bien par sa métaphysique. (*Discus. of Philos.*, p. 144.) Platon n'est ici accusé de théologie que parce qu'il divinise les idées, et Proclus n'a mêlé, que je sache, les mathématiques à la philosophie qu'en composant la triade d'autant de triades qu'elle contient de termes, et ainsi à l'infini. On peut dire qu'il a fait beaucoup de métaphysique à propos des mathématiques dans son commentaire sur le premier livre d'Euclide; mais on ne voit pas qu'il en soit résulté pour la philosophie aucun préjudice. (*De Aug.*, I et III, iv et vi ; t. I, p. 66, 71, 171, 187, 201; *Nov. Org.*, I, 54, 63, 67, 96; *Cogit. et Vis.*, XIII; *Red. philos.*, t. II, p. 20, 26, 30, 58, 368, 369, 425, 441 ; *De Princ. et Orig.*, t. III, p. 114, 117 ; *Let. à lord Mountjoy*, t. I. p. 537.)

temps, les débris les plus légers surnagèrent seuls. Ainsi furent sauvés les écrits de Platon et d'Aristote. Les ravages de Genseric et d'Attila vinrent continuer l'œuvre de l'ambition destructive du précepteur d'Alexandre. L'établissement du christianisme entraîna les esprits vers la théologie. La philosophie naturelle fut mise en oubli. Aristote, dont les ouvrages étaient les seuls connus, devint dictateur dans la démocratie des lettres, et sa doctrine bruyante et contentieuse fut incorporée à la religion [1]. Ce mélange était en soi funeste à la philosophie naturelle. Le zèle religieux la redoute et l'opprime. La superstition est l'apothéose de l'erreur. On argumenta donc, on n'observa point. Le raisonnement et l'expérience n'eurent plus rien de commun. Il n'exista plus que deux classes d'hommes, les scolastiques et les mécaniques. Là une dialectique stérile, ici un empirisme grossier. Des hommes, tels que Roger Bacon et quelques chimistes peu soucieux des théories, furent conduits à quelques inventions par une subtilité naturelle. Mais le hasard fit plus en ce genre que le savoir. La poudre à canon, l'imprimerie, la découverte du Nouveau-Monde ne doivent rien à la philosophie. Cependant, vers l'époque de la réformation, ces nouveautés excitèrent des empiriques à chercher de nouvelles voies. Les lettres cultivées avec plus de raffinement dégoûtèrent de la scolastique. Quoique les affaires de la religion consu-

---

[1] « On a tellement assujetti la théologie à Aristote, qu'il est impossible d'expliquer une autre philosophie qu'il ne semble d'abord qu'elle soit contraire à la foi. » (Descartes, Lettre au P. Mersenne, Œuv. compl., t. VI, p. 73.)

massent les esprits, on essaya de forger de nouveaux systèmes de la nature. Ramus s'était révolté contre Aristote; mais ce n'était qu'un abréviateur qui rapetissait tout, un producteur disert de bagatelles. Fracastor, sans fonder de secte, fit preuve d'une honorable liberté. Paracelse fut plus hardi; mais c'était un imposteur, et il a enfanté des monstres. Patrizzi a voulu restaurer, comme Campanella, la doctrine de Platon, Gilbert celle de Philolaüs, Telesio, mieux inspiré, celle de Parménide. Imbu des leçons de l'école d'Aristote, il l'a combattue avec ses propres armes.

Tel est le curieux tableau des révolutions de doctrines que Bacon trace dans cent passages de ses écrits [1], et c'est sur cette critique des systèmes et de leurs résultats qu'il édifie le sien.

La physique abstraite a deux objets, la structure ou plutôt le schématisme de la matière, puis ses appétits et ses mouvements; c'est-à-dire d'une part le dense, le rare, le grave, le chaud et autres choses semblables; de l'autre, tous ces mouvements simples ou composés dont la physique reçue s'est plus occupée que de la substance même des objets, de la nature. De cette physique, Bacon exclut tant le sensible et l'insensible, le rationnel et son contraire, que le mou-

---

[1] Revolutiones doctrinarum. (*Cogit. et Vis.*, XVII. Voyez *id.*, VI et XIV; *De Aug.*, præf., 7-13; I et III, IV; *Nov. Org.*, I, 63, 67, 71, 75, 77, 79, 88, 94; *Instaur. Mag.*, part. III, *Auct. mon.*; *Temp. part. masc.*, II; *Redarg. phil.* T. I, p. 12, 63, 188; t. II, p. 25, 31, 34, 37, 39, 40, 52, 60, 67, 258, 345, 347, 359, 361, 374, 382, 427, 429, 430, 433, 443, 445.)

vement volontaire ou intellectuel, réservant tout cela à la science de l'homme. Mais l'homme excepté, la physique doit considérer d'une manière générale tous les modes de la nature, du moins dans leur cause matérielle et efficiente, c'est-à-dire dans les substances réelles où ils sont engagés. Si elle généralisait encore davantage, elle deviendrait la métaphysique. La métaphysique de Bacon est en effet la physique dans ce qu'elle a de plus profond et de plus élevé. L'ancienne physique, selon lui, ne supposait dans la nature que l'existence, le mouvement et une loi de nécessité; elle ne laissait à la métaphysique que l'âme et l'idée. La métaphysique baconienne considère spécialement les causes formelles et les causes finales.

On a décrié la recherche des premières. On a nié la possibilité de découvrir les formes des choses[1]. Ce sont des explorateurs sans courage ceux qui, dès qu'en parcourant la terre ils ne voyaient plus que le ciel et la mer, se sont écriés qu'il n'y avait plus de continent au delà. Mais cet homme d'un sublime génie, Platon, qui voyait au loin devant lui comme du haut d'un rocher, a dit que les formes sont le véritable objet de la science; heureux s'il n'eût perdu le fruit de cette pensée éminemment vraie, en sépa-

[1] *De Aug.* III., IV, p. 488. — « Formæ inventio habetur pro desperata. » (*Nov. Org.*, II, 2; cf. *id.*, I, 75.) Dans la doctrine scolastique, la forme étant un principe qui donnait à l'être l'existence avec la détermination, en faisant passer la matière de la puissance à l'acte, ne pouvait être connue en elle-même, parce qu'elle était supra-sensible; telle n'est pas la forme selon Bacon.

rant les formes de toute matière, de toute détermination, pour les contempler absolument et changer ainsi la philosophie de la nature en spéculation théologique [1]. Mais si l'on se propose sérieusement de connaître la nature pour agir sur elle et pour s'en servir, ce ne sera plus une recherche vaine que celle de ses formes, du moins celle de ses formes simples. Car les formes des substances ou créatures déterminées sont tellement compliquées qu'il vaut mieux peut-être en abandonner ou en ajourner l'étude. En d'autres termes, la constitution des espèces pourrait bien être impénétrable. Il n'en est pas de même de celle de la matière générale, et après que la physique s'est rendu compte de la structure et du mouvement, qui comprennent ce que Bacon appelle les formes de la première classe, la métaphysique peut aborder l'investigation des formes proprement dites, c'est-à-dire non plus la cause efficiente ou matérielle de la densité ou de la couleur d'une certaine nature de corps, mais la cause formelle de la densité de tout ce qui est dense, de la blancheur de tout ce qui est blanc, etc. Et si jusqu'à présent on a échoué dans ce genre de recherche, c'est qu'on a débuté par rechercher de prime-abord les formes du lion, du chêne, ou de l'or, voire même de l'air ou de l'eau, au lieu de poursuivre celles du dense et du rare, du

---

[1] Apparemment parce que les idées sont divines. Bacon cependant, sans remarquer que les idées et les formes ont le même nom, εἶδος, admet la proposition : *Formas esse verum scientiæ objectum.* (*De Aug.*, III, IV, t. I, p. 188.) Cette pensée est partout dans Platon, notamment dans la *République*, l. VI et VII, quoique je ne l'y retrouve pas en termes exprès.

chaud et du froid, du grave et du léger, etc., ou plutôt c'est qu'on s'est accoutumé à perdre de vue la réalité et l'expérience, à ne soumettre à l'analyse que de pures conceptions, à réfléchir et à raisonner sur des créations de l'esprit. Par une direction nouvelle, Bacon pense abréger le chemin des découvertes. La beauté de cette métaphysique, c'est qu'elle émancipe la puissance de l'homme, c'est qu'elle lui soumet en quelque sorte toute matière, en le rendant, par la connaissance de la cause, maître de produire les effets. Ainsi se vérifiera le mot de Salomon : *Rien n'arrêtera tes pas*[1]. Quant à la science en elle-même, par la possession des formes simples et des propositions de plus en plus générales que lui fournira l'induction, elle s'approchera de plus en plus de cette unité qui est au sommet de la philosophie naturelle. On peut en effet considérer les sciences comme des pyramides ayant pour base l'histoire et l'expérience. La base de la philosophie naturelle est dans l'histoire naturelle ; la première assise est la physique ; la métaphysique est au sommet. Mais on n'ose dire que l'esprit humain touche jamais le point vertical qui termine la pyramide. Les trois degrés rappellent la maxime excellente, quoique purement spéculative, de Parménide et de Platon : « Tout monte comme par échelons vers l'unité [2]. »

---

[1] Non arctabuntur gressus tui. (*Prov.*, IV, 12.)

[2] *De Aug.*, loc. cit., p. 191. *Per quamdam scalam* tempère le principe plus absolu de Parménide : *tout est un*, et ne se trouve ni dans Parménide, ni dans Platon, qui cependant n'adopte pas le principe. (Plat., *Parm.*; Arist., *Phys.*, I, III; *Métaph.*, II, IV, 26.)

Nous venons d'analyser des pages qui sont au nombre des plus remarquables que Bacon ait écrites. Sa pensée n'acquerra toute sa clarté qu'après qu'elle aura reçu de nouveaux développements dans le *Novum Organum*. Dès à présent, une chose ne peut échapper au lecteur, c'est qu'on reconnaîtrait ici malaisément les procédés et le langage ordinaire de la philosophie expérimentale. Bacon en cherche le modèle dans Platon lui-même, et il semble, en écrivant certaines lignes, s'être souvenu du *Philebe* [1]. Cependant il adresse à la dialectique platonicienne les critiques d'Aristote, et n'hésite pas en même temps à s'appuyer de l'autorité de la moins expérimentale des sectes, de la secte éléatique. Ce n'est pas la seule fois que nous le verrons invoquer Parménide, lui qui semble, de toute l'ancienne physique, préférer celle de Démocrite. C'est vraiment associer les contraires. Mais l'antiquité philosophique a mis bien du temps à se faire comprendre, et malgré des obscurités et des disparates, on ne peut méconnaître ici une certaine profondeur de vue que l'école de Bacon n'a pas toujours égalée ni entendue

Les causes finales sont le second objet de la métaphysique. Après les formes, les fins de la nature. La recherche des causes finales est mal placée dans la physique et y devient la plus grande calamité de la

---

[1] C'est une observation du nouvel éditeur de Bacon, M. Ellis, t. I, p. 565. Le son qui constitue une lettre, laquelle peut entrer dans une multitude de mots, est donné par Platon et par Bacon comme exemple de l'application de leur méthode de recherche. (*Philebe*, VIII; *De Aug.*, III, IV, t. I, p. 189.)

philosophie. Car elle remplace, elle exclut la recherche des causes physiques. Platon, Aristote lui-même, ont sans cesse donné sur cet écueil, et Aristote est plus blâmable que Platon; car il plaçait la source des causes finales, non en Dieu, mais dans la nature même. Ce qui était pour lui de la logique était du moins pour Platon de la théologie [1]. Aussi ceux qui tels que Démocrite ont proscrit de la constitution des choses soit un Dieu, soit un esprit, attribuant la structure de l'univers aux jeux infinis de la nature qu'ils appelaient d'un seul mot le destin ou le hasard, ceux qui aux choses particulières ont assigné pour cause une nécessité de la matière ont plus solidement philosophé sur la nature qu'Aristote et Platon, et cela uniquement pour avoir foulé aux pieds les causes finales. La recherche des causes finales ne produit rien; c'est une vierge consacrée à Dieu, elle demeure stérile.

En bannissant de la physique les causes finales, on n'ébranle point la foi dans la Providence. Ainsi que dans les affaires politiques la prudence éclate davantage, lorsqu'elle fait tourner au succès de ses vues les actes de ceux qu'elle n'a ni dirigés ni avertis, ainsi la sagesse divine brille d'une manière plus admirable, quand la nature faisant une chose, la Providence en fait résulter une autre. Les choses naturelles n'ont pas

---

[1] C'est un principe péripatétique, que la nature ne fait rien en vain, ἡ φύσις ποιεῖ μάτην μηθὲν. (*De Anim.*, III, IX, 6; XII, 3 *et passim.*) Mais Aristote est tout près de faire de la nature une intelligence (*id.*, II, IV, 5), et dans le *De Cœlo*, il la met sur la même ligne que Dieu. (I, IV.)

besoin de porter la marque de la Providence. Aristote, après avoir montré la nature grosse de causes finales, n'a plus nommé qu'elle et s'est passé de Dieu, en proclamant que la nature ne fait rien en vain; tandis que Démocrite et Épicure, en voulant tout expliquer par la rencontre fortuite des atomes, se sont exposés à la risée universelle et n'ont fait que manifester la nécessité d'un recours suprême à un Dieu et à sa Providence.

Ainsi les causes finales, mal venues dans la physique, ne sont à leur place que dans la métaphysique [1].

De spéculative la science devient opérative; c'est-à-dire qu'elle se transforme en art mécanique. Elle se sert dans un intérêt pratique des propriétés qu'elle

---

[1] *De Aug.*, III, IV et V; t. I, p. 183-195; cf. *Nov. Org.*, I, 48, 65; II, 2; t. II, p. 18, 27, 83. — Ces passages ont été reprochés à Bacon, comme contraires à l'idée d'une providence. Cependant il ne se prononce pas contre les causes finales *quod... veræ non sint;* seulement il n'en admet la recherche que dans la métaphysique. Encore sa métaphysique est-elle une partie de la physique, et nous l'avons vu ailleurs appuyer la foi en Dieu sur l'enchaînement des causes. Descartes, au reste, parle comme lui : « Nous rejetterons entièrement de notre philosophie la recherche des causes finales; car nous ne devons pas tant présumer de nous-mêmes que de croire que Dieu nous ait voulu faire part de ses conseils. » *Princip.*, Ire part., A. 28. « Tout ce genre de causes, qu'on a coutume de tirer de la fin, n'est d'aucun usage dans les choses physiques et naturelles. » (*Médit.*, IV. 5.) « Quoiqu'en matière de morale... ce soit quelquefois une chose pieuse de considérer quelle fin nous pouvons conjecturer que Dieu s'est proposée au gouvernement de l'univers, certainement en physique, où toutes choses doivent être appuyées de solides raisons, ce serait inepte. » (*Rép. aux obj. de Gassendi.* Voyez t. I, p. 297; t. II, p. 280, et t. III, p. 81.) Cette doctrine, blâmée

a constatées dans un intérêt spéculatif[1]. La magie naturelle n'est elle-même qu'une application extrême de ce procédé de l'esprit scientifique. Tandis que dans la philosophie reçue, les mathématiques sont mises au rang de la physique et de la métaphysique, leur place est celle d'une science auxiliaire de la philosophie[2]. Elles ne sont pas une science substantielle et principale. Sans doute la quantité qui en est le sujet, étant comme la dose de la nature[3], doit être mise au rang des formes essentielles. C'est la plus séparable de la matière, la plus susceptible d'un état d'abstraction, ce qui attire toujours l'esprit humain. Il aime à se mouvoir dans le champ libre des généralités[4], et l'orgueil des mathématiciens a voulu décer-

---

par Cudworth, a été combattue par Boyle, qui ne s'en prend qu'aux cartésiens. (*Dissert. about the fin. caus.*, Works, t. V, p. 392.) Newton paraît pencher vers l'avis de Boyle, en disant: « Deus sine dominio, providentia et causis finalibus nihil aliud est quam fatum et natura. » (*Princip.*, III, *Scol. gen.*) Leibnitz est allé beaucoup plus loin que Newton. (Voyez plus bas, l. III, ch. I.)

[1] Un des nombreux passages où l'utilité des hommes est donnée comme la fin dernière des sciences et qui font de la doctrine de Bacon *une philosophie de fruit*, comme dit Macaulay, *fructifera*, et non plus seulement *lucifera*. (Cf. *Nov. Org.*, I, 73, 120, 121 ; t. II, p. 36, 72, 73.) Quant à la magie, Bacon la regardait comme une science des formes cachées des choses, et un art d'en tirer des manifestations merveilleuses : science et art où les Perses avaient cherché les secrets de la nature et ceux de la politique. (*De Aug.*, III, v ; t. I, p. 196, cf. *A Preparat. to the union of Engl. and Scotl.* Works, t. IV, p. 287.)

[2] In philosophia recepta.— Scientia auxiliaris. (*De Aug.*, III. vi, t. I, p. 199, 200.)

[3] Dosis naturæ.

[4] Generalium campis liberis.

ner à leur science le premier rang. Mais pour qui s'attache à l'utilité et à la valeur effective, les mathématiques ne sont que les troupes auxiliaires de la physique et de la métaphysique, de la mécanique et de la magie. Comme la logique, elles doivent être les servantes de la physique, et fières de leur certitude, elles ont prétendu à la domination.

Elles sont pures ou mixtes. Les mathématiques pures ne s'occupent que de la quantité, parfaitement séparée par abstraction de la matière et des axiomes physiques [1]. Elles se composent de l'arithmétique et de la géométrie, qui n'ont presque rien gagné depuis Euclide et Proclus. Les mathématiques mixtes appliquent les propositions à des grandeurs physiques. Certaines sciences comme celle des machines, la perspective, la cosmographie, ne peuvent s'en passer. On peut leur prédire dans l'avenir une grande extension, si les hommes ne perdent pas leur temps. À mesure que la physique fera de nouveaux progrès et découvrira de nouvelles lois, on aura de plus en plus besoin des mathématiques, et le domaine des mathématiques mixtes s'agrandira [2].

---

[1] Il est certain que les mathématiques traitent de la grandeur ainsi considérée. « merely severed from any axioms of natural philosophy », dit le texte anglais. (Cf. *De Aug.*, p. 201; et *Works*, t. I, p. 108.) Cela ne signifie donc pas précisément que les mathématiques soient dérivées de la philosophie naturelle, ni fondées sur l'expérience, comme peut-être les principes de Bacon l'auraient conduit à le soutenir. On remarquera qu'il fait toujours jouer à Proclus, dans les mathématiques, un rôle supérieur à celui que lui attribuent les historiens de la science. (Montucla, part. I, l. V, t. I, p. 334.)

[2] *De Aug.*, III, vi, p. 199-202.

CHAP. III. — CLASSIFICATION DES SCIENCES.

Après Dieu et la nature, l'homme est l'objet de la philosophie. C'est ici cette science de nous-mêmes recommandée par l'oracle antique. Elle est pour l'homme la fin de toutes les sciences ; elle n'en est qu'une partie pour la nature. Car c'est une règle générale que les distinctions entre les sciences ne servent qu'à les caractériser, à les classer, non à les séparer absolument les unes des autres. Il faut éviter entre elles toute solution de continuité[1]. Ainsi la science de l'homme est double ; car elle le considère soit isolément, soit en société. Dans le premier cas, elle est la philosophie de l'humanité, dans le second, la philosophie civile. La première doit être enfin émancipée ; *emancipetur*, et amenée à l'état d'une science déterminée, qui considère l'homme en général. L'humanité réside dans une personne mixte dont il faut étudier l'état et la nature. Quelles sont les misères de l'homme? Quelles sont ses prérogatives ou jusqu'où peut-il s'élever? Pures questions de fait auxquelles l'observation répond. Puis vient la question de l'alliance, *doctrina de fœdere*, ou la science des rapports du physique et du moral, comme parlent les modernes. Bacon la poursuit dans l'étude de la physionomie, dans l'interprétation des songes, dans

---

[1] M. Bouillet rapproche, avec raison, cette pensée de ces mots de Descartes : « Distinguant les sciences entre elles par les objets dont elles s'occupent, les hommes croient qu'il faut les étudier à part et indépendamment l'une de l'autre. Or c'est là une grande erreur ; les sciences toutes ensemble ne sont rien autre chose que l'intelligence humaine qui reste une et toujours la même, quelle que soit la variété des objets auxquels elle s'applique. » (*Règ. pour la direct. de l'esp.*; t. XI, p. 201.)

l'examen de l'influence des passions et des maladies.

Parmi les sciences qui concernent le corps humain et dont la première est la médecine, il signale l'art de recueillir les cas nosologiques, l'anatomie pratiquée sur les hommes morts dans des conditions et par des maladies différentes, ou sur les animaux vivants; c'est dire qu'il a eu l'idée de l'anatomie comparée et de l'anatomie pathologique [1] longtemps avant Duverney et Morgagni.

L'âme humaine est le trésor des sciences. On distingue en elle l'âme rationnelle qui est divine et l'irrationnelle qui vient de la même source que les éléments. La seconde, tirée du limon de la terre, n'est que l'organe de la première qui est le souffle de Dieu. Appeler l'âme acte dernier, forme du corps, c'est tomber dans les billevesées logiques [2]. Ceux même qui suivent la philosophie des sens [3], ne peuvent méconnaître les dons qui constituent l'excellence de l'âme humaine. Elle diffère de celle des bêtes, non pas en degré seulement, mais en essence, ou comme dit l'école, spécifiquement. Aussi quoiqu'il fût possible à la philosophie d'éclaircir par des recherches plus exactes et plus profondes qu'elle ne l'a fait encore ce qui regarde la substance de l'âme, son origine, sa séparation d'avec le corps, son immortalité, cependant

[1] *De Aug.*, IV, i et ii, p. 204-232.
[2] Nugæ logicæ. (*Id. ib.*, iii, p. 234.) Ces *nugæ* ne sont pas moins que la définition de l'âme donnée par Aristote : ψυχή ἐστιν ἐντελέχεια ἡ πρώτη σώματος, etc. *Actus ultimus* est apparemment ici pour *actus primus;* au fond le sens est le même. (*De Anima*, II, i, 5.)
[3] Secundum sensum philosophantes. (*Id. ib.*, p. 233.)

l'âme intelligente est si manifestement venue de Dieu, qu'il vaut mieux résoudre ces questions par l'inspiration divine, c'est-à-dire les renvoyer à la religion. Ceci ne s'applique pas à l'âme sensible ; commune à l'homme et aux animaux, c'est une substance corporelle raréfiée par la chaleur et rendue invisible. Telesio en a bien parlé. Mais la science demande de nouvelles recherches.

Les facultés de l'âme rationnelle les plus connues sont l'entendement, la raison, l'imagination, la mémoire, l'appétit, la volonté. On peut consulter la logique et l'éthique qui traitent de l'usage des facultés. Mais une doctrine complète doit remonter à leur origine, et décider si elles sont innées. Rien de remarquable n'a été dit à cet égard. Il faudra même rechercher s'il y a une divination, c'est-à-dire une faculté naturelle ou artificielle de prévoir l'avenir, et une fascination, c'est-à-dire une puissance, un influx de l'imagination d'un homme sur le corps d'un autre homme[1].

Quant aux facultés de l'âme sensible, elles ont été incomplétement étudiées. La première est le mouvement volontaire ; la seconde est la sensibilité ; dans laquelle Bacon veut que l'on distingue la perception et la sensation. Il signale cette distinction comme fondamentale et comme un objet d'étude parmi les

---

[1] A la manière dont Bacon s'exprime sur cette question problématique (*id. ib.*, p. 236), on dirait qu'il veut parler du magnétisme animal. Il se sert même de ces mots *virtutum magneticarum delationes*. Il est vrai qu'il a en vue les idées de Paracelse.

desiderata de la philosophie. Ses successeurs ont entendu sa voix, et ce vœu est, comme on sait, accompli.

La science de l'intelligence et celle de la volonté sont comme deux sœurs jumelles. La pureté de l'illumination intérieure et la liberté de l'arbitre ont commencé ensemble et sont tombées ensemble; « et il n'est point donné dans l'universalité des choses d'aussi intime sympathie que celle du vrai et du bon [1]. » La logique et la morale ont cependant chacune leur province. L'une a pour terme les jugements, l'autre, les actions. Mais l'imagination ou fantaisie est commune à toutes deux. Messagère, agent ou médiatrice, elle va de l'un à l'autre. Le sens en effet transmet à la fantaisie ces images diverses que Bacon appelle *idoles* [2]. La raison les soumet à son jugement, puis les rend triées et contrôlées à la fantaisie, avant que la décision passe à l'exécution. Car tout mouvement volontaire est précédé d'une excitation de la fantaisie. Mais la fantaisie ne se borne pas à ce ministère subordonné, elle a une autorité propre. L'ima-

---

[1] *Id. ib.*, p. 243.
[2] Sensus idola omnigena phantasiæ tradit. (*Id.*, p. 244.) Bacon, comme l'a indiqué M. Hallam (*Litt. europ.*, t. III, ch. III, 60), paraît traduire par *idola*, les *images* ou *fantômes* que, suivant Aristote, les sens transmettent à l'esprit. Aristote se sert pourtant du mot φαντασμα et non εἴδωλον. Ce dernier mot est employé, avec une signification analogue, dans une des lettres attribuées à Platon (VII, 342). Mais en général, dans Platon, il désigne plutôt des simulacres trompeurs, et se rapproche davantage du sens que Bacon lui donne dans sa théorie des illusions de l'esprit. (Voyez le chapitre suivant. Cf. *Rép.*, VII, 516, IX, 587; X, 601; *Sophist.*, 241, 264, 266.)

gination domine quelquefois la raison. Quel rôle ne joue-t-elle pas dans la religion, l'éloquence, la poésie?

La logique n'est pas goûtée de tous. Comme les Hébreux préféraient les oignons d'Égypte à la manne céleste, certains esprits aiment mieux l'histoire et la politique, tout ce qui soulève les passions humaines, que les sciences purement rationnelles qui sont les clefs des autres sciences et les arts des arts, comme l'âme est la forme des formes [1].

Ces arts ont pour but la recherche ou l'invention, l'examen ou le jugement, la conservation ou le souvenir, l'expression ou la tradition des sciences. De là, à proprement parler, quatre logiques. Dans les deux premières, l'art d'inventer et l'art de juger, Bacon distingue entre inventer des sciences et inventer des raisonnements, entre juger par induction et juger par syllogisme. L'art de l'invention dans les sciences et du jugement inductif est l'art par lequel l'esprit s'élève des expériences à leurs lois générales, *ab experimentis ad axiomata*. C'est une méthode qu'il placera sous le nom de *Novum Organum* en regard de l'*Organum* d'Aristote [2]; c'est cette logique qui passe pour avoir supplanté la logique de l'antiquité et du moyen âge. Moins que le hasard en effet, la réflexion

---

[1] Aristote, *De An.* III, vııı, 2.

[2] Veut-on savoir avec quel degré de bonne foi ou de sérieux Joseph de Maistre critique Bacon? il suffit de lire cette phrase: « J'honore la sagesse qui propose un nouvel organe autant que celle qui proposerait une nouvelle jambe. » (*Examen de la philosophie de Bacon*, t. I, ch. I, p. 9.)

a présidé aux premières découvertes. La dialectique a pu apprendre à en raisonner, non à les faire. L'induction qu'elle nous propose comme moyen de trouver et de prouver les principes des sciences, est insuffisante et vicieuse. Elle travestit la nature au lieu de la dévoiler. D'une simple énumération de cas particuliers, elle ne saurait tirer qu'une conjecture probable [1]. Quelle certitude nous fournit-elle de n'avoir pas omis quelque fait caché dans l'ombre, qui répugne à ses conclusions? Que serait-il arrivé, si Samuel, content de voir dans sa maison les fils que lui amenait Isaï, ne se fût point enquis de David qui était aux champs [2]? Mais les logiciens pressés de produire leurs théories, ont montré un superbe dédain pour les faits particuliers. Ils les ont envoyés en avant comme des licteurs pour leur frayer le chemin. Jamais ils ne les ont réunis autour d'eux pour prendre conseil et délibérer en règle. Supposez les principes dûment établis par l'induction et l'expérience, le syllogisme serait encore peu propre à en tirer sûrement les axiomes inférieurs ou propositions moyennes applicables aux choses naturelles. La réduction aux principes se fait, comme on sait, dans le syllogisme à l'aide des propositions moyennes [3]. Ce procédé peut

---

[1] Sur l'insuffisance de la simple énumération comme base de l'induction, cf. *Distr. op.*, II; *De Aug.*, V, II; t. I, p. 22 et 249; *Nov. Org.*, I, 69 et 105; t. II, p. 32 et 62.

[2] « Samuel dit à Isaï : « Sont-ce là tous vos enfants? » Isaï lui répondit : « Il en reste encore un petit qui garde ses brebis. » — Envoyez-le quérir, dit Samuel. » *Rois*, I, XVI, 11.

[3] La réduction est en logique l'opération par laquelle tous les syllogismes d'une autre figure que la première sont ramenés

être valable dans les sciences populaires comme la morale ou la politique, ou même dans la théologie ; mais en physique, où tout est engagé dans la matière, le syllogisme ne triomphe pas de la nature comme d'un adversaire dans la dispute, et la vérité échappe des mains [1]. Jamais la régularité de la déduction ne corrigera l'erreur de fait qui se sera glissée dans les prémisses. C'est ce qui a conduit tant de philosophes au scepticisme, à cette acatalepsie si chère aux académiciens, ces calomniateurs des perceptions des sens. Les erreurs de la sensation doivent la plupart du temps être imputées aux torts de l'esprit, à l'obstination, à la légèreté, à la présomption, qui ne veulent pas observer méthodiquement. Il faut une méthode en effet comme il faut un instrument pour tracer une ligne droite ou décrire un cercle. Il faut un art qui rende l'esprit égal aux choses, *ut mens per artem fiat rebus par* [2].

Cet art a été jusqu'à présent la logique. Mais il y a plusieurs logiques. La première, celle de l'invention des sciences, manque. Il faut donc, dans l'inventaire, à l'article : argent comptant, écrire : néant. La se-

---

à celle-ci, et selon Port-Royal, les syllogismes complexes aux syllogismes simples. Dans tous les cas, le retour de la conclusion au principe ne peut se faire qu'en repassant par le moyen.

[1] « La vérité échappe souvent à ces liens (des formules de raisonnement)... Cet art syllogistique ne sert en rien à la découverte de la vérité... La dialectique vulgaire (*Logica vulgaris* de Bacon) est complétement inutile à celui qui veut découvrir la vérité. » (Descartes, *Règ. pour la dir. de l'esprit*, Œuvres, t. XI, p. 255 ; cf. *De Aug., Distr. op.*, II, p. 21, 23.)

[2] *De Aug.*, V, 11, t. I, p. 252.

conde logique, la dialectique des écoles, ne songe même pas aux découvertes. Elle ne sert qu'à l'invention des arguments. Bacon n'en dit rien de bien nouveau. C'est pour la première qu'il réserve tous ses soins.

La troisième logique ou l'art de retenir n'est guère qu'une mnémonique, où l'on trouve cette pensée remarquable : la mémoire, c'est l'infini; il serait donc impossible de rappeler volontairement, méthodiquement, un souvenir, s'il n'existait, avant le souvenir distinct, une perception quelconque de ce qu'on veut rappeler, une *prénotion* qui est comme une tranchée dans l'infini, et qui limite le champ de la recherche.

La quatrième logique ou l'art de la logique traditive, n'est au fond qu'une rhétorique, et enseigne surtout les méthodes d'exposition et de discussion. Toutes ces parties de la logique dans Bacon offrent plutôt un classement et des vues de détail qu'un enseignement systématique[1].

La morale ou l'éthique est en partie spéculative, en partie pratique. Elle cherche le modèle du bien, ou elle enseigne la culture de l'âme. Quant au premier point, le christianisme a supprimé tout débat; le souverain bien, c'est Dieu. Pour le chrétien, la vraie félicité n'est qu'en espérance ; mais le bien, tel qu'il est sur la terre, a été l'objet d'utiles recherches. Il est décrit, pour ainsi dire, dans le tableau que les philosophes ont fait de toutes les vertus. Les païens ont excellé en ce genre; la théologie chrétienne les a

---

[1] *De Aug.*, V et VI, t. I, p. 246-348.

surpassés par une casuistique perfectionnée. Cependant on n'est point descendu assez avant dans la réalité; on n'a pas examiné d'assez près tout ce qui se passe dans le cœur humain.

Le bien qu'il aime ou qu'il doit aimer est à la fois particulier et général. Le bien particulier est inférieur au bien général, et s'il en est séparé, c'est un bien égoïste pour ainsi dire, *bonum suitatis*, qui, fût-il pur et véritable, ne doit pas être l'unique but de l'homme. Aussi la vie contemplative qui n'aurait pas d'autre objet, serait-elle, quoi qu'en dise Aristote, inférieure à la vie active[1]. Dieu et les anges peuvent seuls n'être que spectateurs. Le bien général, *bonum communionis*, n'intéresse pas seulement l'individu, mais aussi la société. Le bien est comme le centre de tous les devoirs, et ici se posent une foule de questions morales dont la plus importante est celle de la comparaison des devoirs entre eux. Dans quel cas faut-il qu'un devoir le cède à un autre devoir? Là est le grand problème pour la conscience.

Quant à la science de la culture de l'âme, quant à la *géorgique morale*, elle devrait étudier les caractères et les sentiments, montrer comment on les corrige, établir et discuter les maximes fondamentales, expliquer enfin la nature et le pouvoir de l'habitude, et cela dans l'intérêt de la vertu. Sur tous ces points, Bacon prodigue les vues justes, les fines remarques. Il parle cependant plus en observateur qu'en législa-

---

[1] Arist., *Mor. Nicom.*, I, 11, 2, 10 et 13; X, viii, 4, 7, 8; *Mor. Eud.*, I, iv, 3; *Met.*, I, 1 et 11, 1; voyez aussi, sur le bien, les trois morales d'Aristote, *passim*.

teur des mœurs, et s'il ne s'appuyait sur la religion à laquelle il renvoie sans cesse, on aurait peine à saisir quel est le principe de sa morale. Ce qu'il appelle le bien semble n'être souvent que le bien de l'humanité, quelque chose comme le bien public[1].

Il devrait se trouver plus à l'aise, lorsqu'il applique la morale, non plus à l'homme seul, mais à l'homme en société. La science civile, ainsi qu'il la nomme, est relative au commerce des hommes, à la conduite des affaires, enfin au gouvernement. Ici l'éthique ne demande plus que le cœur soit bon, comme elle le demandait à l'individu ; elle se contente d'une bonté tout extérieure qui suffit à la société. Elle ne cherche et ne veut que cette sagesse qui se nomme prudence. Bacon semble entendre ainsi la sagesse de Salomon ; et en effet le sage des rois dans ses livres semble avoir plus souvent en vue l'esprit de conduite que l'enthousiasme de la vertu. Bacon en extrait trente-quatre maximes qu'il commente avec toute la sagacité que peut donner l'expérience du monde et des affaires[2], et venant enfin à l'*ambitus vitæ* ou à l'art d'être l'artisan de sa propre fortune, il donne les meilleurs préceptes de prudence humaine. Ce qu'il dit ne formerait peut-être pas de grands caractères, mais rien n'y tendrait à pervertir ces vertus moyennes dont le monde se contente. La censure de Machiavel, dont il loue ailleurs le talent d'observation, ne vient donc pas là comme un pla-

---

[1] *De Aug.*, VII, t. I, p. 349-383.
[2] *Id.*, VIII, 11, t. I, p. 388.

cage hypocrite[1]; et quoiqu'on puisse se plaindre de ne pas reconnaître dans l'éthique de Bacon les signes augustes de la philosophie véritable, il faut avouer qu'il parle généralement le langage de l'honnêteté. L'amour de l'humanité le guide et l'inspire.

La morale civile, on le voit, est déjà presque une politique ; mais il se réserve sur la politique proprement dite. En matière de gouvernement, il enseignera, dit-il, un art qu'il a oublié d'insérer dans son tableau synoptique des sciences humaines, l'art de se taire. Et comment oserait-il parler devant un aussi grand roi que celui auquel il adresse son ouvrage ? Sans doute il aurait pu traiter du gouvernement en connaissance de cause ; il a traversé de hautes magistratures. Il ne sait par quel destin, né pour les lettres, il a été entraîné, contre son génie, à diriger les affaires publiques. C'est du moins un honneur pour les lettres mêmes. Il n'a d'ailleurs négligé l'étude ni de l'histoire, ni des lois. Cependant si pour ne rien omettre il écrit un jour sur la politique, l'ouvrage ne sera qu'un enfant avorté ou posthume[2].

On voit qu'il pratique la prudence, après l'avoir prescrite. Ce n'est pas qu'on ne pût çà et là glaner dans ses écrits des pensées d'homme d'État, de ces

---

[1] *Id. ib.*, p. 435. — C'est à tort qu'on a reproché à Bacon d'avoir fait l'apologie de Machiavel ; il le censure comme moraliste et ne le loue que comme observateur. (Voyez *De Aug.*, VII, II et III; VIII, II; *Parab.* XVIII et XXI; t. I, p. 367, 378, 402, 404, 411 et 429.)

[2] Proles aut abortiva aut posthuma. (*Id. ib.*, III, p. 439.)

pensées qui dénotent un auteur préparé par les fonctions du gouvernement à la lecture de l'histoire. Mais de la politique comme science, il n'en a pas traité; il n'en a pas même indiqué les principes. Sachons-lui gré cependant d'en avoir fait une partie de la morale.

Il est moins réservé sur la législation. Ses *Aphorismes sur la justice universelle et sur les sources du droit* forment la première partie d'un traité qui devait en avoir cinq, et qui exécuté dans son ensemble avec le même soin et le même succès, pouvait être un ouvrage du premier ordre[1]. La loi doit remplir cinq conditions : être certaine dans son intimation, juste dans ses prescriptions, facile dans l'exécution, conforme à la nature du gouvernement, propre à faire naître la vertu chez les sujets. De ces cinq règles ou de ces lois des lois, la première seule a été développée par Bacon, et ce fragment est à lui seul un traité de la rédaction des lois. Il est digne de sa grande réputation.

Ainsi se termine le tableau encyclopédique de Bacon ou la mappemonde du globe intellectuel. Dans cette carte immense et réduite[2], toutes les régions ne sont pas également explorées ni décrites; bien des contrées inconnues ne sont qu'indiquées.

---

[1] Tractatus de justitia universali sive de fontibus juris in uno titulo. (*Id. ib.*, p. 451-472.) Ce fragment a été publié comme un ouvrage séparé (in-32, Paris, 1732), et traduit plusieurs fois comme tel en français. M. Dupin en a donné deux éditions latines. On croit qu'il faisait partie d'une introduction au digeste des lois d'Angleterre.

[2] Globum exiguum. (*Id.*, IX, 1, p. 484.)

Mais de ces *terræ incognitæ*, il trace en général les grands contours, et il exhorte les hommes de son temps et de l'avenir à remplir tous les vides qu'il a laissés. Il confie avec espérance l'achèvement de son œuvre à son siècle, à cet âge du troisième retour des lettres, où la paix règne en Angleterre, en Italie, et même en France[1]; où l'art de la typographie prodigue les livres à pleines mains, où le monde, parcouru de toutes parts, agrandit et renouvelle le champ de l'expérience. Que des censeurs s'élèvent, il ne leur répondra que ces mots fameux : « Frappe, mais écoute[2]. »

Dans ce vaste tableau il a lui-même signalé des lacunes. Presque toutes, suivant lui, sont des vides de la science ou des négligences de l'esprit humain. Nous en donnerons avec quelques explications le catalogue dans les termes où il l'a rédigé.

Le nouveau monde des sciences ou *desiderata*. — *Les erreurs de la nature ou l'histoire des prétergénérations*. C'est l'histoire des productions organiques irrégulières, cette science qui date de nos jours. — *Les chaînes de la nature ou l'histoire mécanique*; celle des arts et métiers par lesquels l'homme asservit la nature. — *L'histoire inductive ou l'histoire naturelle systématique pour servir de fondement à la philosophie*. — *L'œil de Polyphème ou l'histoire des*

---

[1] C'est en 1623 que l'ouvrage parut. A cette époque, en effet, quoique la guerre de trente ans fût commencée depuis cinq, la France n'y prenait point encore part, et la paix de Montpellier l'avait délivrée de la guerre civile.

[2] *Id.*, VIII, III, et IX, I, p. 472 et 484.

lettres. — *L'histoire selon les prophéties*, cette partie de l'histoire ecclésiastique destinée à faire comprendre le sens et l'accomplissement des prophéties[1]. — *La philosophie selon les paraboles de l'antiquité;* l'explication philosophique de la mythologie. — *La philosophie première ou des axiomes universels des sciences.* — *L'astronomie vivante;* c'est l'astronomie physique. — *L'astrologie raisonnable;* la science des rapports des phénomènes célestes ou météorologiques avec les phénomènes terrestres. — *La continuation des Problèmes de la nature.* C'est la suite d'un ouvrage d'Aristote, l'étude des cas obscurs ou extraordinaires de l'histoire naturelle. — *Les opinions des anciens philosophes.* — *La partie de la métaphysique relative aux formes des choses*, ou la recherche de la nature et de la cause des phénomènes les plus généraux. A parler le langage actuel, ce serait la recherche des lois des phénomènes. — *La magie naturelle ou la déduction des formes aux œuvres;* c'est-à-dire l'application des lois des phénomènes à des matières passibles de leur action, dans le dessein de produire des effets nouveaux et frappants. — *L'inventaire des richesses humaines*, c'est-à-dire des produits utiles de la nature ou de l'art. — *Le catalogue des polychrestes,* c'est-à-dire des expériences qui conduisent à d'autres non moins utiles. — *Les triomphes de l'homme ou les sommités de la nature humaine.* — *La physiognomie*

---

[1] *Id.*, II, p. xi, p. 133. — En la demandant, Bacon a demandé aussi l'*Histoire de Némésis*, qu'il oublie ici de mentionner.

du corps en mouvement[1]. — *Les narrations médicinales*, ou les descriptions cliniques des maladies. — *L'anatomie comparée*[2]. — *Le traitement des maladies réputées incurables.* — *L'euthanasie extérieure.* — *Les médicaments authentiques;* la matière médicale. — *L'imitation des eaux thermales naturelles.* — *Le fil médicinal*, l'art d'administrer les remèdes. — *De la prolongation de la vie.* — *De la substance de l'âme sensible.* — *Des efforts de l'esprit dans le mouvement volontaire.* — *De la différence de la sensation et de la perception.* — *La racine de la perspective ou la forme de la lumière.* — *L'expérience lettrée ou la chasse de Pan*, l'art d'expérimenter. — *Le Nouvel Organon.* — *Les topiques particuliers*, le relevé exact de tous les points à constater ou à étudier sur chaque sujet. — *Les sophismes des idoles*, les principales causes d'erreur de l'esprit humain. — *L'analogie des démonstrations*, la recherche du genre de démonstration qui convient à chaque question[3]. — *Des notes des choses*, ce que les modernes ont appelé la théorie des signes. — *La grammaire philosophique*[4]. — *La transmission de la lampe* ou *la méthode aux enfants (ad filios)*; l'art d'enseigner. — *De la prudence du discours privé;* c'est l'enseignement ésoté-

---

[1] *Physiognomie* est là pour *physiologie;* Aristote, au dire de Bacon, n'avait traité que de la structure du corps humain en repos. (*Id.* IV, I, p. 207.)

[2] *Anatomia comparata.* Est-ce la première fois que cette expression est employée?

[3] Cf. *De Aug.*, V, IV, p. 278.

[4] *Grammatica philosophans.* C'est la grammaire comparée. (*Id.*, VI, I, p. 285.)

rique ou acroamatique. — *Les couleurs du bien et du mal apparent tant simple que composé*[1]. — *Les antithèses des choses, ou le pour et le contre*[2]. — *Les formules mineures de l'art oratoire;* ce sont les transitions. — *La satire sérieuse ou l'intérieur des choses*[3]*;* la peinture des mœurs et des caractères. — *La géorgique de l'âme ou la culture des mœurs.* — *Le secrétaire de la vie ou les occasions isolées.* C'est le recueil des règles de la conduite dans les diverses circonstances. — *L'artisan de la fortune ou l'avancement* (ambitus) *de la vie.* — *Le consul armé* (paludatus) *ou de l'extension des frontières de l'empire*[4]. — *Idée d'une justice universelle ou des sources du droit.* — *Sophron ou du légitime usage de la raison humaine dans les choses divines.* — *Irénée ou des degrés de l'unité dans la cité de Dieu;* c'est-à-dire la détermination des points fondamentaux de la communion chrétienne. — *Les outres célestes ou les émanations des Écritures,* une collection sommaire des

---

[1] Aristote, ayant, dans le livre Ier de la *Rhétorique*, recherché comment les biens et les maux sont représentés et démontrés oratoirement, Bacon a repris ce sujet dans un ouvrage mis à la suite de la première édition des *Essais*, et inséré en latin dans le livre VI du *De Augmentis* comme spécimen de l'art de discuter les sophismes de la rhétorique. Les rhéteurs appelaient *colores* les apparences que l'art de la parole peut donner au bien et au mal.

[2] Il en a donné quarante-sept exemples au chap. III du liv. VI.

[3] Le sujet de ses *Essais*, auxquels il a donné ce titre en latin.

[4] La question de l'agrandissement territorial de l'empire avait été traitée dans les *Essais*; et ce morceau a été inséré dans le *De Augmentis*, comme comblant une lacune de la science politique (VIII, III, t. I, p. 439; *Serm. fidel*, XXIX, t. III, p. 297).

principaux textes sacrés avec les annotations nécessaires.

Tous ces noms ne frappent pas également. Tous ces sujets n'ont pas la même grandeur. On trouve sur cette table des choses secondaires ou puériles, justement abandonnées. Quelques articles ne sont que les titres de certains ouvrages de Bacon, et les trouvant neufs, il dénonçait un vide dans la science afin de les y placer. Parmi ces ouvrages, quelques-uns traitent de choses accessoires ou de questions particulières, comme la sagesse mythologique, les apparences du bien et du mal, les antithèses, l'ambition, l'étendue d'un empire. La satire sérieuse, ou l'art d'observer les hommes, peut produire des écrits distingués ; Bacon après Montaigne, et La Bruyère après Bacon l'ont prouvé. Mais l'art de l'expérience, la nouvelle logique, les sophismes des idoles, même l'idée d'une justice universelle, voilà les œuvres réellement philosophiques de Bacon et son vrai contingent dans le trésor du savoir humain. Parmi les choses importantes qu'il a indiquées des premiers ou sur lesquelles il a jeté une vive lumière, l'histoire des lettres, celle des arts et métiers, l'histoire naturelle, celle des systèmes philosophiques, celle des maladies, l'astronomie physique, l'anatomie comparée, certaines questions de psychologie, la philosophie de la grammaire et de la rhétorique, les systèmes de paix et d'unité pour l'Église sont ou des sciences entières dont il a prédit la création, ou d'utiles sujets de méditation qu'il a signalés à l'esprit humain. Combien en reste-t-il de ces lacunes véritables et sérieuses qui fassent honte encore à la postérité? Dans ce tableau incomplet à la vérité, je ne vois que *la métaphysique des formes*, en désignant ainsi la philosophie de la physique, qui n'ait guère depuis Bacon fait d'autres progrès que de se délivrer de quelques erreurs.

CHAPITRE IV

Exposition de la méthode philosophique de Bacon. (Analyse du *Novum Organum*.)

La sphère encyclopédique que Bacon a décrite ne serait qu'un labyrinthe confus, s'il n'avait, en la traçant d'une main, offert de l'autre le fil conducteur. C'est cette méthode tant annoncée ; son nom est, comme on sait, le titre de l'ouvrage où elle est exposée, *Novum Organum*.

Dans les sciences, il y a deux choses, le témoignage des sens, le travail de l'intelligence. Mais ces deux choses ne sont pas liées ; elles ne s'aident point, elles ne s'achèvent pas l'une l'autre. Le travail de l'intelligence est juxtaposé et non combiné aux perceptions des sens. Celles-ci sont ramassées sans ordre ni clarté, et celui-là n'a point de base. Les dialecticiens se sont aperçus de cette solution de continuité, ils ont cru trouver dans leur art un moyen d'y remédier. Mais la dialectique, telle qu'elle a longtemps prévalu, paraît plus propre à consacrer l'erreur qu'à découvrir la vérité. L'œuvre était donc à reprendre à nouveau ; une seule idée restait debout, c'est que l'esprit de l'homme, pas plus que toute autre force, ne pouvait se passer d'instrument. Il faut se représenter la science comme un obélisque que ne sauraient dresser ni un homme seul, ni des hommes réunis, s'ils n'arment leurs mains de cordes et de leviers, s'ils ne coordonnent leurs efforts et ne suivent une direction [1].

Il s'agit de trouver ou de rétablir le lien des perceptions à l'intelligence. L'homme est le ministre et l'interprète de la nature, et il n'opère et ne comprend rien qu'autant qu'il a observé en fait ou en idée l'ordre de la nature. Autrement, il ne sait ni ne peut rien. La main toute nue, l'esprit tout seul sont sans puissance; il faut des outils et des appuis. La science et la puissance de l'homme coïncident en un point, car s'il ignore la cause, l'effet échappe à son pouvoir. Comme il ne surmonte la nature qu'en lui cédant, ce qui est cause pour lui dans la spéculation devient dans l'œuvre principe d'action. Son action sur la nature se résout en mouvement; tout le reste se passe dans l'intérieur des corps. Que fait le mécanicien, le médecin, l'alchimiste, quand il opère? il fait alliance avec la nature. Mais faible était l'effort et mince a été le succès. De ce qu'on n'a pas réussi, il faut conclure, non que rien n'est possible, mais que rien n'est possible par les voies qu'on a suivies. Ni les sciences ne paraissent utiles pour découvrir les procédés de l'art, ni la logique pour découvrir les sciences. Le syllogisme se compose de propositions, et les propositions de mots. Les mots ne sont que les étiquettes (*tesseræ*)

---

[1] *Nov. Org.*, præf.; t. II, p. 3-7.

des notions. Mais si les notions sont formées au hasard, la base croule. L'unique espoir est dans l'induction véritable[1]. Le peu qu'on a inventé relevait des notions les plus vulgaires. Pour pénétrer plus avant dans les secrets de la nature, il faut que les notions et les lois soient tirées des choses, soient abstraites des choses par une voie sûre et régulière. Deux voies se présentent. Par l'une, on vole de la sensation et des faits particuliers aux axiomes les plus généraux; puis de ces principes et de leur vérité prise pour immuable, le jugement arrive à l'invention des propositions moyennes. Par l'autre voie, on suscite les axiomes du sein même de la sensation et des faits particuliers[2], en montant graduellement et sans interruption, pour atteindre ainsi du point le moins élevé à la hauteur des propositions les plus générales. Cette voie-ci est la véritable, qu'on n'a pas essayée. Les deux méthodes ont ce point de commun, qu'elles partent des sens et du particulier pour ne s'arrêter que dans le plus général ; mais elles diffèrent immensément en ce que l'une ne fait qu'effleurer le sensible et le particulier, tandis que l'autre s'y attache et

---

[1] Spes est una in inductione vera.... Tam notiones quam axiomata magis certa ac munita via a rebus abstrahantur (*Nov. Org.*, I, 14, 18, t. II, p. 11; Cf. *ib.* 69, p. 52); *Notiones*, les faits connus; par exemple, les dilatations à raison de la température; *axiomata*, les lois ou propositions inductives; par exemple : les corps sont dilatables par la chaleur.

[2] Altera a sensu et particularibus excitat axiomata. (*Loc. cit.*, a. 19.) Bacon appelle axiomes les simples propositions générales. D. Stewart a nettement blâmé l'emploi de cette expression qui a été répétée par Newton. (*Phil. of the hum. Mind*, part. II, ch. I, sect. I, et ch. IV, sect. I.)

qu'elle observe avec ordre et suivant des règles. Aussi, tandis que dès le début la première pose de vaines généralités, celles auxquelles la seconde s'élève par degrés sont les plus effectives connaissances de la nature. Il y a entre les idoles de l'esprit humain et les idées de l'esprit divin [1] la distance qui sépare de vides fantaisies des vrais caractères ou des empreintes réelles qui se découvrent dans la création. La subtilité de la nature dépasse à bien des égards celle du sens et celle de l'entendement. Aussi les axiomes construits par le raisonnement purement argumentatif sont-ils sans valeur, tandis que ceux qui ont été régulièrement formés indiquent et définissent en quelque sorte de nouveaux faits particuliers. En menant à des découvertes ultérieures, ils rendent les sciences actives.

La vérité des axiomes se mesure à l'étendue de leurs bases empiriques. Si une maigre et courte expérience les a produits, ils ne rendent point de découvertes nouvelles ; le premier cas imprévu les ébranle. On essaye, pour les sauver, de quelque frivole distinction, lorsqu'on ferait mieux de recommencer ; car l'expérience même ne doit pas être abandonnée au hasard. Faute d'expérimenter dans les règles, les hommes, attentifs uniquement aux phénomènes les plus familiers, en ont eu l'imagination frappée, et

---

[1] *Divinæ mentis idæas.* (*Id. ib.* 23, p. 12.) Les *idoles* sont les images plus ou moins arbitraires ou gratuites que l'entendement se forge des choses. Les *idées*, mot presque platonique en ce sens, sont ici les essences des choses, telles qu'on peut les supposer conçues dans le plan du créateur. (Cf. *Nov. Org.*, I, 124, p. 77.)

CHAP. IV.—MÉTHODE DES SCIENCES. 233

leur entendement prompt à conclure en a tiré certaines vues générales qui devancent la nature au lieu de la suivre. Ces anticipations leur ont tenu lieu d'interprétation, et n'en ont que plus facilement trouvé crédit. L'anticipation peut être de mise dans les sciences fondées sur des opinions. Elle peut, la dialectique aidant, soumettre les esprits ; mais que peut-elle sur les choses ?

Quand on tenterait après coup de compléter une science ainsi formée, quand on essayerait de rectifier les axiomes par une super-induction, quand on procéderait par des additions tardives, on ne sortirait pas du même cercle. Il vaut mieux tout reprendre à l'origine que de rester dans une voie semée d'obstacles et de laisser l'intelligence encombrée d'anciennes erreurs.

Ces fausses notions qui se sont emparées de l'esprit humain et qui reparaîtraient dans la régénération des sciences, si elles n'étaient extirpées dans leurs racines, sont ce que Bacon a appelé des idoles. Il les ramène à quatre dont les noms sont célèbres [1]. Les idoles sont à la science de l'interprétation de la nature

[1] *Nov. Org.*, I, 26-63; t. II, p. 13-24. Cf. *De Aug.* V, IV; t. I, p. 272-278. Ce mot d'*idoles* a été pris ci-dessus dans un sens neutre; il peut être pris en mauvaise part. Ainsi, en français, des imaginations peuvent être vraies; mais ordinairement on entend par là des illusions. Au propre, les idoles étaient, selon l'Écriture, des images taillées. Et de même qu'on a tort de les adorer, c'est un tort également d'en croire des imaginations. Ainsi les deux sens du mot *idole* pénètrent dans la métaphysique, et Bacon n'a pas été aussi étranger que le veut M. Hallam à ce calcul d'expression. Voyez ci-dessus, ch. III et *Lit. europ.* l. III, ch. III, 60.

ce que les sophismes sont à la dialectique vulgaire.

L'humanité est ainsi faite qu'elle est plus frappée de l'affirmatif que du négatif, et cherche en tout quelque chose de constant et de permanent, négligeant l'exception et tout ce qui pourrait troubler sa certitude. L'âme, substance égale et uniforme, poursuit l'égalité et l'uniformité, et elle en suppose dans la nature plus qu'il n'y en a. Son penchant la pousse vers les abstractions, choses fugitives qu'elle érige en choses stables. De là ces règles générales qu'elle se hâte de construire, et auxquelles elle prétend assujettir les phénomènes. On croit faussement que le sens est la véritable mesure des choses ; on ne voit pas que les perceptions tant des sens que de l'esprit sont plutôt relatives à l'homme qu'à l'univers [1]. L'entendement immisce sa propre nature à la nature des choses ; c'est un miroir qui dévie et contourne les rayons que celle-ci lui envoie. Cette confiance irréfléchie en soi-même, cette idolâtrie de son propre sens, est l'erreur première de la nature humaine. De là les erreurs de notre espèce, *les idoles de la tribu*, *idola tribus*.

Chacun y ajoute ses erreurs individuelles. Car chacun a sa constitution particulière, et suivant l'ordre et la nature de ses impressions, suivant son éducation, ses relations, ses études, il est comme enfermé dans une certaine enceinte d'où il regarde tout le

---

[1] Ex analogia hominis, non ex analogia universi, I, 41, p. 15, et II, 40, p. 178. Le mot *analogia*, dans le sens de conformité, est aussi employé dans les ouvrages philosophiques de lord Herbert de Cherbury.

reste. Si les hommes vivent, comme le veut Platon, dans une caverne d'où ils n'aperçoivent que les images des choses, chacun a sa caverne; et les erreurs propres à chaque individu peuvent être appelées *idoles de la caverne, idola specus*[1].

Il entre dans nos opinions beaucoup de convention. C'est le vulgaire qui règle la signification des mots. Les hommes ont mis dans le commerce une certaine masse d'idées qui sont loin d'être exactes ni correctes. Le langage reçu sème l'erreur dans les sociétés humaines. Ces erreurs de la place publique sont *idola fori*.

Les mots servent à forger des erreurs, mais le vulgaire n'est pas seul à fabriquer des mots et des erreurs. Les philosophes posent des principes, ajustent des théories, consacrent des expressions, auxquelles l'esprit s'attache et s'asservit, véritables rôles que le disciple récite après les avoir appris. Comme les fables arrangées pour la scène finissent par tenir plus de place dans l'esprit que les récits historiques, ces fictions deviennent des erreurs puissantes. Ce sont les *idoles du théâtre, idola theatri*.

Telle est cette classification singulière mais juste, où Bacon a devancé toutes ces critiques de l'esprit humain dans lesquelles les modernes ont excellé; et peut-être trouvera-t-on qu'il avait épuisé la matière, en signalant dans un langage plus simple les sept causes d'erreur que voici.

---

[1] Les ombres que les hommes voient sur la muraille de la fameuse caverne de Platon, sont en effet appelées par lui-même εἴδωλα, *Républ.*, VII, 516.

L'esprit humain est enclin à supposer dans les choses l'ordre et la symétrie.

L'esprit humain est enclin à investir d'une autorité inviolable les opinions qui lui plaisent.

L'esprit humain est touché surtout des choses qui le frappent d'abord et simultanément [1].

L'esprit humain va de lui-même; il ne s'arrête pas et cherche l'infini [2].

L'esprit humain n'est pas une vue pure et simple des choses, *lumen siccum* [3]; les affections et les volontés le troublent.

L'esprit humain est trompé par la grossièreté et les illusions des sens.

L'esprit humain enfin est porté par sa nature aux abstractions, et il imagine permanent ce qui est passager [4].

[1] C'est l'association des idées.

[2] C'est-à-dire qu'au lieu de s'arrêter devant sa propre impuissance, *impotentia mentis*, il érige en loi ce que cette impuissance même lui suggère. Ainsi une limite du monde est inconcevable, *incogitabile*: l'esprit va au delà, *ulteriora petit*. De même pour l'éternité, la divisibilité, etc. *Nov. Org.*, I, 48, p. 18.

[3] *Un œil sec*, et par conséquent net. Bacon revient plusieurs fois à cette figure employée par l'*obscur Héraclite*. Voyez *De Aug.*, I et V, I, t. I, p. 43 et 245. Cette sentence: Αὐγὴ ξηρὴ ψυχὴ σοφωτάτη (lumière ou œil sec, âme très-sage), fondée sur une doctrine dont le principe est dans *le Timée* et qui donne le tempérament sec comme le plus favorable à la santé de l'âme et à sa puissance, est rapportée par Plutarque, *De Us. carn.* I, et par Galien, *Des mœurs*, ch. V, t. I, de la trad. de M. Daremberg.

[4] Ce que les modernes ont appelé réaliser des abstractions. « Melius est naturam secare quam abstrahere. » *Nov. Org.*, I, 51, p. 19.

Toutes ces causes d'erreur n'ont nulle part plus que dans la philosophie déployé leur puissance. Bacon en retrace à grands traits l'histoire, et sous ses trois formes, sophistique, empirique ou superstitieuse, la science lui paraît avoir fait fausse route. On sait combien la critique et presque la satire ont tenu de place pendant plus d'un siècle dans l'histoire des systèmes. Ce n'est que d'hier que l'esprit humain s'est montré plus indulgent pour son passé. Tout ce qu'on a dit de vrai, de spécieux et d'outré contre ce passé, il s'en faut de peu que Bacon ne l'eût dit avant tous, particulièrement dans les admirables quarante dernières pages du premier livre du *Novum Organum*.

Le tableau qu'il trace l'attristerait jusqu'au découragement. « Mais, dit-il, qu'on nous permette d'exprimer nos conjectures qui nous rendent l'espérance. Ainsi Christophe Colomb, avant son merveilleux voyage à travers la mer Atlantique, a produit les raisons de sa confiance dans la découverte de terres nouvelles et d'autres continents inconnus avant lui. Et ces raisons d'abord rejetées, puis confirmées par l'expérience, sont devenues les sources et les commencements des plus grandes choses. Qu'en Dieu soit la première espérance. Il est à la fois l'auteur du bien et des hommes. Il est l'archétype des sciences. La prophétie de Daniel : *Multi pertransibunt et multiplex erit scientia*, annonce que le même siècle verra s'agrandir le monde par la navigation, et les sciences par leurs progrès[1]. »

---

[1] *Nov. Org.*, I, 92, 93; t. II, p. 56. Cf. *De Augm.*, I, t. I, p. 74.

Il n'y a d'espoir que dans une régénération des sciences. Les erreurs commises sont elles-mêmes un enseignement. Tous ceux qui ont cultivé les sciences ont été des empiriques ou des dogmatiques. Les premiers sont des fourmis qui amassent et consomment ; les seconds des araignées qui tirent de leur substance les fils d'une trame légère [1]. Il faut unir par des nœuds plus saints et plus étroits l'expérience et la raison. Aristote, si riche en ressources, collecteur si diligent des faits, quand il écrit l'histoire des animaux, n'est plus le même, quand il se propose de fabriquer une philosophie. Il faut suivre son exemple comme naturaliste, faire succéder à l'expérience vague dont se contentent les arts mécaniques, à ce tâtonnement qui leur suffit, l'art de recueillir les faits et d'en former comme de vastes pépinières. Les faits bien ordonnés, bien digérés, deviendront le point d'appui d'une lente et successive généralisation [2].

Scruter la nature d'une chose dans la chose même prise isolément est un vain travail : il faut que la recherche s'étende et s'enrichisse par l'examen des choses comparables [3]. Des sensations fortuites, des observations détachées, une expérimentation sans règle ne sont pas et ne donnent pas la science. Les expériences n'ont de prix qu'autant qu'elles servent de fondement à la philosophie ; il faut qu'elles soient

---

[1] Non est spes nisi in regeneratione scientiarum, I, 97, t. II, p. 58.

[2] Cf. *Red. Phil.*, t. II, p. 449.

[3] Amplianda est inquisitio ad magis communia. *Nov. Org.*, I, 70 ; t II, p. 33.

instructives plutôt qu'utiles, qu'elles donnent des lumières plutôt que des fruits. Le fruit qu'elles rapportent est seulement un signe de la vérité de la découverte. Ainsi avant d'oser interpréter la nature, il faut l'expérience, mais l'expérience scientifique, *experientia litterata*. Une méthode d'expérimentation est donc le préalable ou la première partie de l'art, art indicateur, *ars indicii*, ou qui doit tirer des premières expériences, soit l'indice d'expériences nouvelles, soit l'indice de vérités générales, et devenir ainsi le *nouvel organe* de la nature ou l'art de l'interpréter.

L'*experientia litterata* est cependant encore à peine un art, à peine une partie de la philosophie. C'est une sagacité instinctive, comme celle qui conduisit Pan à trouver, en chassant, Cérès qui s'était cachée à tous les dieux. Cette chasse de Pan [1] peut toutefois se réduire à des règles ou plutôt à des procédés déterminés. 1° Le premier procédé est la variation de l'expérience. D'une expérience donnée on peut varier la matière, l'agent, la quantité. 2° Le développement de l'expérience s'accomplira en la répétant ou en l'étendant à tous les cas possibles. 3° On pourra pratiquer ensuite la translation de l'expérience, c'est-à-dire qu'on pourra emprunter soit à la nature, soit à un art quelconque, un procédé qui se transporte

---

[1] Venatio Panis, *De Augm.* V, 11; t. I, p. 253. Cf. *De Sapientia veter.*, VI, t. III, p. 399. Il y a aussi là quelque jeu de mots. La *venatio Panis* était aussi *inventio Cereris*, c'est-à-dire *panis*, seu rerum utilium ad vitam et cultum inventio, qualis fuit segetum, p. 406.

par analogie dans un art différent. 4° Après cela vient la compulsion de l'expérience : c'est l'art de la pousser à l'extrême, de forcer jusqu'à leurs dernières limites les propriétés qu'elle manifeste. 5° L'application de l'expérience fait servir une expérience déjà faite à une autre. 6° La combinaison de l'expérience réunit des expériences diverses pour les employer à un résultat qu'aucune d'elles prise séparément n'aurait donné. 7° Enfin il y a les hasards de l'expérience[1]. C'est aussi un procédé expérimental que de tout essayer, que de multiplier sans exception les tâtonnements, que de tirer au sort les résultats, en ne tentant une chose que parce qu'elle n'a pas été encore tentée. Telles sont toutes les formes que peut prendre l'expérience. Il faut par elle chercher la lumière plutôt que le succès, et savoir que l'expérience qui ne réussit pas n'est pas toujours la moins utile.

Quand les faits particuliers auraient été ainsi régulièrement recueillis, il se pourrait qu'on découvrît déjà plus d'une chose utile, sans passer par l'intermédiaire d'une généralisation successive pour redescendre de là aux opérations de la science active. Mais il vaut mieux cheminer ainsi, il vaut mieux monter et puis descendre. L'échelle des propositions va des axiomes infimes aux axiomes suprêmes. Les premiers diffèrent peu de l'expérience nue; les seconds sont des notions abstraites et générales sans solidité Entre ces deux extrêmes sont ces axiomes moyens, ces vérités solides et vivantes, d'où dépen-

---

[1] Sortes experimenti. *De Augm.*, V, II; t. I, p. 261.

dent toutes les choses humaines et la fortune même de l'humanité. Après cela, les extrêmes généralités; à la bonne heure, pourvu qu'elles ne soient pas de libres abstractions et qu'elles soient retenues dans la vérité et limitées par les propositions moyennes. Ce ne sont pas des plumes, mais des plombs qu'il faut attacher à l'esprit humain.

Une nouvelle espèce d'induction est donc à imaginer[1], non pas celle qui procède par énumération, elle est puérile et ses conclusions sont précaires. Celle qui servira à l'invention et à la démonstration des sciences divisera la nature par une exclusion légitime de tout ce qui doit être rejeté de l'ordre des faits qu'on étudie, puis, après un nombre suffisant de faits négatifs, conclura sur les affirmatifs. Cette méthode n'a pas encore été essayée, si ce n'est par le seul Platon qui, dans l'examen des définitions et des idées, emploie à quelque degré cette sorte d'induction.

A mesure que l'induction donne naissance à des propositions générales, il faut les mettre à l'épreuve et vérifier si elles dépassent la sphère des faits sur lesquels elles s'appuient, et au cas qu'elles la dépassent, s'assurer qu'elles indiquent, qu'elles préjugent avec certitude des vérités nouvelles.

Voilà qui suffit pour donner une idée de la partie destructive de la nouvelle logique, en montrant tout ce qu'elle doit remplacer : car il s'agit d'une logique, non d'une philosophie. Nous regrettons de ne pou-

---

[1] Excogitanda est. *Nov. Org.*, I, 105, p. 62 et suiv. Cf. *De Augm.*, V, 11; t. I, p. 249-270.

voir ajouter tout ce que Bacon répond d'avance aux objections qui pourraient ébranler sa confiance, et dissiper *ce vent d'espérance qui s'élève d'un continent nouveau*[1]. Un seul point, il est fondamental, ne saurait être omis. Un doute peut se produire : la méthode indiquée ne convient-elle qu'à la philosophie naturelle? Non, elle s'applique également aux autres sciences, aux sciences logiques, éthiques, politiques. La logique vulgaire n'a-t-elle pas réglé toutes choses par le syllogisme ? La nouvelle qui procède par l'induction embrasse tout.[2]

Bacon ne s'est point borné à de vagues recommandations touchant l'emploi de l'induction. Il a entendu donner à sa méthode inductive la nouveauté et la certitude[3]. Ses interprètes n'ont peut-être pas toujours montré à quelles conditions, par quels moyens, il a cru atteindre ce double objet : son système, dans ce qu'il a de technique, pourrait bien être plus original qu'ils ne l'ont pensé. Mais je n'affirmerais pas que ce qu'il a de technique et d'original eût autant de valeur et d'efficacité que Bacon l'imaginait.

---

[1] *Id. ib.*, 114, p. 68.

[2] Aph. 120-127. p. 72-78. Bacon revient souvent sur ces idées. Mais il faut surtout conférer avec ces passages ce qu'il dit de la connaissance sensible, du syllogisme, de l'expérience et de l'induction, dans les *Cogit. et Vis.*, XIV et XV, t. II, p. 347.

[3] Alia omnino via intellectui aperiatur... intentata et incognita. *Præf.* Methodus plane alia... introducenda. *Nov. Org.* I, 100, p. 60; cf. 115 et 125, p. 67 et 77. Ce point est parfaitement traité par M. Leslie Ellis dans la préface générale de la nouvelle édition de Bacon. T. I, p. 21-45.

Ses vues générales restent la preuve la plus populaire de son génie.

Il faut nous reporter à sa définition de la métaphysique. La forme en est l'objet, et la forme est la différence vraie. Mais ces mots tout scolastiques ne désignent pas la forme et la différence de la scolastique¹. La forme d'une chose naturelle n'est pas ce qui la réalise, ce qui lui donne l'être, comme on l'entendait d'après Aristote. C'est là une fiction de l'esprit humain, qu'il faut oublier ou proscrire. Dans le langage de Bacon, la forme ou la différence véritable est la *nature naturante* ou qui produit la nature phénoménale, *la source d'émanation* d'où provient ce qui est l'objet de l'expérience. C'est l'essence même de la chose, le dedans du dehors, *ipsissima res*, la cause immanente du phénomène, une abstraction toutefois ou du moins une conception de la raison que le réalisme de Bacon ne craint pas de poser comme quelque chose d'effectif dans la nature. Cette forme-là n'est point hors de notre portée, comme celle des scolastiques; il faut la connaître, pour en déduire de nouvelles natures, après l'avoir induite d'une nature donnée, pour tirer de nos découvertes une sorte de création, pour employer, comme on dirait aujourd'hui, les forces de la

---

¹ Pour les scolastiques, la forme fait passer l'être de la puissance à l'acte et du genre à l'espèce : elle est ainsi la différence spécifique. Bacon détourne un peu de leur sens ces expressions usitées pour rendre des conceptions qu'il croit plus réelles. La *natura naturans* est une expression connue des scolastiques, Chauvin, *Lexic. phil.* et reprise par Spinoza ; elle est opposée à *natura naturata. Nov. Org.* II, 1, t. II, p. 85.

² *Id. ib.*, 13 et 17, p. 104 et 115.

nature à maîtriser la nature. Deux opérations doivent en effet être possibles : reproduire et diriger le *processus* latent des mouvements naturels et le *schématisme* latent des corps en repos.

C'est l'application de cette maxime vraie : connaître, c'est connaître par les causes [1]. Des quatre causes, l'efficiente et la matérielle n'ont rien de stable ; elles changent dans tous les objets. La finale égare la science. Mais la cause formelle est l'unité dans des matières différentes, le principe stable dans ce qui varie. Sans doute, il n'existe dans la nature que des corps individuels, produisant des *actes purs* individuels, mais ils les produisent d'après une loi [2] ; et cette loi est l'objet de la science, c'est elle qu'on appelle la cause formelle, dont les autres causes ne sont que les véhicules. Elle doit être telle qu'étant posée, la chose donnée en résulte infailliblement. Tant qu'on l'ignore, la science et la puissance sont également imparfaites. Comme elle est une dans les corps les plus différents, on peut, quand on la possède, produire des effets divers, inconnus, ce que le cours des choses, ce que l'empirisme industrieux, ce

[1] Recte ponitur : *vere scire esse per causas scire*. Id. ib. 2, p. 83. Citation d'une doctrine péripatéticienne. *Met.* I, 1. 12 et II, 1, 5.

[2] *Corpora individua edentia actus puros individuos ex lege*. *Nov. Org.* II, 2, p. 84. Ce passage est contraire au réalisme de l'école ; mais il suppose un principe commun des phénomènes semblables dans les individus. Ce principe est une forme et une loi. *Actes purs*, ce terme de scolastique signifie ici les manifestations actuelles des propriétés des êtres ou ces propriétés mêmes.

que le hasard n'a jamais produit. Comme on connaît véritablement, on opère librement.

La forme posée, le phénomène suit. Comme l'une, l'autre décroît ou disparaît. La forme est ce qui tire une chose donnée d'une source d'essence commune à plusieurs et plus connue de la nature que la forme elle-même. Voici donc la règle : trouver une nature qui soit convertible en une nature donnée, et qui soit cependant la limitation d'une nature plus connue, son véritable genre [1]. Je traduis littéralement, expliquons ce langage obscur. Il s'agit de connaître la cause ou la loi de production d'un phénomène déterminé, en telle sorte qu'on soit maître de le faire naître dans un objet connu qu'il modifie, dans un des corps de la nature qui passe ainsi d'un état neutre et général à un état particulier et voulu. Ce que nous disons d'une forme peut se dire de plusieurs ; et celui qui en connaîtra plusieurs pourra de même les réunir dans un corps composé. Il pourra le constituer avec toutes ses propriétés, puisqu'il en connaîtra la source.

L'analyse qui nous la révèlera n'est pas, comme on le pense bien, la décomposition par le feu, mais par la raison aidée de l'induction véritable, de l'expérimentation comparative. Ici il ne faut pas invoquer Vulcain, mais Minerve.

On devra cependant observer l'agrégat dans ses moindres parties. Faudra-t-il pour cela admettre des atomes, des atomes qui supposent le vide et une ma-

---

[1] *Nov. Org.* II, 4, p. 85.

tière stable? Non, mais il faut aller jusqu'aux particules réelles, telles qu'on les trouve dans la nature, et ne pas craindre la division qui tendra à rendre les objets de la science de composés simples, d'incommensurables mesurables; car elle limite, elle définit l'infini, et la physique a son terme dans les mathématiques.

Après que la métaphysique aura trouvé la cause formelle, et la physique les causes efficiente et matérielle, l'interprétation de la nature n'aura plus qu'à tirer de l'expérience des axiomes ou vérités générales, et de ces vérités des expériences nouvelles. Ici se trouve la garantie de la certitude de la méthode. Des deux opérations qui la constituent, la première seule, qui sert à l'autre de fondement, est étudiée dans le *Novum Organum*. Elle réclame le concours du sens, de la mémoire et de la raison. On a vu comment le sens et la mémoire doivent s'unir pour former un répertoire d'histoire naturelle en se souvenant toujours de la règle: ne rien imaginer, ne rien supposer, mais découvrir ou trouver ce que la nature fait ou éprouve[1]. Puis le rôle de la raison commence. C'est proprement le rôle de l'induction.

En quoi consiste le procédé de l'induction? — Quels sont les auxiliaires de l'induction?

Pour expliquer le procédé, Bacon prend un exemple, la recherche de la forme du chaud, on dirait aujourd'hui, de la nature de la chaleur. Mais on serait effrayé de l'appareil technique, du luxe d'opérations

---

[1] Neque fingendum, neque excogitandum, sed inveniendum quod natura faciat aut ferat, II, 10; t. II, p. 94.

qu'il étale pour arriver en définitive à une notion encore vague et incomplétement vraie. Remarquez que c'est l'itinéraire d'un voyage à la recherche de l'inconnu. Il faut essayer beaucoup d'inutile pour être certain d'avoir tout essayé, et si le formulaire très-compliqué qu'il prescrit n'est pas infaillible, c'est du moins un moyen d'assurer la marche dans une voie nouvelle, en substituant une lenteur méthodique à une précipitation hasardeuse.

On doit donc, une forme étant donnée à déterminer : 1° Dresser une table d'existence et de présence, c'est-à-dire la table de tous les faits où se manifeste la propriété qu'on étudie en des matières d'ailleurs différentes [1]. 2° Dresser une table *d'absence dans les plus proches*, c'est-à-dire la table de tous les cas où des faits analogues ne manifestent pas la même propriété [2]. Ce seront comme autant de faits négatifs, *instantiæ negativæ*, à opposer aux faits positifs de la première table. 3° Dresser une table des degrés ou comparative, dans laquelle soient notés tous les cas où la propriété est en plus ou en moins. Ces tables facilitent à l'intelligence la comparaison des faits [3]. Puis arrive l'induction. Il s'agit, avons-nous dit, de trouver la forme ; savoir, une nature telle qu'elle paraisse ou disparaisse, croisse ou décroisse avec une nature donnée, en d'autres termes la limitation d'une

---

[1] Tabula essentiæ et præsentiæ... instantiæ convenientes. *Id.* *ib.*, a. 11, p. 92 et 94.
[2] Tabula declinationis sive absentiæ in proximo. *Loc. cit.*
[3] Tabula graduum sive comparativa. A. 13, p. 104. Comparentia instantiarum ad intellectum. A. 15, p. 114.

nature commune, ou bien encore la loi de l'acte pur qui constitue une nature simple; nous dirions aujourd'hui plus brièvement qu'il s'agit de trouver en quoi consiste le phénomène général [1]. Il faudra commencer par exclure toutes les causes qui d'après les tables ne se trouvent pas avec le phénomène en question ou qui se rencontrent sans lui. Ces causes ne sont pas les *natures simples* cherchées. C'est ce que Bacon nomme pratiquer l'exclusive [2]. Cette *réjection* opérée, les fondements de l'induction sont posés. On remarquera sans doute que cette réjection suppose que l'on ait

---

[1] Ces définitions de Bacon sont composées de termes scolastiques, entendus dans un sens particulier. Pour les bien expliquer, supposons que la forme ou le phénomène général à étudier soit la chaleur, le fait de chaleur sera la *nature donnée*, liée dans son existence et son degré à la *nature cherchée* ou à la chaleur en elle-même, dans sa cause ou son essence, *forma calidi*. Celle-ci est ce qu'il y a d'identique dans les faits généraux de chaleur, la chaleur étant considérée comme une, les corps chauds comme différents, *limitatio naturæ magis communis*. Enfin, une chose, en tant qu'elle est chaude, est une *nature simple*, c'est-à-dire que l'on ne considère en elle que le simple fait de chaleur. La réalisation de ce fait ou l'*acte pur* de chaleur suppose une *loi*, c'est-à-dire quelque chose qui fait que la chaleur est comme elle est et qui la définit; c'est la forme, ou l'essence de définition. Ce langage paraîtra tout rempli d'abstractions réalisées; mais de notre temps même, à cette question : qu'est-ce que la chaleur? on aurait, dans les cinquante dernières années, répondu successivement que c'est une abstraction, un fluide, un agent, un principe, une propriété, un phénomène, une cause de phénomènes, etc. Il y a encore bien des mots dans la science. On commence à dire que la chaleur est un mouvement, et l'on doit remarquer ce que Bacon dit : Natura cujus limitatio est calor videtur esse motus. (*Nov. Org.* II, 20; t. II, p. 119.)

[2] Facere exclusivam.

déjà les notions de certaines causes possibles, de certaines natures simples. Or ces notions ne peuvent être certaines et bien déterminées dès le début. On les suppose telles ici ; mais dans le fait il faudrait, pour agir avec assurance, avoir suivi dans toutes ses parties et dans toutes ses applications la méthode dont nous n'avons encore que les commencements. Ce qui est dit dépend beaucoup de ce qui reste à dire, et des notions même élémentaires, pour être définitivement rectifiées, exigeraient que le cercle entier de la science eût été parcouru. Toutefois il faut bien commencer, c'est-à-dire risquer l'erreur. Tout embrasser à la fois serait une confusion d'où la vérité aurait plus de peine à sortir que de l'erreur même. Après examen des trois tables, il sera donc utile, dans une recherche donnée, de lâcher la bride à l'intelligence ou à la raison, et de tenter une première interprétation de *la nature affirmative*, ou du phénomène positif. Observez que ce n'est qu'une permission donnée à l'intelligence, une interprétation ébauchée, ce que Bacon appelle *une première vendange*[1].

Cette induction doit être traitée comme une hypothèse. Elle a besoin d'être contrôlée, complétée, rectifiée. Ici viennent les auxiliaires de l'induction. Bacon en annonce neuf, savoir et textuellement : les prérogatives des faits, les adminicules de l'induction, la rectification de l'induction, la variation du mode de recherche, suivant la nature du sujet, les prérogatives des natures, les limites de la recherche ou la

---

[1] Vindemia prima (A. 20, p. 119).

synopse de toutes les natures en général, la déduction à la pratique, le préalable à la recherche, l'échelle ascendante et descendante des axiomes.

Voilà un catalogue redoutable. Des neuf articles qui le composent, Bacon n'a vraiment traité que le premier. Par prérogative des faits, il entend leur valeur relative. Certains faits sont privilégiés en ce sens qu'ils balancent ou surpassent l'autorité d'autres faits, même plus nombreux. Ainsi un fait qui contredit cent autres faits, fût-il unique, s'il est bien constaté, peut renverser ou restreindre l'induction assise sur les cent autres faits. Les faits à prérogatives sont distribués en vingt-sept classes, désignées chacune par un titre spécial et quelquefois bizarre. Il serait oiseux de les énumérer [1]. Un mot cependant de la quatorzième classe, celle des *faits de la croix*, *instantiæ crucis*. Lorsque dans une recherche de philosophie naturelle, l'intelligence s'arrête, faute de pouvoir décider à laquelle de deux ou plusieurs propriétés possibles la cause du phénomène peut être rattachée, on se trouve comme entre plusieurs chemins; une croix doit montrer quel est le véritable. Des explications qui se présentent, chacune doit fournir une cause qui aura ses effets propres. On expérimente donc, ou l'on observe dans l'hypothèse de telle ou telle cause. Si les effets prévus ne sont pas produits, elle n'est pas la véritable cause. C'est là la preuve décisive ou le fait de la croix, *instantia crucis seu decisoria*. C'est un raisonnement par exclusion qui prouve la jus-

---

[1] *Id. ib.* A, 22-70, p. 125-252.

tesse d'une hypothèse par la fausseté de toutes les autres. Bacon en a fait l'application à plusieurs questions importantes, celles de l'aimant, du flux et du reflux de la mer, etc. Citons ce qu'il dit de la pesanteur. La pesanteur s'explique ou par une tendance naturelle des graves vers le centre de la terre, en vertu de leur propre schématisme, ou par la masse même de la matière terrestre qui les attire et les entraîne, comme un agrégat de corps de même nature vers lequel les autres corps se portent par une sorte de *consensus*. Si cette dernière supposition est fondée, les graves seront d'autant plus fortement emportés vers la terre qu'ils en seront plus rapprochés. Voici comment on en jugera par *le fait de la croix*. Prenez deux horloges marchant avec une vitesse égale, l'une ayant pour moteur un poids, l'autre un ressort. Placez la première au sommet d'un édifice, la seconde restant au pied, et voyez si le mouvement de celle-là se ralentit; ou vérifiez s'il s'accélère, quand vous placez l'horloge au fond d'une mine. S'il se trouve que la puissance du poids diminue quand on l'élève, et augmente au-dessous de la surface du sol, il faut accepter pour cause de la pesanteur une attraction venant de la masse terrestre [1].

---

[1] Recipiatur pro causa ponderis attractio a massa corporea terræ: (II, 36, p. 160.) Ce passage a motivé cette supposition de Voltaire : « On voit dans son livre (de Bacon), en termes exprès, cette attraction nouvelle dont Newton passe pour l'inventeur. » L'expérience indiquée est sans doute conçue dans le sens de la vraie théorie de la pesanteur. Quant à l'idée hypothétique d'une attraction terrestre, dont le mérite de Newton est d'avoir trouvé la loi, non d'avoir supposé

Les exemples par lesquels Bacon explique l'emploi des différentes sortes de preuves attestent des connaissances variées, une certaine sagacité dans le choix et la disposition des expériences. Les savants ne liraient pas sans intérêt tous ces programmes de recherches et s'étonneraient avec raison que l'homme qui les a indiquées n'en ait pas accompli quelques-unes. Des vingt-sept classes de faits à prérogatives, les vingt premières sont données comme propres à influer sur la spéculation, quinze en éclairant l'entendement, en l'aidant à conclure, et cinq, désignées sous le nom de *faits de la lampe* ou *de première information*, comme servant à secourir les sens, et parmi tous ces moyens d'observation, les instruments de physique tiennent le premier rang. Les faits des sept autres classes sont les plus propres à servir dans la physique opérative. Les plus importants sont les *faits* dits *mathématiques* ou les *procédés de mesure*[1]. Quoique Bacon soit loin d'avoir aperçu la portée de ces opérations si simples, peser, mesurer, opérations qui ont changé la face des sciences, il les recommande à propos. On doit remarquer notamment ce qu'il dit des *faits de lutte* ou *de prédominance*, c'est-à-dire des moyens de diviser un mouvement composé et de

---

l'existence, elle n'était pas étrangère à Bacon, qui empruntait même à Gilbert celle d'une force magnétique, laquelle opérant à distance, *per consensum inter globum terræ et ponderosa*, aurait rendu raison des rapports entre les marées et la lune, entre le soleil et les planètes. Mais sans l'observation astronomique, sans le calcul et l'expérience, ce ne sont là que des bégayements avant que Newton ait parlé. (*Ibid.*, II, 45; t. II, p. 185.)

[1] *Id. ib.*, p. 181.

savoir quel mouvement prédomine. Il distingue à cette occasion dix-neuf sortes de mouvements physiques, dont trois ou quatre tout au plus, tels que le mouvement d'horreur du vide, seraient aujourd'hui considérés comme des fictions. Quoique toute cette physique offre des traces du jargon métaphysique qui simulait la science pour le péripatétisme de l'école, il est impossible de méconnaître, sous la singularité pédantesque de la forme, un puissant esprit d'analyse, et le commencement d'exécution de cette grande idée, la création d'un empirisme rationnel.

Nous arrêtons ici ce compte rendu de la philosophie de Bacon, qui n'est guère qu'un extrait de l'*Instauratio Magna*. Mais toutes les idées de l'auteur sont développées ou indiquées dans ce vaste ouvrage, inachevé pourtant. Il y manque notamment l'exposition des huit moyens auxiliaires de l'induction à la suite des faits à prérogative, puis les principes de l'art de redescendre des vérités générales à de nouvelles expériences ; c'est-à-dire que le *Novum Organum* est incomplet. Les quatre autres parties annoncées de l'*Instauratio Magna* sont, comme on l'a vu, à peine ébauchées. Mais la seule vraiment regrettable et qui manque tout à fait, est la sixième, ou cette philosophie seconde qui devait être le tableau du savoir et du pouvoir de l'homme.

Ce n'est pas qu'on ne puisse dans les nombreux fragments joints à l'*Instauratio*, par insertion ou comme appendice, trouver çà et là des lueurs brillantes qui suppléent à la lumière continue d'un ouvrage suivi. Mais ce qu'il nous importe de connaître, c'est la philosophie de Bacon, et non pas tant ses ouvrages ; c'est même l'esprit de cette philosophie, plutôt que ses développements accessoires et ses applications dernières. Si on la prend littéralement et dans ses formes pratiques, on y trouvera sans aucun doute de la nouveauté. Quant à la certitude, le procédé indiqué ne la donne pas, il n'est point démonstratif. Comme moyen de varier l'expérience, de prolonger l'examen et de ralentir l'induction, il peut servir à mieux assurer la validité des conclusions. Mais aucune règle n'est posée par Bacon et ne pouvait l'être pour nous guider dans le choix des conceptions graduelles par lesquelles nous devons arriver à la conception dernière de la forme, et bien des choses sont abandonnées au coup d'œil de la raison humaine. Bacon n'a point rectifié ou remplacé les notions reçues qu'il condamne, où ces conceptions scientifiques des choses sans lesquelles toute recherche marche au hasard. Ainsi point de recette sûre, point de méthode infaillible, et le peu d'usage que l'on a fait des formes techniques d'investigation qu'il recommande en rend l'utilité fort suspecte. Mais si l'on veut négliger les détails pour l'ensemble et se contenter d'une vue générale, on reconnaîtra dans ces pages de l'*Organum* l'exposition encore scolastique de la méthode des sciences, telle qu'elle est exprimée en termes plus simples et plus modernes par un savant du premier ordre : « La méthode la plus sûre qui puisse nous guider dans la recherche de la vérité consiste à s'élever par induction des phénomènes aux lois et des lois aux forces. Les lois sont les rapports qui lient entre eux les phénomènes particuliers : quand elles ont fait connaître le principe général des forces dont elles dérivent, on le vérifie soit par des expériences directes, lorsque cela est possible, soit en examinant s'il satisfait aux phénomènes connus ; et si par une rigoureuse analyse, on les voit tous découler de ce principe, jusque dans leurs moindres détails, si d'ailleurs ils sont très-variés et très-nombreux, la science alors acquiert le plus haut degré de certitude et de perfection qu'elle puisse atteindre. Telle est devenue l'astronomie par la découverte de la pesanteur universelle [1]. »

[1] Laplace, *Essai philos. sur les probabilités*, p. 352, éd. de 1819.

LIVRE III

EXAMEN

DE

LA PHILOSOPHIE DE BACON

CHAPITRE I

Objet, limites et caractère de la philosophie de Bacon.

Rien n'est vaste comme le champ où se meut la pensée de Bacon. Chacun de ses ouvrages a, ainsi que son génie, quelque chose d'encyclopédique, et il semble, dès le premier abord, que sa philosophie ait pour toutes limites celles du savoir humain. Aussi, lorsqu'on la veut définir, éprouve-t-on quelque embarras à la saisir, et ne sait-on quel nom lui donner. On est entraîné même à se demander si c'est bien une philosophie, et si l'on doit l'appeler ainsi. Son regard s'est étendu sur les sciences en général ; leur marche et leur but ont incessamment fixé son attention ; mais il n'en a point enseigné une, et il ne les a pas enseignées toutes : qu'a-t-il donc fait ?

« Pour moi, dit-il, je ne suis qu'un trompette, je n'engage point le combat. » Et son clairon pacifique appelle les hommes à s'unir pour marcher ensemble à la découverte de la nature. Il se compare sans cesse aux Français qui conquirent Naples, et dont Alexandre Borgia disait qu'ils étaient venus la craie et non les armes à la main, n'ayant qu'à faire les logements et à marquer les portes, non à les briser [1].

Faut-il prendre à la lettre une déclaration si modeste? A l'époque où Bacon parut, la philosophie scolastique, quoique partout en déclin, comprenait encore toute une science de Dieu, de l'homme et de la nature. Tel était l'empire où commençaient à se faire entendre, depuis le début du siècle, tous ces bruits orageux avant-coureurs des révolutions. Bacon a pu parcourir les diverses parties d'un si vaste domaine; il ne s'en est approprié aucune. Sur la Divinité, sur l'âme humaine, il dit quelques mots, et il ne pense pas que la science soit réduite à se taire; mais il aime mieux laisser parler la théologie sacrée. C'est également à la religion qu'il renvoie, avec la théodicée, une partie de la morale. Sa métaphysique s'attache peu à ces conditions générales de l'être qui avaient si longtemps absorbé la curiosité bruyante des écoles. Quant à la logique proprement dite, il n'ajoute rien à celle qu'on enseignait avant lui, et ne se pique que d'en limiter les prétentions et l'em-

---

[1] *De Aug.*, IV, 1, t. I, p. 205. C'est là que citant en grec un vers d'Homère, il se compare aux hérauts, messagers des Dieux et des hommes. L'allusion au mot d'Alexandre VI sur les Français qui ont conquis l'Italie *col gesso*, revient souvent. Cf. *Id.* III, VI. *Nov. Org.*, I, 35. *Redarg. Phil.*, § 2, t. I, p. 202, t. I, p. 14, 418; Ed. Longman, t. I, p. 162.

CHAP. I. — CARACTÈRE DE LA DOCTRINE.

ploi. Cependant il parle sans cesse d'une *philosophie naturelle*, il répète ce nom devenu classique dans son pays. « Je conçois, dit-il, une philosophie naturelle telle, qu'au lieu de se perdre dans les fumées des subtiles et sublimes spéculations, elle travaille efficacement à soulager les maux de la vie humaine [1]. » Examen fait, il semble que, sous ce nom, il ait surtout compris l'ensemble des sciences physiques. Ce sont elles dont il a particulièrement célébré la dignité originelle et la grandeur future, *dignitas et augmenta*; c'est à elles que se rattachent nombre d'essais spéciaux qui prouvent au moins une savante curiosité. Mais là ne sont pas les vrais monuments de sa renommée; et il se serait, comme philosophe, borné à de vagues généralités, si dans sa revue des sciences, les touchant sans les approfondir toutes, il ne s'attachait à marquer leur objet en indiquant les moyens de l'atteindre; si, considérant la philosophie dans son histoire, ou pour mieux dire dans ses produits, il n'eût observé qu'à titre de science universelle ou de science des sciences, elle avait mené l'esprit humain à de médiocres résultats, et ne s'était recommandée depuis des siècles par aucune grande ou utile découverte. Jugeant de l'arbre par ses fruits, il a donc entrepris la critique de l'art même de savoir, c'est-à-dire de l'art de découvrir; aussitôt il a vu se

---

[1] *De Aug.*, II, 11, 6, Cf. *Nov. Org.*, I, 96., t. I, p. 116, et II, p. 58. La philosophie naturelle est même devenue en Angleterre la philosophie par excellence. Aussi Newton, après avoir énuméré les propriétés de la matière, les appelle-t-il *totius philosophiæ* fundamentum. (*Princip.*, III, t. III, p. 3.)

manifester la cause d'une longue impuissance, et, condamnant l'art enseigné jusqu'à lui et qui n'était autre que la logique du syllogisme, il a conclu à la nécessité d'une méthode nouvelle, qu'il a cru trouver dans une logique de l'induction. Ainsi les sciences sont une philosophie de la nature, et la philosophie de Bacon est une philosophie des sciences.

Mais quelles sont les limites de la philosophie des sciences? On pourrait les porter fort au delà de la ligne où Bacon s'est arrêté, faire paraître ainsi sa doctrine insuffisante, et l'accabler à son tour d'une masse de *desiderata*. Mais lui-même il déclare qu'il n'apporte point une théorie complète, universelle[1]. On ne peut lui réclamer ce qu'il ne promet pas, ni lui opposer des exigences qui n'étaient pas nées de son temps. Ce serait s'armer contre lui de progrès qui lui sont dus peut-être, et c'est assez que sur les questions qu'il n'a pas approfondies ni résolues, il n'ait point produit d'erreur grave et nouvelle. S'il n'a pas tout affermi, il n'a rien fait pour ébranler aucune vérité fondamentale, et nulle saine doctrine ne doit le tenir pour adversaire, quelque abus qu'on ait pu faire de certaines conséquences imputées à ses principes.

Il faut donc, pour bien juger sa philosophie, la circonscrire dans le cercle de ses intentions. Une fois admis qu'il est loin d'avoir tout dit, on trouvera rarement qu'il a mal dit. Si je ne cherche pas dans ses livres une psychologie ou une théodicée, j'aurai peu de reproches à faire à ce qu'il y écrit sur la théodicée

---

[1] *Nov. Org.*, I, 116, t. II, p. 69.

ou la psychologie. Je serai plus touché de quelques vues justes ou de quelques mots heureux que de certaines omissions inévitables, et si j'aperçois des erreurs, je reconnaîtrai qu'il les répète de confiance, et qu'elles ne viennent pas de lui. Par exemple, ce serait calomnier Bacon que de lui supposer le dessein de nier l'existence dans l'homme d'un principe spirituel distinct, parce qu'il regarde l'âme sensible, qu'il tient pour matérielle, comme étant l'objet des recherches de la philosophie naturelle, tandis que l'âme intelligente doit être connue comme elle a été donnée, par l'inspiration divine, c'est-à-dire par la théologie. La division de l'unité de l'âme était de tradition jusqu'à Descartes. Elle vient de la Grèce. Platon, qui n'est pas communément soupçonné de matérialisme, va jusqu'à donner à chacune de ses trois âmes un siège organique différent. Imbue des leçons d'Aristote, la scolastique a généralement conservé le langage et les données de la pluralité des âmes, même en la niant formellement. Le spiritualisme conséquent et rigoureux ne date peut-être que de Descartes. Mais Bacon, en gardant pour le fond les distinctions de la scolastique qu'il modifie selon la doctrine de Telesio, en voulant réserver le nom biblique de *spiraculum* à l'âme venue de Dieu, celui de *spiritus* à l'âme animale sortie des *matrices élémentaires*, n'entend aucunement professer le matérialisme. Il use à son tour de l'ancien dualisme de l'intellect, *mens rationalis*, et de l'*anima* considérée comme agent psychique ; et il fonde sur cette hypothèse des raisonnements douteux. Suivant l'esprit de la philosophie expérimentale, c'est dans l'homme tel qu'il est ici-bas qu'il cherche la connaissance de nous-mêmes, *scientia nostri*. Cette science, terrestre comme tout ce qui est humain, ne doit étudier le principe intelligent que dans la nature ou engagé dans son union avec l'âme sensitive et avec le corps [1]. Bacon ne recherche point si la sensibilité elle-même ne suppose pas une certaine intelligence, et sa psychologie très-succincte offre des obscurités et des difficultés qu'il laisse à d'autres le soin d'éclaircir. Mais sont-ils bien nombreux ceux avant lui qui les ont évitées? Saint Thomas lui-même dit bien que dans l'homme c'est l'âme intellective qui s'acquitte des fonctions de la végétative et de la sensitive ; mais il parle *des parties* de l'âme, et veut comme Aristote que l'intellective soit *quelque chose de l'âme* et la sensitive *quelque chose du corps*. Et Descartes à son tour n'est pas fort à son aise, lorsqu'après avoir fait de l'âme une substance qui pense, il est obligé d'admettre dans l'homme une certaine unité substantielle du corps et de l'esprit, pour ne pas offenser le concile de Vienne qui a imaginé de faire un article de foi d'une définition d'Aristote [2]. Il ne faut donc pas être trop sévère pour Bacon s'il emprunte à Telesio et à Donius leurs idées sur cette âme irrationnelle qui se produit sur la terre. Il n'en reconnaît pas moins une âme humaine diffé-

---

[1] *De Aug.*, IV, I et III, t. I, p. 204 et 233-285. Voyez ci-dessus l. II, ch. III.

[2] Aquin., *Summ.*, I, q. 76, a. 3, q. 79, a. 5. *Cont. gent.*, II, c. XLIX, LXV, LXXVI; *Comm. de Anim.*, III, IV, 26; Descartes, *Rep. aux quatrièmes obj.*, t. II, p. 49.

rente en essence et non en degré seulement de celle des bêtes, une âme rationnelle émanée de Dieu. C'est à raison de son origine que la substance de l'âme n'est pas proprement une question philosophique à ses yeux, et doit être laissée à la théologie, avec laquelle la philosophie s'accorde, mais que la philosophie ne supplée pas. Cette opinion peut paraître timide ; elle n'est ni condamnable ni suspecte.

On ne saurait non plus beaucoup s'étonner que Bacon ignore ou omette certaines questions qui après lui ont fortement captivé l'esprit humain. Dans l'incertitude où la chute de la scolastique précipita les intelligences élevées à son ombre, dans cet ébranlement de toutes les sciences en révolution, le principe de tout savoir dut lui-même être mis en problème. Si les hommes se sont tant et si longtemps trompés, qui garantit qu'ils ne se tromperont pas encore, et comment décider désormais dans quel cas l'homme se trompe ou s'il ne doit pas se tromper indéfiniment ? Qu'est-ce donc que la connaissance ? Quel en est le principe, quelle en est la valeur, et à quelles conditions se réalise-t-elle avec une juste autorité dans l'esprit humain ? Depuis Descartes, plus de philosophie sans quelque solution de ces questions premières ; et comme elles ne peuvent être résolues en point de droit, si l'on n'a commencé par montrer en point de fait de quelle manière se forme et s'acquiert la connaissance, il a fallu, pour raconter son histoire, remonter à sa source, et l'origine des connaissances ou des idées est devenue tout à la fois le problème obligé et le problème favori. Or cette époque de la philosophie, Bacon ne l'a pas devancée; cette question préalable de toutes les sciences, il ne l'a ni résolue ni posée. Il a passé à côté comme ignorant qu'elle existât, ou il l'a laissée derrière lui comme s'il la tenait pour décidée ou pour indifférente à l'objet de ses recherches. Sûrement, il pouvait en l'omettant les entreprendre; il pouvait, malgré cette lacune, rendre encore aux sciences un signalé service et préparer leurs conquêtes sans avoir assuré leur point de départ. Cependant, pour des esprits exigeants, rigoureux, un vide apparaît au début de sa philosophie. Traiter des sciences sans traiter de la science, rechercher comment il faut faire pour savoir beaucoup, sans avoir déterminé si l'on sait et comment on sait, c'est une manière un peu sommaire d'établir les conditions de la vérité des sciences; c'est tout au moins leur donner l'empirisme pour principe fondamental.

C'est, peut-on répondre, un principe que de ne pas chercher de principe. Le dogmatisme doit bien commencer quelque part. On peut croire au savoir, puisqu'il y a des sciences, et se borner à chercher, à trouver la vérité, pour démontrer qu'elle est possible. Il s'en faut de peu que Bacon ait ainsi raisonné, et, hypothèse pour hypothèse, cela vaudrait mieux que le scepticisme. Aussi son tort ne serait-il pas d'avoir cru à la compétence de la raison humaine, à la clarté de la lumière naturelle, à une équation possible entre nos facultés et les choses. Mais s'étant aperçu lui-même qu'il existait des esprits accessibles à des scrupules, à des incertitudes sur la valeur de notre connaissance, a-t-il été prudent de ne pas lever les uns, de ne point fixer les autres? Comment n'a-t-il pas senti qu'on ne pouvait impunément déclarer suspectes et les croyances, et les doctrines, et les méthodes de deux ou trois mille ans d'activité intellectuelle, qu'on excitait ainsi une défiance qui, de l'ouvrage, retomberait sur l'instrument, et qu'à dénoncer sans cesse les égarements, on infirmait l'autorité du guide? Bien plus, il a même approuvé, dans une certaine mesure, ce doute systématique, l'acatalepsie, comme il l'appelle, pourvu qu'elle se bornât à tenir pour inintelligibles toutes les écoles connues, non toutes les écoles possibles; il a donc, quoique avec moins de rigueur et de conséquence, abordé le doute de Descartes; il en a prononcé les premiers mots, et il s'est ainsi exposé à des questions embarrassantes; il a risqué de ruiner d'avance les fondements de l'édifice qu'il voulait élever.

Lorsqu'en effet la question a été posée, quand toutes les intelligences ont été averties qu'elle devait précéder tout le reste, au lieu de soupçonner qu'il l'avait omise, on a voulu croire qu'il l'avait résolue. Il n'avait pu penser sans savoir comment se forme la pensée, connaître sans une théorie de la connaissance, et l'on a interprété sa psychologie par celle de Hobbes et de Locke. Rien n'est dans l'intelligence qui n'ait été auparavant dans la sensibilité : cette maxime, trivialement célèbre, est devenue d'un point de doctrine important une doctrine tout entière, et cette doctrine a paru celle de Bacon. Les philosophes qui la professent l'ont proclamé leur chef.

A parler exactement, cette doctrine n'est point dans Bacon. Il dit bien que la science doit frayer sa voie en partant des premières perceptions des sens; qu'à moins de folie volontaire, c'est du sens qu'il faut tirer toutes choses dans les sciences naturelles[1]. Et comment, en effet, donner à ces sciences d'autres matériaux, même d'autres raisons d'être, que nos perceptions externes? Bacon, dans les passages qui lui ont été le plus reprochés, traite de ces notions expérimentales, point de départ de toute physique; ce n'est pas de toute connaissance humaine en elle-même, ce n'est pas de toutes les idées de l'esprit humain qu'il veut parler. Dire même que dans la vie toute connaissance débute par l'expérience[2], ou dire que la connaissance ne se compose que des données de l'expérience, et que tout ce qui est dans l'intellect a été dans le sens, c'est dire deux choses immensément différentes. Et Bacon n'a pas dit la seconde de ces deux choses; il n'a pas même dit tout à fait la

---

[1] Omnis via usque a primis sensuum perceptionibus certa ratione munienda. *Inst. Mag.*, præf. gen. — Sensus, a quo omnia in naturalibus petenda sunt, nisi forte libeat insanire. *Id. dist. op.* t. I, p. 14 et 24. Cf. *De Aug.*, IX, 1, p. 476, et *Nov. Org.*, I, 19-22, t. II, p. 12. C'est aux sciences physiques que s'applique la phrase citée par M. Cousin. (*Œuvres*, 2ᵉ série, t. II, p. 68.) Condillac exagère à son propre avantage la doctrine de Bacon pour l'assimiler à la sienne propre. (*Orig. des Connaiss. hum.*, introd.)

[2] Ἀλλὰ μὴν καὶ τόδ' ὁμολογοῦμεν μὴ ἄλλοθεν αὐτὸ ἐννενοηκέναι μηδὲ δυνατὸν εἶναι ἐννοῆσαι, ἀλλ' ἢ ἐκ τοῦ ἰδεῖν ἢ ἅψασθαι ἢ ἐκ τινος ἄλλης τῶν αἰσθήσεων· ταὐτὸν δὲ πάντα ταῦτα λέγω. *Phédon*, XIX, 75. — « Toute notre connaissance commence par l'expérience, c'est ce qui ne peut être l'objet d'un doute. » (Kant, *Crit. de la rais. pure*, introd.)

CHAP. I. — CARACTÈRE DE LA DOCTRINE.

première : il admet des connaissances inspirées. Sur Dieu, sur l'âme, sur la morale, il aperçoit dans l'esprit humain des lumières qui ne viennent point du flambeau de la sensation. Il y a une révélation d'en haut ; les sciences, comme les eaux, naissent du ciel et de la terre. L'esprit insufflé de Dieu au commencement ne tient rien de ce limon, d'où vient et le corps et la sensibilité même. L'âme qui comprend et qui raisonne est à l'âme qui sent comme le ciel à la terre. De ces facultés qui l'illuminent, Bacon ne prononce pas qu'elles ne soient point innées, et la lumière naturelle est pour lui autant une connaissance instinctive qu'une connaissance acquise. Quand il dit que l'excellence de l'âme humaine a frappé même les philosophes de la sensation, il ne se range point parmi eux. Il se sépare formellement des philosophes plongés dans les sens, les moins divins de tous, qui nient l'immortalité de l'âme, sans pouvoir méconnaître celle de l'intelligence [1]. S'il assigne les perceptions du dehors pour matériaux nécessaires à la science de la nature, il n'en suppose pas moins une science générale qui ne peut résulter tout entière de l'expérience ; car elle est science de l'universel, et il n'y a perception que du particulier. La conséquence est évidente, quoiqu'il ne l'exprime pas ; universalité et expérience impliquent. Il va plus loin, il affirme au fond de l'esprit humain la préexistence d'une science première qui ne s'y retrouve qu'en débris.

[1] Maxime immersi sensibus, minimeque divini. — Philophantes secundum sensum. *De Aug.*, I, 91 et IV, 111 ; t. I, p. 97 et 235.

Certains axiomes semés çà et là dans l'intelligence, et qui peuvent se rapporter à tout, même aux choses dont la perception ne les a pas suggérés, sont pour lui comme les fossiles intellectuels d'un état primitif de la raison, comme les traces encore visibles de la création dans ce monde de l'âme déchue, monde ravagé par une révolution plus grande que celle qui a bouleversé l'univers matériel [1].

Toutes ces idées seraient peu compatibles avec la doctrine qui identifie la connaissance à la sensation, et quoique Bacon n'ait pas affirmé ni peut-être aperçu cette incompatibilité, elle doit lui profiter et ne permet pas de le ranger parmi les défenseurs déclarés de la philosophie des sens. Fût-il inconséquent de ne pas l'être, le bénéfice de son inconséquence lui appartient ; je le loue d'avoir été moins conséquent que Hobbes ; c'est de l'erreur de moins.

Faut-il donc nous inscrire en faux contre cette voix publique qui donne Bacon pour père à l'empirisme philosophique, et a-t-il usurpé les hommages de Diderot et les imprécations de Joseph de Maistre ? Nous ne venons point substituer aux jugements reçus de douteux paradoxes. Nous voulons expliquer et réduire les premiers au vrai. Historiquement, la philosophie de la sensation s'est en tout temps réclamée de Bacon. Et cela se conçoit ; parmi les sciences humaines, celles qui se dévouent à la contemplation de la nature extérieure ont eu tout son amour. Il récuse dans leur intérêt l'intelligence en liberté, et met la

---

[1] Voyez ci-dessus, liv. II, ch. II.

raison aux pieds de l'expérience. Quoique ce soit surtout dans le domaine des faits extérieurs qu'il proclame la supériorité de l'observation sur la méditation, quoiqu'il place au-dessus des expériences isolées et des sciences particulières une philosophie première qui serait comme la vigie d'une science plus haute [1], il attribue à sa méthode favorite une autorité trop voisine de l'infaillibilité pour n'en pas étendre l'empire, au moins par voie d'exemple, au delà des bornes de la physique, et il décide impérieusement que ses principes ont juridiction dans tout le ressort des sciences morales [2].

On en inférerait à tort cependant qu'il ait absolument soutenu que toutes les sciences sont de même nature, devançant ainsi les prétentions du matérialisme moderne, pas plus qu'il n'a conçu nettement comment elles pouvaient toutes être traitées par la même méthode, devançant ainsi tout ce que l'École écossaise regarde comme sa propre découverte. Mais sans ériger en système l'observation des phénomènes internes, il a donné l'exemple de chercher la cause des succès et des revers de toute science dans les procédés de l'esprit humain. C'était là, j'en conviens, un premier pas, un grand pas; c'était ouvrir la porte à la science psychologique. Malheureusement son mérite n'est pas d'aller jusqu'au bout de ses idées; il ne se rend pas compte de tout ce qu'il fait. Tandis qu'il proclame sa méthode applicable aux

---

[1] *De Augm.*, I, 42, t. I, p. 70.
[2] Voyez ci-dessus, l. II, ch. IV, et *Nov. Org.*, II, 127, t. II, p. 78.

sciences logiques, éthiques et politiques, il attaque le seul moyen de l'appliquer, la réflexion sur le moi, et compare le travail de l'intelligence repliée sur elle-même à celui de l'araignée. Au terme de ces sortes de recherches qu'il tient pour purement idéales, il voit renaître toutes les fictions qu'il impute à la dialectique en liberté. Cependant il se dément plus d'une fois; ainsi il donne un dénombrement des facultés; il fait sur quelques-unes d'heureuses observations, celle-là surtout qu'il faut distinguer la perception de la sensation [1]. Il recommande à l'interprète de la nature l'exploration de l'âme humaine, l'examen de tous ses mouvements [2]. Mais son but est surtout de découvrir les sources cachées de nos erreurs; ce qu'il a le mieux connu de l'esprit humain, ce sont ses faiblesses. Aussi, quand il laisse entendre qu'il y a même dans cette partie de l'histoire de la nature des faits

---

[1] Le passage où il fait cette distinction importante a échappé, et je m'en étonne, à Reid, à Stewart, et ce qui me surprend encore davantage, à sir William Hamilton qui a consacré, dans son utile édition de Reid, une dissertation spéciale à la recherche des caractères propres et définitifs qui distinguent la sensation et la perception. Avec son exactitude accoutumée, il remonte à tous les antécédents de la question, il cite toutes les autorités, et il ne nomme point Bacon. Que ne sommes-nous encore à temps de lui recommander les § 9 et 10 du chapitre III du livre IV du *De Augmentis*! t. I, p. 258. Cf. *Reid's Works*, not. D. §. II, p. 886.

[2] Qui primum et ante alia omnia animi motus humani penitus non explorabit, ibique scientiæ meatus et errorum sedes accuratissime descriptas non habuerit, is omnia larvata et veluti incantata reperiet; fascinum ni solverit, interpretari non poterit. *Temp. part. masc., de Int. nat.*, VII., t. II, p. 337. Cf. Hallam, *Europ. Lit.*, t. III, ch. III, sec. II.

dont on pourrait dresser des tables, est-ce une idée mise en avant dont il laisse à d'autres les conséquences. Je ne puis donc pas plus lui attribuer l'honneur d'avoir pensé comme Reid, que d'avoir pensé comme Locke. Mais il a précédé Hobbes, Locke, Reid et bien d'autres ; il a fait penser, et il est pour quelque chose dans ce que d'autres ont pensé après lui.

Assurément, lorsqu'il a dit sans explication ni restriction que la méthode expérimentale ne se bornait pas aux sciences physiques, lorsqu'il a de plus rappelé celles-ci des spéculations abstraites aux faits qui se peuvent voir et toucher, lorsqu'il est allé jusqu'à menacer de nullité la métaphysique[1], on a pu regarder cette tendance comme une adhésion anticipée à ce qui devait plus tard être nommé philosophie sensualiste. On a pu imaginer que s'il avait vécu après les controverses de Descartes et de Gassendi, il aurait pris parti pour le dernier. L'esprit de sa philosophie ne démentait pas cette conjecture, quoique le tour de son génie autorisât d'autres idées. On a oublié qu'il était le même homme qui ailleurs voulait chercher dans les contemplations *à priori* les lois mêmes des arts professionnels[2]. Le spiritualisme a son intolérance, et retrouvant parmi ses ennemis des disciples

---

[1] *Nov. Org.*, I, 83. *Cogit. et Vis.*, XII, t. II, p. 44 et 366. « De metaphysica ne sis sollicitus. Nulla enim erit, post veram physicam inventam, ultra quam nihil præter divina. » (Ep. ad F. Baranzanum, t. III, p. 546.)

[2] « Qui in philosophia ac contemplationibus universalibus positum omne studium inane atque ignavum arbitratur non animadvertit singulis professionibus et artibus exinde succum et robur suppeditari. » (*De Aug.*, II ; *proem.* 8 ; t. I, p. 102.)

de Bacon, il a soupçonné Bacon; il l'a même diffamé, quand il a eu le malheur de rencontrer pour interprète l'auteur des *Soirées de Saint-Pétersbourg*[1]. Ceci touche à des points trop graves pour n'y pas insister.

Ne défendons point Bacon d'avoir eu en matière de religion tous les principes de la tolérance. Il en parle le langage, même à Jacques Ier. Que d'autres en concluent qu'il n'était pas chrétien. Il l'était avec une certaine liberté que le protestantisme autorise ; mais il l'était, autant qu'il est possible d'en juger à distance. Quand il s'agit de la foi, une dissimulation plus aisée à expliquer qu'à justifier a passé dans les usages de la littérature. Mais cette dissimulation serait arrivée jusqu'à l'hypocrisie, si Bacon n'était pas sincère, lorsqu'il s'exprime sur la religion de son pays, et sans avoir une haute idée de sa sévérité morale, nous persistons à croire qu'il a sur ce sujet délicat écrit sa vraie pensée.

Il y a quatre degrés à franchir pour qu'une philosophie encoure l'inculpation d'incrédulité. D'abord elle peut procéder d'un rationalisme absolu qui rejette la révélation, sans ébranler aucune des vérités fondamentales de toute religion. Puis, elle peut s'écarter assez des sages principes d'un spiritualisme

---

[1] Nous ne pouvons trouver rien à redire à ces paroles littéralement traduites du dernier éditeur anglais de Bacon : « Il eût été heureux pour la réputation de M. Lemaistre (*sic*) que son *Examen de la Philosophie de Bacon*, publié après sa mort, eût été supprimé. Il est défiguré par une inexactitude (*unfairness*) passionnée et dans beaucoup de passages par une ignorance presque incroyable. » (T. I, p. 464, not.)

rationnel pour encourager le scepticisme et incliner par le doute les esprits troublés à l'empirisme exclusif. En troisième lieu, elle peut, s'abandonnant systématiquement à cette tendance, miner les bases de toute foi dans l'existence de Dieu et de l'âme, même dans la permanence invariable de la loi morale, après quoi, il ne lui reste plus qu'à franchir la dernière borne et à soutenir expressément la négation de toutes les vérités qu'elle n'avait fait encore que rendre obscures ou flottantes. De là quatre accusations successives que toute autorité dépositaire d'une orthodoxie officielle se plaît à porter, souvent en les confondant ensemble, contre toute philosophie indépendante. Est-il une doctrine à laquelle elles aient été épargnées ? Deux mille ans ont passé depuis qu'elles ont suffi pour envoyer Socrate à la mort. Jamais il ne faut les accepter sans contrôle, et qu'elles aient été toutes dirigées contre Bacon ne prouve point qu'il les ait méritées. Aux admirateurs suspects qui en font des titres d'honneur, aux détracteurs aveugles ou frivoles qui poursuivent en lui un des libérateurs de l'esprit humain, on pourra toujours opposer le témoignage vénérable de l'écrivain pieux et éclairé qui a revendiqué dans un livre intéressant le christianisme de Bacon.

L'inconséquence n'est jamais un signe certain de mauvaise foi, et celle de Bacon n'aurait rien qui dût surprendre au milieu des plus difficiles questions de la science universelle. Il n'a point prévu tout ce que la critique moderne peut tirer de certains principes aujourd'hui plus savamment discutés. Bien des doutes n'étaient pas de son temps. Si le danger des conséquences pouvait être allégué comme une preuve, l'accusation d'incrédulité s'élèverait contre tous les scolastiques nourris des maximes de la philosophie d'Aristote, et quelques-uns sont des saints. On nous rappelle que Bacon a mis au nombre des conditions de la science l'existence d'une doctrine secrète qui ne fût pas livrée imprudemment au peuple [1]. A de tels soupçons, nous ne pouvons opposer qu'une conviction morale. Les réserves de Descartes ne nous persuadent pas ; sa froideur et sa prudence sont trop visibles ; mais nous en croyons Bacon lorsqu'il dit : « Il est plus digne de croire que de savoir comme nous savons sur la terre [2]. »

Malgré son attache aux méthodes expérimentales, il reconnaît les rapports de l'intelligence humaine avec l'intelligence divine, et conçoit au-dessus des sciences d'observation une connaissance ou sagesse primitive, qui peut être obscurcie, mais que rien ne peut éteindre. Ces pensées sont, il est vrai, mêlées à d'autres que devait recueillir après lui la philosophie du dix-huitième siècle [3]. En parlant bien du christia-

---

[1] De Augm., VI, ii, t. I, p. 296.
[2] De Augm., IX, 1, t. I, p. 476.
[3] « Bacon a mis au monde l'école sensualiste moderne, mais vous chercheriez en vain dans Bacon les tristes théories auxquelles cette école est plus tard arrivée. » (Cousin, Phil. du XVIII° siècle, III et XI, Œuvres, 2° série, t. II, p. 68 et 303. Cf. Morell, Hist. and. crit. view., etc., t. I, part. I, ch. I, sect. I, p. 89). « L'attachement de Bacon au christianisme ne lui avait pas permis de redouter les dernières conséquences de ses principes. » Bonald, Rech. phil., t. I, ch. I, p. 32.

nisme, il l'exclut entièrement des recherches philosophiques, et chasse la théologie du domaine qu'il réserve à la science. Le divin témoignage, dit-il, doit être tenu constamment séparé des témoignages humains [1]. Ce qu'il dit contre l'athéisme ne saurait être trop répété ; elles sont de lui, ces belles paroles : « Personne ne nie l'existence des dieux, hors celui à qui il sert que les dieux n'existent pas. — Nier Dieu, c'est détruire la noblesse du genre humain [2]. » Mais ailleurs il semble ménager les athées ; il croit peu à l'athéisme systématique, et déteste encore plus l'hypocrisie. Sans religion, à son avis, quelque vertu morale peut rester encore. Les commandements de la conscience, les affections naturelles, la philosophie, la loi, la réputation conservent de l'empire sur un athée. La superstition ne laisse rien subsister de tout cela ; sa tyrannie sur l'âme est absolue. Aussi l'athéisme produit-il rarement des troubles dans l'État, car il rend les hommes prudents, tandis que la superstition a ruiné des royaumes et des républiques. Elle introduit dans la société un premier moteur qui emporte tout [3]. Or pour peu qu'on ait lu Bayle et qu'on sache l'histoire des controverses, on reconnaîtra ces idées : elles ont fait fortune après Bacon. Mais aucune de ces opinions n'est en soi inconci-

---

[1] *De Augm.*, I, 91., t. I, p. 98.

[2] *Serm. fid.*, XVI, t. III, p. 260 et 261. «Mon fils, tenez votre âme en état de désirer toujours qu'il y ait un Dieu, et vous n'en douterez jamais. » (*Émile*, l. IV).

[3] Id. XVI et XVII. Ces idées sont un peu tempérées par quelques passages des *Méditations sacrées*, XI, qui furent imprimés à la suite des *Essais*. (T. III, p. 259-266, 473, 474.)

liable avec les principes de toute religion ; et aucune n'aurait excité d'ombrage, s'il n'avait rien dit des causes finales. En les bannissant de la science de la nature, il a paru les vouloir bannir de la pensée humaine, et enlever ainsi à toute religion une de ses meilleures preuves, un de ses meilleurs aliments. En s'emparant après lui de cette idée, en l'unissant à de tout autres témérités, Hobbes en a paru dévoiler le côté dangereux, et ceux qui se sont indignés contre Hobbes n'ont pu s'empêcher d'en vouloir à Bacon. Ils ne l'ont pas toujours nommé ; mais Cudworth le désigne assez clairement, et Mosheim interprète contre lui maint passage où le reproche de tendance irréligieuse est sévèrement exprimé. Toutefois la sincérité de Cudworth l'oblige à reconnaître qu'on est irréprochable, si par la critique de la recherche des causes finales on a voulu seulement censurer la manie de prêter aux choses naturelles des appétits et des intentions chimériques [1]. Là est en effet la justification ou l'excuse de Bacon.

Frappé de la présomption et de l'impuissance de notre esprit, *impotentia cogitationis*, il déplore notre obstination à spéculer sur l'infini, mais surtout notre fureur d'inventer des causes. Courant après les plus universelles, nous ne savons pas nous arrêter aux causes secondes ; nous négligeons même de les chercher, et nous poursuivons, soit les causes finales, soit

---

[1] *Syst. intellect.*, *Confut. phil.*, c. v, § 5, 61, 62, 63 et not. p. 23 et 109-118 du t. II, de l'éd. de 1773. D. Stewart est plus sévère pour Cudworth qu'il accuse d'avoir altéré le sens des idées de Bacon. *Phil. of mind.*, part. II, ch. IV, sect. VI, 1.

les causes premières[1]. C'est là une idée juste qui depuis a prévalu dans les sciences, et qui est juste surtout dans son application aux causes premières. Hormis quand sa pensée s'élève à la première des causes premières, l'homme s'égare, et probablement il s'égarera toujours, lorsqu'il voudra atteindre les premières causes après celle qui s'appelle Dieu, l'expérience ne portant pas jusque-là, et Dieu seul ayant le droit de rester incompréhensible en cessant d'être inconnu ; car « l'incompréhensibilité même est contenue dans la raison formelle de l'infini. » (Descartes.) En reculant peu à peu la borne de nos ignorances, nous n'atteignons encore qu'à des causes subordonnées, et l'école de Newton en est venue à ce point de circonspection d'interdire en général la recherche des causes. C'est dans ce sens qu'il faut concevoir la sévérité de Bacon pour les causes finales, et même celle de Descartes, encore plus absolu que lui. Pour tous deux, les causes immédiates sont l'objet propre de la science.

Bacon avait lu dans Aristote que la nature ne fait rien en vain ; une fois même Aristote a dit : *la nature et Dieu*[2], oubliant que le Dieu qu'il enseigne ne pouvait, dans son unité immuable, ni prévoir, ni disposer, ni connaître, sans déchoir de son absolue perfection. C'est à ce principe d'Aristote que Bacon attribue les hypothèses par lesquelles l'ancienne physique expliquait les combinaisons de la nature, et sur

---

[1] *Nov. Org.*, I, 48 et 65, p. 18 et 27.
[2] Ὁ θεὸς καὶ ἡ φύσις οὐδὲν μάτην ποιοῦσιν. *De Cœl.*, I, IV, 8.

ce fondement, il édifie le procès des causes finales en physique. En cela, sans doute, il y a encore moins d'impiété que d'erreur, et c'est assurément prévenir toute interprétation dangereuse que d'ajouter, comme il le fait aussitôt, qu'il n'en est pas de même en métaphysique, par conséquent en théodicée. « Il est moins dur de croire, dit-il, aux plus monstrueuses fables de l'Alcoran, du Talmud ou de la légende, que de croire qu'un esprit n'est pas présent dans l'organisation de l'univers. » — « Tant s'en faut que les causes physiques éloignent les hommes de Dieu et de la Providence, qu'au contraire ceux des philosophes qui se sont le plus occupés de les découvrir ne trouvent point d'autre issue au terme de leur recherche que le recours à Dieu et à sa Providence. » Enfin, quoi de plus formel que ce passage : « Qu'il y ait un Dieu, qu'il tienne les rênes de tout, qu'il soit souverainement puissant, sage avec prescience, qu'il soit bon, rémunérateur, vengeur, qu'il doive être adoré, tout cela peut être démontré par ses ouvrages; et bien des merveilleux secrets touchant ses attributs et plus encore touchant le gouvernement et la dispensation universelle, peuvent être sobrement inférés de là et mis en lumière [1]. » Cette argumentation a été par quelques-uns, ajoute-t-il, utilement employée. Mais il ne veut pas qu'on la prodigue, il recommande *la sobriété*, et compare les prétendues intentions qu'on prête à la Divinité, dans l'explication

---

[1] *De Aug.*, III, II et IV. *Serm. fid.*, XVI., t. I, p. 167, 194 et III, p. 259.

des phénomènes, à ces nombreux *ex voto* suspendus par les matelots dans les temples ; on les compte et l'on ne compte pas les naufrages qui n'ont laissé nulle trace. Ce qui nous paraît en effet suffire à toute théologie, c'est la pensée d'un dessein attesté par l'ordre du monde, et assurément à Bacon encore moins qu'à Descartes, on ne saurait reprocher d'avoir méconnu ce que le dernier appelle la *marque de l'ouvrier empreinte sur son ouvrage*[1].

Maintenant, est-il vrai que la poursuite des causes finales ait été aussi dommageable que le prétend Bacon? Une disposition aveugle à chercher hors de l'observation des principes généraux qui pussent passer pour la raison des phénomènes, nous paraît plutôt la vraie source des erreurs de l'ancienne physique. Tout au plus un certain anthropomorphisme, trop porté à personnifier la nature, peut-il avoir accrédité certaines explications qui semblent introduire des *idoles* dans l'univers aussi bien que dans l'intelligence : mais on ne saurait, ce semble, accuser le péripatétisme du moyen âge d'avoir trop souvent, trop complaisamment, en présence de chaque phénomène, posé cette question : Pourquoi Dieu l'a-t-il voulu? car telle serait la question de la cause finale proprement dite.

Quant au point de savoir si cette question même, renvoyée par Bacon à la métaphysique, à la morale par Descartes, serait tout à fait déplacée en physique, c'est une autre affaire ; et sur ce point, Newton lui-

---

[1] *Médit.*, III, t. I, p. 290.

même, qui a fait ses réserves en faveur des causes finales et qui voit sans elles le monde gouverné par un *fatum* et non par un dieu, n'aurait pas été peut-être fort éloigné de l'avis de Bacon et de Descartes. C'est du moins à son exemple et par ses leçons que la science moderne a renoncé presque constamment à chercher la loi des phénomènes dans leur fin probable, et à prendre ainsi le but pour la cause. Non qu'il soit interdit de supposer, lorsqu'un fait se reproduit uniformément, qu'il doit concourir, par quelque côté, à cet ensemble que nous nommons l'ordre général, et dans la nature organique en particulier, une certaine économie se manifeste qui autorise la question : A quoi sert tel organe ou tel agencement organique? Ainsi, dit-on, la disposition des valvules des veines conduisit Harvey à la découverte de la circulation du sang. Mais on ne saurait prétendre que l'hypothèse préconçue de l'utilité des faits doive nous guider dans l'investigation des choses de la nature. Leibnitz seul a soutenu que la considération des causes finales pouvait servir de flambeau jusque dans les recherches physico-mathématiques, et il en a donné pour preuves quelques-unes de ses propres découvertes. Peut-être n'a-t-il démontré qu'une chose, c'est que, plus l'explication d'un phénomène rentre dans les conditions d'existence et d'excellence d'un ordre universel, plus elle offre à la raison les caractères de la vérité. Mais cette loi de la raison, dont nous faisons une loi des choses, sert plutôt de fondement à la théodicée, qu'elle n'a la théodicée pour fondement.

Newton, plus tempérant que Leibnitz, plus précis que Bacon, plus exact que Descartes, regarde bien qu'en dernière analyse l'observation raisonnée des phénomènes doit nous conduire à voir comment la nature ne fait rien en vain, et nous élever de cause en cause à cette cause première *qui sans nul doute n'est pas mécanique*. Mais jusque-là rien n'indique qu'il aperçoive autre chose que des causes mécaniques, et c'est cette grande idée, commune à Descartes, à Newton, à Leibnitz, que *tout se fait mécaniquement dans la nature*, qui est comme enveloppée dans les pensées de Bacon sur les causes premières, efficientes et finales, quoique faute de pratique des sciences, il ne soit jamais parvenu à concevoir nettement le principe dont il a préparé l'avénement [1].

Mais à côté de ce principe subsiste une idée native de l'esprit humain, annoncée à la philosophie par Anaxagore, toujours présente dans la croyance universelle ; c'est l'idée d'un plan dans l'univers et d'un ordonnateur suprême ; c'est cette téléologie que Bacon n'a pas plus songé à bannir de la raison que de la nature, et n'oublions pas qu'elle n'a été nulle part plus artistement développée que dans sa patrie et par les savants qui font gloire de l'avoir pour maître.

Ainsi pour nous résumer, Bacon n'a rien médité ni même rien écrit qui fût contraire aux bases de

---

[1] Voyez ci-dessus, l. II, ch. III. Newton, *Princip. math.*, l. III, *Scol. gen.*, p. 173 ; *Optic.*, l. III, q. 28. Leibnitz, *Nouv. Ess.*, l. IV, ch. XII, 13. *Act. Erud.*, 1682, vol. XII. *Op. phil.*, ed. Erdmann, XXIV, XLIV, L, LXXXI, Cf. D. Stewart, *Loc. cit.* et Barni, *Exam. de la Crit. du Jug.*, part. II, p. 165-236.

toute religion. Il n'a point professé la philosophie de la sensation et l'on ne peut affirmer qu'il l'aurait adoptée sans réserve. Mais il est certain qu'il lui a montré la route et qu'il a contribué à l'accréditer, sinon comme principe, du moins comme conséquence de son œuvre. Il est certain que par la prédominance des méthodes expérimentales il a poussé l'esprit humain vers les sciences de l'observation externe, au préjudice de celles qui traitent des choses invisibles. Il a entrevu l'importance de la psychologie, mais il ne l'a pas approfondie, et il a privé ainsi sa doctrine de solides fondements philosophiques. Mais elle n'en reste pas moins vraie dans son ensemble, pourvu qu'on l'envisage uniquement comme une méthode générale des sciences.

CHAPITRE II.

De l'ordre encyclopédique suivant Bacon.

On peut ramener à deux points fondamentaux la doctrine baconienne, la division des sciences, la méthode des sciences. Quant à leur histoire, il ne s'en occupe que pour critiquer leur marche et leur reprocher d'avoir négligé l'étude de la nature. Il le fait avec plus d'esprit que d'exactitude, et ce n'est pas de lui qu'il faut apprendre à connaître Aristote ou Platon. N'insistons que sur deux points, la division et la méthode.

Ce n'est pas l'œuvre d'un esprit ordinaire que d'embrasser d'un coup d'œil la totalité des sciences, et d'en tracer la carte générale. Les anciens sages étudiaient tout, et leur sagesse était d'autant plus universelle qu'elle était moins complète. Mais avec la multiplicité des connaissances est venue la confusion, avec la confusion, la nécessité de l'ordre. Platon partage la philosophie en logique, éthique et physique. A cette division très-simple qui s'est maintenue de l'antiquité au moyen âge, Aristote en ajoute une autre, celle des sciences en théorétiques et en pratiques ; et avec ces deux principes de classification, il esquisse une encyclopédie qui n'est qu'un catalogue raisonné de ses ouvrages.

Varron passe pour avoir le premier dressé une statistique des sciences. Son traité *Libri novem disciplinarum* est perdu. Mais on sait de quels éléments il y composait le savoir universel, et c'est en rayant de sa liste la médecine et l'architecture que Martianus Capella, dans sa description bizarre des noces de Mercure et de Philologie, fille de Phronésis, donne pour suivantes à la fiancée les sept sciences personnifiées sous les noms des sept arts libéraux : classification vulgaire au moyen âge et que Cassiodore établit définitivement comme règle des études. Le *Trivium* et le *Quadrivium* sont les deux parties de l'enseignement secondaire et supérieur depuis Alcuin jusqu'à la renaissance. Aucune vue systématique ne paraît avoir présidé à cet ordre consacré : la grammaire, la dialectique et la rhétorique ; la musique, l'arithmétique, la géométrie et l'astronomie. Ce dénombrement avait plus trait à la pédagogie qu'à la science en général ; il n'y faut chercher qu'un cours d'enseignement. Aussi, lorsque Isidore de Séville, un siècle après Cassiodore, fit de son livre des *Origines* une véritable encyclopédie [1], fût-il obligé de placer après la septième science une série d'autres articles en dehors de la scolastique pure. Guillaume de Conches s'efforça de tout encadrer dans une philo-

---

[1] Isid. hispal. episc., *Originum sive Etymol. lib. XX*, dans *Auct. ling. lat.* de D. Godefroy, 1595, ou éd. de Rome, 1798.

sophie universelle [1], mais il sortit peu du monde de l'abstraction, et pour trouver une collection plus positive des connaissances humaines, il faut aller jusqu'à l'immense recueil que composa Vincent de Beauvais. Le *Speculum majus* de ce protégé de saint Louis renferme trois miroirs distincts où se réfléchissent la nature, la science et l'histoire [2]. Quant à la première, le tableau même de la création nous offre l'ordre dans lequel il faut l'étudier, et l'hexameron de la Genèse contient le vrai dénombrement de toutes les parties de l'universelle réalité. Cette idée ne manque ni de nouveauté ni de grandeur. Pour le contenu de son livre, Vincent de Beauvais doit beaucoup à Isidore de Séville; mais son ordonnance est à lui.

La dialectique, qu'on appelait la science des sciences, et la théologie, à peine séparable de la dialectique, conduisaient le moyen âge à une sorte de science universelle ou du moins à une vue universelle de la science. Les *Sommes* philosophiques ou théologiques ressemblaient donc à des encyclopédies, au moins par la généralité des principes et la diversité des questions. La plus célèbre, celle de saint Thomas, étonne encore par l'étendue d'esprit, d'instruction et de mémoire qu'elle suppose, et il est impossible de la lire, sans y acquérir des notions sur toutes les parties des connaissances humaines au treizième siècle.

[1] *Magna de naturis philosophia*, imprimé en 1474, et *Philosophia minor, sive lib. de elem. phil.*, inséré dans les OEuvres de Bède.
[2] *Speculum quadruplex*; 7 vol. in-fol. Argent., 1473. Le quatrième *speculum* (*morale*) n'est pas de Vincent de Beauvais.

Celui que ses contemporains appelaient à bon droit *le docteur universel* avait disséminé son savoir dans vingt volumes divers, mais il n'avait pas tenté d'embrasser d'un seul coup d'œil l'ensemble et l'ordre des sciences, quoiqu'il n'eût rien ignoré de ce que son siècle pouvait connaître. Plutôt que Albert le Grand, le moine singulier qui a le premier illustré le nom de Bacon, devrait, pour sa manière d'envisager les sciences, être cité auprès de son illustre homonyme, et quoique Roger n'ait pas visé à l'universalité, il aurait pu, par ses vues générales et par le tour de son esprit, exercer une influence philosophique qui hâtât le réveil du seizième siècle. Mais rien ne prouve mieux au treizième et aux suivants la prépondérance de la routine sur le travail et le génie, un homme tel que le premier Bacon put se montrer et disparaître sans laisser de traces après lui.

Cette tendance à l'universalité, qui signale la philosophie scolastique, lui venait de ce qu'elle se limitait peu, non de ce qu'elle aspirait à l'ordonnance de l'ensemble. Bacon n'a contesté au passé ni l'étendue, ni la portée de ses principes et de ses recherches. C'est le choix de ces principes, c'est l'esprit de ces recherches, c'est la confusion dans la généralité qu'il attaque. Quoique sa philosophie soit encore fort générale, il travaille plus à se restreindre qu'à s'étendre. Toute détermination, le mot l'indique, est une limite, et le dessein de Bacon a surtout été de déterminer les objets et les méthodes des sciences. Il n'est encyclopédique qu'autant que son dessein l'y oblige, et si sa vue se porte au loin, c'est plutôt en avant de lui qu'autour de lui; elle embrasse tout l'avenir des sciences. La grandeur de sa philosophie est surtout en perspective.

L'idée d'un programme encyclopédique naissait de son sujet même, et la critique des sciences en comprenait la revue. Mais voici où sa véritable originalité commence. Partant, comme tous les philosophes, de l'enchaînement de nos connaissances ou même du principe de l'unité de la science, il a songé le premier à classer les sciences suivant les facultés de l'esprit humain; pensée en elle-même ingénieuse et philosophique. On a eu tort de lui en disputer la propriété. Il n'y en a point trace dans l'œuvre ignorée de Christophe de Savigny, et l'encyclopédie d'Alstedius a bien le mérite de commencer par une sorte de tableau psychologique, sous le nom d'*hexilogie*, mais ce n'est point la division de Bacon, et l'ouvrage a paru postérieurement à la première édition anglaise du traité de l'*Avancement du Savoir* [1].

---

[1] Dans son *Encyclopédie ou la suite et la liaison de tous les arts et sciences*, Savigny ne fait que se conformer à la tradition de l'antiquité en rattachant tout à la philosophie. Voyez *Tableaux accomplis de tous les arts libéraux*, etc. Atlas in-fol., Paris, 1587. Alstedius, né en Nassau vers la fin du quinzième siècle, a publié une *Scientiarum omnium Encyclopædia*, dont la première édition est, dit-on, de 1610. Dans l'édition de Lyon, 1649, celle que j'ai eu sous les yeux, Bacon est au nombre des auteurs cités. L'ouvrage est une encyclopédie méthodique, ou une suite de traités fort étendus qui peuvent intéresser comme dates de la science. Quelques divisions et quelques définitions m'ont paru assez remarquables. Consulter, touchant les diverses encyclopédies, la *Bibliotheca realis philosophica* de Lipenius, t. I, p. 456, et la préface de la 7e édition de l'*Encyclopædia Britannica*.

Le principe de division, inventé par Bacon, offre au moins l'avantage d'être naturel et stable. Il n'existe point de science en soi ; les sciences n'ont d'absolument réel que leur objet ; elles ne sont essentielles qu'au sujet, pour parler comme l'école. Elles appartiennent, suivant Aristote, à la catégorie de *l'avoir*, c'est-à-dire que la science est dans le savant. On n'a donc, pour fonder une classification, que le choix entre l'objet et le sujet. Si tout ce qu'on peut connaître était connu, la classification des sciences d'après leurs objets serait la plus parfaite ; car par elle-même elle donnerait déjà la science. Mais puisqu'elle l'anticipe, elle la suppose ; elle est donc, non-seulement difficile à rendre bien compréhensible pour celui qui ne possède pas la science encore, mais elle est aussi sujette à toutes les erreurs, exposée à toutes les variations, qui sont dans la destinée d'une science en travail. Si au contraire on se tourne du côté de l'esprit humain, et que l'on cherche dans le petit monde un exemplaire du grand, une inspection attentive peut avoir bientôt fait la revue de toutes les forces de l'intelligence et de leurs divers emplois, et il en peut résulter un dénombrement exact des diverses branches de la connaissance. La science est plus que la connaissance ; c'est la connaissance réfléchie, systématique, méthodique ; elle est un produit à la fois naturel et artificiel de l'esprit, et elle vaut ce qu'il vaut lui-même. Rien donc n'interdit de rechercher si parmi les facultés qui le constituent, chacune n'aurait point sa part spéciale, sa destination, sa tâche, dans le travail du savoir universel, et ne donnerait pas sa marque à la partie de l'œuvre qu'elle est chargée d'accomplir. De même que pour mesurer tous les objets matériels, les géomètres ont voulu un étalon de mesure qui fût une grandeur réelle et sensiblement invariable du monde que nous habitons, il pourrait être utile de trouver dans la décomposition de l'esprit humain en quantités fixes, le principe stable d'une division du monde mobile des sciences. Ce système permettrait de classer plus aisément, plus naturellement, certaines portions du travail intellectuel de l'humanité, qui ne sont pas les preuves les moins éclatantes de son excellence, mais qui peuvent difficilement figurer sur l'atlas scientifique. Les arts et les lettres n'ont point un objet au même sens que l'astronomie ou la zoologie en ont un; et la faculté de l'art en général, cette faculté que dans notre orgueil nous appelons créatrice, joue un tel rôle dans l'activité spirituelle de notre espèce qu'il serait fâcheux de l'exclure ou de l'admettre par artifice. Comment faire cependant, si l'on passe en revue les objets de la nature pour dresser le dénombrement des connaissances de l'esprit? L'*Iliade* d'Homère n'est ni la stratégie, ni la morale, quoiqu'elle peigne les mœurs des hommes et chante les combats. Ce n'est pas de ses objets évidemment, c'est de l'inspiration d'où elle est née qu'elle emprunte sa valeur immortelle dans le trésor de l'humanité. Voilà quelques raisons pour chercher les sciences de l'homme dans ses facultés.

Mais pour qu'on préfère ce procédé, il faut que ce qu'il suppose soit vrai, et que l'esprit humain partage inégalement ses facultés entre les divers objets de ses travaux. Il faut la possibilité d'assigner à chacune son œuvre, ou d'expliquer par sa nature la nature des sciences qui s'y rapportent. Or c'est ce dont on ne saurait répondre par avance. D'abord l'énumération des facultés n'est point aisée à faire. Suivant que l'analyse s'arrête aux couleurs tranchées ou va jusqu'aux nuances, le nombre des facultés intellectuelles diminue ou s'accroît. Enfin comme modes inséparables et simultanés d'un même esprit, elles peuvent rentrer les unes dans les autres, et ne se laissent pas diviser exactement dans leur application. L'homme pense avec tout lui-même. Son esprit se porte tout entier, armé de toutes pièces, à chaque chose qu'il entreprend. Dans le concours des efforts consacrés à un travail donné, la coopération des forces résulte de l'unité du sujet.

Ainsi, quand Bacon a réduit à trois les facultés, dont il fait dépendre les sciences, divisées par conséquent en trois classes, il n'a pu vouloir dire et il n'a dit qu'une chose; c'est qu'il rattachait chaque science à celle de nos facultés sans laquelle bien évidemment elle n'existerait pas. Les sciences historiques par exemple dépendent de la mémoire, non que la mémoire pût suffire pour raconter avec ordre, c'est-à-dire dans l'ordre des causes et des effets, les annales de la moindre bourgade. Mais si l'homme ne possédait la faculté du souvenir, si le passé ne laissait aucune trace dans son esprit, toute histoire lui serait impossible; il n'en aurait pas même l'idée. Bacon n'a pas connu toute la poésie, et il a conçu dans un sens restreint l'imagination. Mais si ce dernier mot désigne la puissance de se représenter les objets avec une vérité qui peint la nature à l'esprit, puissance indispensable à la faculté de créer en imitant, faculté assez rare en ce sens pour être toujours au moins le commencement d'un talent, la poésie qui comprend à certains égards tous les arts d'imitation oubliés par Bacon, n'existerait pas sans cette puissance ; et l'imagination a quelque droit d'être signalée comme la faculté des arts, quoique l'histoire ne puisse être écrite sans que l'imagination intervienne, quoique la poésie elle-même pour exister ait besoin encore de la mémoire. La raison joue également un rôle et dans l'histoire, et dans la poésie. Comme elle préside à l'ensemble de nos facultés, comme elle a mérité de tout temps le rang d'attribut distinctif de l'humanité, *rien d'humain ne lui est étranger ;* et cependant ce n'est pas une arbitraire distribution des parts que celle qui range dans le ressort de la raison la philosophie et les sciences proprement dites. Sur ce point on est d'accord.

Dans ces limites, la division encyclopédique de Bacon, adoptée et perfectionnée par d'Alembert, pourrait donc être justifiée[1]. Seulement, il n'en faut pas plus attendre qu'elle ne promet. C'est un moyen

---

[1] Chambers, dont l'encyclopédie a servi de modèle à celle des philosophes français, cite peu Bacon et adopte une division toute autre des sciences et des arts. Suivant lui, la connaissance humaine est 1° naturelle et scientifique, et comme telle, sensible ou rationnelle ; 2° artificielle et technique, et comme telle, interne ou externe ; puis réelle ou symbolique, etc. (*Cyclopædia, or an univ. Dict.*, pref. 2ᵉ éd. 2 vol. in-f. Lond. 1738.

d'ordre. Elle n'ajoute rien à la science, et ne peut être donnée comme l'expression d'un système qui touche au fond des choses. C'est pourquoi le principe n'en peut être appliqué aux sous-divisions qui la suivent immédiatement. L'histoire, la poésie, la philosophie ne se divisent pas chacune en elle-même comme elles se divisent entre elles. « La distribution générale des êtres en spirituels et en matériels fournit la sous-division des trois branches générales, dit d'Alembert; » et Bacon moins systématique n'avait pas même trouvé de principe pour cette seconde classification. Il se contentait de diviser l'histoire en naturelle, ecclésiastique et civile. La philosophie considérée dans son triple objet, Dieu, l'homme et la nature, revenait à une classification usitée, mais suffisante, et que dans tous les systèmes on est tôt ou tard obligé de reprendre. Mais laissant à de plus sévères le soin de relever ces disparates[1], nous ne voyons pas, quant à nous, l'éminente utilité d'une classification régulière au point de satisfaire l'esprit de symétrie. Nous sommes de l'avis de Bacon, il y a dans l'intelligence un besoin de proportion, d'équilibre, d'analogie, d'unité, auquel il ne faut pas tout sacrifier. On est libre d'avancer sur la parole de la raison spéculative, que dans l'ordre absolu tout est symétrique et tout est homogène. Je ne le conteste

---

[1] Voir les excellentes observations de Dugald Stewart, *Dissert.*, *pref. collect.*, *Works.*, t. I, éd. de W. Hamilton, 1854; Tracy, *Logique.* Disc. prél., *Œuv.*, t. III, p. 102, not ; De Gérando, *Hist. comp. des Syst. de phil.*, IIe part., ch. X, t. II, p. 30.

pas, mais je l'ignore, et dans l'état présent des choses, je vois une multiplicité, une diversité qui n'est point le chaos, et dont la confusion est susceptible d'une certaine ordonnance. Mais soit impuissance ou limitation de notre esprit, soit nécessité fondée dans la nature des choses, il me paraît démontrable que l'universalité des êtres, en y comprenant l'être des êtres, ne s'encadre pas dans les formes rigoureuses que rêve notre raison, et qu'il y a dans le grand tout plus de variété, de flexibilité, de liberté, que ne le voudrait notre mathématique intellectuelle. En tout cas, la totalité des sciences et de leurs objets ne se laisse point ordonner à l'image de la raison pure ; il peut y avoir sous ce rapport défaut d'harmonie entre l'esprit de l'homme et l'esprit de l'univers [1], et partant, toute division encyclopédique est nécessairement imparfaite ou irrégulière dans une certaine mesure ; elle ne satisfait pas à notre absolutisme spéculatif, et elle y satisferait, qu'elle ne me paraîtrait pas encore d'une souveraine utilité. En ce genre donc, acceptons toute méthode, pourvu qu'elle n'offre point d'omissions et que rien n'y soit représenté sous d'autres traits que ceux de la vérité.

D'autres plans d'encyclopédie sont venus après celui de Bacon. On pourrait trouver dans les *Principes* de Descartes la base d'un système spécieux et original, mais qui semble se rapporter plutôt à la connaissance qu'aux choses connues [2]. Locke a es-

---

[1] *De Aug.*, V, iv ; t. I, p. 276.
[2] Part. I, § 48 ; t. III, p. 92.

sayé aussi une classification, sans se rappeler, à ce qu'il semble, qu'il revenait à la division souvent empruntée par la scolastique à l'antiquité[1]. Mais ce partage de la science en physique, éthique et logique, le meilleur peut-être, laisse encore beaucoup de place à l'arbitraire. Car suivant qu'on entend par physique la science de la nature des choses ou de la nature matérielle, on y comprend avec Locke et Smith, ou l'on en exclut l'esprit et Dieu lui-même, c'est-à-dire la théologie et la métaphysique, et l'une et l'autre peuvent disparaître, si on ne les replace subrepticement dans la logique. Leibnitz, qui n'a pas manqué de relever le défaut d'originalité du classement encyclopédique de Locke, le critique également en lui-même, et conclut que les vérités ou connaissances peuvent être disposées diversement suivant l'objet que l'on se propose. Ainsi les sciences pourraient être rangées selon l'ordre de leurs preuves, ou bien à raison de leurs rapports avec le bien de l'humanité, où enfin suivant les termes qu'elles emploient. Leibnitz va, dans son éclectisme, jusqu'à défendre ce qu'il appelle la division civile des sciences, division fondée sur les professions de ceux qui les enseignent ou les pratiquent. C'est l'ancienne division académique des quatre facultés[2].

Ces idées sont des derniers temps de Leibnitz ; mais, à une époque où les conseils et les exemples de Bacon exerçaient sur lui un empire resté longtemps inconnu, il composait, nous l'apprenons par

[1] *Essai*, l. IV, ch. XXI.
[2] *Nouv. Ess.*, l. IV, ch. XXI.

ces écrits inédits dont la publication répétée nous apporte tant de lumières, il composait le tableau synoptique d'un livre où, dans le langage de Bacon, il annonçait une science générale nouvelle, pour servir, *par la restauration et l'avancement des sciences,* à la félicité publique ¹. Là toutes les questions de système, de répertoire et d'encyclopédie des sciences devaient être d'abord traitées. Puis, après que les éléments de la vérité éternelle auraient été posés, devait venir l'art de démontrer, et, par suite, une déduction régulière et graduée de méthodes, aboutissant à cette mathématique générale que Leibnitz a méditée sans cesse, et dont le calcul différentiel n'était pour lui qu'une application particulière. Une liste de trente-deux sciences se terminait ensuite à la médecine, et sous le titre général d'arts divers, *de variis opificiis,* en laissait un bon nombre d'autres non moins importantes, comme la politique, l'économique, la jurisprudence, la théologie naturelle. Il est malheureux que d'un tel ouvrage nous n'ayons en quelque sorte que la table des matières.

La diversité des idées de Leibnitz sur ce point doit nous apprendre à n'être pas trop sévère. Le système de Bacon, adopté par ceux que notre pays a baptisés du nom spécial d'encyclopédistes, n'a pas satisfait tous les goûts. Dans un remarquable essai sur les progrès de l'esprit humain ², Turgot a regardé comme

---

[1] Synopsis libri cui titulus erit scientia nova generalis pro instauratione et augmentis scientiarum ad publicam felicitatem. *Op. phil.*, Ed. Erdmann., XIV, p. 88-98.

[2] *Œuvres*, t. II, p. 284.

principale la division entre les sciences mathématiques et la science physique, et il n'a pas hésité à ranger sous ce dernier chef, avec la physique proprement dite, la logique et la métaphysique même, division qu'il a de la peine à faire cadrer avec une autre entre les sciences de combinaison et les sciences d'observation. Malgré son autorité, malgré celle de Locke et de Smith, et de l'auteur fort respecté en Écosse de la *Philosophie de la Rhétorique*, le docteur Campbell, Dugald Stewart n'a pu se résoudre à mettre dans le même compartiment, sous une commune étiquette, des choses aussi disparates que la mécanique et la théodicée, que la chimie et la métaphysique, et il s'est prononcé pour la vieille distinction entre le macrocosme et le microcosme, ou plutôt entre l'esprit et le monde matériel, chacun la source ou l'objet de deux grandes classes de recherches et de connaissances. Cette distinction raisonnable et familière paraît avoir été acceptée par les auteurs de l'*Encyclopédie britannique*[1]. Cette bifurcation, difficile peut-être à justifier avec une rigueur philoso-

---

[1] Deux dissertations historiques, l'une sur les sciences métaphysiques et morales, l'autre sur les sciences mathématiques, devaient former l'introduction; l'une, ouvrage de Stewart, l'autre de Playfair. Mais le premier n'a écrit que l'histoire moderne des sciences métaphysiques. Celle de l'éthique a été traitée par Sir James Mackintosh qui devait y joindre la politique. Playfair n'a poussé la revue des progrès des sciences mathématiques que jusqu'au temps de Newton et de Leibnitz; Leslie l'a continuée jusqu'à nos jours. (Voyez *The Encyclopædia britannica*, t. I, 7ᵉ éd. Edinb. 1842.) Le volume contient avec ces quatre dissertations une préface du professeur Macvey Napier.

phique, est du moins aisée à suivre dans la pratique. On en peut dire autant de la classification usitée pour la rédaction des catalogues de bibliothèque : sujet qui a exercé d'éminents esprits ; Kant lui-même est du nombre. Cependant la division un peu vulgaire qui avait suffi au bon sens tout pratique de Stewart et de Mackintosh, de Playfair et de Leslie, n'a pas contenté des esprits plus exigeants ou plus ambitieux, et dans le Discours préliminaire de l'*Encyclopædia metropolitana*, Coleridge a essayé de mieux faire. Comme tous les esprits plus élevés que pénétrants, Coleridge tend au vrai plutôt qu'il ne l'atteint, et l'effort a chez lui plus de valeur que le résultat. Les relations que suppose, dit-il, entre les choses la pensée même d'une méthode des sciences, peuvent être considérées comme des lois et des idées à leur tour relatives les unes aux autres ou relatives au monde extérieur. Les rapports des idées ou des lois entre elles donnent naissance aux sciences pures, les unes, formelles comme la grammaire, la logique, les mathématiques ; les autres, réelles ou relatives aux principes et aux conditions de l'existence réelle, comme la métaphysique, la morale, la théologie. Fondées sur les rapports des idées au monde, les sciences sont mixtes ou appliquées : mixtes, comme la mécanique, l'optique, l'astronomie, etc., appliquées, telles que la philosophie expérimentale, les beaux-arts, les arts utiles, l'histoire naturelle, et ses diverses applications. Cette esquisse d'une classification générale n'est pas sans valeur, quoique les principes n'en soient point présentés avec une clarté parfaite, et que les divisions particulières proposées par Coleridge paraissent bien arbitraires. Mais plus on étudiera les essais en ce genre que des hommes éminents nous ont laissés, plus on se convaincra que la tentative contient en elle-même une difficulté radicale, peut-être insurmontable, qui pourrait être à son tour rationnellement établie.

Un des esprits les plus inventifs de ce siècle, Ampère, a repris cette question de la classification, et il a très-bien vu qu'elle était inséparable de la philosophie même des sciences [1]. Considérant que toute science se place à un de ces quatre points de vue, la description des phénomènes immédiats, la détermination des propriétés plus cachées, l'observation des variations, et enfin la recherche des causes intimes et de leur action ; Ampère en déduit un peu gratuitement une division dychotomique dans toutes ses parties. Ainsi les sciences, ayant pour objet le monde matériel et la pensée, sont cosmologiques ou noologiques, et les unes comme les autres se bifurquent en règne, sous-règne, embranchement, sous-embranchement, dernière section qui contient deux par deux les sciences de premier, deuxième, troisième ordre. Peut-être une sévère analyse prouverait-elle que l'auteur a été obligé, pour maintenir la dualité dans

---

[1] *Essai sur la philosophie des sciences, ou Exposition analytique d'une classification naturelle de toutes les connaissances humaines.* 1 vol. in-8° en deux parties, 1834-1843. Nous mentionnerons encore deux tentatives du même genre, l'une de Bentham, *Essai sur la nomenclature et la classification des principales branches*, etc. Paris, 1823, in-8°, et l'autre du P. Ventura, *De Methodo philosophandi*, p. 906 ; Rome, 1828.

chaque cadre, d'isoler des parties ou questions scientifiques qui ne forment point une science à part et ne méritent pas l'appellation spéciale et quelquefois bizarre qu'il choisit et quelquefois imagine pour la désigner. Mais s'il est impossible de ne pas admirer combien ce travail, obscur et singulier si l'on veut, atteste de force et de pénétration d'esprit, combien il est supérieur à tout autre pour la profondeur du savoir qu'il suppose, il faut reconnaître qu'il y a peu de chose à en conclure, peu de parti à en tirer, et qu'Ampère, comme Bacon, a été au moins une fois obligé de changer, sans le vouloir ou sans en avertir, de fil dans ce labyrinthe. Je cherche en vain un rapport entre les quatre points de vue qui servent à caractériser spécifiquement les sciences, et la grande dychotomie des sciences cosmologiques ou noologiques. Mais il se peut que toute classification encyclopédique soit inévitablement passible d'une critique analogue. Diderot avait déjà montré par des considérations toute pratiques[1] l'impossibilité d'un ordre parfait dans le classement des sciences et des arts, et le peu d'utilité de cet ordre parfait, s'il était possible.

La philosophie qui a pris le nom de *positive* simplifie suivant son usage la difficulté en élaguant tout ce qui la gêne. Après avoir distingué le travail d'action du travail de spéculation et partagé nos connaissances réelles en théoriques et pratiques, M. Auguste Comte admet comme philosophie première l'observation du système des conceptions fondamentales re-

---

[1] Voyez, dans son Dictionnaire, l'article *Encyclopédie*.

latives aux divers ordres de phénomènes. Mais il laisse ce cadre vide, et sans explication ni preuve, il déclare qu'on ne peut admettre moins de six sciences, et il en nomme cinq. L'ordre auquel on doit les soumettre doit résulter de la dépendance des études scientifiques, laquelle résulte elle-même de la dépendance des phénomènes correspondants. Mais avant les cinq sciences, il en place une sixième, les mathématiques, comme base fondamentale de toute la philosophie naturelle, et c'est par le calcul qu'il commence [1]. Il n'y a rien de rigoureusement motivé dans cette ordonnance, et l'on ne voit pas bien comment les mathématiques sont le préalable nécessaire d'un ensemble où figure après l'astronomie et la physique, la biologie et la *sociologie* auxquelles elles ne s'appliquent pas. Mais cette encyclopédie n'a pas besoin d'être examinée, tant que la philosophie positive n'aura pas démontré son principe.

Ce système, comme tout système de division, fait une première violence à la nature des choses. Suivant la remarque de Bacon lui-même [2], les objets des sciences sont simultanés et liés entre eux par des relations ainsi que les facultés qu'elles mettent en jeu. Il suit que les sciences elles-mêmes se tiennent entre elles sans solution de continuité, et même rentrent par plusieurs côtés les unes dans les autres. La division généalogique ou synoptique suppose le contraire, et met la succession à la place de la coexistence.

---

[1] *Cours de phil. positive*, t. I, 2ᵉ leçon, p. 50-87. 2ᵉ éd. 1852.
[2] Voyez ci-dessus, l. II, ch. III, p. 211.

Cette critique, bien développée par l'auteur d'un ouvrage distingué sur la philosophie des sciences [1], s'applique particulièrement au système de Bacon, modifié par d'Alembert. Mais en étudiant, comme il la nomme, cette division tripartite, M. Cournot croit y apercevoir le contraste de deux éléments dans le système général de nos connaissances, l'élément philosophique et l'élément scientifique. La philosophie considère l'origine de nos connaissances et cherche à pénétrer la raison des faits. La science recueille, constate, coordonne ces faits mêmes, et cherche à les combiner méthodiquement en corps de doctrine. C'est la seconde surtout qui a besoin de l'observation et de l'expérience. Mais si l'une peut être distinguée de l'autre, chacune d'elles a besoin de l'autre, et toutes deux se retrouvent en de certaines proportions dans chaque branche des connaissances humaines. La forme du développement de l'esprit humain à travers ces connaissances mêmes est successivement la religion, l'art, l'histoire, la philosophie, la science. Ces cinq choses se suivent assez bien dans l'ordre chronologique; elles ne commencent point ensemble, mais ensemble elles se continuent. Ce n'est pourtant pas suivant cet ordre, qu'à l'époque où nous sommes, on peut ranger les diverses parties du savoir humain; et il faut se résigner à partager les sciences d'après leurs objets en cinq groupes, qui sont les sciences

---

[1] Cournot, *Essai sur les fondements de nos connaissances*, ch. XVI, 243, t. II, p. 71. Voir aussi les observations de M. Henri Martin qui ne s'est d'ailleurs occupé que des sciences naturelles. *Phil. spir. de la nat.*, t. II, part. II, ch. XXXV.

mathématiques, les sciences physiques et cosmologiques, les sciences biologiques et l'histoire naturelle, les sciences noologiques et symboliques, enfin les sciences politiques et l'histoire proprement dite. Dans le tableau où il les encadre, ces groupes, rangés pour ainsi dire horizontalement, sont partagés en trois séries, la série théorique, la série cosmologique et historique, la série technique ou pratique; de sorte que la continuité des points scientifiques peut être jusqu'à un certain degré suivie dans deux sens différents, de bas en haut et latéralement.

Malgré toute la sagacité dont l'auteur a fait preuve, malgré l'art qu'il a mis à échapper aux objections encourues par d'autres classifications encyclopédiques, il connaît trop bien, il a trop savamment lui-même exposé les obstacles, ce semble, invincibles, qui s'opposent à la perfection d'une telle œuvre, pour ne pas nous permettre de répéter que la sienne, comme celle de Bacon et celle d'Ampère, nous confirme dans la persuasion que l'utilité n'égale pas la difficulté de l'entreprise et que la difficulté surpassera probablement toujours le mérite du résultat.

Il y a trois ordres d'idées ou de faits qui peuvent servir de base à une encyclopédie : les objets tels que la réalité universelle les offre à la connaissance; les sciences de ces objets, telles qu'elles existent actuellement, telles que les a historiquement constituées l'esprit humain; enfin les facultés de ce même esprit, en tant qu'elles se rapportent à ces sciences et à ces objets. Par suite, l'encyclopédie peut être, pour ainsi parler, psychologique, méthodologique, ontologique. En bonne règle, il semble que les objets et les sciences devraient exactement coïncider, et l'esprit humain étant le même, soit qu'il forme les sciences, soit qu'il se porte sur les objets, toutes ses facultés devraient se retrouver en action dans toutes les parties de la connaissance. Mais il n'en est pas absolument ainsi; la nature des objets est trop diverse, leur nombre trop grand, pour qu'ils soient tous également et uniformément connus. Les sciences ne se développent pas d'une manière systématique, et ne marchent point du même pas. L'utilité et la facilité de toutes n'est pas égale. Des circonstances de tous genres hâtent ou retardent, infléchissent ou rectifient leur cours. Enfin les facultés ne se rangent pas toujours sur la même ligne; elles different d'activité et de puissance selon les individus, les temps, les nations, les applications qui les sollicitent. Aussi voit-on que les encyclopédies varient entre elles, suivant que l'on adopte tel ou tel de ces trois points de vue, qui cependant ont entre eux tant de rapports que presque toujours l'ordonnateur des connaissances humaines s'y place tour à tour et passe de l'un à l'autre, souvent même à son insu. Il est évident qu'une harmonie, une ressemblance, même une identité entre les divisions puisées à cette triple source serait le signe d'une classification parfaite, et si l'on y pouvait atteindre, ce n'est pas seulement l'art spécial de l'encyclopédiste, c'est la science même, la science universelle et absolue qui aurait fait un grand progrès. Ce serait preuve que nous en saurions beaucoup plus sur l'homme et sur les choses que nous n'en savons, que peut-être nous n'en pouvons savoir, et la relation de l'être et du connaître se montrerait sans voile à nos yeux.

C'est en anticipant ce degré idéal de connaissance qu'on a pu supposer, et faisant thèse de l'hypothèse, affirmer, que tout le *procès* (*processus*) de l'inconnu au connu était achevé, que la sphère entière du savoir et des choses était parcourue, que l'esprit était en pleine possession de la nature ; et osant encore plus, on a dit qu'il lui suffisait pour cela de la pleine possession de lui-même, et que non-seulement les divisions des choses et des sciences coïncidaient, mais qu'il y avait entre les objets, les sciences, les facultés, réelle identité. Tel est le point de vue supérieur de Hegel, et la base de sa célèbre encyclopédie des sciences philosophiques. L'expression la plus générale de cette triplicité de formes, de moments, ou de stations, qu'il regarde comme les trois points du développement nécessaire de l'existence, est celle-ci en langage vulgaire : l'être devient une chose, et cette chose une notion ; ou quelque chose, — une chose, — une chose connue ; ou enfin, comme il dit, être, essence, notion [1]. Cette formule, dont il a tiré des applications si nombreuses, si heureuses, si hasardées, si folles, peut, on le conçoit, être prise comme la base d'une encyclopédie impliquant l'identité en soi de la pensée et de ses objets. Mais quelle que soit la grandeur de l'œuvre de Hegel, ce n'est encore qu'une tentative, une tentative qui par son principe comme par ses

[1] Seyn. — Wesen. — Begriff.

conséquences est impraticable dans les conditions de l'humanité. Cependant elle ne s'en rapporte pas moins à un certain idéal que nous ne devons pas proscrire. Cet idéal est l'unité de l'être et du savoir, en ce sens que, si l'on compare l'un aux figures et l'autre au miroir qui les réfléchit, la même géométrie est commune à l'objet et à l'image. Ce qui est connu devient connaissance dans l'esprit, et ce qui connaît est une chose aussi bien que ce qui est connu. Il y a donc entre tout une certaine unité, quoiqu'il n'y ait pas identité de substance. C'est là le principe suprême de toute encyclopédie comme de toute science, et l'on ne peut prétendre qu'il ait tout à fait échappé à Bacon, lorsqu'il a dit que la vérité de l'être et du connaître ne faisaient qu'un, et ne différaient que comme le rayon direct et le rayon réfléchi.

CHAPITRE III.

De l'induction.

I

L'ordre encyclopédique dont Bacon a tracé le tableau avait pour but principal de mettre en lumière la puissance universelle de la méthode ou de l'art d'interpréter la nature. Mais ce but, Bacon nous laisse ignorer de quelle manière il a cru l'atteindre. Si en effet la méthode inductive est universelle, quel rapport a-t-elle avec la poésie? Si la logique est une science, comment l'induction peut-elle servir à l'établir, et en est-elle le principe ou le fondement? Les mathématiques sont-elles aussi, comme les sciences naturelles, des sciences inductives, et d'où vient qu'elles passent pour appuyées sur des vérités nécessaires? Autant de points sur lesquels Bacon garde le silence. Enfin la philosophie a des parties qu'il ne supprime pas, mais qu'il effleure ; il y a des sciences métaphysiques, entre autres une théologie naturelle. La raison, il en convient, aurait, même sans consulter la foi, beaucoup à nous apprendre sur l'essence de l'âme, sur l'origine de ses facultés et de ses idées. L'homme intérieur fait partie de cette nature universelle qu'il nous enseigne à interpréter. Est-ce encore ici la méthode de l'induction qui doit seule guider nos recherches ? On soutient aujourd'hui que l'expérience, l'observation, l'induction sont des procédés psychologiques, et les seuls propres à fonder la science de l'esprit humain sur de solides bases. Cette idée est même donnée comme une conséquence de la philosophie baconienne. Je veux n'en rien contester à Reid, à Stewart, ni aux habiles interprètes qu'ils ont trouvés parmi nous. Mais cette idée, si elle est venue à l'esprit de Bacon, y est restée confuse. Il est loin d'avoir assez profondément analysé sa méthode pour nous la montrer dans son essence, et nous faire reconnaître et saisir en elle un souple et puissant ressort capable de tout soulever et de tout mouvoir. Sous ce rapport, sa classification encyclopédique ne sert qu'à nous faire soupçonner l'insuffisance de l'instrument qu'il nous propose, pour percer des galeries praticables dans la mine immense des connaissances humaines.

Mais cet instrument lui-même, l'a-t-il bien connu et fidèlement décrit ? Sa méthode a-t-elle toutes les vertus qu'il lui prête ? De l'aveu général, il a créé la philosophie de l'expérience. Ce n'est pas à Hobbes où à Gassendi que je le demande ; ce n'est pas à d'Alembert et à Voltaire ; ce n'est pas même à Reid ou à Stewart : c'est l'avis de Leibnitz et de Kant. Le monde savant n'a eu pour Bacon, depuis deux siècles, que des paroles de reconnaissance. Ne soyons pas seul à être ingrat. Oui, la nature n'est qu'un grand fait. Tout fait est en lui-même ou dans ses conséquences, ses effets ou ses relations, susceptible d'observation.

L'expérience, c'est ce qui nous arrive au contact des faits. Si l'attention se porte sur ces faits et sur ce qui nous arrive, l'expérience attentive, c'est l'expérience observatrice. Si, guidée et appuyée par l'observation et l'expérience, la réflexion soumet de plus en plus les phénomènes au contrôle de la raison, si elle les dirige à la fois et les suit, s'y montrant à la fois supérieure et fidèle, l'expérience, l'observation, la raison, deviennent méthodiques; la science est constituée. Mais quel est l'acte propre de la raison dans la science? ou plutôt, comment la réflexion met-elle à profit l'observation et l'expérience? Quelle est en un mot sa manière d'opérer? On nous répond : l'induction.

Donnons acte à Bacon de la réponse : « L'analyse et la philosophie naturelle, dit Laplace, doivent leurs plus importantes découvertes à ce moyen fécond que l'on nomme induction. Newton lui est redevable de son théorème du binôme et du principe de la gravitation universelle[1]. » Ce témoignage suffirait à la gloire de Bacon.

Mais Bacon a été amené par la critique à l'idée de sa méthode. Il a accusé les sciences de s'être égarées jusqu'à lui; l'expérience n'était qu'un empirisme sans règles; la raison n'était que la réflexion dans le vide. Il fallait une méthode qui fût le lien de la raison à l'expérience, de la réflexion à l'observation; cette méthode était l'induction, non pas celle des anciennes logiques, cette *mala inductio* toujours stérile, mais

---

[1] *Ess. phil. sur les probabilités*, édit. de 1819, p. 243.

une vraie, une nouvelle induction dont la règle principale est qu'elle doit être graduelle. Au lieu de s'élever d'un bond aux plus hautes généralités, elle doit monter un à un tous les échelons de la généralisation. C'est là le caractère distinctif qu'il assigne à cette méthode encore à trouver avant lui, *excogitanda*, et qui est peut-être toute sa découverte [1]. Il n'aurait fait alors qu'indiquer une manière de mieux pratiquer l'induction ; mais il pensait avoir obtenu bien davantage. Ce que n'avait point fait l'*Organon* d'Aristote, le sien venait l'accomplir, et d'imposants témoignages ont confirmé ses espérances. « Après que les hommes, dit Reid, eurent travaillé à la recherche de la vérité pendant deux mille ans avec l'aide du syllogisme, lord Bacon proposa la méthode de l'induction comme un instrument plus puissant. Son *Novum Organum*... peut être considéré comme une seconde grande ère dans le progrès de la raison humaine [2]. »

Cette opposition entre le syllogisme et l'induction, entre Aristote et Bacon, est comme une phrase faite partout répétée. Il faut savoir si elle est vraie, et avant de distinguer de l'induction la méthode inductive, rappeler ce qu'est l'induction même.

Tout le monde sait que c'est une conclusion du particulier au général, et l'on sait également que cette

---

[1] Voyez ci-dessus, liv. II, ch. II et IV. Cf. *De Augm.*, V, IV ; *Nov. Org.*, I, 69 et 105 ; *Cogit. et Vis.*, XIV, t. I, p. 270, et t. II, p. 32, 63 et 375.

[2] *Account of Aristot. Log.*, ch. VI, sect. II ; *Inquiry into the hum. mind*, ch. VI, sect. XXIV. Cf. les notes de Hamilton, *Reid's Works*, p. 712, et Tagart, *Locke's writings*, p. 338.

manière de raisonner est hasardeuse et ne doit être employée qu'avec précaution. Reid ajoute qu'elle prouve d'une manière probable et non démonstrative, et que la preuve probable est le fondement de la connaissance humaine, quand celle-ci remonte des phénomènes aux lois de l'univers, c'est-à-dire à des vérités générales, contingentes de leur nature, puisqu'elles dépendent de la volonté du Créateur du monde. Mais cette raison qui a sa force, qui frappait Descartes et Leibnitz [1], et dont l'équivalent ne se rencontre pas dans Bacon, ne touche pas essentiellement à l'originalité de sa méthode, et il reste à demander, puisque l'induction est un raisonnement, si même avant Bacon, la logique ne connaissait pas quelque raisonnement de cette forme. Apparemment elle en connaissait, ou l'on aurait dit faussement que Socrate faisait grand usage de l'induction, et Aristote l'aurait à tort comprise au nombre des arguments réguliers et placée sur la même ligne que le syllogisme [2]. Nul n'ignore que le syllogisme ordinaire part d'une proposition plus générale que sa conclusion; cette pro-

---

[1] Ἐπαγωγὴ δὲ ἡ ἀπὸ τῶν καθ' ἕκαστων ἐπὶ τὰ καθ' ὅλου ἔφοδος. *Top.*, I, xii, 4. Hæc ex pluribus perveniens quo vult appellatur *inductio*, quæ grece ἐπαγωγὴ nominatur; qua plurimum est usus in sermonibus Socrates. (Cic., *Top.*, X.)

[2] Il y a, comme on l'a remarqué, un peu d'équivoque dans Aristote, qui tantôt oppose le syllogisme à l'induction, ἀντίκειται ἡ ἐπαγωγὴ τῷ συλλογισμῷ, tantôt fait de celle-ci une sorte de syllogisme, le syllogisme par induction, ὁ ἐξ ἐπαγωγῆς συλλογισμός. L'induction peut sans doute, quant à sa forme, rentrer dans la définition générale du syllogisme ou plutôt du raisonnement, et Hamilton dit en ce sens : « L'induction est toujours un syllogisme. » (*Loc. cit.*) Mais alors le syllogisme est un genre dont

position est son principe, et c'est pour ce motif que le syllogisme, qui prend son principe comme il le trouve, qui le reçoit et ne le crée pas, a été de tout temps déclaré impropre à l'invention des principes. Et comme l'induction, tirant une conclusion plus générale de propositions moins générales, était le contraire du syllogisme, il a paru qu'elle devait être le moyen de trouver les principes. C'est en effet ainsi qu'Aristote en a parlé, et Bacon semble le répéter sous une autre forme, quand il décrit l'ascension graduelle de l'induction aux axiomes [1].

La sensation et la mémoire, au dire d'Aristote, donnent à l'homme l'expérience. Plusieurs souvenirs constituent une expérience, et l'expérience en général commence la science et l'art. D'un grand nombre de notions expérimentales se forme une conception générale qui s'applique à tous les cas semblables. Ainsi se compose par exemple la science de la médecine, et par suite l'art de guérir. L'expérience est la connaissance des choses particulières, et l'art suppose celle du général. Les hommes d'art passent pour plus sages que les hommes d'expérience, parce que les uns connaissent la cause, tandis que les autres l'i-

---

le syllogisme proprement dit est l'une des espèces, et l'induction ou syllogisme renversé est l'autre. (*Pr. Analyt.*, I, 1, 8.) La définition spéciale de l'induction se trouve au livre II, XXIII, 1 et 2. (Cf. *Sec An.*, I, 1, 3, et XVIII, 1; *Topic.*, I, VIII, 1 et 2, XII, 2; *Eth. Nic*, VI, III, 3.) Ce point de la doctrine, ou plutôt de la terminologie aristotélique, ne paraît pas avoir toute l'importance que lui attribue M. Gratry dans sa *Logique*. (Liv. IV, ch. 1, t. II, p. 29.)

[1] Voyez ci-dessus, p. 241, et surtout *Cogit. et Vis.*, XVIII, t. II, p. 387.

gnorent, et la sagesse est chez tous les hommes en raison du savoir. La science, cet intermédiaire nécessaire entre l'expérience et l'art, est donc la connaissance de l'universel, ou plutôt il n'y a de science que de l'universel. Nous ne pouvons apprendre que par induction ou démonstration. La démonstration se tire de principes universels ; l'induction, de cas particuliers. Or il est impossible de connaître les principes universels, autrement que par l'induction. La sensation n'atteint et ne donne que des choses particulières ; la science ne s'acquiert donc point par la sensation. Mais l'induction a besoin des choses particulières, car l'universel se forme évidemment de la réunion de plusieurs cas particuliers, et l'induction ne les tient que de la sensation. Il n'y a donc point d'induction sans la sensibilité, et comme il n'y a pas d'universels sans induction, ni de science sans universels, la sensation sert et importe à la science ; elle y contribue, mais elle n'est pas la science et elle ne la donne pas [1].

On pourrait demander aux disciples anglais et même écossais [2] de Bacon en quoi, jusqu'ici, sa doctrine diffère pour le fond de celle d'Aristote. Il y a même entre eux ce rapport que l'un et l'autre ont été accusés d'avoir ramené toute la connaissance à la sensibilité. Et ce reproche, Aristote le justifie à un certain point, lorsqu'après avoir reconnu que toute connais-

---

[1] *Met.*, I, 1, 4, etc.; *Sec. An.*, I, XVIII, 1, et XXXI, 1-7 ; II, XIX, 1-7.

[2] Notamment D. Stewart, *Phil. of mind.*, part. II, ch. IV, sect. II.

sance suppose des notions antérieures, il se demande si les principes immédiats, sans lesquels on ne peut rien savoir démonstrativement, sont innés, et se prononce pour la négative. La sensibilité, ajoute-t-il, innée chez tous les animaux, a chez quelques-uns le pouvoir de persister dans la sensation, après l'acte même de sentir, en sorte que la raison se forme par la persistance de la sensation, et que c'est là ce qui constitue l'animal raisonnable ou l'homme. Ainsi le principe de la science vient de l'expérience, la connaissance des principes vient uniquement de la sensation. En résumé, l'induction nous fait connaître les principes, et c'est ainsi que la sensation elle-même produit en nous l'universel.

Il est impossible de ne pas se rappeler, à propos de la sensation persistante d'Aristote, la sensation transformée d'un métaphysicien français. Plus d'un passage à la vérité des œuvres du philosophe grec dément ou affaiblit ce qu'on vient de lire. Mais il a le premier comparé l'âme à des tablettes où rien n'est écrit, comparaison qui nous a valu la fameuse *table rase*, et il est allé jusqu'à positivement articuler que la raison naît de la persistance des sensations[1].

Bacon, heureusement pour lui, ne s'est point posé la question formelle de l'origine interne de nos con-

---

[1] *De Anim.*, III, IV, 11. Γίνεσθαι λόγον ἐκ τῆς τῶν τοιούτων (αἰσθανομένων) μονῆς. (*Sec. An.*, II; XIX, 5.) Au chapitre même où il combat toute *innéité* dans les principes, on trouve cependant des passages où, comme dans celui-ci, il dit que l'âme est τὸ ἓν παρὰ τὰ πολλά, 5, et deux assertions aussi différentes que les suivantes : ἐκ... ἐμπειρίας... ἀρχὴ... ἐπιστήμης, 5, et νοῦς... ἐπιστήμης ἀρχή, 8.

naissances, et même il admet une certaine anticipation de la raison qui doit précéder l'interprétation de la nature, une prénotion générale, sans laquelle aucune question ne pourrait être comprise, aucune solution reconnue, et il semble comprendre le *Menon* mieux que n'ont fait Aristote et saint Thomas [1]. On ne saurait donc, sans injustice, l'accuser d'avoir tout réduit à l'empirisme et dérivé de la sensation toute la raison. Mais, à cela près, sa description de la formation de la science diffère peu de celle d'Aristote. Il est vrai que, jugeant du péripatétisme par la scolastique et de la scolastique par ses fruits, il a vu le syllogisme et l'induction décrits par Aristote, mais également stériles, l'un dominant, l'autre dédaignée ; il s'est persuadé que l'un avait été pris pour seule méthode scientifique, que l'autre, mal enseignée, avait été mal comprise ; et ce double reproche, grâce à lui, pèse encore sur la mémoire de la scolastique. Il n'est pas exact qu'elle ait tant parlé d'une méthode syllogistique. Pour elle, comme pour tout le monde, le syllogisme n'était qu'un mode démonstratif d'exposition plutôt qu'un procédé de découverte, mais elle en abusait et s'oubliait dans les détours infinis de la déduction. Quant à l'induction, elle en négligeait l'usage, moins par erreur de logique que parce qu'elle demandait à l'autorité, non à l'observation, les principes immédiats de la science. Or, cette autorité était au fond celle d'Aristote, et « le *prince* des

---

[1] *De Aug.*, I, init., V, III, t. I, p. 37 et 265 ; *Nov. Org.*, præf., 5, t. II, p. 7. Cf. Arist., *Pr. Anal.*, II, xxi, 7 ; Aquin., *Summ.*, I, q. 84, a. 5.

philosophes, le *génie* de la nature, dit Malebranche, au lieu de faire connaître, par des idées claires et distinctes, la véritable cause des effets naturels, établit une philosophie païenne sur les idées fausses et confuses des sens ou sur des idées trop générales pour être utile à la recherche de la vérité [1]. » Voilà la juste critique. C'est la tendance métaphysique d'Aristote plutôt qu'une théorie fausse ou incomplète de l'induction qui égara si longtemps l'esprit humain hors de la voie des découvertes ; et quand Bacon s'en prend surtout à l'*Organon* et aux vues du Stagirite sur la méthode, l'expérience et la recherche des principes, lorsqu'il prétend tout réduire au remplacement de sa logique par une autre, il ne se montre ni juste, ni exact, ni pénétrant, ni même original [2].

---

[1] *Rech.*, VI, v. Voyez tout ce chapitre sur la physique d'Aristote, et aussi le jugement de M. Henri Martin sur la méthode des anciens. (*Phil. spir. de la nat.*; part. I, ch. IX, t. I, p. 114-118.)

[2] Consulter le jugement, sévère dans sa justice, de M. Barthélemy Saint-Hilaire sur Bacon, en ce qui touche la logique. (Préface de sa traduction de l'*Organon*, t. I, p. CXI-CXXII.) Joseph de Maistre a entrevu qu'Aristote s'était mieux entendu lui-même que Bacon. Mais distinguant ensuite deux inductions, il attribue à Bacon celle d'Aristote et réciproquement, et dit de la dernière qu'il prend pour le syllogisme tout le mal possible. M. Gratry relève cette méprise, sans pouvoir s'empêcher de dire que M. de Maistre a jugé l'induction de Bacon avec le coup d'œil du génie. Le vrai, c'est qu'il n'y a pas d'induction de Bacon. (*Logiq.*, IV, 1; t. II, p. 35.)

II

On a coutume de prendre pour type du raisonnement parfait le syllogisme catégorique, c'est-à-dire une conclusion du général au particulier. Du particulier, n'est-il donc possible de rien conclure régulièrement? Soit donnée pour majeure une proposition qui énonce un fait d'expérience, la logique interdirat-elle d'abord d'en inférer la possibilité générale du fait, ou, ce qui revient au même, les propriétés que le fait suppose dans le sujet? Si un certain homme est mort, est-il téméraire d'en conclure qu'il pouvait mourir, et, par suite, que l'homme en général n'est pas nécessairement immortel ou qu'il n'y a pas contradiction entre l'humanité et la mort? C'est un principe trivial de logique que de l'acte à la possibilité, *ab actu ad posse*, la conséquence vaut. Ceci ressemble fort, si je ne me trompe, à une conclusion plus générale que son principe. La conception générale de mortalité est rattachée à la perception d'une mort particulière, et appliquée, en vertu d'un seul exemple, à tous les êtres qui se rencontreront avec les mêmes caractères spécifiques, soit comme une propriété qui leur appartient, soit comme un accident compatible avec leur nature. On peut appeler cette inférence une induction, en tant qu'elle va du particulier au général. Seulement on remarquera qu'elle a les formes extérieures du syllogisme, quoiqu'il fût malaisé de la composer uniquement avec les sensations persistantes d'Aristote. C'est la raison seule, faculté de l'universel, qui généralise ainsi. De quel droit? Nous le chercherons. Ici, bornons-nous à remarquer que le type unique du raisonnement concluant n'est pas celui où la conclusion est moins générale que les prémisses.

En second lieu, dès lors que le syllogisme conclut du général au particulier, il faut que des propositions générales lui soient données pour principes. Or, comment lui sont-elles données? d'où viennent-elles? A moins de prétendre qu'elles se trouvent *à priori* dans l'esprit humain, ce que ne prétend pas la logique, celle-ci ne saurait rendre raison de leur présence parmi nos pensées, si elle ne connaît une forme de raisonnement qui les donne. Ce raisonnement existe; c'est le *syllogisme épagogique*, en vertu duquel, plusieurs faits individuels étant donnés par l'expérience et exprimés par une seule et même proposition, on peut, de cette proposition collective, faire disparaître tout ce qui est individuel et sortir une conclusion purement générale. De ce qu'un cheval, un zèbre, un âne sont mortels, et de ce qu'ils sont des animaux, il suit que des animaux sont mortels. Cette conclusion inductive : *des animaux sont mortels*, peut ensuite être reprise à titre de proposition générale et devenir le principe d'un syllogisme tel que celui-ci : « Des animaux sont mortels, ce cheval est un animal, ce cheval est mortel. » Si j'entends seulement qu'il n'y a pas contradiction entre la nature de son espèce et la mort, qu'en tant qu'animal, l'immortalité n'est pas de son essence, l'argument est régulier. On voit, par cet exemple, que le syllogisme et l'induction ne sont pas contradictoires, que l'un seulement est l'inverse de l'autre, ou, si l'on veut, que l'un et l'autre sont deux espèces de syllogisme.

C'est à peu près tout ce qu'on peut tirer de la logique pure. Comme elle est la science formelle du raisonnement, elle ne saurait admettre que des manières de raisonner rigoureuses. Sir William Hamilton a déployé toute sa sévérité contre quiconque se permettait d'introduire en logique une autre induction que l'induction parfaite [1], celle dont la majeure affirme une même chose de certains individus ou de certains cas, dont la mineure énonce que ces individus ou ces cas sont les parties d'un tout, et dont la conclusion attribue au tout ce que la majeure vient d'assigner aux parties. Tel est le type de l'induction, celle de la logique pure. Mais personne, pas même Aristote, n'a pu encore se condamner au système cellulaire de la logique pure, et considérer exclusivement la forme du raisonnement, sans jeter un regard sur sa matière. On n'a pu s'empêcher de compléter l'abstraction logique par l'observation psychologique, et les logiciens ont commis l'inconséquence obligée de mentionner ce raisonnement de forme inductive, souvent inexact, mais susceptible d'une approximation indéfinie, ce raisonnement que nous répétons toutes les fois que nous affirmons un fait universel, à cause de certains faits particuliers. Comme notre connaissance des choses réelles commence par la per-

---

[1] *Discus. of philos.*, IV, Logic., p. 156-175.

ception successive des choses particulières, et que le syllogisme a besoin que l'induction lui fournisse des majeures, s'il fallait attendre pour les avoir le dénombrement de la totalité des faits de chaque ordre, la vie entière et des millions de vies mises bout à bout s'écouleraient avant qu'un homme hasardât un seul raisonnement. Le rigorisme de la théorie peut donc proscrire l'induction imparfaite; mais la science réelle doit en tenir compte, et Bacon, en particulier, eût été bien embarrassé d'avoir à la proscrire. On verra qu'il ne se rendait pas un compte sévère de la nature des sciences formelles, c'est-à-dire des sciences exactes. En tout, il cherchait à prendre les choses telles qu'elles sont, et il voyait pratiquer dans la vie, et même dans la science, un raisonnement inductif sans rigueur, mais persuasif. Il avait, en outre, pu lire dans quelque logique, dans celle même d'Aristote, qu'il existait un syllogisme improprement dit, argument imparfait, qui était peut-être le raisonnement le plus clair pour nous [1]. Tout le monde sait, par expérience, que la raison est toujours portée, souvent forcée à généraliser des faits particuliers. Plus ils sont nombreux, plus ils se ressemblent, et plus cette généralisation exerce d'autorité sur notre esprit. Mais, même formée sur des bases insuffisantes, hors des conditions rigoureuses de la logique, elle est en

---

[1] *Pr. An.*, II, xxiv, 5. « L'induction n'est jamais un moyen d'acquérir une science parfaite. » (*Logiq. de Port-Royal*, part. III, ch. XIX, § 9.) « L'induction est un syllogisme imparfait; l'exemple est une induction imparfaite. » (S'Gravesende, *Art de raisonner*, ch. IX, 1235, 1236; *Œuv. phil.*, 1774.)

usage, et elle n'est pas sans puissance. C'est un fait d'observation dans la vie réelle de l'esprit humain.

Mais si l'induction dans la pratique est un raisonnement sans rigueur, inexact, défectueux, on peut le concevoir exact, et c'est comme tel que la logique l'admet et le décrit.

Son essence est bien celle-ci : tandis que la déduction est la conclusion du général au particulier, l'induction est la conclusion du particulier au général. On a contesté la distinction, on a voulu que tout raisonnement ne fût au fond qu'une inférence de plusieurs cas particuliers à un nouveau cas particulier. De même que pour Hamilton toute induction est un syllogisme, pour M. Mill, tout syllogisme ne serait originairement qu'une induction. Car, dit le dernier, dériver un cas particulier d'une proposition universelle, c'est ne rien dériver du tout ; il n'y a pas là de raisonnement effectif ; la conclusion n'est qu'une réassertion partielle de ce qui est affirmé universellement dans le principe du syllogisme. Mais c'est oublier, il me semble, que la force du syllogisme réside dans la mineure, et que le point délicat est presque toujours de savoir si l'individu ou le fait particulier dont on raisonne fait réellement partie de la totalité dont la majeure affirme une vérité générale. Suivons l'usage de prendre pour type de la forme rigoureuse du raisonnement ce qu'on appelle le syllogisme de la première figure. Exemple : « Tous les hommes sont mortels. — Seth est homme. — Seth est mortel. » C'est là un raisonnement, et ce n'est pas, quoiqu'on en ait dit [1], une pétition de principe. On soutient que la conclusion est déjà affirmée dans la première proposition, la mortalité de Seth étant comprise dans celle de l'humanité tout entière. Cela est vrai dans la réalité; mais le syllogisme n'est pas l'expression de l'ordre des faits, il est l'expression de la loi formelle de la pensée, il est relatif à l'esprit humain. Je sais que tous les hommes sont mortels : il ne s'ensuit pas nécessairement que je sache que Seth soit un homme. Je lie ces deux connaissances obtenues séparément, et par la seconde je dérive de la première la connaissance d'un fait qui était effectivement compris dans le fait général exprimé par la première, mais qui n'y pouvait être aperçu qu'à la condition de la seconde; et ce fait, c'est que Seth est mortel. La connaissance ainsi obtenue est appelée *discursive*, précisément parce qu'elle résulte d'une certaine marche, d'un certain *cours* de la raison, quoique les choses auxquelles elle s'applique soient simultanées et ne se dérivent pas nécessairement les unes des autres comme les notions qui s'y rapportent. Le syllogisme, encore une fois, est une loi de l'esprit, non de la réalité, quoiqu'il y ait un certain rapport d'analogie ou de ressemblance entre la réalité et l'esprit. En effet, l'esprit n'est fondé à déduire le particulier du général que parce que les choses ont une essence stable au

---

[1] Campbell, D. Stewart. — Voyez Whately, *Elem. of logic*, liv. IV, ch. II, § 1, p. 239, 9e édit., 1848, et Stuart Mill, *System of logic*, l. II, ch. III, 2; t. II, p. 245, et *passim*. Cette objection, qui irait à l'annulation de la logique même, a été réfutée par sir W. Hamilton, *Disc. of phil.*, Append. II, p. 652.

milieu de leurs différences individuelles, essence ou nature dont la stabilité permet de les classer par genre et d'en affirmer quelque chose généralement. La logique suppose une métaphysique conforme.

Reste à expliquer comment nous obtenons le principe du syllogisme. Aucun n'est moins douteux que celui-ci : « Tous les hommes sont mortels; » et l'on sourirait tristement de cette question : « Comment le savez-vous ? » Il faut cependant convenir que nul n'a vu ni ne verra mourir *tous* les hommes, et que s'il faut l'observation universelle des faits pour conclure à leur réalité universelle, on peut conserver des doutes sur le point le moins incertain de l'humaine condition. Si toutefois le monde s'était arrêté après la seconde génération, l'être qui aurait vu mourir le dernier des fils d'Adam, aurait légitimement appuyé sur une complète énumération des faits la mortalité du genre humain. Supposez une collection artificielle dont la totalité puisse être connue avec exactitude; un tribunal, une académie, l'énumération complète donnera à la sommation une généralité légitime. Seulement l'argument n'ajoutera point par cette conclusion beaucoup de connaissance à celle qui résulte du principe. Il ne fera guère que répéter sous forme sommatoire ce qui est exprimé divisément dans la première proposition. Le raisonnement n'est dans ce cas qu'un procédé de généralisation.

On remarquera qu'il n'est pas indispensable de savoir; il suffit de croire que le dénombrement est complet. Le raisonnement qui suggère que l'espèce humaine est mortelle, est et demeure aussi exact de forme dans les deux cas. Comme source de connaissance, il n'est valable qu'à la condition que le principe soit vrai. Mais on a raison de dire que le syllogisme ne fournit aucun moyen de contrôler la vérité de son principe. Cependant il reste que la conclusion peut énoncer d'une manière générale ce qui est exprimé dans les prémisses par voie de dénombrement. Il y a déjà là une certaine conclusion du particulier au général, et nous arrivons à l'induction.

III

« Adam, Ève, Caïn, Abel sont mortels. — Adam, Ève, Caïn, Abel sont tous les hommes. — Tous les hommes sont mortels. » Ce syllogisme est l'équivalent de celui-ci. « A, B, C sont blonds. — A, B, C sont tout le tribunal — tout le tribunal est blond. » Qu'on ne dise point que c'est une pure tautologie. Changez l'ordre dans lequel le raisonnement est disposé. Supposez avec sir W. Hamilton l'ordre que voici, et qui se présente peut-être plus naturellement: Question : « Est-ce que tout le tribunal est blond ? — Réponse : « Oui (ou tout le tribunal, etc.); car A, B, C sont tout le tribunal, et A, B, C sont blonds. » On voit que ce raisonnement est inductif, mais exact, et instructif aussi bien qu'un syllogisme proprement dit.

Cette énumération contenue dans la majeure, résumée dans la conclusion, nous enseigne d'ordinaire peu de chose, et dans les cas simples, la conclusion semble ne faire que répéter les prémisses. Aussi Bacon trouve-t-il assez puérile l'induction par énumération[1]. Cependant entre les prémisses et la conclusion subsiste toujours la différence du général au particulier, et elle a toujours une certaine valeur, quelquefois de l'importance. Je trouve dans un écrivain allemand qui le premier à ma connaissance parmi ses compatriotes, a parlé de l'induction en philosophe[2], qu'un exemple de l'induction complète est la démonstration de ce théorème de géométrie : « L'angle au centre est double de l'angle inscrit, quand les arcs correspondants sont égaux. » En effet on déduit cette vérité générale de trois cas seulement. Ces trois cas sont les seules positions possibles des côtés de l'angle inscrit[3]; si la proposition est vraie de chacun des cas, elle est vraie de tous, et cette démonstration a la forme de l'induction, sans en être moins rigoureuse. La conclusion, c'est-à-dire le théorème, ne saurait pourtant être taxée de proposition puérile.

Mais toutes nos inductions sont loin d'être ainsi démonstratives. Comme notre expérience se forme, comme notre esprit s'instruit par des cas particuliers,

[1] C'est aussi l'avis de l'archevêque Whately, quoiqu'il n'annule pas, comme Mill et Stewart, cette forme de raisonnement. (*Logic*, loc. cit., p. 232; *Nov. Org.*, I, 105; t. II, p. 62.)

[2] *Die Theorie der Induction*, par E. F. Apelt, Leipzig, 1854. J'ai été heureux de rencontrer, dans cet ouvrage, la confirmation développée de quelques-unes des idées indiquées dans ce chapitre. J'aurais pu en profiter pour le refaire; mais il était trop tard.

[3] L'évidence intuitive de ce fait est ce qui donne à cette induction un caractère de nécessité, c'est-à-dire le caractère mathématique.

CHAP. III. — DE L'INDUCTION.

la nécessité de conclure quelque chose nous oblige à devancer l'enquête complète qui assurerait nos conclusions. L'enquête est souvent impossible, et quand elle est possible, la vie nous presse et ne nous permet pas de l'attendre. Nous faisons donc beaucoup de raisonnements qui reviennent à celui-ci : « A, B, C, etc., sont mortels. A, B, C, etc., sont des hommes. Tout homme est mortel. » Cette conclusion supposerait une mineure portant que A, B, C, etc., sont *tout homme*. L'histoire naturelle est remplie de propositions du genre suivant : « Tous les chiens connus aboient. Tous les chiens connus sont tous les chiens. Tous les chiens aboient. » Ce n'est pas une question de logique, c'est une question de psychologie, d'anthropologie même, que de savoir pourquoi il nous est habituel, et comme nécessaire de raisonner ainsi. Ce n'est pas une question de logique, c'est une question de méthode et qui rentre par conséquent dans le sujet de l'*Organum* de Bacon, que de savoir à quel point, dans quels cas, sous quelles garanties, avec quelles restrictions cette manière de raisonner est admissible ou valable dans une science donnée ou dans les sciences en général.

Le raisonnement suivant est donc possible sans être correct : « Seth est mortel. — Seth est homme. — Tous les hommes sont mortels. » Nous retrouvons toutes les propositions de notre premier syllogisme ; mais la première a changé de place avec la dernière. Le principe du syllogisme est devenu la conclusion de l'induction, et l'on voit pourquoi l'induction a pu être dite un syllogisme renversé. Celle-ci, quoique imparfaite dans la forme, sera concluante, si nous savons, d'ailleurs, que tout homme est ce qu'est un seul homme. Cette connaissance est le principe sous-entendu qui fonde le raisonnement, et l'on conçoit comment, en rédigeant l'argument de manière que cette proposition en soit la majeure ou la mineure non exprimée, ce qui est très-facile, l'induction deviendra, comme l'ont dit des logiciens, un enthymème [1]. Supposez connu que Seth est mortel par essence et non par accident, il s'ensuit la mortalité de l'humanité entière; mais la condition n'est pas exprimée, et si on ne la rétablit mentalement ou expressément, l'argument ne prouve qu'une chose, c'est que Seth étant au nombre des choses *hommes* et des choses *mortelles*, l'humanité et la mortalité peuvent se rencontrer dans le même sujet.

Admettez ces deux propositions :

A, B, C, etc., sont mortels.

A, B, C, etc., sont des hommes.

De ces prémisses plus générales que celles du précédent exemple, on pourrait, on devrait inférer que *des* hommes sont mortels, et l'on infère que *les* hommes sont mortels. Cette dernière conclusion excède visiblement les prémisses, et cependant personne n'espérera que cette faute contre la logique laisse aux hommes sur la terre quelque chance d'immortalité. Notre croyance absolue à la mort de tous est iné-

---

[1] Omnis inductio est enthymema. (Wolfius, *Philos. ration. sive Logica*, part. I, sect. IV, c. VI, 479.) Cette opinion est reprise et développée par Whately (*Logic*, loc. cit., p. 233, 236), et combattue par Hamilton (*Disc. of phil.*, IV, *Log.*, p. 170).

branlable, et elle n'a d'autre fondement expérimental qu'un raisonnement incorrect. Pour le régulariser, il faudrait une majeure qui contînt un dénombrement complet de l'humanité. Or, dans la majeure prise pour exemple, A, B, C, D, etc., ne peuvent jamais être autre chose que l'énumération des hommes que j'ai vus ou dont j'ai entendu parler. Nous ne pouvons dire que ceci : « Tous les hommes connus, sans exception, étaient mortels, donc tous les hommes le sont. » Or, qui doute de la vérité de cet enthymème, et pourtant il repose sur cette *enumeratio simplex* contre laquelle Bacon nous met en garde [1]. Ce sont des raisonnements semblables qui éclairent les sciences, règlent la vie, et que l'expérience confirme avec une régularité parfaite. On conduit sa fortune, sa santé, un état même, en vertu d'inductions bien plus hasardées encore. Une violation constante de la logique est donc le train des choses humaines.

Bonne ou mauvaise, cette induction, qui dans sa forme est celle des logiciens, est aussi dans sa forme celle de Bacon ; mais il soutient qu'on en a témérairement abusé dans les sciences, et que de quelques perceptions hâtivement ou fortuitement recueillies, on est monté de plein saut aux dernières généralisations, pour en raisonner ensuite à perte de vue. Il reproche à cette sorte d'argumentation de s'appuyer sur un dénombrement arbitraire de cas particuliers. Faute de s'assurer que cette énumération soit une

---

[1] *De Augm.*, V, II; *Nov. Org.*, I, 69 et 105; t. I, p. 249; t. II, p. 32, 62.

liste exacte de tous les cas possibles, on s'expose à être démenti par la première exception venue, et sur une base aussi ruineuse, on n'édifie qu'un savoir fragile. Comme remède à ce double mal, il prescrit de généraliser lentement, par une gradation continue, de modeler, autant que possible, sur les faits les premières propositions qui les expriment, et de ne les traduire en propositions générales qu'après avoir à chaque pas sondé le terrain, et rapporté sans cesse aux réalités les inférences que les réalités ont fournies. Il pose ainsi les règles de l'expérience et du contrôle de l'expérience. Ces règles ne peuvent avoir d'autre but que de multiplier les observations et d'en garantir l'exactitude; car il y a deux écueils à éviter, des observations trop peu nombreuses, des observations mal faites.

Ce sont là de sages conseils. C'est admirablement corriger, sinon extirper, le vice possible de l'induction ; ce n'est pas la changer dans sa nature, mais en mieux diriger l'emploi. Bacon n'a pas tant perfectionné l'induction que l'expérimentation : ce que Hamilton exprime autrement, en disant qu'Aristote a considéré les lois sous l'empire desquelles le sujet pense, et Bacon les lois sous l'empire desquelles l'objet peut être connu [1]. Ainsi, malgré l'illusion qu'il s'est faite à lui-même et qui a gagné ses admirateurs, Bacon n'a point inventé une induction nouvelle, et lorsqu'il croit exempter la sienne des défauts qu'il signale dans celle des autres, il se fait une seconde illusion et n'en-

---

[1] *Reid's Works*, p. 712.

seigne qu'à tempérer par un art judicieux les inconvénients d'un procédé presque toujours forcément imparfait. Son plus grand service est d'avoir remis en honneur et recommandé l'induction qu'on délaissait, « cette induction sur laquelle reposent les sciences naturelles et dont Bacon a tracé les lois..... L'induction du physicien a pour base la stabilité des lois de la nature, d'où il suit que ses conclusions sont toujours hypothétiques. Les lois de la nature ne pourraient être rigoureusement constatées que par l'universalité des faits; d'où il suit que le physicien, concluant un fait inconnu du petit nombre des faits connus, n'obtient jamais qu'une probabilité plus ou moins forte [1]. »

La stabilité des lois de la nature est un fait, dit encore Royer-Collard, mais elle n'est pas nécessaire. N'importe, elle est certaine, nous la tenons pour telle. Mais est-ce parce que l'expérience nous suggère cette conviction, ou parce que l'expérience la confirme? Je n'en appelle pas du sens commun à la logique; toutefois, je ne puis m'empêcher de poser cette question. C'est celle de la validité et du principe de l'induction. En cherchant à replacer sur cette base tout le savoir humain, Bacon était d'autant plus obligé d'éclaircir ce point préliminaire, qu'il s'était montré plus rigoureux pour le passé, et qu'il avait élevé sur les méthodes usitées, sur la pratique de l'induction, des méfiances qui pouvaient aboutir à un

---

[1] Royer-Collard, *Frag. théor.*, X, trad. de Reid, t. IV, p. 383. Cf Reid, *Account of Arist. log.*, p. 712, et Leslie Ellis, préf. gén. du *Bacon* de Longman, t. 1, p. 21 et suiv.

scepticisme plus général. C'était à lui de dissiper les nuages qu'il avait lui-même amoncelés autour des résultats obtenus par les inductions d'une science antérieure.

Il n'y a, en effet, que trois partis à prendre dans les sciences, si l'on ne veut se faire sceptique. — Il faut ne concéder au raisonnement inductif qu'une probabilité proportionnelle au nombre des faits observés, et qui est alors mesurée par le calcul et non évaluée par le bon sens. — Ou bien il faut regarder comme une croyance naturelle, comme un principe pratique de l'intelligence, une foi gratuite dans la stabilité des lois de la nature, conviction irrésistible qui ne permet pas, quand les faits sont bien constatés, de supposer douteuse la loi dont ils sont l'expression phénoménale. — Ou enfin il faut admettre des principes supérieurs et nécessaires de l'intelligence, des jugements *à priori*, dont la raison fasse emploi de son chef et qu'elle applique avec autorité aux perceptions de l'expérience, pour les soumettre à ses propres lois, en telle sorte que la vraie forme des choses, tant cherchée par le péripatétisme, serait dans l'esprit humain.

IV

Chacune de ces explications suppose une certaine règle, dont la vérité constitue la validité de l'induction.

Pour fonder la première explication, il faut que ce qui arrive très-souvent dans les mêmes circonstances ou à un être de même espèce doive lui arriver toujours. Naturellement ou empiriquement, nous le croyons ainsi. De là un certain principe qu'on peut appeler le principe de probabilité, et dont je crois que la théorie mathématique des probabilités se sert comme d'un fait et s'arrange comme d'une vérité évidente[1].

Pour la seconde, il faut que la croyance à la stabilité des lois de l'univers soit un principe de la raison et comme un axiome naturel. C'est l'opinion des philosophes écossais ; c'est celle des logiciens qui réfléchissent[2]. Sans s'être positivement prononcé sur ce point, Bacon semble l'avoir adopté, et raisonne comme s'il n'en faisait aucun doute.

Pour la troisième, il faut que ce soit un principe nécessaire en soi, une loi des choses, que les mêmes causes produisent les mêmes effets, que les mêmes essences aient les mêmes propriétés ; principe et loi

---

[1] Le rapport de la probabilité entendue au sens des géomètres à l'induction, est un fait, mais il est fort difficile de se bien rendre compte des fondements de l'une et de l'autre, ou de la raison d'y croire. Laplace lui-même n'a pas réussi à faire accepter ou même bien entendre ses idées à cet égard. Je demande aux plus habiles le sens clair de cette phrase : « Il est difficile d'apprécier la probabilité des résultats de l'induction qui se fonde sur ce que les rapports des plus simples sont les plus communs. » *Essai phil. sur les prob.*, p. 243, éd. de 1819. Voir les critiques de M. S. Mill, *Syst. of log.*, l. III, ch. XVIII et XXV, t. II, p 70 et 194.

[2] « L'analogie s'étend fort loin, et elle a pour fondement ce principe extrêmement simple, que l'univers est gouverné par des règles générales et constantes. » S'Gravesende, *Logiq.*, l. II, part. II, ch. XVI. Cf. Royer-Collard, *Frag. théor.*, VI, trad. de Reid, t. IV, p. 239.

dont la croyance à la stabilité du cours de la nature ne serait qu'une expression subjective. Le rationalisme philosophique doit aller jusque-là.

En tout cas, l'esprit croit à ce qu'il infère de l'expérience, et par la répétition de l'expérience, la certitude augmente. C'est là le fait incontestable. Mais si nous aimons à réitérer l'expérience, c'est dans la conviction qu'en la renouvelant, les fautes d'attention, les méprises de l'observateur seront de moins en moins à craindre, que les causes accidentelles qui auraient altéré les apparences du phénomène, ne se reproduiront pas constamment, et que ce qu'il demeurera de permanent et d'identique sera l'essentiel et le certain. La multiplicité des cas d'observation n'ajoute rien à la certitude du fait expérimenté ; elle ne sert qu'à garantir l'observation d'erreur. Les erreurs mêmes, s'il s'en produit à chaque fois, sont tôt ou tard en sens contraire les unes aux autres ; bientôt elles se compensent, comme on dit en mathématiques, et s'annulent réciproquement. Ce sont là aussi des vérités d'expérience, ou fondées sur une évidence de fait, en partie intuitive, en partie déductive ; et de là la théorie des probabilités. C'est l'exactitude de l'observation qu'on suspecte, et non la permanence du fait observé et d'une loi suivant laquelle ce fait se produit. Supposez que nous eussions vu l'eau entrer en ébullition à cent degrés pour la première fois, si nous étions assurés de n'avoir manqué ni d'attention ni de clairvoyance, si nous n'avions aucun doute sur l'exactitude du thermomètre, sur la pureté de l'eau, et l'absence de toute cause accidentelle d'effervescence, nous n'hésiterions pas à conclure d'une expérience unique que cent degrés est la température de l'eau bouillante; nous généraliserions le fait sur la foi d'un cas particulier. Donc nous raisonnons en ce cas comme si les lois de la nature étaient stables ; c'est en soi, ou c'est devenu une des vérités dont la preuve ne se demande plus. Est-ce l'expérience elle-même, aidée ou non de quelque raisonnement, qui nous a conduits là, ou bien y sommes-nous portés et comme obligés naturellement ? C'est une autre question. Mais de quelque façon qu'on la résolve, la solution suppose certains principes de raison touchant la persistance des substances et la connexion des causes et des effets, principes sans lesquels elle ne serait ni valable ni intelligible.

Sur ces principes à leur tour, une question toute semblable s'élève. Sont-ils des connaissances empiriques, des connaissances obtenues *à postériori*, ou des intuitions primitives de l'intelligence ? Dans ces deux hypothèses, ces principes seraient des inductions de l'universelle expérience, et par là les plus certaines de toutes; ou bien ils se fonderaient sur un principe inductif inné pour ainsi dire dans l'esprit humain, lequel concluerait en quelque sorte de lui-même à toutes choses, de ses lois propres à l'ordre universel, et par conséquent, dans un certain sens, du particulier au général. Et ceci explique l'emploi que d'ingénieux philosophes ont fait du mot d'induction pour désigner jusqu'aux notions fondamentales de la raison [1].

[1] « Ce serait une grave erreur, dit M. Royer-Collard, de la

Si ces notions, comme on l'a soutenu, reposent elles-mêmes sur l'expérience, il faudra demander à l'induction compte de l'induction. Mais quelle que soit leur origine, une philosophie exacte doit tenir note de leur existence, ou elle ne fera pas une bonne théorie de l'induction. Ce n'est pas tout : la théorie de l'induction n'en est pas encore la méthode. Et ici viennent se placer les leçons de Bacon. L'identité des espèces et des cas n'est point une chose qui, dans la pratique, doive se présumer légèrement. L'esprit est enclin à l'admettre sans un examen suffisant. Défions-nous des généralités précipitamment formées, quoique le progrès des sciences consiste à en former sans cesse de nouvelles et à les détruire successivement pour les remplacer par de plus justes et de mieux établies. Ainsi, lorsque en énonçant que les êtres dont nous raisonnons sont des *hommes*, nous entendons qu'ils ont une certaine constitution physiologique dont nous connaissons les lois et les détails ; lorsque en énonçant qu'ils sont *mortels*, nous entendons que les données de cette constitution physiologique produisent, par une action observable et connue, le phénomène de la mort, la conclusion à la mortalité universelle acquiert un nouveau degré de force et de solidité ; l'induction est scientifiquement

confondre avec cette autre induction sur laquelle reposent les sciences naturelles, et dont Bacon a tracé les lois... L'induction dont nous parlons, s'appuyant sur un seul fait attesté par la conscience, s'élève sans incertitude à des conclusions qui ont toute l'autorité de l'évidence... C'est par induction que nous l'appelons induction. » *Frag. théor.*, X, trad. de Reid, t. IV, p. 384.

CHAP. III. — DE L'INDUCTION.

meilleure; car la répétition des cas n'est qu'un indice de la stabilité des essences, et celles-ci sont l'objet de la science. C'est, au fond, l'étude que Bacon recommande sous le nom de *recherche des formes*. Ici nous touchons véritablement à la méthode des sciences telle qu'il la conçoit, et c'est bien la méthode inductive, c'est-à-dire la méthode qui assure et féconde l'induction.

Mais je répète qu'autant il se montre attentif et habile en ce qui touche la méthode de l'induction, autant il néglige la théorie de l'induction même, et, chose étrange, cette négligence, cette ignorance, on peut le dire, de la logique, dont sa méthode n'était, sous ce rapport, qu'une partie, est devenue pour lui presque un mérite. On en a conclu que sa logique était neuve, qu'il avait, en effet, justifié son titre et créé un nouvel *Organon*[1], tandis qu'il n'a fait que donner de nouvelles règles pour employer l'ancien, et savamment étudier la manière de se servir de l'éternel instrument de l'esprit humain.

On a vu que la difficulté de la théorie de l'induction venait de ce que le général semblait y sortir du particulier, tandis que, selon nous, le général n'est inféré inductivement qu'en vertu d'un plus général encore, qui est supposé s'il n'est exprimé. On pourrait montrer que dans tout syllogisme il y a de même une règle générale enveloppée ; car les lois de la rai-

---

[1] « La logique du raisonnement inductif a été créée par Bacon dans le *Novum Organum*. » Royer-Collard, ibid., VI, p. 279. Cf. Whately, *Log.*, l. IV, ch. III, § 3 et 4, p. 267, 269, et Hamilton, *loc. cit.*, p. 144.

son sont universelles comme la raison même, et le syllogisme, ou plutôt le raisonnement, n'en est que l'application. Seulement, dans le syllogisme proprement dit, on conclut de ce qui est à ce qui est; mais comme on peut conclure aussi de ce qui est à ce qui peut et enfin à ce qui doit être, ou du connu à l'inconnu, le syllogisme devient alors l'induction. Celle-ci est moins démonstrative, parce que l'application des lois générales qui la fondent aux cas particuliers qu'elle énonce dans ses prémisses est loin d'être infaillible. Ces lois, dans leur plus haut degré de simplicité, sont comme les axiomes d'où l'on ne peut rien déduire. C'est dans la légitimité de leur application que gît toute la valeur instructive du raisonnement. Or, fussent-elles nécessaires en elles-mêmes, lorsque des profondeurs de l'esprit ces lois descendent dans le domaine de la perception, elles passent de l'absolu dans le relatif, leur certitude intrinsèque ne s'étend pas à leur application. La faculté d'induction qui en fait emploi s'appuie sur quelque chose de variable et de progressif, savoir la connaissance par l'observation et l'expérience. Celle-ci est variable, d'abord à raison de l'observateur, puis à raison de la chose observée. Le temps, la répétition, l'attention, la sagacité vont sans cesse modifiant l'observation. L'objet n'en est pas non plus invariable, et ses changements possibles ne sont pas toujours connus. Cette dernière cause de variation n'existe pas dans les sciences mathématiques, et de là le caractère qui leur est propre. Leurs objets sont immuables. Là aucun doute ne peut s'élever sur une propriété une fois observée. De toute évidence, elle est éternelle. L'absolu est à la fois dans le principe de la connaissance et dans le connu.

Cette évidence intuitive constitue la grande différence des mathématiques aux sciences physiques ; aussi l'induction usuelle est-elle peu applicable aux premières, c'est-à-dire qu'on n'y conclut point d'un dénombrement variable de cas, d'une série d'observations concordantes, à la certitude absolue d'un théorème. Cependant il serait inexact de dire que la conclusion du particulier au général en fût absolument proscrite. Concevez une seule fois une figure de géométrie, et vous pourrez en percevoir intuitivement ou déductivement les propriétés, et d'une conception isolée, accompagnée d'une image particulière dans l'esprit, inférer valablement l'universel. Dans la pratique, l'enseignement de la géométrie se fait au tableau, et c'est une figure tracée, et tracée incorrectement, qui suggère les propriétés universelles d'une figure parfaite, c'est-à-dire de toute figure, de la figure en elle-même. Le maître n'a pas besoin de faire remarquer que cette figure n'est qu'un symbole, et qu'il s'agit de la même figure en général ou considérée dans son idée. L'élève, sans difficulté, sans hésitation, le comprend ainsi. Il n'est pas nécessaire de tracer une multitude de cercles, de mesurer leurs rayons et de montrer qu'ils sont égaux. Ce serait là une induction bonne pour l'histoire naturelle. A l'aspect d'un cercle dessiné négligemment à la craie, l'esprit conçoit intuitivement que les rayons du cercle sont égaux, et cette propriété indubitable, universelle, absolue, peut immédiatement entrer dans la définition du cercle. Et cependant il y a là, comme on l'a pu voir, une certaine conclusion du particulier au général, et quelque chose en ce sens qui rappelle l'induction. Ce raisonnement suppose, ainsi que tous ceux que j'ai ci-dessus examinés, la vérité d'une loi générale, celle de la constance et de l'universalité des propriétés d'une nature donnée. Mais la nature des objets mathématiques est telle, que la vérité ou plutôt la nécessité de cette loi y est d'une évidence intuitive. Par suite, le passage du particulier au général s'y fait de plein droit, pour ainsi dire. La description d'une figure prend immédiatement les caractères d'une définition, et en disant que telle figure à quatre côtés égaux est un carré, on pose par le fait la nature invariable du carré. Presqu'au même instant, un carré, tous les carrés, le carré ne font qu'un.

De cette évidence intuitive, quelquefois directe, plus souvent réfléchie, de l'universalité et de la nécessité des propriétés connues ou connaissables, il suit qu'en mathématiques le raisonnement, même dans ce qu'il paraît avoir d'inductif, atteint la rigueur du syllogisme, ou plutôt que l'induction et le syllogisme doivent s'identifier dans la démonstration des vérités de cet ordre. Quand cette condition fait défaut, l'induction manque de rigueur. Mais l'exemple des vérités mathématiques prouve une fois de plus que la validité et l'usage même de l'induction dépendent de certaines règles sous-entendues, puisque là où ces règles sont évidentes et évidemment applicables, toutes les différences logiques des degrés de certitude s'évanouissent, et l'on obtient la certitude parfaite, c'est-à-dire celle qui est solidaire avec la raison humaine, la seule infaillibilité qui nous soit connue.

En résumé, il nous semble avoir montré que la question générale de la validité de l'induction comporte trois solutions successives, dont une peut suffire et suffit en effet à bien des esprits, mais qui s'enchaînent et se confirment.

De ces trois solutions, la première est celle des géomètres, je veux dire de la théorie mathématique des probabilités. La troisième appartiendrait au rationalisme pur, au platonisme. La seconde, qui est celle des philosophes écossais, aurait sans doute fixé le choix de Bacon; mais on peut douter qu'il ait aperçu que, comme le dit M. Hallam [1], l'idée de la stabilité des lois de la nature fût la prémisse sous-entendue de tous ses enthymèmes. Ces trois solutions, au reste, quoique appartenant à des doctrines distinctes, ne sont ni opposées entre elles, ni destinées à rester isolées. Le platonisme, qui semble compter pour si peu les sources expérimentales de la connaissance, les suppose cependant, et prend la sensation même pour point de départ, pour hypothèse, comme il le dit, ou pour la base inférieure sur laquelle s'élève la connaissance. Pour les géomètres, la théorie de la probabilité n'existerait pas, s'ils n'admettaient comme principe, avant de l'appuyer par des tables, une certaine constance dans l'action des

---

[1] *Europ. Lit.*, ch. III, sect. II, 71.

mêmes causes. Quant à la tendance à généraliser spontanément les faits particuliers, elle se montre, dans l'enfance même, avec une sorte d'imprudence, et l'expérience la restreint presque aussi souvent qu'elle la développe. Aucune théorie de l'induction n'est donc complète, si elle ne tient compte de tous ces faits qui sont eux-mêmes donnés par une étude attentive de l'esprit humain.

V

Nous sommes tellement accoutumés à croire à la constance des phénomènes de même espèce que nous apercevons à peine que cette croyance se présente sous la forme de l'induction, et nous concevons plus difficilement encore qu'on en mette en question la validité. Le fer se rouille exposé à l'humidité; il se rouillera toujours dans les mêmes circonstances. Un corps qui n'est pas soutenu tombe à terre, et la pomme détachée de l'arbre tombera toujours pour nous comme pour Newton. Le soleil s'est levé hier et tous les jours précédents; il se lèvera demain. Tous les loups que j'ai vus sont carnassiers, et tous les chevaux solipèdes : il en sera de même de tous les chevaux et de tous les loups qu'on verra. Ce sont là des choses que nous concluons, que nous prévoyons sans balancer, et dont nous disons qu'elles doivent être. Pourquoi cependant, et d'où vient que l'uniformité nous paraît de droit dans le cours de la nature? On ne peut dire que nous l'ayons constatée par l'observation ; car nous n'avons pas tout observé, et nous prédisons des phénomènes futurs, apparemment nous ne les avons pas vus. On dira que l'expérience nous prouve que nous sommes fondés à conclure ainsi du connu à l'inconnu, du passé à l'avenir, du particulier au général. Mais l'expérience ne nous le prouve que pour chaque cas particulier, et à mesure qu'elle se réalise actuellement. Il n'y a point d'expérience de l'inconnu ni de l'avenir. L'expérience ou plutôt la mémoire des expériences ne nous donne que la somme des observations antérieures, et l'induction précède l'expérience. L'une affirme l'autre par avance; et celle-ci confirme celle-là, mais elle ne la fonde pas. Induire dans ce sens, c'est préjuger l'expérience, et il s'agit de savoir d'où nous vient ce préjugé naturel.

Mais s'il est naturel, pourquoi s'en inquiéter? Il suffit qu'il existe ; nous sommes ainsi faits que de la répétition de certains faits semblables nous concluons qu'ils se répéteront indéfiniment. C'est à la fois une faculté et un besoin de notre entendement, ce qu'on va même jusqu'à nommer un instinct intellectuel, et quelques philosophes n'en ont pas demandé davantage.

On ne peut leur contester qu'il en soit ainsi; et sans aucun doute une loi si constante de notre constitution intérieure, appliquée si fréquemment et si utilement dans le cours de la vie, est un fait pourvu d'une assez grande autorité pour qu'il y ait une sorte de pyrrhonisme à en demander raison. Cependant on doit reconnaître que l'induction prise comme raisonnement n'est pas nécessairement démonstrative. Elle ne donne pas de conclusion nécessaire, quoiqu'elle exerce sur nous un empire supérieur à la déduction même. Si l'on suppose le cas où le calcul démontrerait l'impossibilité du retour d'un fait dont l'expérience aurait manifesté la réalité, pour tout homme raisonnable, l'induction prévaudrait contre la démonstration, et bien téméraire paraîtrait celui qui, sur la parole des mathématiques, braverait un péril annoncé à sa raison par l'empirisme des sens. Tout le monde déciderait que la certitude est d'un autre côté que l'évidence.

Où donc ici est l'illusion, et faut-il douter de la raison ou des sens ? Aucune question n'est résolue par le scepticisme, et nous aimerions mieux ici confesser l'ignorance que le doute. Mais ne nous croyons pas réduit à l'une ou à l'autre extrémité.

« Les mêmes phénomènes se reproduiront dans les mêmes circonstances. » Telle est l'expression générale de l'induction qui nous occupe. N'est-ce qu'une manière sommaire de résumer toutes les inductions et toutes les expériences antérieures (Mill)? Encore une fois, ce semble quelque chose de plus, car en prononçant cette loi générale, l'esprit fait plus que résumer le passé, il prend sur lui de régler l'avenir, et puisque d'un avis commun, il a raison de le faire, puisque la proposition est vraie, et que cependant elle n'est pas encore justifiée par l'expérience, ne pouvant jamais l'être ainsi que relativement au passé, voilà une vérité sans titre apparent à la croyance. Cela est étrange ; la proposition est vraie, et les preuves qu'on en donne sont insuffisantes, et le raisonnement qui l'établit est défectueux. Serait-elle donc évidente par elle-même? Ceux qui la fondent sur l'expérience ne l'ont pas soutenu.

Quelques-uns diront peut-être que comme proposition générale, elle n'est qu'une rédaction abstraite qui plaît à l'esprit, mais qu'elle n'a d'autre certitude que celle qui résulte de l'addition des expériences particulières; et ils se mettront ainsi dans la nécessité de convenir qu'elle n'est que probable; car il n'y a, diront-ils, de certain en fait de propositions générales que celles qui sont évidentes par elles-mêmes comme les axiomes, ou démontrées comme les théorèmes.

Probable ou certaine, on remarquera que du moment que la proposition énoncée plus haut est admise, elle change la nature de l'induction, ou plutôt elle substitue à l'induction le syllogisme. On peut en effet donner à toute prévision fondée du retour d'un phénomène constaté la forme d'un raisonnement ayant pour principe la règle : « Les mêmes phénomènes se reproduisent dans les mêmes circonstances. » On en tirerait par exemple la déduction suivante : « Cette eau a commencé à bouillir chauffée à cent degrés; toute eau dans les mêmes conditions bouillira à la même température. » Ceci n'est plus probable, mais certain; car c'est démontré, si le principe est vrai et si l'expérience est bien faite. Mais cette majeure ou ce principe peut bien avoir été obtenu inductivement, et c'est pour cela qu'on dit que l'induction découvre les principes.

Le principe cette fois, si la théorie ordinaire de

l'induction est exacte, n'est que d'une vérité hypothétique. Mais il peut servir comme toute hypothèse raisonnable dans les sciences. En raisonnant supposé qu'il fût vrai, on en tire la connaissance de certaines lois particulières de la nature, et si les faits cadrent constamment avec les lois, on y prend par degrés plus de confiance. Elles montent de plus en plus vers la certitude, ainsi que la majeure ou la loi générale qui leur sert de base.

Mais l'hypothèse, mais la majeure supposée, ce postulat admis sur des expériences incomplètes, demeure avec sa simple probabilité. Cela est arrivé souvent, et puisque cela est arrivé souvent, cela arrivera souvent encore; cela est arrivé sans exception, cela arrivera sans exception ; ces deux associations d'idées naturelles et persuasives sont comme des qualités occultes de l'esprit. Il y croit, et ne peut pourtant dire qu'elles présentent rien de démontré ni d'évident. Cependant elles nous dominent, cependant nous nous y abandonnons : elles agissent sur nous comme si elles étaient des vérités nécessaires. Or, jusqu'à présent, elles n'en sont pas.

Elles n'en sont pas, c'est-à-dire qu'elles peuvent être fausses. Mais alors, supposons qu'elles le soient; que devient la déduction fondée sur le principe : « Les mêmes phénomènes reviennent dans les mêmes circonstances »? Elle tombe, et n'est bonne à rien. Mais si elle tombe, que devient l'induction, que deviennent toutes les inductions qui ont précédé ce syllogisme hypothétique? Restent-elles debout? J'en doute. Sérieusement, prenons qu'il n'est pas vrai qu'il y ait aucune stabilité dans le retour des phénomènes similaires, de quel droit vous attendrez-vous à voir toujours l'eau bouillir à cent degrés? Insérez entre ces deux propositions la proposition nouvelle. Dites : « L'eau a toujours bouilli à cent degrés, et comme la nature n'est pas constante dans ses lois, l'eau bouillira toujours à cette température » ; ce raisonnement n'a pas le sens commun. L'induction suppose donc vraie une certaine proposition générale, car si le principe qu'elle suppose est faux, elle n'est plus valable, elle n'est plus possible. Que dans l'expérience journalière, on ne fasse point un appel explicite à ce principe, je le veux ; mais on conclut comme s'il était vrai, et si par aventure on venait à apprendre qu'il est faux, on n'oserait plus conclure. Or on conclut ; donc notre esprit est fait comme si le principe était vrai. Notre nature est d'accord avec les suppositions au moins probables de notre raison.

Il faut donc que le principe soit vrai. En fait, nous raisonnons, que dis-je? nous vivons comme s'il était vrai. En droit, ne le serait-il pas? Qui l'oserait prétendre? Une certaine stabilité dans les choses est la base universelle de la connaissance. Si c'est une illusion, la science en est une.

Voilà donc une vérité. On ne la niera pas. On objectera seulement que les preuves particulières d'où elle est inférée ne sont pas adéquates à la vérité universelle qu'on lui attribue. C'est ce que signifient ces objections : « Elle ne peut être établie *à posteriori* ; on ne saurait l'affirmer sans juger la question par la question. » Mais quoi? Elle n'est pas certaine *à pos-*

teriori, elle est vérité cependant; serait-elle donc certaine *à priori*, et y aurait-il des vérités de cet ordre ? Nous voilà, je crois, arrivés au terme d'une recherche dialectique à laquelle non-seulement Bacon n'a pas songé, mais dont je ne sais si avant les derniers progrès de la philosophie psychologique, il eût été possible de s'aviser.

Suivant la psychologie descriptive, rien n'est *à priori* qu'une disposition naturelle. Nous sommes faits pour croire à la stabilité des lois de la nature; cela même en est une. Et c'est pourquoi nous croyons à la répétition des effets, à la permanence des espèces, au retour des phénomènes périodiques, etc. C'est notre condition; tenons-nous-y. Cette réponse est une réponse de sens commun : aussi n'est-elle pas sans force, et je crois que donnée à Bacon, elle l'eût satisfait. Elle nous satisferait également, s'il n'était trop facile d'en abuser, et si elle ne pouvait servir à justifier bien des illusions. Il y a une limite à la foi que méritent nos croyances naturelles, et Reid lui-même l'a posée, sans apercevoir complétement quelle atteinte il portait à la solidité de toute sa doctrine. Il dit : « Les lois de la nature ne sont pas nécessaires. » Il en conclut que nos connaissances inductives ne sont que probables. La stabilité des lois de la nature est conditionnelle, mais alors toutes nos inductions qui la supposent sont trop absolues, et il y a exagération, illusion, dans la généralité que nous prêtons aux affirmations de la science inductive.

La solution de cette difficulté se trouverait, je crois, dans une analyse plus profonde de ces principes ou connaissances *à priori* dont au moins par hypothèse, il faut bien admettre l'existence. Pour principes, la philosophie écossaise se contente de propositions d'une généralité moyenne qui en effet dans la pratique suffisent à la raison, et dont la vérité peut être supposée dans les cas ordinaires de l'expérience. Mais dans l'expression et la conception de ces principes, elle laisse encore trop de particulier mêlé au général, de contingent au nécessaire, de relatif à l'absolu ; et restant complaisamment dans la sphère du sens commun, elle ne l'élève pas à ce degré où il devient la pure raison et le principe suprême de la science.

La croyance gratuite et facile à la permanence des lois de la nature peut conduire à comprendre sous ce nom des phénomènes qui n'ont rien d'essentiel, dont le retour est fréquent, constant même, mais subordonné à des circonstances variables ou accessoires, et qui n'ont qu'une apparente universalité. Contre ce genre d'erreur on doit appeler à son aide l'art d'observer, la science de l'expérimentation, et tous les préceptes de Bacon. Sans cette précaution, on risque d'encombrer la science d'illusions empiriques et de conclusions précipitées, sous l'influence d'une philosophie sensée, mais crédule et portée à multiplier les principes nécessaires. Stabilité des lois de la nature est une expression trop confuse et trop vague. La nature et ses lois sont des mots qui peuvent comprendre toutes les circonstances et toutes les apparences du monde visible. Ce n'est pas à tous les enchaînements accidentels de faits observables que doit s'appliquer la loi d'uniformité. Tout ce qui est uniforme dans la création n'a pas le caractère de nécessité absolue qui correspondrait à la nécessité d'un principe *à priori*. L'énoncé qu'on en a donné est donc trop général, et doit être ramené à des termes plus précis. De ce genre serait la rédaction adoptée par Newton, dans la seconde des *regulæ philosophandi* : « Effectuum naturalium ejusdem generis eædem sunt causæ. »

Si dans les choses de la nature, leur être même est le principe des phénomènes qui les manifestent, si, sous ce rapport, on compare la substance à la cause et les phénomènes aux effets, si alors la substance des êtres est prise pour la source des perceptions auxquelles donnent lieu ses phénomènes, la règle de Newton se rapproche beaucoup du principe dont nous cherchons en ce moment à rectifier la conception. Tout être a une essence déterminée, une nature propre qui s'atteste par ses modes, seuls accessibles à notre connaissance externe, et le rapport inexprimable de la substance et de ses modes est permanent, invariable, tel et non pas autre, en sorte que les caractères n'en peuvent changer, sans que l'objet change en lui-même et cesse d'être ce qu'il est. C'est ce que les scolastiques appelaient la forme de l'être, ou ce qui, dans la langue d'Aristote, rendait l'être de possible actuel. C'est *à priori* que nous concevons ce caractère permanent qui définit pour ainsi dire la nature des choses. Cette idée de la détermination de la substance est une idée *à priori*, parce que, bien qu'elle cadre avec la série des phénomènes, elle n'en résulte pas nécessairement, et bien que l'observation des phénomènes nous la suggère, nous l'ajoutons de notre propre fonds aux perceptions immédiates que la sensibilité nous procure. Elle n'en peut être déduite, et c'est pour cela qu'on a dit qu'elle était induite. Mais comme loi nécessaire de notre esprit, elle est pour nous une loi nécessaire de la nature des choses.

C'est un principe analogue à celui-ci : « Tout ce qui commence d'exister a une cause. » Or, malgré la certitude de cette idée primitive, la recherche des causes est pleine de mystères, et quand nous essayons de leur assigner leurs effets, l'erreur est toujours près de nous. Ainsi la conception *à priori* d'un principe de permanence dans la nature de chaque chose ne suffit pas à elle seule pour nous éclairer sur le caractère de nécessité, de régularité ou de stabilité des faits que nous observons. Nous sommes sujets à confondre le contingent avec le nécessaire, à ériger en lois universelles des lois particulières, en lois immuables des lois temporaires. Les principes de la connaissance ne sont pas la connaissance même, et quoiqu'ils soient certains dans leur universalité, la connaissance n'est pas infaillible. C'est pourquoi, tandis que sans les principes *à priori*, la science porterait en l'air et serait comme impossible, la science *à priori* n'en est pas une et doit, pour mériter le nom de science, se charger d'observations bien faites, de notions exactes et distinctes, d'inductions prudentes et de correctes déductions. Nous ne savons rien de positif *à priori*; mais des éléments *à priori* entrent dans tout ce que nous savons.

Ce qui fait qu'on attribue tout le savoir à l'expérience, c'est qu'au moins dans l'état présent de notre nature, nous ne saurions rien sans l'expérience. Dans l'homme, la pensée et la sensation sont inséparables, et celle-là ne se déploie que quand celle-ci commence. Là est la véritable harmonie préétablie, et ce que Bacon appelle lui-même le commerce de l'esprit et des choses, *commercium mentis et rerum*.

En résumé, si une connexion nécessaire n'unissait pas la cause à ses effets, si la substance n'était pas essentiellement liée par sa nature aux phénomènes qui la caractérisent, le raisonnement par induction serait sans base et la répétition des mêmes faits ne nous apprendrait rien sur leur retour futur. Mais ces principes où s'appuie l'induction sont certains; ce qui ne l'est pas, c'est l'application qu'elle en fait à une série de faits déterminés. L'erreur possible est dans l'observation, dans la reconnaissance des cas qui sont l'expression extérieure de ces lois intérieures de la pensée. Voilà pourquoi il y a quelque chose d'absolu et quelque chose de relatif dans l'induction, pourquoi elle a un fort et un faible, un élément de certitude, un élément de probabilité. Mais l'instinct de raison qui nous porte à nous y fier n'est puissant et n'existe sans doute que parce qu'il se rapporte à des vérités supérieures plus universelles que l'esprit de l'homme lui-même.

CHAPITRE IV.

De la méthode inductive.

Nous sommes entraînés bien loin hors du cercle de la logique. Bacon a évidemment exagéré le sens du mot *Organon* en comprenant sous ce nom toute la méthode. L'ouvrage d'Aristote, auquel on a donné ce titre, n'embrasse pas un sujet d'une telle étendue; aussi ne mérite-t-il pas tous les reproches dont nous avons vu qu'on l'accable. Seulement Aristote s'y est exprimé sur l'induction avec trop de brièveté. Ce qu'il en dit est insuffisant, un peu obscur, mais sans erreur essentielle. Sa logique en général est irréprochable, et pour la condamner, il faut qu'on l'ait prise pour ce qu'elle n'est pas. Au fond, la logique n'est pas vraiment un *Organon*, si l'on entend par là un art méthodique d'acquérir la connaissance[1]. Quoique l'on ait abusé des formes qu'elle détermine, ces formes n'en sont pas moins son objet propre; et comme étant une de ses formes, l'induction n'est qu'un argument dont son office spécial n'est point de vanter et de diriger l'emploi. Les modernes, et c'est en général depuis

---

[1] Kant, *Logique*, Introd., I, p. 5 de la traduction.

Bacon, ont considéré la méthode comme une partie de la logique, mais elle n'en est point partie nécessaire. C'est tout confondre que d'exiger d'une science ce qu'elle ne promet pas. Distinguons bien la théorie de la logique et l'art de la méthode. Quant à l'une, Bacon n'a su que déclamer contre Aristote ; quant à l'autre, il a mieux vu qu'Aristote la nécessité d'une science appelée plus tard par les Allemands *Méthodologie*. Il en a donné les règles, quoiqu'il ait ignoré ou négligé la partie purement philosophique de la doctrine même dont il prétendait jeter les fondements. Nous distinguerons donc ce qu'il faut distinguer, l'induction qui doit appartenir à la logique seule, et le procédé inductif ou la méthode des sciences inductives, qui est le fond du baconisme et qui seule nous occupera désormais.

Les Anglais ont pris Bacon au mot. Ils ont cru que l'induction était tout une méthode et même toute la méthode des sciences. Newton lui-même semble quelquefois tout ramener à ce qu'il appelle *argumentum inductionis*[1]. Reid et son école ont fait de ce mot un emploi presque illimité, et Bacon n'a jamais plus raison que lorsque Reid l'interprète. Malgré des autorités si fortes, il nous reste à déterminer les caractères et la valeur de la méthode inductive, et surtout à examiner si l'induction seule est le procédé et le caractère de l'investigation scientifique.

Quand l'énumération est complète, l'induction,

---

[1] *Reg. phil.*, IV, *Princip. math.*, l. III, init. Cf. *Optic.*, l. III, Schol. gén.

comme opération, est formellement régulière, et sa validité a pour mesure la certitude de nos perceptions. Dans ce cas toujours rare, la conclusion qui ressort d'un dénombrement d'individus ou de faits particuliers n'en diffère que comme la somme diffère de l'addition, et quoique ce soit là l'induction parfaite, *completa inductio* des logiciens, Whately, après Bacon, répète qu'elle est ordinairement puérile[1]. Cependant elle n'est pas toujours sans utilité, et il y a, par exemple en statistique, des faits dont la sommation est instructive. Mais l'énumération complète n'est pas la condition de toute induction. L'incomplète donne lieu à des conclusions qui, pour être irrégulières, ne sont ni mensongères ni frivoles. L'anatomie comparée tout entière repose sur des inductions incomplètes.

Ainsi les inductions ont une valeur supérieure à leur régularité. La règle fondamentale qui veut que les termes ne soient jamais pris dans la conclusion plus universellement que dans les prémisses, ne serait-elle donc qu'une règle du raisonnement formel et non de la pure raison, en telle sorte que l'intelligence humaine n'y serait point assujettie? On a vu que la conclusion de l'acte à la possibilité dérivait du particulier le général, en conservant la validité d'un axiome. Autre exemple : il n'est pas nécessaire de comparer plusieurs triangles pour savoir qu'un triangle ne peut avoir plus d'un angle obtus. C'est une propriété générale qui, indépendamment du théo-

---

[1] *Elem. of Log.*, l. IV, ch. I, § 1.

rème de l'égalité des trois angles du triangle à deux droits, peut se conclure de l'inspection d'un triangle unique[1]. Cependant comme cette vérité tout intuitive ne frappe pas l'esprit immédiatement, comme elle s'obtient par un peu de réflexion, l'acte qui nous la suggère paraît tenir de l'induction. Généralisons la question. Il s'agit, dans l'induction, de trouver les caractères communs des objets particuliers. Faut-il en conclure que l'induction parfaite des logiciens soit l'unique moyen de constituer les genres et les espèces, ou en d'autres termes, que la faculté de l'induction soit identique à la faculté de définir? Les logiciens ne semblent pas le croire; tous traitent de la proposition, de la définition, de la formation des idées de genre et d'espèce, avant de traiter de l'induction[2]. Cependant toute proposition qui attribue à un être une propriété générale, est comparable à l'induction, en ce sens qu'elle suppose comme celle-ci la faculté de trouver le général dans le particulier[3]. Sans cette faculté, le syllogisme qui repose sur la définition, serait impossible, et si cette faculté ne procède que par induction, toute la connaissance humaine est originairement inductive.

Quoiqu'on l'ait soutenu, on prouverait avec peine que toute proposition générale exprimant un juge-

---

[1] Cf. *Pr. Anal.*, II, XXI, 6 et 7.

[2] Voyez, entre autres, le chapitre II (De formandis judiciis intuitivis et notionibus a posteriori) et le chapitre III de la sect. II de la 2ᵉ partie de la *Logique* de Wolff. La logique de Port-Royal et celle de Whately suivent le même ordre.

[3] *Sec. Anal.*, I, x, 5.

ment de définition ou autre, est inférée de la comparaison des cas particuliers. Lorsque je porte un jugement de définition, lorsque j'attribue expressément ou mentalement à un être comparable à d'autres une propriété commune, un caractère spécifique, je suppose nécessairement qu'il y a au monde une telle chose que les essences, et que tout être existe dans de certaines conditions immanentes. Est-ce l'expérience particulière qui me l'a appris ? Aujourd'hui et dans la pratique, l'expérience particulière, plusieurs fois répétée, me sert à vérifier ou à redresser les applications du principe. Mais ce n'est pas à elle que je demande de me prouver que j'ai raison de le concevoir, et que la réalité a des lois correspondantes à celles de la connaissance. Les jugements universels en vertu desquels je prononce, dans les cas particuliers, qu'il y a cause ou essence, sont d'ordinaire implicites, et ne paraissent pas avoir été jamais autres. Il est douteux que la première fois qu'il a caractérisé spécifiquement les objets, l'homme se soit formellement avoué à lui-même le principe abstrait de la permanence et de la communauté des caractères spécifiques. Il ne s'est pas dit : « Il y a des essences ; donc, etc. » Ce principe restant implicite et comme enseveli dans le fond de la raison qui l'applique sans l'exprimer, il s'ensuit que le jugement ou l'acte par lequel je caractérise un objet de la connaissance ne tient de l'induction que ceci : à propos d'une expérience particulière, je conçois un jugement qui implique, qui suppose quelque chose de plus général. Si nous remontons au plus simple des jugements, à celui qui est compris dans la pure perception, « j'éprouve alors une sensation de laquelle *je conclus* sans raisonnement, sans comparaison d'idées, qu'il y a quelque chose d'extérieur [1]. » Or si la perception est une *conclusion*, est-ce celle d'un syllogisme? Non sans doute; la logique alors nous oblige de la tenir pour inductionnelle. Et en effet nous avons vu les philosophes de la perception étendre le nom d'induction à ce jugement perceptif qu'ils distinguaient pourtant de tout autre [2]. C'était détourner peut-être le mot de son sens propre; mais le rapprochement n'était point faux, s'il tendait seulement à rappeler que dans ce jugement comme dans l'induction, une sensation particulière qui révèle sa cause ou les caractères de son objet, suscite dans l'esprit une connaissance plus générale que cette perception même. En ce sens, le particulier enfante le général.

Mais on pourrait dire en sens inverse que le jugement compris dans la perception ou la perception elle-même n'est que l'application d'un principe général implicite, et elle prendrait alors des analogies avec la déduction. La perception n'est une faculté de vérité que si les lois générales de la causalité et de la substance sont véritables. L'esprit humain est conçu dans l'hypothèse de la vérité de ces deux lois. Une main divine a coordonné les formes des choses et les moules de l'esprit. Elle a mis là les figures et ici la géométrie. Mais à ce point de vue, tout change de

---

[1] Royer-Collard, *Frag. théor.*, I; Reid, trad., t. III, p. 402.
[2] *Id. ib.*, XI, t. IV, p. 458.

face. C'est le général qui précède le particulier. L'un est *à priori*, l'autre survient *à posteriori*; et tel peut être le sens d'une opinion de Turgot dont la profondeur semble avoir échappé à Condorcet et même à Stewart[1]. Il disait que nos idées les plus abstraites précédaient quelquefois nos idées particulières, et s'il n'entendait point par là nous accuser d'erreur, il était, sans y songer, sur la voie de la doctrine des idées de Platon.

Ainsi l'induction et la déduction semblent se rejoindre au sommet de la connaissance humaine ; et la théorie qui vient d'en être esquissée nous apprend peut-être pourquoi l'induction, même imparfaite, est si fréquemment la forme sous laquelle nous semblons appréhender la vérité. Là où elle ne nous a point paru seule, elle n'était pas seule en effet. Il y a d'autres principes de connaissance, d'autres notions implicites ou explicites, qui concourent avec elle, qui ajoutent à sa valeur, qui compensent ses irrégularités, et rapprochent de la certitude les conclusions qui semblaient d'abord avoir pour base unique l'acte très-défectueux du procédé que la logique nomme inductif.

On jugerait ce procédé à l'œuvre, si le temps nous permettait d'emprunter un exemple mémorable aux écrivains qui ont le plus récemment traité ce sujet, MM. Cournot, Gratry, Apelt. Si nous montrions par quelle induction féconde l'observation d'une seule

---

[1] Condorcet, *Vie de Turgot*, OEuvres, t. V, p. 169; D. Stewart, *Phil. of Mind*, part. II, ch. II, sect. IV.

planète a révélé à Keppler la marche de toutes, on verrait combien d'actes divers de l'esprit viennent s'unir à la constatation du plus petit nombre de faits, pour donner à une conclusion téméraire en logique pure la validité d'une de ces grandes lois des mouvements célestes, sans lesquelles Newton ne découvrait pas le système du monde. On serait surpris de voir une vérité générale, une immense vérité, porter sur si peu de base. On serait surpris et comme effrayé; car il semblerait que le doute se cache dans les fondements même de la plus parfaite des sciences de la nature. Il faut donc que l'induction ne soit pas, comme forme argumentative, tout le fond de la démonstration scientifique. Car si toutes les sciences étaient exclusivement inductives ainsi qu'on le dit, comment concilier la certitude que nous aimons à leur attribuer avec ces règles logiques de l'induction auxquelles l'investigation scientifique peut si rarement se conformer?

L'induction a été, depuis Bacon, élevée à la hauteur d'une méthode. L'Angleterre a donné le nom de sciences inductives aux seules sciences dont elle semble faire cas. Nous ne contestons rien. En rappelant que les inductions scientifiques supposent cependant certains principes naturels ou rationnels, nous ne rechercherons plus s'ils sont eux-mêmes primitivement des inductions de l'expérience, ou s'ils sont bien véritablement *à priori* dans l'esprit de l'homme. Disons seulement qu'ils sont pris comme tels, et décidons encore moins s'ils sont objectivement vrais et les lois réelles de l'existence. C'est le fond même de la philosophie, et quelque doctrine que l'on adopte, que tout soit *à posteriori* et vienne de l'expérience, comme le veulent M. Auguste Comte et M. Stuart Mill, même ces principes dont l'extension semble égale à celle de toute expérience possible; ou bien qu'il y ait *à priori* dans l'expérience même un expérimentateur donné, qui ait ses règles dans sa nature et des cadres préformés où se placent et se disposent les faits observés, expérimentateur qui s'appelle l'esprit humain, l'*intellectus ipse* de Leibnitz; il restera toujours que le champ de l'avancement des sciences est le champ de l'observation, de l'expérience, de l'induction, car même ce qui serait *à priori* dans l'esprit humain ne pourrait être reconnu pour tel qu'à l'aide d'une recherche attentive et d'une rigoureuse méthode. Cela est si vrai, que le procédé par lequel nous rapportons ces notions premières ou ces lois de la connaissance aux objets de nos contemplations, a lui-même paru semblable ou tout au moins analogue au procédé inductif. L'esprit, en prenant sur lui de soumettre à ces généralités suprêmes tous les faits possibles, a tellement paru généraliser de son chef que des philosophes ont cru reconnaître encore là le caractère fondamental de l'induction. Ce langage était à un certain point autorisé par les paroles d'Aristote sur l'invention des principes, et par celles de plusieurs de ses commentateurs, lorsqu'ils appellent inductive une méthode de division qui remonte du particulier au général pour arriver à la définition. Bacon avait entrevu cette méthode supérieure qui, toute platonique qu'elle puisse être, n'avait pas échappé à Aristote; mais pour l'induction prise au sens ordinaire des logiciens, il n'en a trouvé ni cherché les principes. Oserons-nous dire qu'il n'était pas dans son génie de chercher le principe d'aucune chose? Une crédulité de bon sens caractérisait ce grand esprit plus propre à comprendre les sciences d'observation que les sciences de définition. Or, quoique cette distinction sépare les sciences physiques des sciences mathématiques, les unes et les autres s'unissent pour composer les sciences physico-mathématiques dont le cercle s'étend chaque jour. Les unes et les autres échangent leurs procédés, et si l'induction joue toujours un rôle assez restreint en géométrie, la déduction n'est étrangère à aucune science. C'est une observation excellente d'un écrivain qui, avec des principes de philosophie contestables, a cependant porté beaucoup de justesse et de pénétration dans ces questions de logique et de méthode [1], que le fondateur de la philosophie inductive, en insistant sur l'art de s'élever par l'expérience aux axiomes moyens, et éventuellement aux plus généraux, paraît avoir ignoré cette part du procédé scientifique qui consiste à féconder ces axiomes par la déduction, et à marcher, le fil de la dialectique en main, à des conséquences spéculatives qui peuvent se trouver les vérités les plus importantes de la science. Elles n'ont besoin pour cela que d'être vérifiées par l'observation et l'expérience, à peu près de la même

---

[1] M. Stuart Mill, *Syst. of Logic*, l. II, ch. IV, §§ 6 et 7, et l. III, ch. X, § 8, et ch. XIII, § 7; t. I, p. 290, 292, 524, 579.

manière que le sont les conjectures inductives dans l'école de Bacon. La déduction rend ainsi à l'induction autant que celle-ci lui a prêté, et l'on pourrait hésiter à décider laquelle des deux a le plus servi à l'astronomie, à l'optique, à la mécanique surtout. Bacon n'a point prévu cette partie de l'avenir des sciences, et peut-être avant que Newton eût paru, était-il aussi difficile de la prévoir que de faire une poétique avant Homère.

Voilà donc une première exception à la prétendue universalité de la méthode inductive, et nous la constatons d'autant plus volontiers que l'autorité n'est pas suspecte. C'est un des plus habiles et des plus sagaces interprètes de la philosophie de l'empirisme qui, éclairé par la science moderne, nous signale cette grande lacune dans la méthodologie de Bacon.

Les mathématiques sont l'instrument le plus ordinaire et le plus puissant de la méthode déductive dans les sciences, et nous ne nous étonnerons plus en conséquence de la manière dont Bacon a parlé des mathématiques. D'abord elles ne sont pas à ses yeux une science essentielle, une science par elles-mêmes, apparemment parce qu'elles n'ont point d'objets effectifs dans la nature; aussi les place-t-il à un rang secondaire et se montre-t-il peu touché de leur titre et de leur caractère de science exacte. Il laisse douter s'il se rend bien compte de la nature du raisonnement en matière nécessaire et de la force du mot démonstration. Il confond la preuve apodictique avec la preuve morale, et ne paraît pas exiger pour les choses de la science une autre certitude que pour les choses de la vie. Lorsqu'on le voit classer, comme décrivant les propriétés des nombres et des figures, les mathématiques pures dans l'histoire naturelle, on ne peut avoir de plus frappante preuve de la tendance empirique de son esprit[1], et l'on serait porté à lui en faire un reproche, s'il n'avait point par là exercé sur l'école britannique une influence plus salutaire peut-être qu'il ne l'eût fait par un plus rigoureux rationalisme.

C'est d'ailleurs un point assez malaisé que d'établir philosophiquement le vrai fondement des mathématiques. Cependant on s'accorde assez, avec Aristote et Platon, à les regarder comme une science théorétique[2] et à reconnaître que l'expérience qui les confirme n'en est pas plus le fondement qu'elle n'en est la méthode. On aurait de la peine à résoudre même l'arithmétique et la géométrie en un empirisme raisonné, à moins d'appeler empirisme l'observation de l'évidence.

On ne saurait proscrire absolument l'induction des mathématiques. Mais, ainsi qu'en métaphysique, ce serait forcer le terme d'induction que d'appeler de ce nom cette intuition du général dans le particulier qui est le procédé primitif et fondamental de la science. L'induction proprement dite a, selon Laplace, donné le binôme de Newton. Un écrivain contemporain qui nous paraît de tous les Allemands celui qui a le mieux connu l'induction, attribue à ce procédé

---

[1] *De Aug.*, III, vi; *Parasceve ad hist. nat.*, V, t. I, p. 200, et t. II, p. 254.

[2] *Rep.*, VII, 522-530; *Met.*, VI, i; *Sec. Anal.*, I, xii, 13, et xiii, 15.

la loi des coefficients du binôme à exposants entiers positifs donnée par un des Bernouilli [1], et nous avons vu comment il était applicable à certains théorèmes de-géométrie. Néanmoins l'induction fondée uniquement sur la répétition de cas semblables ne peut être admise qu'avec précaution et en désespoir de démonstration par les mathématiciens, lors même qu'il ne faudrait pas l'accuser d'avoir égaré Fermat dans un certain théorème sur les nombres premiers [2]. Bacon cependant, avec ses principes, aurait été fort empêché d'expliquer autrement que par elle l'existence et la validité des mathématiques, et l'on ne peut être surpris que négligeant tout ce qui en fait une science en soi, il les considère plutôt comme un appendice de la science. A ce titre au reste, leur importance n'a pas tardé à se manifester avec éclat dans le champ des découvertes. En diminuant leur valeur, il n'avait pas déprécié leurs services. Il avait même annoncé avec assez de justesse les progrès que les sciences appliquées leur devraient dans l'avenir. Sans se douter de ce que serait l'analyse, il en prédisait les merveilles. C'est une de ces vues heureuses dont ses ouvrages sont semés, et qui permettent d'en extraire

---

[1] Apelt, *Theor. der Induct.*, 5, p. 34.
[2] Euler en a démontré l'inexactitude ; mais il paraît que Fermat n'avait jamais donné sa proposition que pour une vérité soupçonnée. (Voyez la Notice de M. Brassine.) Ce soupçon devait cependant reposer sur une induction tirée d'un certain nombre de cas. Il en est de même d'une suite de nombres premiers annoncée pour une certaine formule où x est successivement 1, 2, 3, etc , ce qui ne s'est vérifié que jusqu'au quarantième terme.

tant de citations admirables et supérieures encore à la doctrine qui les remplit. Peut-être même, en insistant avec excès sur le côté qu'on pourrait appeler utilitaire des mathématiques, les a-t-il plus efficacement recommandées à l'estime de sa nation. C'est peut-être un bonheur que cette foi un peu exclusive, un peu superstitieuse, dans l'expérience aux dépens des spéculations géométriques, ait prévalu en Angleterre, s'il faut en juger par quelques esprits éminents [1]. Qui sait si elle n'a point contribué à pousser Newton qui aurait pu consumer son génie dans les recherches pures de l'analyse abstraite, à faire de cette analyse l'instrument des immortelles découvertes qui ont le plus approché l'esprit humain du secret de l'ordre du monde?

Il est rare que les hommes de génie s'enferment avec une logique étroite dans le cercle de leurs principes. Leurs vues débordent leurs systèmes, et Bacon surtout a pensé à mille choses qu'il éclaire en passant et qu'il néglige. Tandis qu'il semble méconnaître dans les mathématiques le caractère et l'excellence d'une science abstraite, ailleurs il aperçoit et signale d'un mot la vraie méthode de l'abstraction, et même il y croit reconnaître l'induction dont elle a en effet quelques caractères. Dégoûté d'Aristote comme trop spéculatif, il revient inopinément à Platon. La méthode syllogistique ne sert point à trouver les principes, et il les attend de l'induction, deux choses qu'il a pu rencontrer dans Aristote, mais qu'il tourne

---

[1] Voyez Macaulay dans son *Essai sur Bacon*, p. 103-107.

contre lui. Voyant la méthode inductive un peu négligée par le maître, tout à fait négligée par les disciples, ne leur trouvant pas d'autres principes que des généralités hypothétiques en dehors de toute induction régulière, il se tourne vers Platon et soupçonne que *ce poëte* et *ce railleur* pourrait bien être le seul qui, en cherchant les idées, aurait mis la main sur la bonne méthode. Il s'est servi, dit-il, de l'induction pour tout, et non pas seulement pour obtenir de prétendus principes[1]. Il y a en effet une méthode dans Platon et même une méthode qu'on a quelquefois appelée inductive, quoique le nom de l'induction logique ne se trouve pas dans ses œuvres[2]. C'était, dit-on, le procédé favori de Socrate. Pour trouver la définition, comme parle Bacon, ce qui n'est pas moins que trouver l'essence des choses, Platon dit qu'il faut commencer par les sens, que dans leurs impressions il y a ce qui ne va pas plus loin qu'eux, il y a ce qui provoque l'intelligence, ce qui par la perception de l'unité dans le multiple, nous donne l'instruction véritable, le procédé qui nous élève à l'être[3]. C'est le procédé dialectique[4] qui de son point de départ, ou de la base donnée par l'expérience, s'élance au principe en élaguant toutes les diversités et en dégageant de plus en plus l'unité. Or il y a certainement, à s'en

---

[1] *Nov. Org.*, I, 105; *Cogit. et Vis.*, XII; t. II, p. 63 et 368. Cf. ci-dessus, l. II, ch. III.

[2] Du moins dans l'*Index* d'Ast.

[3] Μάθημα... πρὸς οὐσίαν, *Rep.*, VII, 522, 523. Cf. id., VI, 509, *Phédon* et *Parménide*, passim.

[4] Ἡ διαλεκτικὴ μέθοδος, *Rep.*, VII, 533.

tenir aux expressions seules, quelque apparente analogie entre cette méthode et celle que décrit Bacon, ou celle que donne Aristote en l'opposant à la méthode ordinaire de la division qui va du général au particulier, ou celle enfin que ses commentateurs ont nommée quelquefois synthétique, quelquefois inductive [1]. Toutes ces analogies viennent d'un trait qui leur est commun, commencer par le particulier pour trouver le général. Mais une grande différence subsiste : avec la dialectique de Platon, avec la seconde méthode d'Aristote, on dépasse le physique pour atteindre le métaphysique, tandis qu'avec l'induction réglementée par Bacon on doit s'arrêter à la dernière limite du monde des phénomènes, sous peine de n'atteindre qu'à des généralités spéculatives, à de pures idéalités, et de passer du rôle de naturaliste au rôle tant attaqué d'intellectualiste [2]. Bacon qui redoutait si fort cette dernière épithète n'a donc pas suivi sa pensée jusqu'au bout. Il s'était probablement formé une idée non moins superficielle de la dialectique platonicienne que de la logique d'Aristote, et en disant qu'il s'éloignait de celle-ci et qu'il se rapprochait de celle-là, il ne prouve pas qu'il ait pénétré le

---

[1] C'est par la combinaison des chapitres V et XIII du livre II des *Derniers Analytiques*, qu'on peut se former une idée des deux méthodes de division indiquées par Aristote, et Hamilton a bien éclairci la distinction entre l'une et l'autre, distinction assez obscure dans le texte. *Discus. of phil.*, p. 173, ou *Fragments*, trad. par M. Peisse, p. 266.

[2] Suprema illa et generalissima (quæ habentur) notionalia sunt et abstracta, et nil habent solidi. (*Nov. Org.*, I, 104, t. II, p. 62.)

sens intime des deux théories auxquelles il fait allusion. Deux choses étaient à démontrer, d'abord que l'induction des logiciens n'était pas applicable aux sciences expérimentales, puis que la dialectique de Platon était applicable même aux sciences expérimentales. Ni Bacon ni personne n'était alors en état de résoudre cette double question ; et même aujourd'hui posée aux plus habiles, elle ne recevrait ni une solution prompte ni une solution identique.

Il faut se garder d'imaginer qu'en d'autres temps les grands esprits eux-mêmes aient vu, dans les principes ou les doctrines qu'ils empruntaient au passé, tout ce qu'il est facile à nos esprits médiocres d'y apercevoir maintenant. L'étude des systèmes et des méthodes a permis d'en faire ressortir toutes les conséquences, et l'on ne se trompe plus guère sur la portée d'un principe. Bacon est louable d'avoir entrevu qu'il y avait une méthode dans Platon, et dans cette méthode un mérite réel et une valeur scientifique. Mais il ne suit pas de là qu'il l'ait entièrement saisie, utilement pratiquée, et surtout appliquée à la philosophie morale. La preuve, c'est que parfois il semble l'accepter dans ses formes absolues, et la suivre jusque dans les excès qui l'ont égarée. Il n'a rien de commun avec la secte éléatique, le néo-platonisme ou certaines écoles de l'Allemagne moderne; et cependant tel passage de ses œuvres pourrait être interprété dans le sens de la doctrine de l'identité universelle et, comme on dit, du panthéisme. Cela montre qu'il ne se rend pas compte de tout ce qu'il avance; les plus habiles se hasardent par instants; il ne faut pas prendre des aperçus pour des principes, et l'expression peut aller plus loin que la pensée.

Toutes ces observations prouvent que bien que Bacon n'ait pas usurpé sa renommée de grand et utile serviteur des sciences, il subsistait comme un nuage sur l'idée première qu'il se formait de la méthode. Il a laissé beaucoup à faire aux métaphysiciens, et il n'a pas non plus dispensé la philosophie naturelle de toute recherche ultérieure des moyens d'agrandir son domaine et d'assurer, d'effectuer même ses découvertes. Toutes les questions ont pu être reprises après lui et creusées à une plus grande profondeur. Mais ce serait une injustice, ce serait faire succéder le dénigrement à l'engouement que de ne pas admirer la sagacité qu'il a portée dans le détail des moyens de varier et de vérifier l'expérience pour instituer la science inductive. Cette idée, à elle seule, est grande et juste, quoique les philosophes puissent lui reprocher de n'avoir pas saisi le principe de ses recherches. On pourrait dire que toute la différence entre l'induction des logiciens et celle de Bacon, c'est que la même opération logique est considérée par les premiers dans le sujet qui la conçoit, et par le second relativement aux objets auxquels elle s'applique. L'essence de l'induction est ce qui intéresse la philosophie pure; l'emploi et la vérification de l'induction sont ce qui importe à la marche des sciences. Bacon s'est borné à ce dernier point de vue, moins occupé de définir son procédé que de donner des recettes pour le mettre en œuvre.

Quant à ces recettes, on a pu les trouver minutieuses et pédantesques. Aucun savant de renom n'a probablement observé, dans l'étude des phénomènes, toutes les formalités de cette procédure scientifique. En l'exposant plus haut[1], nous avons indiqué des lacunes qui la rendent peu sûre et même peu praticable. Bacon voudrait par exemple que l'on réformât certaines conceptions générales qui servent de principes aux sciences[2], et il n'en donne guère les moyens, ou il les montre au terme si lointain d'une longue exploration des faits, qu'il nous condamne, en attendant, à chercher dans les ténèbres et à marcher au hasard. Ou s'il nous trace un itinéraire pour ainsi dire abstrait dans le domaine de la nature, il n'en fait connaître qu'une bien faible partie ; de dix opérations annoncées, il n'en décrit qu'une. L'appareil compliqué qu'il construit sous nos yeux ne peut servir de son aveu qu'à faire *la première vendange*. Notre guide ne nous conduit qu'au seuil de la science. Enfin, on n'a pas assez remarqué l'importance excessive qu'il attachait à ce qu'il nommait l'histoire naturelle ; c'est la base de toute l'affaire, c'est la matière première de la philosophie[3], écrit-il. Il voulait qu'une description générale de la nature, fait à fait, phénomène à phénomène, fût l'œuvre collective et le préalable nécessaire de l'interprétation scientifique ; il voulait, en un mot, fonder sur une histoire complète une philosophie définitive. Il a donc

---

[1] Voyez ci-dessus, liv. II, ch. IV.
[2] *Nov. Org.*, I, 15, 16 ; t. II, p. 11.
[3] *De Augm.*, II, III ; t. I, p. 117 ; *Parasceve*, præf., et a. 2 et 5 ; t. II, p. 234, 257 ; éd. Longman, t. I, p. 384 et 419.

laissé son œuvre inachevée, et ce qu'il recommandait pour le succès de sa doctrine n'a pas été accompli. Il faut tenir compte de ces points importants qu'on a trop négligés [1], si l'on veut ne pas prononcer trop légèrement sur l'insuffisance de sa doctrine, et surtout bien s'expliquer la confiance qu'il portait à l'infaillibilité d'une méthode plus neuve et plus complète dans sa pensée qu'elle ne nous le paraît aujourd'hui dans ses livres. Nous n'entendons pourtant pas absoudre cette confiance de toute illusion. Son système fût-il exposé dans tous ses détails, lié et suivi dans toutes ses parties, continuerait, suivant nous, de mériter à peu de chose près les critiques que nous nous sommes permises, enhardi par de légitimes autorités. On resterait en droit de remarquer qu'il a toujours oublié de faire la part et de réclamer le secours de cet instinct de la raison, de cette rectitude naturelle de l'esprit, qui conduit, sans formulaire, à prendre les moyens de rendre clairs et sûrs les résultats de l'expérience. En ce genre, la nature peut suppléer l'art, et aucune théorie de l'art ne remplacera le jugement, l'intelligence, le tact nécessaire pour tirer parti de l'art lui-même. « Le principe des principes, dit Leibnitz, est en quelque façon le bon usage des idées et des expériences [2]. » La comparaison de la

---

[1] Voir, pour le développement de cette remarque, la préface du *Parasceve*, par M. Spedding, dans l'édition Longman, t. I, p. 369.

[2] *Nouv. Essais*, IV, XII. C'est en termes pratiques la grande pensée d'Aristote : Οὐδὲν ἀληθέστερον ἐνδέχεται εἶναι ἐπιστήμης ἢ νοῦν. *Sec. Anal.*, II, XIX, 8.

valeur respective des faits, le discernement entre ce qui est principal ou accessoire, stable ou accidentel, l'esprit de ressources, la fécondité de vues, d'expédients, d'explications, la sûreté dans le choix des généralisations, la puissance de rapprochement entre des phénomènes distants entre eux, la sagacité de distinction entre des phénomènes voisins, toutes ces qualités du savant, qui sont les conditions de la science, ne peuvent s'enseigner dans les livres, et Bacon prétend vainement, comme tous les inventeurs de méthode au reste, avoir trouvé une baguette divinatoire qui égalise tous les esprits. C'est au moins une grande exagération, et je doute que la méthode ait de ces vertus magiques. Lavoisier a fait beaucoup d'honneur à Condillac en le remerciant de l'avoir aidé à découvrir la chimie moderne, et dans les hommages que les savants ont rendus à Bacon, il est entré quelque chose de cette modestie, qui est de bonne grâce chez les hommes supérieurs. C'est d'ailleurs un penchant naturel que de savoir beaucoup de gré à ceux qui décrivent et louent éloquemment le métier qu'on fait, et l'on croit leur devoir le talent de le remplir, lorsqu'on leur doit tout au plus les sentiments de confiance et d'ardeur avec lesquels on s'y livre.

Il faut rappeler en finissant que la méthode des sciences doit être applicable, d'abord à la philosophie naturelle, puis à la philosophie morale, c'est-à-dire à la *recherche des phénomènes et de leurs causes*[1], en

---

[1] Définition de Laplace.

distinguant ceux qui sont du ressort de l'observation externe de ceux qui dépendent de l'observation interne.

Or dans la philosophie naturelle, je doute que notre siècle offre un plus grand nom que celui de Laplace, et voici le jugement de Laplace : « L'induction, l'analogie, des hypothèses fondées sur les faits et rectifiées sans cesse par de nouvelles observations, un tact heureux donné par la nature et fortifié par des comparaisons nombreuses de ses indications avec l'expérience : tels sont les principaux moyens de parvenir à la vérité... Cependant l'induction, en faisant découvrir les principes généraux des sciences, ne suffit pas pour les établir en rigueur. Il faut toujours les confirmer par des démonstrations ou par des expériences décisives... Le chancelier Bacon a donné pour la recherche de la vérité le précepte et non l'exemple. Mais en insistant avec toute la force de la raison et de l'éloquence sur la nécessité d'abandonner les subtilités insignifiantes de l'école pour se livrer aux opérations et aux expériences, et en indiquant la vraie méthode de s'élever aux causes générales des phénomènes, ce grand philosophe a contribué aux progrès immenses que l'esprit humain a faits dans le beau siècle où il a terminé sa carrière[1]. » Voilà, jusqu'au commencement du nôtre, le jugement de la science sur la méthode de Bacon, et en voilà presque l'exposition et l'apologie, puisqu'un aussi grand géomètre que Laplace n'a pas cru nécessaire d'ana-

[1] *Essai phil. sur les prob.*, p. 242 et suiv., éd. de 1819, ou p. xiij de l'introduction à la *Théorie mathématique*.

lyser cette méthode plus sévèrement ni de la rendre plus rigoureuse et plus complète.

Quant à la philosophie morale, j'ai déjà dit que ceux qui ont surtout aspiré à l'assimiler à la philosophie naturelle, ont, de Reid à Jouffroy, reconnu Bacon pour leur guide et mis toute leur gloire à faire de sa méthode une nouvelle application.

Voilà donc ce qu'en se plaçant au même point de vue que Laplace et Reid (et la prétention n'est pas si humble), on devrait penser de la valeur de la méthode de Bacon. C'est un devoir d'ajouter qu'on peut se montrer plus exigeant que ces maîtres renommés. Nul doute, que même pour l'esprit et la direction de leurs recherches métaphysiques, les Écossais n'aient dû à Descartes et à ses successeurs autant pour le moins qu'à Bacon, et que l'on n'ait de notre temps, en Allemagne et en France, déterminé plus rigoureusement les procédés de l'observation interne et mieux éclairé la marche de la philosophie proprement dite. Et quant à la philosophie des sciences, ce champ des triomphes de Bacon, non-seulement on a pratiqué avec succès des procédés dont il n'avait pas donné la théorie, mais ce n'est pas sans motif, sans nécessité même, que dans nos deux pays des savants et des critiques ont entrepris de reprendre sur nouveaux frais les questions que Bacon n'avait souvent que légèrement touchées, et non contents des solutions qui suffisaient à d'Alembert et à Laplace, ont voulu former un système plus satisfaisant et mieux démontré de la méthodologie scientifique.

LIVRE IV

HISTOIRE

DE LA

PHILOSOPHIE ET DE L'INFLUENCE

DE BACON

CHAPITRE I.

Des prédécesseurs et des contemporains de Bacon.

Nos remarques sur les limites de la pensée de Bacon ou sur les vides de ses théories laissent subsister notre admiration. C'est assurément un esprit vaste, un esprit original et novateur. Cependant cet esprit vaste s'est renfermé dans une simple question de méthode. Cet esprit original et novateur n'a rien inventé de considérable, quoiqu'il ait plus servi peut-être que par des découvertes, en reprenant et en développant une méthode oubliée, en étalant aux yeux les moyens de la féconder, en annonçant tous les fruits qu'elle pouvait porter. Il est très-vrai, comme en conviennent ses admirateurs les plus éclairés[1], que

---

[1] « Avant l'ère de l'apparition de Bacon, divers philosophes ont marché dans la droite voie, et l'on peut douter qu'aucune importante règle pour la recherche de la vérité se rencontre dans ses ouvrages, dont on ne pût indiquer une trace dans ceux de ses prédécesseurs. Son grand mérite est d'avoir concentré

l'induction était connue avant lui, qu'il n'en a pas retrouvé la théorie, qu'il n'y a même rien ajouté, qu'il a moins renouvelé l'induction que changé la marche des sciences, en les rappelant à l'induction. L'expérience et l'observation n'étaient pas et ne pouvaient être une découverte [1]. Mais les remettre en honneur ne pouvait venir que d'une haute initiative, et au moment où Bacon l'a conçue, c'était une pensée pleine d'avenir.

Ce n'est pas que l'idée d'un grand changement

---

ces faibles et éparses lumières et fixé l'attention des philosophes sur les caractères distinctifs de la vraie et de la fausse science. » (Voyez tout le passage, D. Stewart, *Life of Reid*, sect. II ; *Reid's Works*, p. 12.) « Ce n'est pas d'avoir introduit le raisonnement d'induction comme procédé nouveau, comme procédé inusité, qui fait le mérite de la philosophie de Bacon. » (Herschel, *Study of nat. phil.*, part. II, ch. III, 105.) « Non-seulement il n'est pas vrai que Bacon ait inventé la méthode inductive, mais il n'est pas vrai qu'il ait été le premier homme qui l'ait correctement analysée. » (Macaulay, *L. Bacon*, p. 124.) « Ceux qui objectent à l'importance des préceptes philosophiques de lord Bacon qu'une grande partie de ces préceptes a été pratiquée de temps immémorial, ceux-là confirment plus leur utilité qu'ils n'atténuent leur originalité. » (Hallam, *Europ. Lit.*, t. III, ch. III, sect. II. Cf. Playfair, *Encycl. brit.*, t. I, Dissert. III, p. 470 ; Morell, *Crit. and hist. view of the spec. phil.*, t. I, part. I, ch. I, sect. I, p. 80-84, 2ᵉ éd., Lond., 1847 ; H. Martin, *Phil. spir. de la nat.*, part. I, ch. IX, t. I, p. 121 ; Cournot, *Ess. sur les fond. de nos conn.*, ch. XXIV, t. II, p. 345.)

[1] « Celui qui découvrit le premier que le froid convertissait l'eau en glace et que le chaud la convertissait en vapeur, suivit les mêmes principes généraux et la même méthode qui firent découvrir ensuite à Newton la loi de la gravitation et les propriétés de la lumière. Ses *Regulæ philosophandi* ne sont que les pures maximes du sens commun. » (Reid, *Inquiry*, introd., sect. I, *Works*, p. 97.)

dans le monde des sciences appartint à lui seul. Contre l'autorité du moyen âge, le cri de l'indépendance avait retenti avant qu'il le répétât. Remontons jusqu'à ce moine franciscain du treizième siècle qui par la singulière coïncidence des noms, semble un aïeul en même temps qu'un précurseur de Bacon. L'*Opus majus* de Roger contient le germe du *Novum Organum* de François. Ce rapprochement a frappé les meilleurs juges [1]. Le premier Bacon admirait l'Aristote de l'antiquité, mais comme le second, il méprisait fort l'aristotélisme moderne, et quoique disciple des Arabes, particulièrement d'Avicenne, il n'attendait rien de la méthode scolastique. Il attribuait la langueur de l'esprit humain à quatre causes, l'autorité des exemples, le respect de la coutume, la complaisance pour les opinions du vulgaire, et l'orgueil de la fausse science : telles sont les *idoles* qu'il voudrait renverser. Une réforme lui paraît donc urgente. Elle doit commencer par une étude plus profonde des langues, sans laquelle l'ignorance se perpétue et les doctrines sont défigurées par de mauvaises traductions. Le second moyen d'arriver au vrai doit être cherché dans les mathématiques. L'optique ou l'art de voir est le troisième. Mais le principal est l'expérience, *cette maîtresse*

---

[1] D. Stewart, *Dissert.*, part. I, ch. I; *Works*, t. I; Hallam, *Europ. lit.*, t. I, ch. II, 52; Cousin, *Journ. des Savants*, août 1848; Whewell, *Philos. of ind. sc.*, t. II, l. XII, ch. VII, A. 3; Jourdain, *Recherches*, etc., not. R, p. 372, 2ᵉ édit., et Ch. Jourdain *Dict. des sc. phil.*, t. I. Cf. De Gerando, *Hist. comp.*, part. I, ch. XXVII, t. IV, p. 559; Rousselot, *Phil. dans le moyen âge*, t. III, ch. XX; Hauréau, *Phil. scol.*, ch. XXIV, t. II, p. 280.

des connaissances spéculatives. Car l'expérience seule prouve ou vérifie les propositions scientifiques, atteint et manifeste des faits qu'aucun raisonnement n'aurait pu révéler, enfin puise dans le passé et le présent la prévision de l'avenir. A ces traits, il est difficile de de pas reconnaître la méthode inductive. Roger Bacon énumère quelques-unes des découvertes qui déjà sont dues à cette méthode, et c'est par là que ses ouvrages sont d'un grand intérêt pour l'histoire des sciences ; mais il indique en bien plus grand nombre les recherches qui restent à faire. Il attend beaucoup du temps ; il compte sur les progrès du savoir, et il présage le jour où le travail accumulé des générations révélera ce qui est caché ; car « plus les hommes sont récents [1], plus ils sont éclairés, et les savants de son temps ignorent bien des choses que saura le vulgaire des étudiants dans les temps futurs. »

Ces vues sont les mêmes que celles du second Bacon, et peut-être trouverait-on dans le premier, avec moins de largeur et d'éloquence assurément, une sagacité et une précision qui l'eussent rendu le plus propre des deux aux travaux réels des sciences. L'éloge très-bref que l'un accorde à l'autre prouve qu'il avait en gros aperçu la tendance de ses recherches, sans avoir apparemment lu ses écrits avec suite, ni assez profité de ses idées, pour reconnaître qu'il lui dût quelque chose [2]. C'est du reste un aveu

---

[1] *Recentiores*, tard-venus.

[2] Il met Roger Bacon au rang de ceux qui saisissent les applications nouvelles des inventions, « rerum inventarum extensiones prehendunt. » (*Temp. part. masc.*, II, 8 ; t. II, p. 347.)

qu'il est peu porté à faire, et le moine persécuté était venu trop tôt pour attacher son nom à une réforme effective. Il faut franchir un long espace de temps pour voir se lever le jour nouveau qu'il avait de loin salué.

L'expérience est nécessaire à la vérité des sciences ; mais l'expérience ne suffit pas. Sous l'empire de la physique d'Aristote, même commentée et appliquée par des médecins arabes, l'expérience avait langui longtemps. Avec la kabbale, avec les travaux de l'alchimie et de la magie, avec toute cette vogue des sciences occultes qui précéda ou accompagna la renaissance, une curiosité superstitieuse multiplia les recherches expérimentales. Cependant de la découverte empirique d'une foule de phénomènes, on ne dériva point une science proprement dite. On avait surpris les secrets de la nature sans apprendre à la connaître. Tant il est vrai que ce qui importe aux sciences, c'est une curiosité bien dirigée, une bonne méthode d'expérimentation et l'art de généraliser sûrement! De ces chercheurs, égarés tout à la fois par l'imagination et le charlatanisme, la plupart ne montrèrent d'autre mérite que celui d'apercevoir la vanité et l'impuissance de la scolastique, en ce qui touche la philosophie naturelle. Plus érudits qu'observateurs, beaucoup ne surent que ce qu'ils avaient compilé dans les livres. Paracelse, à qui Bacon donne par ses attaques une certaine importance, semble avoir, ainsi que Corneille Agrippa, possédé un savoir propre, que ses bizarreries systématiques ont rendu mystérieux et stérile. Aussi Bacon l'accuse-t-il d'avoir éteint le flambeau de la nature. Les sophistes ont déserté l'expérience, dit-il, Paracelse l'a trahie ; il a corrompu les fontaines de la science ; il a compliqué par mille artifices toutes les difficultés, tous les ennuis de l'expérimentation dont les sophistes sont ennemis, dont les empiriques sont incapables. Ainsi et plus vivement encore parle-t-il des alchimistes, de tous *ces charbonniers qui ont entrepris de fonder la philosophie sur des distillations* [1]. Il ne paraît étranger à aucun de leurs travaux ; leurs noms reviennent fréquemment sous sa plume. Mais il avait aperçu que leurs expériences conçues dans un esprit de chimère et guidées par des spéculations sans base, ne les mettaient point sur la voie de la vérité, et il ne fait grâce qu'à Severinus [2], digne d'un autre maître que Paracelse. Dédaigneux dans ses jugements sur ses devanciers, il croit ne rien leur devoir, et il ne leur doit guère en effet que l'exemple du mépris pour la science contemporaine. A cet éveil de la critique, premier signe de raison et de liberté, que l'on peut apercevoir dans Roger Bacon, puis dans Raymond Lulle et ses successeurs ; aux prétentions des sciences occultes à qui la discipline scolastique avait longtemps fermé le champ des recherches aventureuses, vinrent bientôt se joindre et l'esprit de la réformation qui devait secouer le joug d'un enseignement presque constamment sanctionné par l'Église, et l'esprit de la renaissance qui, en retrouvant le goût de la beauté

---

[1] *Temp. part. masc.*, II, 7-9. Cf. *De Augm.*, IV, II, 3, et *Nov. Org.*, II, 48, t. I, p. 212, et t. II, p. 205 et 345.

[2] Médecin danois, né en 1540, mort en 1602.

antique dans les lettres et dans les arts, ne pouvait manquer de briser comme des œuvres de barbares les idoles du moyen âge. Voilà les quatre causes antérieures à Bacon qui commencèrent à ébranler l'édifice de l'école.

A l'époque où Bacon parut, cent cinquante ans s'étaient écoulés depuis la découverte de l'imprimerie, et ce grand événement, contemporain de la fin de l'empire d'Orient, avait changé le goût littéraire avant de modifier l'esprit philosophique. La forme des sciences avait commencé à paraître grossière avant que le fond en fût discrédité. Une pédanterie d'humanistes avait supplanté la pédanterie des scolastiques; et le renouvellement des études classiques était devenu le signal d'un mouvement libérateur de l'intelligence. Bientôt la réformation introduisit un principe d'affranchissement dans un ordre d'idées à la fois plus élevé et plus pratique. Sans tendre à une complète émancipation de la raison humaine, elle y avait travaillé, en renversant et en fondant des institutions par le raisonnement. La philosophie qu'elle trouva établie, ayant vécu sous l'empire du clergé, paraissait à Luther une partie de l'ancien régime ecclésiastique. La guerre lui fut déclarée comme à l'église ; saint Thomas pâtit pour Rome et Aristote pour saint Thomas. Des érudits et des critiques de toutes sortes secondèrent ce mouvement, les uns pour remplacer par le règne du bel esprit la domination de la dialectique, les autres pour instituer un platonisme littéraire sur les débris du péripatétisme. En même temps, les progrès de la richesse et du luxe introduisirent une élégance de mœurs qui ne va guère sans une sorte de sensualisme pratique, et qui cherche le plaisir partout, même dans les idées. L'aversion de toute contrainte, le mépris des sciences de collége, l'amour des nouveautés, des libres conversations, des témérités spirituelles, se répandit dans les classes supérieures, et particulièrement dans la société italienne. Ce fut là qu'éclatèrent d'abord les tentatives les plus hardies d'un goût perfectionné, d'une frivolité savante, d'une incrédulité dédaigneuse, enfin, d'une imagination toute spéculative. Bacon, si sévère en général pour ses devanciers, et qui traite si mal cet infortuné Ramus, un des plus habiles chefs de l'insurrection directe contre Aristote, ne peut disconvenir que des essais de quelque importance aient été entrepris pour la régénération des sciences, et que des systèmes entiers du monde et de la nature, renouvelés de Pythagore, d'Héraclite, de Parménide, d'Épicure, aient commencé à prendre la place de la physique de l'école. Parmi ses précurseurs, Telesio est celui qu'il distingue. Il le reconnaît pour *le premier des hommes nouveaux* [1].

En Italie, dès l'aurore du seizième siècle, la rébellion contre la dictature d'Aristote avait pris la forme de l'averroïsme, et les écoles de Padoue et de Venise, en puisant la doctrine péripatéticienne dans le *Grand Commentaire* du médecin de Cordoue, l'avaient ren-

---

[1] « Novorum hominum primum agnoscimus, » et en anglais, *the best of the novellists*. (*De Princ. atq. Orig.*, 52, t. III, p. 149. Cf. *Nov. Org.*, I, 116, II, 37, et *Inst. Mag.*, part. III, *Monit.*, t. II, p. 69, 166, 258; *Gen. pref.*, éd. Longman, t. I, p. 51.)

due plus hétérodoxe et plus téméraire sans la rendre plus persuasive. Mais sous l'influence des Médicis, et grâce à Marsile Ficin, le platonisme se releva dans Florence, et, suivant le même exemple, la plupart des novateurs travaillèrent à la restauration de quelqu'une des doctrines de l'antiquité, rendues plus accessibles par la renaissance des lettres grecques. Après les péripatéticiens panthéistes, Pomponat et Césalpin, que Taurellus avait combattus sans rien établir, le premier auteur ou rénovateur de système est en effet, comme le veut Bacon, Bernardino Telesio. On dit qu'il reprit la doctrine de Parménide, non qu'il me paraisse avoir pénétré la profonde métaphysique dont Platon ne parle qu'avec un religieux respect; mais c'est à la physique de l'Éléate que sont empruntés les deux principes que Telesio donne au monde, les deux agents qu'il donne à la création, le chaud et le froid [1]. Sa cosmologie manque de vérité, et se fonde sur une interprétation des faits très-hypothétique. Quant à la nature humaine, il appuie sur la sensation un spiritualisme assez mal conçu, et rien de solide ni de complet ne doit être demandé à cet écrivain qui a pourtant fondé une école et une académie. Mais il accuse tous ses prédécesseurs d'avoir inventé le monde physique au lieu de l'observer. Affectant pour ainsi dire la sagesse et la puissance de Dieu, négligeant les êtres réels pour les êtres abstraits, ils ont

---

[1] Arist., *Met.*, I, v, 11. — Voyez *De Rerum Natura juxta propria principia*, proem.; in-4°, Neap.; 1570; ou *De Bern. Telesio* (lat.), par Chr. Bartholomess, Paris, 1849.

écouté ce que dictait leur raison propre, *propria ratio dictavit*, plus que les révélations des sens, *quæ sensus patefecerit*. Ils ont manqué de cette pénétrante inspection des choses dans laquelle l'esprit manifeste à la fois sa force et la nature. Or, telle est l'idée même que Bacon n'a fait que développer et rendre plus applicable et plus pratique, quoiqu'il n'ait guère plus que Telesio réussi à la suivre avec fidélité dans l'étude et l'explication des phénomènes. Aussi adresse-t-il à la cosmologie de ce dernier des critiques fondées, mais qu'il aurait pu retourner contre lui-même. Les autres savants italiens, que l'on nomme d'ordinaire avec Telesio, Patrizzi, Bruno, Campanella, diffèrent de lui par une tendance mystique ou hermétique dont il est exempt[1]. Patrizzi s'appuie sur des axiomes, Bruno sur les idées, Campanella sur l'observation. Aucun d'ailleurs n'arrive au vrai système du monde, quoique tous le cherchent par une meilleure voie, et que la plupart acceptent l'hypothèse de Copernic. En hasardant sur la constitution de l'univers d'arbitraires conjectures, ils s'accordent à reprocher au péripatétisme sa préférence pour la spéculation métaphysique sur la contemplation de la nature, et les censures, violentes parfois, que tous, et notamment Patrizzi, dirigent contre Aristote, rappellent ou plutôt annoncent celles de Bacon.

Celui-ci les cite peu cependant, à l'exception de

---

[1] Patrizzi, mort en 1597, à soixante-huit ans; Bruno, brûlé en 1600, à cinquante ans; Campanella, mort en 1639, à soixante et onze ans. (Voyez ci-dessus, p. 202, et *Nov. Org.*, I, 116; t. II, p. 69.)

CHAP. I. — PRÉDÉCESSEURS ET CONTEMPORAINS.

Telesio dont il veut bien convenir qu'il a bonne opinion[1]. Mais celui qu'il cite le moins et qu'il pouvait le mieux connaître, était Jordano Bruno venu jusque dans l'Université d'Oxford, ce sanctuaire des superstitions philosophiques, pour y professer le mouvement de la terre autour du soleil et l'immutabilité de la substance qui pense, rendue par la mort à Dieu en qui elle vit[2]. Quoique ni l'une ni l'autre de ces doctrines n'aient gagné Bacon, on peut supposer qu'il n'avait pas négligé de voir et d'entendre ce messager de la renaissance philosophique italienne.

L'Italie du seizième siècle a, par ses plus célèbres penseurs et au nom de doctrines fort différentes, rappelé l'esprit humain à la liberté, à la nature, à l'observation et souvent même à l'expérience. C'est à l'Italie du seizième siècle et dans ce pays à Telesio que Bacon a été le plus redevable. Ce fait nous paraît établi. L'inspiration générale qui l'anime est un vent qui venait de par delà les Alpes. Mais les écrits de ses devanciers sont presque oubliés, et les siens, quoique peu lus sur le continent, sont cités tous les jours. Il semble aujourd'hui que lui seul ait eu les pensées que nous ne cherchons pas ailleurs que chez lui. Au moins les a-t-il eues avec plus d'esprit qu'aucun autre, et il n'a pas conçu une seule vérité sans en apercevoir la fécondité. Cependant il ne re-

---

[1] « De Telesio autem bene sentimus. » *De Princip.*, 18-52; t. III, p. 127-149.

[2] Bacon ne nomme qu'une fois Bruno, sans aucun détail. (Voir *Hist. nat. et exper.*, *Monit.*, t. II, p. 258, et ci-dessus, l. I, c. I, p. 16.)

cueille pas les fruits qu'il en espère. Il annonce la récolte et ne la fait pas. Il tourne autour des questions et des systèmes plutôt en critique qu'en inventeur. Dans la physique, il n'a guère qu'une idée juste, la nécessité d'une histoire descriptive, puis d'une histoire inductive. Il ferme les yeux aux découvertes déjà faites, aux entreprises déjà formées par ceux qui n'avaient pas attendu ses conseils. Il ignore par exemple que Léonard de Vinci a parfaitement compris ce que doit être l'expérience scientifique, et qu'aux mêmes vues Galilée a joint les plus convaincants exemples [1]. Dans la métaphysique, il dénonce la scolastique plutôt qu'il ne la remplace. C'est une remarque juste de M. Hallam que Bacon, toujours heureux, toujours judicieux, souvent profond dans ses jugements sur le monde moral, sur les hommes, sur la marche de l'esprit humain, est loin

---

[1] Il pouvait l'ignorer quant à Léonard de Vinci, dont les écrits, quoiqu'il fût mort depuis 1519, étaient restés manuscrits et le sont encore. Dans une analyse intéressante que Venturi en a faite, on lit ces citations : « Il est bien vrai que la nature commence par le raisonnement et finit par l'expérience ; mais n'importe, il nous faut prendre la route opposée. — L'interprète des artifices de la nature, c'est l'expérience... Il faut la consulter, en varier les circonstances, jusqu'à ce que nous en ayons tiré des règles générales ; car c'est elle qui fournit les vraies règles. Mais à quoi bon ces règles ?... Elles nous dirigent dans les recherches de la nature et les opérations de l'art. » (*Mémoire* lu à la première classe de l'Institut, Paris, 1797.) Quant à Galilée, il enseignait depuis quinze ans, quand parut la première édition du *De Augmentis*, et Bacon a connu ses travaux. (*Nov. Org.*, II, 39, 96; t. II, p. 169, 191; *Glob. intell.*, VI et VII; *Them. cœl.*, 3; t. III, p. 25, 39, 40, 44, 52.)

de montrer la même sagacité, lorsqu'il étudie le monde de la nature, et ne réussit guère alors qu'à témoigner de son admiration et de son éloquence. C'est sans doute pour cette raison que le grand observateur Harvey, qui avait été son médecin et qui faisait cas de son esprit et de son style, ne voulait pas accorder qu'il fût un grand philosophe. « Il écrit sur la philosophie comme un lord chancelier, disait-il en raillant [1]. »

Il est du moins fort douteux qu'il eût le génie des découvertes. Ses ouvrages purement scientifiques ne peuvent guère être lus que par curiosité. Il ne les donnait au reste pour la plupart que comme des compilations. Il glanait çà et là des faits et des idées, et consultait les livres au moins autant que l'observation. Ses expériences, souvent bien conçues, sont obscurcies par certaines idées *à priori*, qu'il conserve de la physique des écoles tout en la dénonçant à la raison. Ses théories sont souvent en dissonnance avec ses critiques. Il méconnaît les faits, quand d'autres les lui révèlent, et saisit mal leurs exemples et leurs leçons. Trop peu géomètre pour comprendre Copernic et surtout Keppler, il répond à Toby Matthew qui l'entretient des travaux de Galilée : « Je souhaite que vous engagiez les astronomes de l'Italie à cesser de nous amuser avec leurs fables et à serrer d'un peu plus près les expériences du ressort des sens [2]. » Ce conseil manquait d'à-propos. Les

[1] Hallam, *Eur. Lit.*, t. III, ch. III, sect. II, 75; J. Aubrey, *Lives*, t. II, p. 581. Cf. Playfair, *Dissert.* III; *Encycl. britann.*
[2] Matthew lui recommande de Bruxelles une personne qui,

académies, qui se formaient de son vivant en Italie, n'en avaient pas besoin, inspirées qu'elles étaient par le génie tout pratique de Galilée : ce qui n'excuse pas celle des *Lincei* d'avoir refusé Bacon, lorsque son nom fut présenté [1].

Au seizième siècle, on chercherait vainement en Angleterre des noms comparables à ceux qui illustraient l'Italie. Bacon trouvait autour de lui peu de modèles à suivre. Son pays s'ouvre rarement au mouvement du dehors. Cependant un historien de la philosophie a relevé d'un injuste oubli un écrivain presque italien, qui pourrait avoir pris de bonne heure en Angleterre l'initiative attribuée à Bacon [2]. Un curé du diocèse de Trente, forcé par la liberté de ses opi-

---

ayant appris à Florence que Galilée a répondu à son traité sur le flux et le reflux, l'a empêché de publier sa réponse à cause d'une erreur sur les marées de l'Océan. Ce doit être Thomas White, catholique comme Matthew, et connu plus tard par de nombreux écrits philosophiques. Il se rend en Angleterre avec les ouvrages imprimés ou manuscrits de Galilée. (Lett. du 14 avril 1619; *Works*, t. VI, p. 217.) C'est à cela sans doute que Bacon répond par la lettre où sont les passages cités dans le texte. (*Id.*, t. V, let. 174.)

[1] Cette académie fut fondée à Rome en 1603, pour l'étude *Magni naturæ libri*, et cessa d'exister en 1630. On lit le nom de *Bacone Francesco da Verulamio* sur une liste de trente-huit noms présentés et non admis, parmi lesquels plusieurs sont étrangers Les statuts semblent exclure les protestants, et Bacon lui-même ne connut peut-être pas sa candidature. (*Giorn. Arcad.*, XL., *Variet.*, t. XIX, juillet 1825; Odescalchi, *Mem. ist. crit.*, Rome, 1806.)

[2] Ce fait curieux a été mis en lumière par M. De Gérando, dont le chapitre sur Bacon est un des meilleurs chapitres. (*Hist. comp.*, part. II, t. II, ch. X.)

nions à s'expatrier, Jacques Contio, avait, en 1557, embrassé à Genève la religion réformée et cherché presque aussitôt un sûr asile en Angleterre. A la même époque, un petit livre de sa composition paraissait à Basle avec ce titre : *De la Méthode ou de la droite voie à suivre dans la recherche et l'enseignement des sciences et des arts* [1]. Accueilli et secouru par la reine Élisabeth, plutôt comme ingénieur que comme théologien, Contio écrivit, dans l'esprit de la plus large tolérance, un traité où il réduisait, non sans encourir le soupçon d'arianisme, la foi chrétienne au symbole des apôtres [2], et l'on croit qu'il finit ses jours en Angleterre [3]. Son ouvrage sur la méthode, dont le titre seul semble annoncer un précurseur de Descartes, contient un sommaire de principes excellents sur l'art de constater et de découvrir, de généraliser et d'enseigner, et des vérités neuves en théorie comme en pratique ont été vues et posées par cet inconnu avec une précision, une justesse qu'elles n'offrent pas toujours dans Bacon même. On ne saurait prouver que ce dernier ait eu connaissance de Contio et de ses écrits; mais il est juste de faire prendre date au modeste exilé, et de sauver ses droits

---

[1] *De Methodo sive recta*, etc. In-8; Basil., 1558.

[2] *De Stratagematibus Satanæ in religionis negotio*; Basil., 1565, traduit en anglais par John Godwyn, ministre indépendant; *Satan's stratagems*, 1648.

[3] Vers 1565 ou 1566. Quelques-uns le font vivre jusqu'en 1613. Il y a beaucoup d'obscurité sur la date de la naissance et de la mort de Giacomo Aconzio ou Contio. (Cf. la *Biog. univ.* de Paris, *Biographical Dict.*, 1642, et Wallace, *Antitrin. Biogr.*, t. II, p. 130.)

du silence involontaire ou calculé de celui dont son ouvrage a précédé la naissance.

Voilà pour les préceptes. Quant aux exemples, un nom est encore à citer: Parmi les compatriotes de Bacon, un seul a peut-être de son temps connu, exposé et pratiqué la véritable méthode des sciences, et Bacon, en lui rendant une certaine justice, le loue avec les restrictions d'un homme qui peut-être n'aurait pas su l'imiter[1]. William Gilbert, né à Colchester en 1540, et qui mériterait plus de renommée, était premier médecin de la reine Élisabeth. Comme il est mort en 1603, Bacon le dut connaître personnellement, et il parle avec éloge de son principal ouvrage, le *De Magnete* publié trois ans auparavant[2]. De Bacon ou de Gilbert, lequel des deux influa sur l'autre? Question douteuse; mais Gilbert a bien les caractères de l'homme qui pense par lui-même. Dans sa préface, il commence par établir la supériorité des expériences pour pénétrer les secrets de la nature sur les conjectures probables et sur les opinions des philosophes, *placita philosophorum*. Il répond d'avance à ces littérateurs ineptes ou frivoles, asservis à l'autorité des autres, et qui damnent, parce qu'elle est nouvelle, la *noble philosophie* qu'il expose[3]. Elle est presque toute nou-

---

[1] *De Aug.*, III, iv; t. I, p. 188; *Nov. Org.*, I, 54, 64, 70; t. II, p. 20, 26, 52, et *passim*.

[2] *Tractatus sive Physiologia nova de Magnete, magneticisque corporibus et magno magnete tellure*, in-4, sec. éd. 1633. La première édition est in-fol., 1600. Le second ouvrage de Gilbert, *De Mundo nostro sublunari Philosophia nova*, est posthume. Amstel., 1651.

[3] Inclyta philosophia.

velle en effet; mais qu'on la juge sur les expériences et les découvertes qui font seules la fortune de la science. Comme la géométrie s'élève du petit au grand, du facile au difficile, il essayera de s'élever des moindres observations sur l'aimant à une science qui embrasse tout le globe terrestre. Mais qu'on lui accorde le droit dont jouissaient les Égyptiens, les Grecs, les Latins, celui de publier ses opinions dogmatiques. Éternel honneur aux pères de la philosophie, aux Aristote, aux Hippocrate, aux Ptolémée; mais le seizième siècle a pu faire à son tour des découvertes auxquelles ils applaudiraient s'ils pouvaient revivre. Pour lui, sa résolution est prise : *libere philosophari*[1].

L'ouvrage est un traité complet de la science magnétique, digne encore d'être lu aujourd'hui. Non-seulement on y trouve une riche collection d'expériences sur tout un ordre important de faits naturels, mais des inductions heureuses, des conjectures même qui sont d'un physicien véritable, et çà et là une certaine application de la géométrie à l'éclaircissement des phénomènes. L'auteur a reconnu l'analogie entre les effets attribués au magnétisme et ceux qu'on rapporte à l'électricité. Il a découvert dans notre globe un axe magnétique invariable, et il dit en propres termes que la terre est un grand aimant, *magnus magnes*. Enfin, après avoir ingénieusement montré comment, malgré l'hypothèse aristotélique du premier mobile,

[1] C'était le vœu universel. « Verissima la sentenza d'Alcinoo, dit Galilée, che il filosofare vuol essere libero. »

la terre est en mouvement, et justifié Copernic contre l'autorité de Ptolémée et les préjugés de la multitude, il hasarde une assimilation de la force qui transporte notre planète à la force magnétique, supposition qui n'est pas scientifiquement exacte, mais qui semble sur la voie de l'idée d'une attraction. Ce livre original, sensé jusque dans ses erreurs, est sans doute, avant que Boyle eût écrit, ce que l'Angleterre a produit de meilleur dans les sciences [1].

Ainsi Gilbert avait donné des exemples où Bacon ne reconnut pas ses préceptes. Celui-ci rend hommage à la fermeté de son jugement, mais il lui reproche de s'être renfermé dans un seul ordre d'expériences et d'en avoir ensuite tiré des vues générales où il croit retrouver la doctrine de Philolaüs et même de Xénophane [2]. Gilbert, il est vrai, a conjecturé que

---

[1] Boyle appelle Gilbert *our famous countryman*. (*Works*, t. IV, p. 475.) « Le docteur Gilbert, dit Leslie, le fondateur de la science expérimentale en Angleterre. » (*Encycl. britann.*, Diss. IV, A. 4, p. 625.) « Le plus grand de ces réformateurs pratiques de la science est notre compatriote, W. Gilbert, » dit Whewell. (*Phil. of the ind. sc.*, t. II, l. XII, ch. X, A. 7, p. 212.) « Son ouvrage contient presque tout ce que nous savons sur le magnétisme, » dit sir David Brewster, qui le regarde comme le premier fruit de la philosophie baconienne ou expérimentale. (Art. GILBERT, de l'*Encycl. d'Édimbourg*, t. X.) Tel est aussi l'avis du docteur Robison. (*Syst. of mech. philos.*, t. IV, p. 205.) Mais nous pouvons invoquer avant tout l'autorité de M. Biot, art. MAGNÉTISME, de la même encyclopédie, t. XIII. Suivant l'illustre maître, Gilbert a mis Keppler sur la voie de la vraie détermination de l'orbite des planètes.

[2] *De Aug.*, III, IV, 10; t. I, p. 186-188; *Nov. Org.*, I, 64 et 70; *Cogit. et Vis.*, XII; t. II, p. 27, 32 et 570; *De Princ.*, 49, t. III, p. 147. Ce n'est pas au reste une critique que de compa-

CHAP. I. — PRÉDÉCESSEURS ET CONTEMPORAINS. 393

la force magnétique qui pénétrait notre globe pourrait bien jouer un rôle mécanique dans le système du monde. L'assimilation du magnétisme à la pesanteur était, je pense, une hypothèse sans fondement; mais supposer sur la foi d'une analogie une force qui semble agir à distance dans l'espace céleste n'était pas une idée méprisable. Gilbert expérimentait et raisonnait, même en se trompant, dans un véritable esprit scientifique. Bacon, qui ne s'en aperçoit pas assez, prouve une fois de plus qu'il avait ouvert une voie où il n'aurait pas su marcher à grands pas.

Des savants estimables ont tenté cependant de lui faire une part assez considérable dans les progrès de la physique [1], et ses ouvrages offrent en effet quelques

rer Gilbert à Philolaüs, apparemment parce que celui-ci avait enseigné le système héliocentrique; mais là se borne l'analogie.

[1] Voyez les réflexions de Le Sage dans le tome VIII de la *Biblioth. britann.*, et les deux ouvrages de Deluc, *Bacon tel qu'il est*, in-8, Berlin et Paris, 1800, et *Précis de la philos. de Bacon*, 2 vol. in-8, Paris, 1802. Dans ces ouvrages, qui ne manquent pas d'intérêt, mais qui sont écrits avec peu de nerf et de précision, la science est présentée d'une manière à la fois vague et systématique qui ne convient plus à l'esprit scientifique actuel. En exagérant sous un rapport le mérite de Bacon, Deluc ne lui attribue pourtant pas la réalité des découvertes dont il a eu l'idée. Voici celles dont, suivant M. Bouillet, on peut lui faire honneur : 1° la possibilité d'une attraction magnétique entre les corps célestes ; 2° l'influence en raison de la distance exercée par la terre sur les corps étrangers à sa masse; 3° l'influence de la lune sur les marées ; 4° la manière dont les corps réfléchissent la lumière donnée comme la cause des couleurs ; 5° une expérience sur l'incompressibilité des liquides, qui paraît avoir précédé celle de l'académie *del Cimento*. (*Bacon*, éd. Longman, t. I, p. 324.) Ajoutez quelques expériences thermométriques,

vues que l'étude des phénomènes a confirmées ou développées. Mais ce semblent plutôt des rencontres heureuses que des conceptions réfléchies. Le *Thema cœli*, le *Globus intellectualis*, le second livre du *Novum Organum* contiennent des assertions étranges et qui sembleraient ridicules, si l'on ne savait avec quelle facilité les mots nous font illusion sur les choses dans l'interprétation de la nature. Il prouve, dans ces écrits mêmes, qu'il connaît les travaux de Copernic, de Galilée, de Gilbert, et il aime mieux les condamner que les comprendre; il semble ne pouvoir souffrir les découvertes qui ont devancé ses leçons [1]. Il juge mieux les systèmes que les faits. Rarement il voit ceux-ci dans leur jour, et reprend, pour les apprécier, les expressions et les hypothèses de la physique qu'il est venu renverser. Son esprit n'est pas entièrement délivré des préjugés qu'il attaque. On sent qu'il n'a point appris à l'œuvre la vraie méthode des sciences, et ce n'est pas sa propre expérience qui l'a guidé. A l'aspect des phénomènes, il ne repousse pas les expli-

---

d'autres sur la densité des corps, sur la pesanteur et sur l'élasticité de l'air. (*Nov. Org.*, II, 13, 23, 27, 55, 56, 45, 48, 50 ; t. II, p. 112, 127, 137, 138, 152, 153, 185, 187, 203, 208, et *Introd.*, p. xvii.) Sur la prétendue invention du thermomètre à air, voyez ci-dessus, l. I, ch. II, p. 34. Des monographies de Bacon sur la chaleur, sur la vie et la mort, sur le flux et le reflux, sur les vents, la dernière nous paraît la meilleure.

[1] « Il est singulier que Bacon, porté aux grandes vues par son génie, n'ait pas été entraîné par l'idée majestueuse que le système de Copernic offre de l'univers. Il pouvait cependant trouver en faveur de ce système de fortes analogies dans les découvertes de Galilée, qui lui étaient connues. » (Laplace, *Ess. sur les prob.*, p. 247.)

cations arbitraires, ni ces théories fantasques qui se font accueillir si aisément, tant qu'on n'a pas rencontré l'observation première ou le premier calcul qui mettent sur la voie d'une vérité nouvelle. Par une sorte d'intuition divinatrice, il a conçu la nécessité et la direction d'une réforme. La vue des choses dans leur ensemble, non l'observation patiente de chaque chose, l'a éclairé. Ainsi il a pu méconnaître dans le présent l'avenir qu'il annonçait, et ne pas toujours s'apercevoir qu'il prédisait des choses faites. Cela même est une preuve de spontanéité et d'indépendance.

Il faut en effet l'accorder à ses critiques, avant qu'il l'eût mise en préceptes, la bonne méthode avait pénétré dans les sciences et signalé sa venue par des découvertes. Avant lui et sans lui, la méthode de l'expérience avait été indiquée et pratiquée. On en trouve l'esquisse dans une lettre de Tycho-Brahé à Keppler et même, comme nous l'avons dit, dans les écrits scientifiques de Léonard de Vinci. Avant lui ou sans lui, Galilée, qui se piquait d'avoir étudié plus d'années la philosophie que de mois les mathématiques, Galilée, dont les écrits contiennent autant de discussions sur la méthode que d'expositions de faits, avait inventé le microscope, le compas de proportion, le thermomètre à air[1], perfectionné le télescope, observé les phases de Vénus, calculé la chute des corps, posé les prin-

---

[1] *Lett. ined. di uomin. ill.*, t. I, p. 21, 2 vol. in-8, Florence, 1773; Biot; *Biog. univ.*; art. GALILÉE. Voyez aussi Libri, *Hist. des math. en Ital.*, t. IV, p. 159, etc.

cipes de la dynamique et de l'hydrostatique, démontré enfin le mouvement de la terre que niait Bacon. Avant lui ou sans lui, Keppler avait trouvé les lois qui règlent le cours des astres, et qui ne sont elles-mêmes que de merveilleuses inductions exprimées sous la forme des mathématiques. Ces exemples et d'autres permettent de supposer que si Bacon eût été refusé au monde, l'œuvre commencée n'en aurait pas été moins accomplie, et les sciences, renaissant comme d'elles-mêmes, n'auraient pas attendu son signal pour vivre de leur nouvelle vie et parcourir du même pas leur glorieuse carrière. C'est Hume le premier qui, médiocrement sensible à l'éclat d'un esprit si différent du sien, a opposé Galilée à Bacon, n'hésitant pas à reporter au premier les hommages usurpés par le second [1]. « Si Bacon, ajoute M. Biot avec une autorité plus grande [2], a eu tant de part aux découvertes qui se sont faites après lui dans les sciences, qu'on nous montre donc un seul fait, un seul résultat de son invention, qui soit de quelque utilité aujourd'hui ; ou si ses principes généraux sont tellement féconds qu'ils aient pu, comme on l'assure, lui faire pressentir un grand nombre de découvertes modernes, il est présumable qu'on n'a pas encore épuisé tout ce que contient son livre, et dans ce cas, ceux qui disent que nous lui devons tant de choses, devraient essayer d'en tirer d'avance quelques-unes des découvertes dont la méthode de Galilée nous enrichit tous les jours. »

[1] *Hist. of Gr. Brit.*, t. V, app., p. 129. London, 1759.
[2] *Biog. univ.*, loc. cit.

Les écrivains anglais ont en général combattu la rigueur de ce jugement. Ils ont peu réussi, selon nous, à établir soit l'aptitude scientifique de Bacon, soit son influence directe sur les travaux positifs d'une science déterminée. Mais on doit reconnaître avec eux que si les découvertes du siècle de Bacon ne sont pas venues de lui, elles ne lui ont pas non plus suggéré ses grandes et justes idées sur l'utilité et les moyens d'en faire de semblables. Elles auraient pu se passer de lui, il aurait pu se passer d'elles. C'est pour les avoir méconnues qu'il a dit : *Viam aut inveniam, aut faciam.* Plus il ignorait, plus il a dû inventer. La vérité est peut-être dans ces mots de Jouffroy : « Cette longue incertitude (des sciences), qui semblait immortelle, n'a fini qu'aux jours de Galilée et de Bacon. Et comment a-t-elle fini? Par la découverte de la vraie méthode [1]. » L'un l'a pratiquée, l'autre l'a décrite; aucun des deux n'a guidé l'autre. Mais n'est-ce rien que d'avoir, comme le second, conçu de soi-même, au juste moment, la pensée qui ouvrait aux sciences une ère nouvelle? N'est-ce rien que d'avoir prédit et presque raconté une immense révolution à l'aurore de son grand jour? Il ne semble pas qu'avant Bacon personne eût un vrai sentiment de la grandeur de la nature, et c'est ce sentiment qu'il a propagé en même temps que l'enthousiasme de la science [2]. C'est surtout depuis qu'il a écrit, que le génie de l'observation, relevant la tête, marche l'égal du génie de la pensée.

[1] *Nouv. Mél., de l'Org. des sc. phil.*, p. 97.
[2] Voyez *Nov. Organ.*, I, 74; t. II, p. 37.

Nos analyses sont plus propres à faire connaître les idées que le talent de Bacon. On peut y apercevoir cependant les traces d'un grand écrivain. Il a pu, comme son temps, comme l'âge de Shakspeare, tomber dans l'affectation et dans la singularité. Mais ce style trop orné était un style éloquent. Avec cette grande manière que je ne puis guère comparer qu'à celle de Buffon, avec un éclat de couleur dont Charles Bonnet, dans ses bons moments, peut donner l'idée, Bacon a mis en crédit, et pour ainsi dire dans le commerce, des maximes l'application et des idées pratiques qui devaient particulièrement prendre racine dans son pays. Ce qui distingue les Anglais, c'est du bon sens avec de l'imagination. On serait mal reçu à leur prêcher le chimérique sous prétexte de sublime, comme à dépouiller devant eux le vrai et l'utile de tout ce qui les rehausse et les ennoblit. Bacon devait donc s'emparer de l'esprit de son pays. Il a, c'est un éloge que M. Macaulay lui donne, en l'affaiblissant par l'exagération, il a créé l'*école* philosophique *du fruit et du progrès*[1]; mais il faut en-

---

[1] *The school of fruit and progress;* Macaulay, *Lord Bacon*, p. 99. — Sans être uniquement un expérimentateur utilitaire, Bacon veut en effet que la science serve au genre humain. (*Nov. Org.*, I, 81; t. II, p. 42.) Relisez les titres de ses principaux ouvrages : *De Interpretatione naturæ et Regno hominis*, Nov. Org., I, et *Instauratio magna imperii humani in universum*, Temp. part. masc. Il ne veut que « hominis ipsius sive humani generis potentiam et imperium in rerum universitatem instaurare et tollere. » (*Cogit. et Vis.*, XVI, t. II, p. 9, 333 et 379.) C'est ce « regnum hominis quod fundatur in scientiis. » (*Nov. Org.*, I, 68; t. II, p. 54. Cf. Hallam, *Europ. Lit.*, t. III, ch. III, sect. II, not., p. 168; Whewell, *Phil. of the ind. sc.*, l. XII,

tendre par *le fruit* le bien de l'humanité et par *le progrès* celui de l'empire de l'homme sur la nature. Ce point de vue est, en termes grandioses, un point de vue tout anglais. Observer avec sagacité, inventer dans l'expérience, se confier aux vertus de l'esprit pratique plus qu'aux transports de l'esprit spéculatif, tout attendre de la sagesse et de la persévérance, et concevoir sur la foi de théories modestes les grandes espérances qui font oser les grandes entreprises, puis contempler son œuvre avec orgueil et ravissement, en la jugeant par le succès positif et les résultats calculables, tel est en toutes choses l'esprit de l'Angleterre. Et ne pourrait-on pas dire que la définition des maximes qui le guident est dans ces mots de Bacon : « Les principes infimes ne se distinguent guère de l'expérience nue. Les axiomes suprêmes et généralissimes ne sont que des notions pures et des abstractions, et ils n'ont rien de solide. Mais les principes moyens sont les vrais, les solides, les vivants, ceux desquels dépendent les choses et la fortune de l'humanité [1]. »

ch. XI, a. 21 ; t. II, p. 247, et Morell, *Crit. and hist. view*, etc., part. I, ch. I, sect. 1, t. I, p. 88.)

[1] *Nov. Org.*, I, 104, t. II, p. 62.

CHAPITRE II

De l'influence immédiate de Bacon en Angleterre et sur le continent.

On doit maintenant comprendre quel service Bacon a rendu à son pays. Nous oublions quelquefois, nous ne savons pas assez combien était nécessaire une révolution contre l'autorité dans le monde intellectuel. Il y a même des esprits de ces derniers jours qui, par lassitude ou crainte du vrai, ont entrepris de le nier. Mais les mille témoignages de la reconnaissance universelle subsistent, et rien ne prévaudra contre la conviction de trois siècles. En Angleterre, pas plus qu'ailleurs, ce n'était une chose toute simple que de penser qu'il fallait mettre un terme au despotisme scolastique, et fonder à nouveau la science qui ne devait plus être apprise de mémoire, mais augmentée par l'expérience, ni cherchée dans la tradition, mais dans la nature. Il fallait du génie pour avoir ce bon sens. *Dignitas, instauratio, augmenta, interpretatio naturæ*, tous ces mots aujourd'hui si simples étaient alors de neuves et grandes pensées. Celui qui les prononçait se compare à Christophe Colomb ; comme lui, ses conjectures faisaient son espérance, et comme lui il trouvait des incrédules. L'exemple de la liberté d'examen, *libertas judicii*, exposait à la réputation de turbulent novateur, *turbidus et rerum novarum cupidus*. On était dès lors obligé d'expliquer que le trouble dans le monde savant n'était point une perturbation dans la société civile, qu'une lumière nouvelle n'était pas un bouleversement nouveau. Bacon eut à lutter contre cette *administration des doctrines, cette police des sciences* qui en comprimait le progrès. On voit dans ses lettres aux universités combien il avait à cœur et jugeait nécessaire de les enhardir à le suivre. « Adonnez-vous vaillamment à l'accroissement des sciences. — Gardez dans la modestie de l'âme la liberté de l'esprit. — Ne croyez pas que les travaux des anciens ne soient rien ni tout. — Après les livres sacrés du Verbe divin, feuilletez ardemment, et de préférence à tous les livres qui n'en sont que des commentaires, ce grand livre des œuvres et des créations de Dieu[1]. ». Ces conseils et d'autres, appuyés du magnifique *commentaire* écrit de la main de Bacon, ont été le salut philosophique de son pays. On doit ajouter qu'avec l'ascendant de la vérité et du talent, il est heureux que Bacon ait pu joindre la liberté, l'autorité que lui donnaient sa réputation et son rang. Ces charges politiques, si funestes à l'honneur de sa mémoire, lui ont cependant permis de prendre, pour ainsi dire, du pied du trône et avec l'aveu de la

---

[1] Doctrinarum administratio et politia scientiarum augmenta durius premere consuevit. (*Nov. Org.*, I, 90, 92; t. II, p. 54; *Works*, t. X, p. 332, 331.)

royauté même, une efficace initiative. Un écrivain d'un rang obscur se serait moins fait écouter ; en Angleterre surtout, les conditions sociales ne sont jamais indifférentes. C'est une circonstance inappréciable que la même voix qui avait dominé dans Westminster et persuadé les assemblées et les tribunaux, ait proclamé la vérité dans la république des lettres et plaidé sa cause au tribunal de la raison publique.

Dès le premier jour cependant, l'Angleterre ne reconnut pas dans Bacon son propre génie. Il y eut un moment d'indécision. Des théologiens scolastiques ne cachèrent pas leur défiance. Il s'éleva même contre lui, au dire d'un contemporain, comme une clameur d'athéisme. Il fallut que la voix de la renommée vînt du dehors et la fît taire [1]. Les hommes de science eux-mêmes balançaient à s'engager sur ses pas, et Oldenburg, qui fut le premier secrétaire de la Société royale des Sciences, raconte, d'après des témoignages directs [2], que Bacon avait eu besoin, auprès de ses concitoyens, de la caution de toute l'Europe savante, même après qu'il eut publié ses deux principaux ouvrages. En effet, quoique les louanges ne lui aient pas manqué de son vivant, quoique Isaac Walton, son contemporain, l'appelle le grand secrétaire de la nature et de toute science [3], ces éloges semblaient s'adresser à ses talents plus qu'à ses idées. Les hom-

---

[1] Osborn, *Miscellany*, préf. C'est un recueil d'essais publiés en 1659, et qui se retrouve dans *The Works of Fr. Osborn*, 8ᵉ édition. Londres, 1682.
[2] *Transact. of the Roy. Soc.*, dédic., 1670.
[3] *The Lives, Life of G. Herbert*. Oxford, 1826.

mages que lui rendent les Universités de Cambridge et d'Oxford, celle-ci, en s'étonnant *comme d'un miracle* de trouver tant de savoir dans la noblesse [1], ressemblent beaucoup à des compliments. Quelques-uns de ses correspondants, Bodley, Matthew, ne laissent pas, en le louant fort, de s'inquiéter de ses nouveautés [2]. Ben Jonson et Wotton le comprennent mieux ; mais ce sont des confidents et des familiers. Le second voulait envoyer ses ouvrages à Keppler. Le docteur Beale et lui se disaient à l'oreille que la philosophie scolastique avait cessé d'exister, et Collins, professeur à l'Université de Cambridge, avouait à William Rawley qu'après avoir lu le *De Augmentis*, il s'était vu réduit à recommencer toutes ses études [3]. Bientôt, en effet, cette nouvelle manière d'apprendre et de penser pénétra dans les murs de Cambridge, et les préjugés officiels ne tardèrent pas à manifester leurs alarmes. A ce moment, l'orage commençait à gronder, et le monde de la science allait sortir de son repos en même temps que la société politique [4]. C'est entre 1640 et 1650 que des témoignages presque contemporains placent l'instant où la liberté se répandit dans les écoles, et fut comme un signal de réveil

---

[1] Quod in nobilitate pene miraculum est, scientissime Vicecomes. (*Epist. lat.*, II, VIII ; t. III, p. 544, 549.)
[2] *Epist. Th. Bodl.*, t. II, p. 591.
[3] W. Rawley, *Nobil. auct. vit.*, éd. Bouillet, t. I, p. LXXXV.
[4] Les témoignages nombreux des effets de la philosophie de Bacon dans le monde savant en Angleterre, sont recueillis dans une intéressante dissertation du professeur Macvey Napier. Nous y avons puisé nos principales citations. (*Transact. of the Roy. Soc. of Edinburgh*, t. VIII, p. 373.)

pour l'esprit de recherche [1]. En 1645, une société indépendante se forma à Londres sous le nom de collége philosophique, et parut, dès les premiers jours, réaliser la *Nova Atlantis* de Bacon. Dispersée par les événements, elle envoya une colonie de ses membres à Oxford, dont la révolution commençait à transformer l'université. La restauration réunit de nouveau à Londres les fondateurs de cette institution savante, dont Glanvil a dit que Bacon, dans sa *Maison de Salomon*, avait tracé le plan prophétique, et qui, obtenant bientôt le rang d'un établissement public, devint la Société royale des Sciences [2].

Le gouvernement de Charles II était un despotisme inconséquent qui tolérait beaucoup par incrédulité, et qui ne comprima point le génie de l'Angleterre. Dès ce temps-là pourtant, la réaction monarchique ou religieuse, pour parler le langage moderne, inspirait à certains esprits extrêmes une grande défiance contre la philosophie nouvelle, et nous avons les confessions d'un républicain converti [3] qui met en termes

---

[1] Le docteur Joshna Childrey assigne positivement l'année 1646. Il est l'auteur de la *Britannia Baconica*, 1661. Napier cite aussi des passages concluants de Thomas Baker, de Glanvil, de Sprat.

[2] *Scepsis philosophica*, 1665. Ép. déd.

[3] Henri Stubbe, né en 1631, après avoir servi dans l'armée parlementaire et publié plus d'un pamphlet pour la défense de *la bonne vieille cause*, en défendit une autre à partir de 1660, et multiplia ses attaques contre la Société royale. C'est dans ses *Legends no histories* qu'il dit : « Du temps que je pensais que notre intérêt était de renverser la monarchie et le crédit du clergé, j'étais passionnément attaché à cette nouvelle philosophie ; car je ne mettais pas en question que l'autorité de toute

exprès, au rang de ses erreurs passées et de ses idées de rebelle envers la royauté et l'Église, la passion de sa jeunesse pour une école funeste qui ne prétendait donner aux hommes qu'une *éducation mécanique*. La doctrine de Bacon était pour Stubbe et ses pareils ce qu'était chez nous, pour le parti de la restauration, la philosophie du dix-huitième siècle.

Il semble au premier abord qu'on devrait compter Thomas Hobbes parmi les penseurs suspects au même titre à la monarchie des Stuarts. A vingt ou vingt-cinq ans, il avait été admis auprès du lord chancelier. Il était devenu son confident et son disciple ; et il n'y a certes nulle témérité à lui donner place dans cette secte de philosophie sensualiste dont on fait Bacon le créateur. Un de ses premiers panégyristes, son contemporain, son biographe, Rodolphe Bathurst, le loue d'avoir défendu la philosophie *secundum libertatem*, œuvre glorieuse après *Verulamius*, Descartes et Gassendi [1]. Un écrivain anglais qui s'est voué à la défense de Locke, a remarqué dans un des ouvrages les moins lus de Bacon, le *Valerius Terminus*, un passage où il trouve d'une part l'origine du système de Hobbes, et de l'autre celle du système de Locke [2].

antiquité en matière spirituelle ne dût s'évanouir, lorsqu'on verrait clairement combien les hommes d'Église s'étaient mépris dans les occurrences ordinaires et dans l'histoire de la nature. » Napier, *loc. cit.* Voyez aussi les citations d'Anthony Wood, d'Alexander Ross, de Thomas White.

[1] Hobbes, *Op. phil.*, éd. Molesworth. Ad lect. prolog., t. 1; Bathurst, doyen de Bath, est mort en 1704.

[2] *Val. Term.*, *Works*, t. II, p. 141 ; Tagart, *Locke's Writings and Philos.*, p. 335, in-8, Lond., 1855.

Dans ce passage, Bacon désigne à la philosophie morale deux points qu'elle aurait négligés, d'abord l'universalité de certains mouvements dans les choses ou plutôt de certains appétits matériels qui deviennent, sous les formes de l'amour de soi, les principes d'action de l'humanité, et puis, l'abus et l'empire des mots. Que l'attention de Locke ait pu être appelée par ce dernier conseil entre autres sur des questions étudiées par lui avec prédilection, cela est possible. Mais en admettant pour Hobbes une supposition analogue, on ne peut oublier combien, par les traits les plus saillants, sa philosophie diffère de celle de son protecteur et de son maître. Pas plus que Locke, il ne convient d'avoir rien pris à Bacon. Il ne le nomme pas dans la dédicace et dans l'avertissement de ses *Elementa Philosophiæ*, où il attaque Aristote et la scolastique, où il célèbre Galilée, Keppler, Harvey et le renouvellement de la physique. Il a écrit sa propre vie en vers et en prose, et il ne parle point de ses relations avec le lord chancelier; il ne rappelle pas ses doctes entretiens dans les allées de Gorhambury. Il ne le cite que deux fois à propos de la cause des mouvements de la mer et d'une expérience insignifiante qui peut se faire dans un verre d'eau. Il a lu cela, dit-il, quelque part dans ses livres[1]. Quant à la méthode, on dirait qu'il oublie ou veut faire oublier ce que Bacon en a dit. Le mot d'induction ne se rencontre pas dans sa logique, et il aurait l'air d'ignorer

---

[1] *Problemat. physic*, c. II; *Decamer. physiol.*, ch. V; *Works, lat.*, t. IV, p. 316; *engl.*, t. VII, p. 112.

la chose, si une fois en passant il ne mêlait à ses innombrables critiques contre Wallis celle d'avoir établi une règle de la progression arithmétique des nombres naturels par la voie de l'induction, « comme si l'induction était démonstrative, quand l'énumération de tous les cas particuliers est impossible[1]. » D'ailleurs pas une phrase d'adhésion générale ou de réfutation directe n'atteste dans Hobbes l'importance depuis tant célébrée des nouveautés de Bacon. On sait que Hobbes fait reposer toute sa doctrine sur la sensation, en ne montrant que dédain pour la philosophie expérimentale. Il tient de l'empirisme son principe et sa tendance, puis il l'abandonne aussitôt pour tout réduire à une méthode de logique. Il exclut de la philosophie l'histoire naturelle comme une connaissance toute d'expérience et d'autorité[2], non de raisonnement. Car une fois son point de départ franchi, il se conduit par le raisonnement absolu ou la *ratiocination*. Les premiers principes sont donnés par la nature et ne sont pas scientifiques. Les principes propres de la science sont les définitions, et de là, par déduction, Hobbes dérive toute la philosophie qui, étant toute de raisonnement, c'est-à-dire de *calcul*, procède par addition ou séparation, et ne s'occupe que des corps susceptibles de génération, de compo-

[1] « Quantum libet progrediamur, prodibit semper ratio subdupla, dit Wallis. — Inductio demonstratio non est, nisi ubi particularia omnia numerantur, quod hic est impossibile, dit Hobbes. » (*Exam. et Emend. mathem. hod. Dial.*, V, t. IV, p. 179.) C'est la seule fois, je crois, que Hobbes parle de l'induction.

[2] « Cognitio talis aut experientia est aut authoritas, non autem ratiocinatio. » (T. I, p. 9.)

sition et de décomposition. Les corps sont toute la réalité dont nous ayons connaissance directe et sensible, les uns formés par la nature même, les autres par la volonté humaine, sous le nom de sociétés; d'où la philosophie, ne comprenant ni la connaissance sensible qui la précède, ni la théologie qui lui est étrangère, se divise en deux branches, la philosophie naturelle et la philosophie civile. L'une comme l'autre est déductive; la première se compose essentiellement de la géométrie et de la physique, et Hobbes, logicien absolu, ne voit dans toutes deux qu'une œuvre de raisonnement et comme il dit, de *computation*[1]. Il est difficile d'être sous ce rapport moins baconien que Hobbes, et le même titre ne s'applique pas davantage à un autre penseur contemporain, lord Herbert de Cherbury, présenté quelquefois comme un ami et un disciple du lord chancelier. Il ne nomme Bacon ni dans ses mémoires, ni dans ses livres de doctrine. C'est, selon moi, un précurseur de Reid qui semble déjà écrire dans un esprit de réaction contre les prétentions exclusives des sciences fondées sur l'observation externe.

Le raisonnement conduisit Hobbes à des doctrines morales et politiques plus célèbres que sa méthode même, et ces doctrines, Bacon, témoin de la révolution et de la restauration, ne les aurait peut-être pas désavouées. Des deux autorités à ménager ou à braver, Hobbes en traite une seule, l'Église, avec une

---

[1] *Elem. Philos., De Corpore*, p. 1; *Computatio sive Logica*, passim; *Works, lat.*, t. 1. Cf. *engl.*, t. I, et Tracy, pièces just. de *la Logique*, t. IV, p. 45.

indépendance qui le rend complaisant jusqu'à la servilité envers l'autre, c'est-à-dire envers le gouvernement. Mais de même qu'en s'abandonnant à la déduction, il a poussé la métaphysique dans la voie du sensualisme, et fondé l'empirisme par la logique, il a, en combattant par ses principes la liberté humaine, attesté par ses procédés et son exemple la liberté de la raison et de la science.

Cudworth fut un des premiers antagonistes de Hobbes, et son platonisme un peu cartésien l'éloignait même de Bacon. Mais il ne le combat pas directement. Par équité ou par respect, il n'en veut pas faire un adversaire de la vérité. Ainsi que Boyle dans sa défense des causes finales, Cudworth ne nomme point Bacon en soutenant les mêmes principes que Boyle, et l'usage s'est établi presque sans exception de ne pas comprendre Bacon dans les attaques dirigées contre sa doctrine. Compromettre ce nom dans la controverse serait encore aujourd'hui une sorte d'inconvenance.

D'ailleurs, au temps de Cudworth, l'impulsion était donnée dans ce double sens, expérience et liberté. Les fondateurs de la Société royale de Londres avaient embrassé avec une ardente conviction les espérances et les méthodes de Bacon. Wallis, Hooke, Boyle le proclamaient à l'envi. Leur but, disait Wallis [1], était, en se réunissant en conférences libres dès 1745, de s'adonner à la nouvelle philosophie, fort cultivée en

[1] John Wallis, né en 1616, géomètre célèbre, a écrit aussi sur les controverses théologiques, et fait des remarques sur la théorie de la chaleur donnée par Bacon, 1643.

Angleterre et à l'étranger depuis le temps de Galilée et de lord Verulam. « Personne, disait Hooke[1], excepté l'incomparable Verulam, n'a eu quelque idée d'un art *ou d'un engin*, pour la direction de l'esprit dans les recherches de la science. » Boyle surtout, né dans l'année où Bacon mourut, et qui fut appelé un nouveau Bacon, Boyle, à qui d'Alembert a donné comme à Bacon le titre de père de la physique expérimentale, invoque sans cesse dans ses nombreux écrits *notre grand Verulam* qu'il nomme *un profond naturaliste*[2]. A ce moment, la doctrine du *Novum Organum* devient la foi savante des esprits éclairés. On la retrouve dans Evelyn et dans Glanvil[3]. Le poëte Cowley, qui célèbre dans une ode remarquable l'institution de la Société royale, chante la philosophie avec enthousiasme, se confie à Bacon pour l'émanciper d'une longue tutelle, et salue en lui le Moïse nouveau qui conduit les hu-

---

[1] *Posthum. Works*, p. 6, in-fol., 1705. — Robert Hooke, né en 1635, mathématicien, mécanicien, architecte, a écrit un ouvrage (*A general Scheme or Idea of the present state of natural philosophy*), qui n'est qu'une tentative de remettre le *Novum Organum* au courant des progrès de la science. (Whewell, *Phil. of the ind. sc.*, t. II, p. 267.)

[2] Robert Boyle, né en 1626, a consacré à la philosophie des sciences physiques une bonne partie de ses six volumes in-4 ; Londres, 1775. « Our great Verulam, dit-il (t. II, p. 468) ; that profound naturalist lord Verulam » (t. I, p. 564. Cf. t. I, p. 502, 535 ; t. II, p. 57, 243 ; t. V, p. 488, 511, 564, et *passim*.) Je ne puis comprendre que sir David Brewster ait pu écrire cette phrase : « L'aimable et infatigable Boyle l'a traité (Bacon) avec le même dédaigneux silence (le silence de Newton). » *Mem. of the Life of Newton*, ch. XXVII ; t. II, p. 403.

[3] Evelyn, *Sylva* ; 1664 ; Glanvil, *Plus ultra or the Progress of Knowledge*. Lond., 1668.

mains dans la terre promise de la sagesse[1]. Oldenburg, l'interprète de la nouvelle académie, la place sans cesse, dans les comptes rendus de ses travaux, sous l'autorité de ce grand nom[2], et l'évêque Sprat, qui a été le premier historien de la Société, n'hésite pas à présenter l'institution dont il raconte la naissance, comme la réalité d'une conception qu'un seul homme a pu former, et « cet homme est lord Bacon[3]. » L'admiration de plus de deux siècles pour ce réformateur des sciences en Angleterre a peu ajouté aux pensées et aux expressions des prédécesseurs immédiats de Locke et de Newton; et un Français, un ami de Hobbes qui visitait Londres vers 1663, allait jusqu'à dire : « Quand elle (l'Angleterre) n'aurait donné à cette science (des choses naturelles) que Gilbert, Haruæus et Bacon, elle aurait de quoi le disputer à la France et à l'Italie, qui nous ont donné Galilée, Descartes et Gassendi. Mais à dire le vrai, Bacon le chancelier l'a emporté par-dessus tous les autres en grandeur de dessein et en cette docte et judicieuse tablature qu'il nous a laissée pour réduire utilement en pra-

---

[1] Abraham Cowley, né en 1618, avait écrit dans le sens des idées de Bacon : *A Proposit. for the advancement of experim. philos.*, Lond., 1661. Son ode est en tête de l'*Hist. de la Société royale* de Th. Sprat, 4ᵉ édit. in-4. Lond., 1734.

[2] Henri Oldenburg, né à Brême en 1626. Voir sa dédicace à Boyle des *Trans. de la Société royale*, 1670, et sa préface de 1672.

[3] *Hist. of the Roy. Soc.*, part. I, sect. XVI. p. 55. « Une telle institution, ajoute-t-il, il convenait à l'étendue du génie de Bacon de l'inventer, et à la grandeur de sagesse d'un Clarendon de l'établir. »

tique et tirer des disputes de l'école ce que l'on a de connaissances de la nature[1]. »

Sur le continent, en général, l'admiration n'alla pas si loin, mais cependant le premier effet produit par les écrits de Bacon ne fut pas médiocre. « J'ai, dit-il lui-même, reçu des pays d'outre-mer, pour mon *Instauratio*, des témoignages d'approbation et d'honneur tels que je n'en pouvais attendre de plus grands[2]. » Et il ne va guère au delà de la vérité. Nous en avons vu plus d'une preuve dans son histoire. Il était difficile que l'Italie ne comprît pas l'émule de Telesio et de Campanella. Le père Baranzan, barnabite et professeur de philosophie à Annecy, en Savoie, où il avait commencé à miner l'autorité d'Aristote, le P. Fulgence Micanzio, religieux servite, né à Venise, secrétaire de Paul Sarpi et correspondant de Galilée, ennemi des péripatéticiens et des jésuites, étaient, comme on le voit par les lettres de Bacon, dans la confidence de sa pensée. Les hommages que rendait à sa vieillesse le marquis d'Effiat, prouvent assez ce que son nom était en France, et les *Essais* traduits en 1619 avaient déjà été, dix-sept ans après, cinq fois réimprimés[3]. Cet ouvrage, il est vrai, ne faisait pas

---

[1] Sorbière, *Relat. d'un Voy. en Anglet.*, in-18. Paris, 1665.
[2] *Epist. ded.*, ad Lancel. Andrews, t. III, p. 491.
[3] T. III, p. XXXIX, 545 et 550. Voyez Niceron, *Mém.*, etc., t. III, p. 45. On conserve à Venise le manuscrit de l'histoire du Concile de Trente écrit de la main de fra Fulgencio, qui succéda à fra Paolo comme théologien consulteur de la République.
[4] La première traduction française est celle de Baudouin ; Paris, 1619, ou celle du chevalier Arthur George, Londres,

connaître Bacon tout entier, et lui donnait son rang dans la littérature plutôt que dans la philosophie. Voici sous ce dernier rapport comment il fut jugé.

A cette époque, personne n'en pouvait parler avec plus de compétence que Pierre Gassendi. Il a été un moment la première autorité de la science. Or, il n'hésita pas ; il comprit tout de suite en l'admirant *la résolution vraiment héroïque* qui avait ouvert à Bacon sa route inconnue, et il augura sans balancer, pourvu que Bacon persistât, la création d'une nouvelle et enfin parfaite philosophie[1]. On conçoit que le disciple d'Épicure ait entendu sur-le-champ celui qui réhabilitait Démocrite, et l'analyse qu'il donne de la logique de *Verulamius*, d'une logique, dit-il, toute consacrée à la vérité et à la connaissance sincère des choses, prouve qu'il en a saisi l'esprit et qu'il y reconnaît la formule savante de cette expérience dont il est, lui aussi, le fidèle adorateur[2]. Peut-être ce premier hommage de Gassendi, d'un philosophe aussi opposé aux méthodes qu'on pourrait appeler spiritualistes, et qui

---

1619. Dès 1618, Toby Matthew publia une traduction italienne un peu mitigée par catholicisme. Dans la dédicace à Come de Médicis, il s'étend sur les mérites de Bacon. *Saggi morali del sig. F. Bacono*, petit in-12, Lond., 1618. Burke et Johnson préféraient les *Essais* de Bacon à ses autres ouvrages. Madame de Staël en portait un jugement non moins favorable.

[1] « Ausu vere heroico novam tentare viam est ausus, sperare que fore ut, modo ille strenue diligenterque insistatur, nova tandem eaque perfecta condi haberique philosophia possit. » *Syntagm. philos.*, part. I; *Logic*, l. I, ch. X ; Gassend., *Op.*, t. I, p. 62, éd. de 1658.

[2] *Ib. id.*, c. XI, et l. II, c. VI, p. 90 ; cf. la *Vie de Peiresc* par Gassendi, en latin, l. VI, p. 376 ; in-4, Paris, 1641.

devait être un des antagonistes de Descartes, a-t-il contribué à compromettre, dès le principe, Bacon dans le parti de l'empirisme, et à marquer à cette lettre son œuvre et son nom.

Gassendi est si épris de la logique baconienne que le plus grand éloge qu'il puisse accorder à celle de Descartes, c'est qu'elle offre avec celle-là des points de ressemblance; et il trouve en effet que Descartes a, comme Bacon, voulu jeter les fondements d'une philosophie nouvelle, et cherché en dehors des préjugés et des traditions le principe sur lequel il devait construire. L'impatience de l'autorité, le dégoût de la scolastique, la sévérité pour Aristote, la foi dans la raison, le besoin de la nouveauté, une confiance enfin toute personnelle dans la force et la mission du génie, caractérisent à la vérité Descartes aussi bien que Bacon. Il semble que Bacon ait pressenti Descartes, lorsqu'il a dit : « Nul homme encore ne s'est rencontré avec une telle fermeté et une telle rigueur d'esprit qu'il ait résolu et se soit imposé d'abolir absolument les théories et notions communes, et d'appliquer sur nouveaux frais, aux choses particulières, une intelligence où tout aurait été rasé jusqu'au sol. De cette raison humaine que nous possédons, beaucoup de foi, beaucoup de hasard, et toutes ces notions recueillies dans l'enfance ont fait un ramassis et un chaos. Si quelqu'un, dans la maturité de l'âge, dans la plénitude de ses sens, avec un esprit soigneusement épuré, s'applique, en recommençant tout, à l'expérience et aux choses particulières, il y a mieux à espérer de lui. Et en cela nous nous promettons la fortune d'A-

CHAP. II. — SON INFLUENCE IMMÉDIATE.

lexandre le Grand[1]. » Parfois, en parlant de l'utile acatalepsie qui n'est pas celle des sceptiques, Bacon semble décrire le doute de Descartes. Il veut, comme lui, pour connaître la nature, une *expurgata jam et abrasa et æquata mentis area*[2]. Il veut, comme lui, abattre la maison pour la rebâtir. Est-elle de Bacon ou de Descartes cette phrase : « *Restat unica salus ac sanitas ut opus mentis universum de integro resumatur?* On a vu avec raison dans ces deux grands hommes les types spéculatifs du génie révolutionnaire.

On peut même ajouter qu'il y a entre les méthodes de tous deux cette ressemblance que Descartes a procédé, au moins en métaphysique, par l'observation. Seulement, il a eu l'idée de génie d'observer la conscience, et il a dirigé et fécondé cette nouvelle sorte d'expérience par une méthode que les Écossais ont à leur tour qualifiée d'inductive. Mais Descartes, par cela qu'il avait les dons du grand géomètre, devait porter dans la science une inquisition tout autrement rigoureuse. Il savait, lui, ce que c'était que principe et démonstration. Aussi, pour creuser et pour construire, pénétra-t-il à de tout autres profondeurs. Celui qui, dix-sept ans après le *Novum Organum*, devait

---

[1] *Nov. Org.*, I, 97, t. II, p. 58. « Quantum ad reliqua quibus olim fueram imbutus, non dubitavi quin mihi liceret omnia ex animo meo delere.» Descartes, *De Meth.*, p. 18, éd. de 1650. « Nihil melius me facere posse arbitrabar quam si omnes (opiniones) simul et semel e mente mea delerem, p. 7, et *passim*. Cf. la dédicace du livre des *Principes*.

[2] *Nov. Org.*, I, 115. Cf. *id.* 37 et 126, *Præf.*, 2, t. II, p. 5, 14, 69, 78.

éclairer l'univers par son Discours de la Méthode, sa Dioptrique et sa Géométrie[1], donnant tout à la fois le précepte, l'exemple et l'instrument, n'enveloppa point son prédécesseur dans un injuste oubli. Ses lettres prouvent qu'il ne dédaignait pas, lui si dédaigneux, d'emprunter à Bacon les règles des observations scientifiques. « Vous désirez savoir, écrit-il au père Mersenne en 1631, un moyen de faire des expériences utiles. A cela je n'ai rien à dire après ce que Verulamius en a écrit. » Et il souhaiterait, *pour l'avancement des sciences*, que quelqu'un voulût « entreprendre d'écrire l'histoire des apparences célestes selon la méthode de Verulamius, et sans y mettre aucunes raisons ni hypothèses, décrire exactement le ciel tel qu'il paraît maintenant[2]. » Malgré de saillantes différences, Bacon et Descartes ont tous deux porté leur attention principale sur la méthode. Tous deux ont donné à leur méthode pour but général d'analyser, l'un la nature, l'autre la pensée[3]. Descartes estime, comme Bacon, que tout est à refaire dans les sciences, même l'esprit humain, et bien que plus modéré de langage dans sa critique du passé, il pousse la réforme plus avant et il innove avec une bien autre hardiesse. Comme Bacon, il ne doutait pas que la vraie philosophie ne datât que de lui-même, et qu'elle ne dût être

---

[1] 1637 et 1638.
[2] *Œuv. compl.*, éd. de Cousin, t. VI, p. 93, 182, 210. Malgré l'assertion de Thomas dans son éloge de Descartes, les lettres de celui-ci ne permettent nullement de croire que les ouvrages de Bacon lui fussent inconnus.
[3] Morell, *Crit. and hist. View.*, etc., t. I, part. I, ch. I, sect. 1, p. 77, etc.

féconde en conséquences utiles pour les destinées de l'humanité. Il faut, dit-il, que la prophétie du chancelier d'Angleterre s'accomplisse : *Plusiuers passeront et la science augmentera.* Il voit, par les progrès de la philosophie, les hommes rendus *maîtres et possesseurs de la nature*[1]. Mais si le jugement de ces deux grands hommes sur les sciences, leur temps et leur œuvre est le même, là expirent la ressemblance et l'égalité. Bacon n'est au fond qu'un critique, Descartes est un créateur. L'un surpasse l'autre de toute la hauteur d'un grand métaphysicien et d'un grand géomètre.

Ce serait accumuler les noms propres[2] et des citations monotones que d'insérer ici tous les témoignages qui prouveraient que l'Europe saisit de bonne heure la portée générale de la philosophie de Bacon et le regarda, selon l'expression de Puffendorf, comme ayant relevé l'étendard et pressé la marche de l'esprit

---

[1] A ces mots de Bacon : « Humani generis ipsius potentiam et imperium in rerum universitatem instaurare et amplificare » (*Nov. Org.*, I; t. II, p. 8), comparez le beau passage de la sixième partie du *Discours de la Méthode*, touchant l'influence de la science sur le sort de l'humanité. (Descartes, t. I, p. 192, et t. X, p. 170; Baillet, *Vie de Descartes*, l. II, ch. IX, et l. VIII, ch. X, p. 147 et 559.)

[2] On trouvera ces noms dans la *Dissertation*, souvent citée, de Napier. Voyez aussi M. Hallam, *Europ. lit.*, t. III, ch. III, 80. — Nous ne pouvons souscrire, avec Dugald Stewart, à cette opinion de Montucla : « La célébrité des écrits du chancelier Bacon ne date que de celle de l'*Encyclopédie*. » Il est vrai seulement que sa célébrité était sur le continent fort supérieure à son influence, et qu'il a été plus loué qu'étudié. (D. Stewart, *Dissert.*, part. I, ch. II; t. I, de l'éd. de sir W. Hamilton, ou trad. franç., t. I, p. 418.)

de découverte. En France du moins, son nom fut bientôt un de ceux que tout homme instruit doit savoir, et c'est comme tel qu'il se lit jusque dans le jugements de l'Académie française sur le Cid (1638) [1]. On a déjà vu ce que Sorbière pensait de Bacon. Les maîtres de notre littérature en ce temps-là le citent avec une estime familière. Balzac invoque son autorité, et Costar, qui lui-même en était une alors, écrit à Voiture qu'il trouve dans le *De Augmentis* des choses admirables [2]. Bayle, qui nous l'apprend, place Bacon *au rang des plus grands esprits de son siècle* (1697). Mais « il faut avouer, dit Baillet, que l'exécution d'un dessein aussi héroïque que celui de rétablir la vraie philosophie était réservée à un génie encore plus extraordinaire que le sien (1691). »

Tels sont les témoignages de l'opinion commune vers la fin du dix-septième siècle.

[1] « Il n'y a pas une fable... qui n'ait son fondement dans l'histoire, si l'on en veut croire Bacon. » Allusion au *De Sapientia veterum*, traduit par Baudouin en 1626. (*Les Sent. de l'Acad. fr.*, p. 44, Paris, 1658.)

[2] *Entret. de Voiture et de Costar*, in-4, 1654, p. 173.

CHAPITRE III.

De l'influence de Bacon pendant le xviii° siècle.

Le cartésianisme avait triomphé. En philosophie, son empire dure encore. Considérez les doctrines les plus opposées entre elles, l'observation de la pensée par la pensée est presque toujours le fond de la méthode. Dans les sciences, l'autorité de Descartes a été plus passagère, et il était mort depuis peu qu'elle était contestée par les plus habiles. Mais l'esprit de révolution scientifique commun à Bacon et à Descartes régnait presque sans débat. Huygens dans son jugement sur *les Principes* de Descartes apprécie Bacon parfaitement, et marque avec précision comment et pourquoi, ayant réussi dans la méthode, il a échoué dans les découvertes [1].

---

[1] « Les modernes, comme Telesius, Campanella, Gilbert, retenaient, de même que les aristotéliciens, plusieurs qualités occultes, et n'avaient pas assez d'invention et de mathématiques pour faire un système entier. Gassendi non plus, quoiqu'il ait reconnu et découvert les inepties des aristotéliciens. Verulamius a vu de même l'insuffisance de cette philosophie péripatéticienne, et de plus a enseigné de très-bonnes méthodes pour en bâtir une meilleure à faire des expériences et à s'en bien servir. Il en a donné des exemples assez rares pour ce qui regarde la chaleur dans les corps, qu'il conclut n'être qu'un mou-

Leibnitz a raconté, sous le nom de Guilielmus Pacidius, l'histoire de ses études et de son réveil philosophique. Il avait commencé par la théologie scolastique, lorsque, dit-il, son bonheur lui fit connaître les conseils d'un grand homme, François Bacon, chancelier d'Angleterre. Bientôt Cardan, Campanella, Keppler, Galilée, Descartes furent ses maîtres, et il se sentit comme porté dans un nouveau monde. C'est, il le dit encore, cet incomparable *Verulamius* qui, des divagations aériennes et même de l'espace imaginaire, rappela la philosophie sur cette terre où nous sommes et à l'utilité de la vie [1]. A l'exemple de Bacon, de vastes desseins de restauration et d'accroissement des sciences, *instauratio et augmenta*, et la recherche d'une sûre méthode, *rectæ rationis methodus*, d'une science universelle, *scientia generalis*, occupèrent sa jeunesse; et toujours plus juste envers celui qu'il avait appelé *Vir divini ingenii* qu'envers Descartes et Newton, il écrivait encore au commencement du dix-huitième siècle : « Le lord Bacon a commencé à mettre l'art d'expérimenter en préceptes [2]. » Vers le même temps, le fondateur d'une autre science nouvelle, Vico, qui devait déjà au *De Sapientia veterum*

---

vement des particules qui les composent. Mais il n'entendait point les mathématiques et manquait de pénétration pour les choses de physique, n'ayant pas pu concevoir seulement la possibilité du mouvement de la terre, dont il se moque comme d'une chose absurde. » Voyez le précieux fragment de Huygens, que nous devons à M. Cousin, *Œuvres, Frag. phil.*, t. III, p. 55.

[1] *Op. phil.*, éd. Erdmann; V, *Diss. de Styl. phil.*; XII, *Init. Sc. gen.*, XV, XVI, XVII, *G. Pacidii Initia*, etc., p. 89-92.

[2] *Confess. nat. cont. Ath.*, pars I; *Nouv. Ess.*, l. IV, ch. XII.

l'idée de chercher la vérité dans la mythologie, louait *le grand philosophe politique Bacon de Verulam* d'avoir enseigné aux Anglais la méthode et l'usage de l'induction[1]. On le voit, il ne repose par sur de faibles autorités ce titre décerné à Bacon de père de la philosophie expérimentale.

A cette époque, la fille plus que le père occupait la Grande-Bretagne. Nous avons vu la génération savante qui suivit immédiatement Bacon, nous avons vu les contemporains de Boyle rendre hommage à l'auteur de l'*Instauratio Magna*. Un peu plus tard, au moment où l'esprit scientifique donnait peut-être ses plus beaux fruits, le nom de Bacon est moins invoqué. On peut dire et l'on a dit que Newton et Locke s'étaient inspirés de sa philosophie. Ni l'un ni l'autre cependant n'ont paru fort empressés d'en convenir[2]. On a cité souvent ce mot d'Horace Walpole : « Bacon a été le prophète des choses que Newton est venu révéler aux hommes[3]. » Ce que Newton appelle la méthode analytique est assurément fort analogue à la méthode baconienne, à la méthode de l'expérience et de l'induction. La quatrième des célèbres *regulæ philosophandi* est la formule gravée en traits ineffaçables de la méthode inductive appliquée à l'étude des phénomènes : « In philosophia experimentali, pro-

---

[1] *La Science nouv.*, t. II, p. 165 de la trad. fr., 1844.

[2] « Newton, dans le livre III de ses *Principes* et dans son *Optique*, paraît avoir eu constamment en vue les règles du *Novum Organum*. » Cette assertion de Reid n'est justifiée par aucun texte. (*Arist. log.*, ch. VI; *Works*, p. 712.)

[3] *Royal and nobl. auth.*, t. I, p. 181.

positiones ex phænomenis per inductionem collectæ, non obstantibus contrariis hypothesibus, pro veris aut accurate, aut quam proxime haberi debent, donec alia occurrerint phænomena per quæ aut accuratiores reddantur aut exceptionilus obnoxiæ[1]. » Mais Newton ne laisse nulle part soupçonner qu'il tienne rien de Bacon, et l'on ne saurait assurer qu'il se fût sur ce point accordé avec ses deux interprètes, Maclaurin et Pemberton. Au vrai, les Newton ont peu besoin des Bacon, et il leur suffit, pour être eux-mêmes, de respirer l'air d'un temps favorable à leur génie.

Quant à Locke, il garde le même silence. Il n'avoue pas d'autres guides que ses propres réflexions. Quoiqu'il ait ainsi que Descartes, et certainement grâce à son exemple, ramené la métaphysique à l'observation, l'expérience qui est le principe de sa philosophie, n'en est pas toujours la méthode, et il a laissé à d'autres l'honneur ou la modestie de faire

---

[1] Le motif de cette règle est qu'il ne faut pas détruire, par des hypothèses, la preuve d'induction, *argumentum inductionis*. (*Princip. III*, t. III, p. 4.) Cf. la définition de la *méthodus analytica* : « Est experimenta capere, phænomena observare, indeque conclusiones generales inductione inferre, nec ex adverso ullas objectiones admittere, nisi quæ vel ab experimentis, vel ab aliis veritatibus desumantur. » Voyez tout le passage, *Opt.*, III, q. 31.) Stewart remarque que Newton identifie l'analyse en physique avec l'analyse mathématique. Maclaurin et Pemberton rattachent tous deux Newton à Bacon (*Exp. des découv. de Newton*, trad. in-4 ; Paris, 1769, t. I, ch. III, p. 57 et suiv.; *View of Newton's phil.*, in-4, Lond., 1728, introd., §§ 4-13.) Ils soutenaient une opinion du temps. Les objections de sir David Brewster me paraissent fondées. (*Life of Newton*, t. II, ch. XXVII, p. 400. Cf. D. Stewart, *Phil. of the hum. Mind.*, part. II, ch. IV, sect. III, 2.)

systématiquement de la science de l'esprit humain une science inductive. Il est remarquable que Locke, qui d'ailleurs ne cite point Bacon, ne dit rien de l'induction. Pour lui, le plus haut degré de la connaissance est l'intuition. Après elle vient la connaissance raisonnée ou la démonstration. Au-dessous de l'intuition et du raisonnement, il place la sensation, source de connaissances inférieures à la connaissance démonstrative. Enfin le jugement peut atteindre, soit par des raisonnements probables, soit en fécondant la sensation par l'expérience, à des connaissances qui approchent plus ou moins de la certitude. Dans cette théorie du savoir humain, la méthode des sciences est enveloppée et pour ainsi dire sous-entendue. La valeur de l'expérience et les fondements de la connaissance inductive ne sont point des questions dont Locke paraisse s'être inquiété, quoiqu'il ait mesuré avec beaucoup de précaution les degrés de la certitude et la force des motifs qui déterminent l'assentiment. On peut croire que préoccupé de sa doctrine, qui réduisait toute connaissance à la perception de la convenance ou de la disconvenance de deux idées, il a un peu négligé la vérité des faits en eux-mêmes et les moyens de les avérer [1]. Cette sorte d'idéalisme, qui lui est particulière et qu'on n'a pas eu tort d'appeler plus tard *idéologie*, l'a entraîné assez loin des recherches de Bacon pour lequel je le soupçonne de n'avoir pas eu la plus haute estime. Cependant de son temps la popularité savante de celui-

---

[1] *Essai*, l. IV, ch. I; XI, XII, 5 et 9; XVII, 14, 15 et 16.

ci était loin d'avoir disparu. C'est vers la même époque (1712) que nous lisons dans *le Spectateur* un magnifique éloge de lord Verulam, dont Addison voit le continuateur dans Boyle et le rival dans Newton [1].

De la bouche des amis d'Addison Voltaire entendit les jugements qu'il rapporta en France. Fidèle écho du monde où il venait de vivre, il les répéta. « Le *Novum Organum* est l'échafaud avec lequel on a bâti la nouvelle philosophie, et quand l'édifice a été élevé, au moins en partie, l'échafaud n'a plus été d'aucun usage. Le chancelier Bacon ne connaissait pas encore la nature ; mais il savait et indiquait tous les chemins qui mènent à elle... Il est le père de la philosophie expérimentale [2]. » Ce jugement était destiné, comme bien d'autres de Voltaire, à devenir l'opinion de son temps ; et lorsqu'en 1750, d'Alembert et Diderot inscrivirent le nom de Bacon au frontispice de leur encyclopédie, personne ne s'étonna d'entendre le premier dire qu'on serait tenté de regarder Bacon « comme le plus grand, le plus universel et le plus éloquent des philosophes [3]. »

Tout le dix-huitième siècle a parlé ainsi, et même en Angleterre on a daté de l'encyclopédie française la réputation de Bacon sur le continent. Quoiqu'elle re-

---

[1] *The Spect.*, n° 554.

[2] *Lett. sur les Anglais*, 1733. « Il construisit l'échafaud d'un édifice immense, et laissa à d'autres le soin de construire l'édifice. » (Thomas, *Éloge de Descartes*, t. II, p. 105.) « Il s'est surtout appliqué à la philosophie expérimentale ; il en a été le restaurateur, ou plutôt le créateur. » (Condillac, *Hist. mod.*, liv. XX, ch. XII.)

[3] *Encycl.*, *Disc. prél.*, p. XXIV.

monte plus haut, elle doit certainement beaucoup à la philosophie de nos pères. Écoutez Condillac, Thomas, Turgot, Condorcet, vous n'entendrez qu'une voix. Ce concert de louanges a même fini par rendre suspect le nom de celui qui l'obtenait, depuis que l'esprit humain a cherché de nouveaux oracles. On a soupçonné que ce panégyrique éternel d'un homme dont la méthode n'avait guère été présentée que comme l'instrument de la bonne physique, pouvait cacher quelque arrière-pensée de réduire à une physique toute la philosophie. Diderot a emprunté le titre d'un ouvrage de Bacon pour écrire sur l'*interprétation de la nature* un livre qui respire l'athéisme. Ses disciples, Naigeon et Lasalle, l'un en commentant, l'autre en traduisant Bacon, n'étaient pas faits pour le réhabiliter, quoique l'un et l'autre ne le trouvent pas à leur hauteur et l'accusent d'avoir sacrifié à son siècle [1]. Et comme pour achever de le compromettre sans retour, il a fallu que la Convention nationale, sur le rapport de ses philosophes, adoptât la singulière idée de décréter aux frais de la République la traduc-

---

[1] Ils présentent Bacon, l'un comme un *vieil enfant*, qu'il ne faut pas écouter quand il parle de christianisme, l'autre comme un écrivain qui déguise sa pensée et travaille sous main contre la religion en paraissant la respecter. C'est aussi l'idée que Maistre veut donner de Bacon, mais dans une intention bien opposée. Deluc a écrit pour réfuter Naigeon et Lasalle. Le premier a inséré, avec des notes, dans l'*Encyclopédie méthodique*, art. BACONISME, l'analyse de la philosophie de Bacon, publiée par Deleyre, en 1755. Le second a traduit Bacon avec plus d'esprit que de fidélité, le transformant, autant que possible, en philosophe français du dix-huitième siècle. (*Œuvres*, etc., 15 vol. in-8, Dijon et Paris, 1800.) Tracy, bien plus mesuré,

tion des œuvres de Bacon, *pour hâter les progrès de la philosophie et de la raison*[1]. Il n'en fallait pas tant pour ôter à Bacon toute chance de trouver bienveillance ou impartialité parmi toutes les sortes d'ennemis de la raison, et le livre malheureux de Joseph de Maistre est maintenant expliqué[2].

Heureusement, ceux que la philosophie du dix-huitième siècle a blessés se partagent en deux classes : Les uns, qui conservent un esprit droit et modéré, ne ferment point les yeux à la lumière, quelle que soit la main qui porte le flambeau ; les autres, ardents à l'éteindre, ne voient que des incendiaires dans ceux qui l'ont allumé. Avant que Bacon eût été compris dans leurs injurieux réquisitoires, son apologie avait été écrite par un prêtre éclairé, peu empressé d'enrôler le génie parmi les ennemis de la foi. M. Émery s'est attaché à extraire des œuvres des pères de la science moderne tout ce qui peut les rattacher à la cause de la religion, et il a d'avance défendu Bacon des diffamations d'une détestable école dont il n'avait pas prévu la naissance[3].

---

ne fait de Bacon ni un hypocrite, ni un fanatique ; mais il le juge avec la sévérité qu'inspirait à son esprit toute grande imagination. (Voir, dans le discours préliminaire de sa *Logique*, une très-bonne analyse des ouvrages de Bacon, et le sommaire raisonné de l'*Instauratio*, qu'il a rejeté dans les notes, t. III, p. 68-140 ; et t. IV, p. 71.)

[1] Bouillet, *Notice sur Bacon*, t. I, p LVIII.

[2] Pour être juste, il faut dire que Bacon est mieux apprécié par Bonald. (*Rech. phil.*, t. I, ch. I, p. 31.)

[3] Voyez les ouvrages intitulés : *le Christianisme de Bacon, de Leibnitz*, etc. Il est piquant de comparer, avec les déclamations du fanatisme moderne, ce que disait, dans le *Journal de Tré-*

On a vu déjà quelle est notre opinion sur les rapports de la philosophie baconienne avec les idées religieuses. Mais en rejetant loin de lui tout soupçon d'incrédulité et d'hypocrisie, nous nous garderons de le disculper d'une complicité générale dans les œuvres de la philosophie moderne. Disons-le même à sa gloire, sa philosophie est, suivant son expression, une doctrine libérale [1]. Il réclame pour la science une indépendance absolue. Il honore l'esprit humain, il croit à la perfectibilité, il prêche la réforme et le progrès. Il est par son esprit du parti qui se fie à la raison et veut la liberté. Voilà au vrai ses rapports avec notre dix-huitième siècle.

Nous devons maintenant retirer Bacon de la mêlée, et le mettre sous un patronage plus paisible et moins discuté que celui des encyclopédistes. Nous avons déjà cité Leibnitz; venons jusques à Kant lui-même, qui, reconnaissant les services que la méthode des sciences a rendus en s'étendant aux différentes parties de la philosophie proprement dite, paraîtra en faire honneur à Bacon de Vérulam, qu'il appelle le premier et le plus grand physicien des temps modernes [2]. Enfin nous avons vu ce qu'a pensé de lui le géomètre qui peut-être a le plus ressemblé à Newton. « En indiquant la vraie méthode de s'élever aux causes

---

voux (janvier et mars 1751), le P. Berthier, raillé par Voltaire : « Telle était la sagacité de ce puissant génie (Bacon), qu'il mériterait peut-être, si l'expression n'était pas trop emphatique, d'être appelé le terme de l'entendement humain. »

[1] *De Aug.*, I, t. I, p. 72.
[2] *Logiq.*, introd., IV.

générales des phénomènes, dit Laplace, ce grand philosophe a contribué aux progrès immenses que l'esprit humain a faits dans le beau siècle où il a terminé sa carrière[1]. »

Ces dernières paroles nous paraissent exprimer avec justesse tout ce que les sciences proprement dites peuvent devoir à Bacon, et apportent le seul tempérament raisonnable au jugement plus sévère qu'a porté de lui M. Biot. Mais quelque imposant que soit ce concert d'hommages, il ne signale encore Bacon que comme le promoteur d'une méthode générale des sciences[2]. C'est une suite uniforme d'assertions historiques, après lesquelles il restait à établir scientifiquement l'application de la méthode baconienne. Cette entreprise naquit dans l'école où enseignait, chose remarquable, un des plus constants adversaires de Locke. Un homme, inconnu longtemps de l'Europe continentale, et qui pendant quarante ans eut pour tout théâtre une chaire dans quelque université cachée au fond du Nord, le docteur Reid, entreprit de ne suivre, dans ses recherches métaphysiques, que les préceptes de Bacon et les exemples de Newton. Nous ne faisons que transcrire ce qu'il a mis une honorable persistance à répéter[3]. Quant au premier,

---

[1] *Théor. anal. des prob.*, introd., p. xcv; voyez ci-dessus, p. 105.

[2] Laplace l'appelle formellement « promoteur si éloquent de la vraie méthode philosophique. » *Loc. cit.*

[3] D. Stewart, *Life of Reid*, sect. II; Reid, *Intel. Powers*, préf.; *Ess. VI*, ch. IV; *Acc. of Aristot. Log.*, ch. VI, sect. II; *Works*, p. 11, 217, 456 et 712; Jouffroy, préf. de la trad. de Reid, t. I, p. xiv.

nous avons vu Reid dater la seconde grande ère des progrès de la raison humaine, de l'impulsion nouvelle donnée par le *Novum Organum* aux recherches de la science, direction plus juste et plus féconde, il le déclare, que le mouvement imprimé par l'*Organon* d'Aristote. Pour Newton, c'est lui-même qui avait dit ces frappantes paroles : « Si, par l'application de la méthode (analytique ou inductive), toutes les parties de la philosophie naturelle finissent par atteindre la perfection, les limites de la philosophie morale en seront également reculées[1]. » Ces paroles sont l'épigraphe d'un ouvrage du maître de Reid, G. Turnbull, et le disciple paraît en avoir gardé bonne note. Si c'est en effet un principe newtonien qui obtient sur-le-champ notre adhésion, que celui-ci : « Des effets de même nature doivent avoir les mêmes causes, » c'est qu'il ne fait qu'exprimer ce que notre esprit suppose à chaque instant en vertu d'une croyance naturelle, sans déduction, sans raisonnement, lorsqu'il se lie avec une certitude inébranlable à la réalité des objets de ses sensations et de ses souvenirs, à l'identité des êtres et des faits qu'il perçoit actuellement ou qu'il conçoit dans l'avenir sous les mêmes signes reconnaissables. La connexion de certains faits dans l'expérience nous suggère le principe externe de la stabilité des lois de la nature ; et le principe interne, en vertu duquel nous l'appliquons aux connexions actuelles et futures, est ce que, *faute d'un autre nom*, Reid appelle le principe d'induction, *the inductive principle*[2]. Du-

[1] *Optic.*, l. III, q. 31.
[2] « C'est la faculté ou la loi de notre esprit en vertu de la-

gald Stewart, en adoptant cette philosophie qui convertit en science le sens commun, en la commentant avec une ingénieuse habileté, l'a rattachée également à la méthode de Bacon. Quoiqu'on lui ait reproché d'avoir historiquement diminué son influence en Angleterre[1], il n'en a pas plus que Reid déprécié la valeur. Il a fait, au contraire, d'énergiques efforts pour restituer à la méthode de Bacon une complète originalité, et pour séparer par des différences essentielles son induction de l'induction des logiciens[2]. Il n'a réussi, ce me semble, à prouver qu'une chose, c'est qu'on avait trop négligé l'induction, et que Bacon avait paru la refaire en la restaurant. Mais il a convaincu un plus grand maître, et M. Royer Collard n'a pas craint de dire : « La logique du raisonnement inductif a été créée par Bacon dans le *Novum Organum*; les quatre règles de Newton, *Regulæ philosophandi*, en sont les principes les plus généraux... La philosophie natu-

quelle nous concevons, comme par prescience ou anticipation, la conjonction d'un effet avec sa cause, ou d'un phénomène avec un autre auquel le premier sert de signe. » (Reid, *Inquiry*, etc., ch. VI, sect. XXIV, p. 199.) Royer-Collard rattache cette induction à la conclusion que nous tirons de notre propre substance et de notre propre causalité à la substance et à la causalité extérieure. Par là il la distingue de l'induction, base des sciences naturelles, et, suivant lui, « la différence qui distingue ces deux procédés est assez importante pour regretter que ce dernier n'ait pas un mot qui lui soit propre. » (Reid, trad., *Frag. théor.*, X et XI, t. IV, p. 384 et 438.)

[1] Dissert., part. I, ch. II, *Works*, t. I, *Life of Th. Reid*, p. 24. Voyez les observations de Napier et de Hamilton, *Transact. de la Soc. roy. d'Édimb.*, t. VIII, p. 19, et Reid, *Works*, p. 13.

[2] D. Stewart, *Phil. of the Mind.*, part. II, ch. II, sect. IV, et ch. IV, sect. I et II.

relle et la philosophie de l'esprit humain étant des sciences de pure induction, la logique de l'induction est l'instrument de toutes les découvertes qu'on y peut faire[1]. » Reid, Stewart, Royer-Collard, Jouffroy, sont unanimes sur l'excellence et l'universalité de la méthode inductive selon Bacon. C'est assurément un puissant témoignage en sa faveur, et surtout contre l'accusation d'une solidarité absolue entre le baconisme et les philosophies exclusivement fondées sur la sensation. Que ce triple témoignage profite à notre philosophe. Nous rappellerons cependant que ceux qui le rendent ont, d'une part, jugé un peu rapidement la logique d'Aristote, et, de l'autre, surfait la nouveauté, la certitude et l'universalité de la logique de Bacon. Mais nous ne pouvons ici qu'indiquer ces côtés de la philosophie écossaise.

Tandis que cette sage école ajoutait comme une nouvelle province à l'empire de Bacon, ou plutôt réunissait sous ses lois les deux royaumes, l'Écosse et l'Angleterre, représentants assez fidèles des deux grandes parties de la philosophie, d'autres maintenaient, en la limitant, l'autorité scientifique du même maître. Le professeur Napier s'est attaché à recueillir les preuves de l'influence féconde de Bacon sur les sciences d'observation, et semble justifier ce qu'avait dit Maclaurin, qu'il n'a manqué à Bacon que d'être plus écouté pour frayer la voie aux découvertes de Newton[2]. Playfair, qui ressent une vive admiration pour

---

[1] *Frag. théor.*, VI, t. IV, p. 279; cf. t. III; V, p. 443.
[2] Maclaurin, *Expos. des découv. de Newton*, l. I, ch. III; Macvey Napier, *loc. cit.*, p. 373.

le premier, qui imagine d'ingénieux motifs pour l'élever à une place unique dans l'histoire de l'esprit humain, et qui dit que les Galilée trouvent plus de remplaçants que les Bacon, a cependant posé quelques justes restrictions à la compétence universelle qu'on attribuait à l'auteur du *Novum Organum* dans la philosophie des sciences. Il montre très-bien qu'il lui manquait absolument la connaissance, même vague, de la généralisation de l'induction par le calcul, c'est-à-dire du plus puissant instrument des plus grandes découvertes; et il le soupçonne d'avoir assigné aux sciences, par suite des habitudes métaphysiques de son esprit, un objet qu'elles ne peuvent atteindre, en leur proposant pour but la recherche des essences. Constater les propriétés et en mesurer les effets lui paraît plus scientifique que rechercher la forme, laquelle pourrait bien souvent ressembler à une qualité occulte [1].

Les Grecs voyaient tout dans Homère, et Platon y voulait trouver jusqu'à la philosophie. Après les livres sacrés, Shakspeare et Bacon sont pour les Anglais quelque chose comme Homère pour les Grecs. Il est curieux de voir Coleridge, un poëte il est vrai, prendre Shakspeare pour un de ses guides dans son discours préliminaire sur la méthode encyclopédique. Il est plus naturel qu'il invoque Bacon; mais encore faut-il qu'en sa qualité de platonicien, il retrouve Platon dans Bacon. Il profite de certains rapports

---

[1] *Encyclop. britann.*, t. I; Dissert. prél., III, part. I, sect. II, § 2 et 3.

que nous avons remarqués nous-mêmes, pour rapprocher le *Verulam d'Athènes* et le *Platon britannique*[1]. Il rappelle maints passages où, dépassant son horizon habituel, Bacon se donne des échappées de vue sur le monde des idées, et il croit ainsi justifier le parallèle. Toute la différence, c'est que l'un a plus cultivé la métaphysique, l'autre la philosophie naturelle. Tous deux, en s'appuyant sur l'induction, admettaient au-dessus de tout une intuition intellectuelle, et par là supposaient nécessairement l'unité et la progression qui sont le principe de la méthode. Si le but de toute recherche et de toute expérience est une de ces généralités qu'on appelle lois, le but de toute recherche et de toute expérience est une idée. C'est par ce côté platonicien de sa philosophie et non par ses médiocres travaux scientifiques, par ses indications de procédés impraticables, que Bacon, trompé sur Platon, injuste pour Gilbert, arriéré sur Galilée, muet sur Shakspeare, mérite cependant encore d'être pour les Anglais ce que Cicéron fut pour Rome et quelque chose de ce que Platon était à Athènes. Ce jugement original est une de ces opinions qu'un auteur parvient à rendre plausibles à force d'envie de les trouver vraies.

---

[1] *Encycl. metrop.*, Gen. Introd., t. I, p. 27. — Ce baconisme platonicien est une des preuves du peu de défiance des spiritualistes anglais à l'égard de Bacon. M. Gladstone, qui dans ses ouvrages se montre d'une sévérité si orthodoxe pour toute doctrine morale fondée sur l'empirisme, croit en condamner péremptoirement l'esprit par cette phrase singulière : « Une telle émancipation de la philosophie nous a donné des Locke et des Paley au lieu de Dante et de lord Bacon. » (*The State in rel. with the Church*, 4ᵉ éd., t. I, p. 167.)

Il est plus simple de faire comme sir John Herschel : il attribue à *l'immortel Bacon* l'honneur d'avoir énoncé « ce grand, ce fécond principe que la philosophie naturelle ne se compose que d'une série de généralisations inductives; » il dit que « *dans cette obscurité de la nature et de l'âme,* Bacon resplendit comme une étoile matinale qui annonce l'aurore; » puis, après cet éloge un peu déclamatoire, décerné à celui « qui sera considéré par tous les siècles comme le réformateur de la philosophie, » il remarque avec sincérité que Bacon a bien peu ajouté à la masse des connaissances de physique, et que son mérite est moins la découverte du raisonnement d'induction comme d'un procédé nouveau, que la perspicacité, l'enthousiasme et la confiance avec laquelle il annonce sa philosophie comme l'alpha et l'oméga de la science, comme la grande et unique chaîne qui unit les vérités de la nature. Herschel emprunte quelque chose de cet enthousiasme, quand il peint la révolution dont Bacon a donné le signal. Mais il ne prouve pas que ses conseils aient été nécessaires soit aux inventeurs qui l'ont opérée, soit enfin à lui-même pour exposer avec plus de sûreté les lois générales de l'étude de la philosophie naturelle[1].

M. Whewell qu'on soupçonnera peut-être d'avoir voulu refaire Bacon en écrivant sa *Philosophie des sciences inductives*, a, suivant nous, sagement contrôlé la valeur des enseignements techniques de son

---

[1] *Disc. on the stud. of nat. phil.*, part. II, ch. III, 96, 97, 105.

prédécesseur[1]. Il ne lui refuse dans les généralités aucune de ces pompeuses louanges qu'un Anglais n'oserait lui disputer ; mais il remarque que si Bacon tient le premier rang dans la révolution des méthodes de la science, c'est par son langage plus que par ses œuvres, par ses vues d'ensemble plus que par ses conseils pratiques. Il y a dans toute observation scientifique deux parts, celle des sensations, celle des idées ; sans méconnaître l'existence de la seconde, Bacon n'a pas su la déterminer. Le rôle actif et propre de l'esprit humain dans l'expérience et dans l'induction est plus considérable et plus complexe qu'il ne l'aperçoit. La conduite de l'esprit, dans son travail sur les données empiriques, peut être ramenée à des règles positives que Bacon n'a que confusément connues et obscurément exprimées. Par exemple, il n'a pas bien vu que l'inspection des phénomènes devait mener immédiatement à la recherche de leurs lois avant celle de leurs causes. Celle-ci est la partie transcendante des sciences qui ont dû leurs plus sûrs et leurs plus éclatants progrès à la découverte préalable des lois et de la mesure des phénomènes. Aussi les conseils de Bacon n'ont-ils été fructueux qu'autant qu'on a su les compléter par une sorte d'inspiration pratique ou par une plus exacte analyse. Il a dit en gros ce qu'il fallait faire, sans dire assez comment il le fallait faire. Les deux principaux ouvrages de M. Whewell lui-même ont pour objet de remplir les

---

[1] *Philos. of the ind. sc.*, t. II, l. XII, ch. XI, a. 1-23, p. 226-252 ; cf. id., t. I, ch. I, p. 10, et *Hist. of the ind. sc.*, préf. de la prem. éd., p. XVII de celle de 1847. 5 vol. in-8. Lond.

vides de Bacon. Mais Bacon avait à deviner comment on réussirait, et nos contemporains n'ont plus qu'à voir comment on a réussi.

C'est ce qu'il faut rappeler à sir David Brewster qui se montre un peu sévère pour celui qu'il appelle pourtant *un puissant génie, un habile logicien, un écrivain éloquent et nerveux* [1]. En rendant cet hommage à la supériorité de Bacon, il ne conteste pas non plus que l'induction ne joue un grand rôle dans les sciences naturelles. Il remarque cependant qu'employée, pour ainsi dire, comme un mécanisme logique, elle n'aurait pas suffi aux inventeurs et n'a pas obtenu d'eux cet éloge d'être l'instrument unique des découvertes. Rien dans le procédé inductif ne garantit que parmi les conséquences auxquelles il peut conduire, il conduira à la plus importante, et parmi les faits qu'il peut mettre en lumière, il ne signale point distinctement le fait le plus nouveau, le plus original, le plus fécond, celui qui peut changer la face d'une partie de la science. C'est à la sagacité du savant de le reconnaître; c'est à son esprit de divination d'en apercevoir la richesse et la portée. Aussi Brewster ne rend-il point Newton redevable à Bacon d'aucune des grandes vérités qu'il a trouvées, et il ne manque pas de rappeler que Tycho-Brahé, Keppler, Gilbert et Galilée ont devancé par des faits les promesses du *Novum Organum*. M. Mill, qui par ses principes appartient bien manifestement à l'école de l'expérience et même de l'empirisme, a plus directe-

---

[1] *Life of Newton*, ch. XXVII, t. II, p. 400.

ment encore critiqué Bacon et signalé les lacunes de son exposition des méthodes scientifiques. M. Mill est un esprit plein de force et d'exactitude, qui a presque toujours raison, hormis sur les principes. La plupart de ses critiques subsistent, et l'on ne peut plus citer l'enseignement méthodologique de Bacon comme complet ni comme infaillible. Cependant il reste toujours un maître, et un grand maître. Résumant tout avec des autorités diverses, l'un avec la sûreté de l'esprit le plus droit et le plus lucide, le plus élevé et le plus modéré, l'autre avec la verve d'une forte intelligence qui donne la vie à tout ce qu'elle touche, M. Hallam et M. Macaulay se sont rendus les interprètes de l'opinion éclairée de leur pays, en déterminant avec discernement dans l'admiration le caractère du génie de Bacon et l'importance de la réforme que son nom rappelle. Aussi continue-t-il à garder son rang tant dans la philosophie morale que dans la philosophie naturelle, et ainsi se justifient, du moins en Angleterre, ces mots de sir James Mackintosh : « Les écrits de Bacon sont encore aussi délicieux et aussi étonnants qu'ils l'ont été jamais, et son autorité n'aura pas de fin [1]. »

[1] *Dissert. on the prog. of ethic. phil.*, p. 37, not. Edinb., 1830.

CHAPITRE IV

Dernières transformations du baconisme. — Conclusion.

Le jugement plus littéraire que philosophique de Mackintosh est, dans sa vague généralité, le jugement populaire de la Grande-Bretagne. On a vu comment le motivent et le déterminent les admirateurs de Bacon, parmi lesquels il s'en compte d'aussi sérieux que les philosophes écossais. On a vu également quelles restrictions, pour des motifs différents, Playfair, Whewell, Mill, Brewster nous autoriseraient dès à présent à y apporter, quand nos propres réflexions ne nous y encourageraient pas. D'autres parties de l'Europe il nous viendra des observations qui nous mettront sur nos gardes. En France, si au nom des sciences Laplace et au nom de la philosophie Royer-Collard louent Bacon presque sans restriction, nous avons montré ce qu'oppose à l'un M. Biot; à l'autre, M. Cousin, malgré sa respectueuse déférence pour les Écossais, ne peut accorder qu'un partiel acquiescement[1]. Les disciples de Platon et de Descartes ne sauraient se rendre à Bacon sans conditions.

---

[1] Voyez aussi les justes observations de M. Damiron, *Philos. franç. au dix-septième siècle*, t. I, not. sur Bacon.

CHAP. IV. — DERNIÈRES TRANSFORMATIONS.

L'Allemagne a le privilége de ne rien faire à demi. Elle dédaigne ou elle exagère. Tant qu'elle a négligé le baconisme, ou ne le pouvait définitivement juger.

Tandis qu'en Angleterre, et surtout depuis la naissance de l'école écossaise, tout retentit des louanges de l'induction, il est remarquable qu'ailleurs, du moins jusqu'à nos jours, elle n'était pas sortie, même pour les admirateurs de Bacon, de la place excessivement modeste où la relègue l'ancienne logique. Tout le dernier siècle n'en dit mot. Le silence de Hobbes et de Locke a été imité. Malgré l'autorité de Newton, il a fallu parmi nous attendre jusqu'à nos jours pour que l'induction fût, en principe, remise à son rang. En Allemagne, les historiens de la philosophie répètent ce que Bacon a écrit de l'induction. Mais que veut-il dire et qu'en faut-il penser? Aucun n'y regarde, et l'on peut soutenir que la découverte de Bacon, si ce mot de découverte est à sa place, a été longtemps pour les Allemands comme non avenue. Leurs logiques, celle de Wolfe par exemple, traitent bien de l'induction en elle-même avec une certaine justesse, et même ce que dit Wolfe de l'acquisition de la connaissance, tant *à priori* qu'*à posteriori*, est très-bien dit. Cependant il semble ne pas voir le lien qui unit sa théorie de l'expérience à l'induction, non plus que le grand rôle de l'une et de l'autre dans la formation des sciences. Euler, qui avait pratiqué lui-même toutes les bonnes méthodes et développé la physique par les mathématiques, traite dans un ouvrage devenu justement populaire, des procédés, des découvertes et des progrès des sciences d'observation et de calcul ; il ne parle point de l'induction, quoiqu'il en donne plus d'un exemple et touche quelquefois aux rapports de l'expérience et du raisonnement[1]. Kant ne pouvait aborder la logique sans y porter sa forte originalité. Lisez cependant ce qu'il dit de l'induction qu'il met à peu près sur la même ligne que l'analogie. Il reconnaît bien que l'une et l'autre sont des formes de raisonnement indispensables pour l'extension de notre connaissance expérimentale; mais il ne leur assigne d'autre caractère que celui de présomptions logiques, et ne s'inquiète pas assez d'expliquer leur autorité sur notre esprit, ni leurs divers degrés de certitude suivant la différence des principes qu'elles mettent en œuvre et des objets ou des cas auxquels elles s'appliquent. Enfin, on peut dire que les grands philosophes allemands ont négligé l'induction. Ils ont loué Bacon, mais ils ont paru regarder son œuvre comme bornée, et puisqu'elle était bornée, comme terminée. Laissant aux savants de profession le soin d'employer et de diriger l'expérience, ils ont eu l'air de la considérer comme un fait qui s'enseignait de lui-même, sans avoir besoin d'étude. Ainsi, tandis qu'en Angleterre et en France la science physique et morale se glorifiait d'être inductive, elle restait, en Allemagne, spéculative, comme Leibnitz

---

[1] Voyez, par exemple, dans ses *Lettres à une princesse d'Allemagne*, la lettre CXX du t. II de l'édition de 1775 sur la manière dont les sens contribuent à l'extension de nos connaissances. M. Cournot a bien mis *de l'Induction* au titre courant de cette lettre, la LIIe de son édition ; mais il a ajouté ces mots, justes d'ailleurs, de sa propre autorité.

l'avait faite, et de là ses témérités et ses faiblesses, sa gloire et ses erreurs. Un écrivain d'un esprit pénétrant a été frappé de l'abandon dans lequel la philosophie germanique laissait ce que des écoles entières regardaient comme l'instrument de toute philosophie. Il a reconnu que la science de la nature, au moins, avait, depuis Keppler et Newton, dû ses plus grands progrès à l'induction, et ce seul fait lui a paru suffisant pour que la méthode fondée sur ce procédé obtint une place importante dans une philosophie de l'esprit humain. De là un ouvrage très-digne de remarque où M. Apelt traite habilement de la nature et de l'application de l'induction [1]. Il ne la sépare pas de la logique proprement dite où il marque sa place avec précision, et sans redouter les détails techniques qu'on ne peut écarter de cette science, sans sacrifier la profondeur à l'élégance. Puis, une fois maître du procédé inductif en lui-même, il le montre avec détail pratiqué de la manière la plus hardie et la plus sûre et avec un succès merveilleux dans la découverte des lois de Keppler, et enfin dans celle de la gravitation universelle. Mais en développant ces grandes opérations de l'esprit et de la science, il fait bien voir que tout n'y est pas induction. La part de la sagacité intuitive et quelquefois divinatrice, celle du tact dans l'observation, celle de la déduction, celle du calcul, celle de l'hypothèse, celle enfin du génie, nous paraissent reconnues et assignées avec justesse. L'auteur, élevé

---

[1] C'est *la Théorie de l'Induction* (Leipzig, 1854) que j'ai citée plusieurs fois dans le cours de cet ouvrage.

dans les habitudes sévères de la philosophie critique, restitue avec plus d'autorité que nous ne le pouvons faire, aux principes suprêmes et régulateurs de l'esprit humain, leur rôle dans le travail de la science, soit qu'elle observe, soit qu'elle raisonne. Son ouvrage nous paraît établir d'une manière plus rigoureuse ce qui a été aperçu par M. Whewell, qu'il complète plutôt qu'il ne le réfute. Sa pensée générale, c'est que l'induction est le pont jeté entre la philosophie et la science de la nature, qu'il y a deux points de vue, celui de la connaissance pure et celui de la science positive, et qu'il est nécessaire de distinguer tour à tour et d'unir l'abstraction et l'induction. C'est à la lumière de cette pensée que l'auteur considère la méthode expérimentale dans ses rapports avec les faits et avec les idées, avec la métaphysique, les mathématiques et l'observation, et qu'entreprenant d'en tracer l'histoire, il montre ce qu'est la méthode dans Platon et dans Aristote, ce qu'elle devient comme instrument de découvertes externes dans Galilée et dans Keppler, et alors, rencontrant Bacon, il ne peut se résoudre à le proclamer un inventeur, mais il le loue d'avoir conçu et répandu une juste idée du prix, de la grandeur et de l'avenir des sciences physiques. Par l'entreprise de réformer Aristote ou plutôt de le développer du côté où ses idées, brièvement et vaguement énoncées, avaient, pendant vingt siècles, échappé à l'attention de ses interprètes, il s'est élevé à la conception des lois de la nature. C'est cette idée de la généralité des lois qu'il a substituée dans la science à la forme d'Aristote, à ce principe qui ne se réalisé que dans l'être individuel ; et il a recherché et souvent trouvé les moyens par lesquels l'intelligence peut atteindre avec sûreté à la connaissance scientifique de ces lois. Ce principe a prévalu, depuis Bacon et en partie grâce à Bacon, dans les sciences proprement dites. C'est là qu'il faut placer son titre éminent à la reconnaissance de l'esprit humain. Ce n'est pas qu'il ait réussi à établir intégralement et démonstrativement cette philosophie des sciences. Faute d'avoir bien connu l'abstraction, il n'a pas bien connu l'induction, du moins il n'en a pas mis en lumière les fondements. Faute de se rendre compte de la distinction du nécessaire et du contingent, il n'a pas compris les mathématiques, et faute de comprendre les mathématiques, les principes même de la science de la nature lui ont échappé. Il conçoit, il suppose des lois, et il est hors d'état de répondre catégoriquement à toute question sur la raison, l'origine et le caractère de ces lois mêmes. Il n'a ni connu ni donné tout ce qu'il fallait à un Newton pour les découvrir dans la réalité, tout ce qu'il fallait à un Kant pour les concevoir dans l'abstraction. Du côté du positif et du côté du spéculatif, il est incomplet ; mais son mouvement est dans le sens de l'invention et du savoir. — Un tel jugement ne peut que nous confirmer dans le nôtre.

Nous voudrions nous arrêter à ce point de vue ; mais les Allemands ne s'arrêtent pas ainsi. Une fois en voie de rendre plus de justice aux méthodes d'observation, il a bien fallu qu'ils fissent de nouveaux pas, et qu'en relevant l'expérience, ils tombassent dans l'empirisme. Tel est l'état présent des écoles germaniques, débris de celle de Hégel, qu'il devait arriver que la spéculation, poussée au loin sur les traces de Spinoza, se transformât, croyant seulement se développer, en une doctrine qui réduit tout à ce que les sens lui apprennent. Ce pouvait être là un des fruits de la méthode de Bacon trop exclusivement suivie; aussi quoique ce ne soit point Bacon qui a conduit les Allemands à cette doctrine, cette doctrine les a ramenés à Bacon. M. Kuno Fischer a, dans un ouvrage exprès, reporté à l'impulsion primitive de l'auteur du *Novum Organum* le *réalisme* actuel de l'Allemagne; c'est le nom qu'il donne à son propre système, et quoique cet hommage soit un peu tardif, il peut être juste, du moins il est naturel. On peut sans aucun doute réhabiliter Démocrite par l'exemple de Bacon, et tirer de ses doctrines une philosophie exclusivement empirique; et le temps où nous sommes est trop favorable à cette variété de la philosophie, représentée en Angleterre par M. Mill, en France par M. Auguste Comte, pour que nous puissions nous dispenser de rechercher si telle est bien la dernière et fidèle expression du baconisme. C'est par cet examen que nous devons finir.

Avant M. Fischer, le philosophe qui a presque donné son nom à l'école empirique sortie de l'hégélianisme, M. Feuerbach, avait publié, au début de sa carrière, un ouvrage où il devait juger Bacon[1]. On

---

[1] *Geschichte*, etc. (Histoire de la philosophie moderne de Bacon de Verulam à Benoît Spinoza). 1 vol. in-8. Ansbach, 1833.

n'y trouve guère cependant qu'une analyse de sa doctrine, mais écrite sous l'influence de cette idée générale : le premier mouvement de la philosophie moderne, ce qui a signalé la révolution de l'esprit humain brisant les liens de la scolastique, c'est la découverte de la nature. Revenir à la nature en comprenant sous ce nom tout ce qui est, les choses et nous-mêmes, tel fut le grand pas du seizième siècle. Revenir à la nature, c'est revenir à l'expérience ; et à ce double titre, Bacon et Descartes sont les initiateurs de la philosophie moderne, l'un par la proscription de tous préjugés d'école antérieurs, l'autre par le doute universel. Celui-ci est le père spirituel et médiat de la nouvelle philosophie de la nature ; celui-là en est le père immédiat et selon les sens. Car l'être réel qu'il donne pour objet à la science ne vient qu'après l'esprit, prenant par la conscience possession de lui-même et se posant pour objet la nature extérieure. De là une double tendance d'opinion, une double lignée de penseurs, que l'auteur arrête à Spinoza qui est comme l'unité de cette dualité.

Il est d'ailleurs assez bref sur Bacon, et je ne remarque dans le chapitre qu'il lui consacre qu'une certaine tentative commune à cette école en général, sinon de réhabiliter le caractère du personnage, au moins d'atténuer ou d'expliquer les torts de sa vie. Bacon était né pour penser ; sa faute originelle est d'avoir abandonné la vie spéculative, et en l'abandonnant, le génie de sa doctrine qui en toutes choses, dans la science même, considère l'utilité, et le génie de sa nation qui est intéressé et mercantile l'ont conduit à ce que vous savez. M. Kuno Fischer reprend ce thème pour le développer [1]. La philosophie et la politique de Bacon ont le même caractère, elles sont pratiques. Il y a unité entre sa vie et sa pensée.

Mais très-caractérisée comme tendance, sa philosophie est moins définie comme doctrine. Elle n'est point une théorie complète ; il l'avoue. Elle est surtout un commencement, ce qu'on appelle aujourd'hui une initiation. Son double but est la découverte et l'invention. Pour que les découvertes cessassent d'être fortuites, il fallait en trouver l'art. Telle est cette méthode analytique qu'il a appelée méthode d'induction. Il a voulu régulariser l'esprit de découverte, comme Platon l'esprit de spéculation. Il s'est trouvé aussi bien que Descartes dans la nécessité de tout reprendre *de integro*. Seulement tandis que l'un, ne considérant que l'esprit en lui-même, ignore l'histoire et la nature, l'histoire et la nature existent pour l'autre. Rebelle à l'autorité, opposant les choses aux mots, rectifiant la pensée par la perception, la perception par l'expérimentation, remplaçant la recherche des causes finales par celle des causes phénoménales, préférant l'observation à la spéculation, la science à la théologie, il inaugure véritablement la philosophie du réalisme. Mais sa doctrine a des lacunes ; elle est de son aveu fragmentaire. Son esprit est plus étendu que sa méthode. Bacon s'écarte du

---

[1] *F. Baco von Verulam, die Realphilosophie und ihr Zeitalter.* 1 vol. in-12. Leipzig, 1856 ; ch. I, p. 1-54. — Voyez aussi un article de M. Froude, sur la vie de Bacon, dans le *Westminster Review*, avril 1854.

dogmatisme comme du scepticisme antérieur. L'induction et l'expérience ne sont pas chez lui ce qu'elles sont chez Aristote. Il entrevoit dans Platon quelque trace de ses procédés d'analyse, mais il diffère de Platon ; car s'ils opèrent de même, l'un opère sur les notions et l'autre sur les faits. Il s'éloigne aussi de l'ancien matérialisme, car il n'est pas atomiste, et le premier peut-être il a conçu l'idée d'une matière physique; celle des anciens s'évaporait en matière métaphysique. Bacon est donc original, et cette originalité, M. Fischer la caractérise en le mettant en rapport successif avec l'histoire, la poésie, la morale et la religion. Sous ce dernier point de vue, Bacon a séparé profondément la croyance et la raison, sans les exclure l'une par l'autre, de sorte qu'il a pu prêter à des interprétations différentes et même opposées. Il n'est ni incrédule, ni athée ; mais une doctrine fondée sur l'expérience ne donne pas les moyens de remplir scientifiquement le vide qui sépare les conceptions des choses naturelles des conceptions du surnaturel. Bacon, empruntant une distinction d'Aristote, avait distingué avec soin la méthode expérimentale de l'expérience pure et simple, et M. Fischer élève l'une et l'autre au rang d'un système sous le nom d'empirisme. Ce système peut se développer sous les formes du nominalisme, du sensualisme, du matérialisme. Le dernier siècle les lui a données toutes. Le nôtre, depuis que Kant a écrit, le reproduit sous le nom de réalisme. En créant une science de la raison pure, en isolant les lois nécessaires de la pensée, la philosophie critique n'a plus laissé à l'homme d'autre ressource qu'un dogmatisme vide, nouvelle sorte de scepticisme, ou bien elle l'a autorisé, plus d'un passage de Kant en fait foi, à remplir et à compléter les formes de l'entendement par les connaissances de l'expérience, à opposer d'abord et à unir ensuite au criticisme qui est un contenant le réalisme qui est un contenu. C'est du moins ainsi que s'explique ce phénomène d'abord surprenant, et au fond naturel, de l'apparition d'une philosophie pratiquement sensualiste, qui prend sa date de l'avénement du quasi-idéalisme de Kant. Mais il reste qu'on a pu dire comme M. Fischer que Bacon nous avait montré l'art de trouver les lois de la nature, Kant les lois mêmes de l'expérience.

Ce n'est point par le circuit de la philosophie kantienne et de sa transformation successive dans les mains de Fichte, de Schelling et de Hégel, que la science est arrivée parmi nous à ce caractère d'empirisme exclusif que ses adhérents ont appelé le *positivisme*. Formé par une sorte d'élagage successif de toute conception puisée dans la conscience de l'esprit, cette doctrine en a contracté un caractère anti-philosophique ou du moins opposé à tout ce qui s'est appelé jusqu'à présent philosophie, et ce caractère se conserve dans toutes les œuvres qu'elle a produites. Un homme d'un esprit ferme, qui peut être regardé comme celui qui l'a le plus savamment mise en système, M. Auguste Comte, fait gloire de négliger, de répudier, d'ignorer tout ce qu'on a longtemps nommé philosophie. Sa pensée fondamentale est historique. L'homme, dit-il, est théologien dans son enfance, métaphysicien dans sa jeunesse, physicien dans sa virilité. L'humanité marche à la manière de l'homme individuel. Elle commence par s'attacher aux causes premières ou finales, et de là les religions. La métaphysique vient qui les détruit en cherchant à donner plus d'unité et d'ordre aux idées qu'elles supposent. Donc, après l'âge théologique, un âge métaphysique, nécessairement critique, négatif et transitoire. L'âge de la philosophie positive succède ; c'est celle dont la maxime est : « Il n'y a de connaissances réelles que celles qui reposent sur des faits observés. » L'esprit de cette philosophie a commencé à se prononcer dans le monde depuis Bacon, Galilée et Descartes. Mais sa prépondérance est due surtout au premier, parce qu'il a eu cette supériorité de concevoir l'empire réel que la science devait prendre dans la société. Il semble avoir prévu cette marche régulière des nations qui, du régime sacerdotal et militaire, doivent enfin arriver à celui où la puissance scientifique fait prédominer la puissance industrielle. M. Comte, en vingt passages, assigne à Bacon une grande part dans le mouvement social vers cette philosophie positive et finale, dont lui-même a entrepris l'organisation. « Si j'échoue, dit-il, l'interrègne philosophique se prolongera nécessairement[1]. » La proscription absolue de toute philosophie proprement dite, surtout de *cette psychologie illusoire, dernière transformation de la théologie*[2], est le caractère de la doctrine scientifique

---

[1] *Cours de philosophie positive*, t. VI, p. 310. Voyez t. I, IV et V *passim*.
[2] *Id.*, t. I, p. 34.

que nous esquissons trop rapidement. Quoique le monde savant soit loin d'en avoir pris le fondateur pour son oracle, on ne peut se dissimuler que l'esprit qui l'anime exerce, sous d'autres noms, une grande influence. C'est lui qui, malgré l'exemple de Newton et de Laplace, a étendu à la recherche de toutes les causes l'ostracisme prononcé contre celle des causes premières et des causes finales. Les lois seules des phénomènes, nous dit-on, sont le légitime objet de la science, comme si la succession des phénomènes dans une relation de cause à effet n'était pas aussi une des lois de la nature. Malgré les dédains affectés de quelques maîtres de la science, le positivisme a plus de crédit parmi eux que son créateur, et je conçois qu'un écrivain distingué [1] ait consenti à lui prêter l'autorité de son adhésion et l'arme puissante de son talent.

Cette philosophie, dont le nom ne fait pas un grand bruit parmi nous, et dont l'esprit a plus gagné de terrain que la réputation, a obtenu en Angleterre un succès plus déclaré. L'école de Bentham y a reconnu ses dogmes et ses penchants. Des mains habiles ont traduit les livres où elle est enseignée [2]. Il existe toute une littérature puisée aux mêmes inspirations et qu'on s'efforce de rendre populaire. Cependant, sous sa forme anglaise, la doctrine positiviste professe moins rudement l'aversion de toute philosophie, et si l'on rattache par exemple M. Stuart Mill à cette école, son intelligence des problèmes métaphysiques,

[1] M. Littré.
[2] Voyez les traductions de miss Martineau et *Comte's Philosophy of the sciences*, by G. H. Lewes, 1853.

inséparables de toute science humaine et de tout empirisme raisonné, est bien plus profonde que celle des interprètes français. Il n'y a personne qui ne trouve beaucoup à apprendre dans sa logique, et un de ceux qui ont le mieux exposé la doctrine du professeur français, M. Lewes, s'est montré, dans une *Histoire biographique de la philosophie*[1], l'organe et même le critique intelligent des principaux systèmes anciens et modernes. L'analyse de ces écrits, dignes à titres divers d'une certaine attention, nous entraînerait trop loin. Bornons-nous à dire que, malgré les protestations, en Angleterre, de Whewell et de Brewster, en France, de M. Henri Martin et de M. Cournot, la philosophie réaliste ou positive paraît être la forme extrême et dernière sous laquelle s'est organisé le baconisme. Quelques mots sur le fond des choses amèneront et éclaireront nos conclusions à l'égard du fondateur involontaire de cette école de philosophie.

Aux partisans de l'empirisme il faut donner des faits pour raisons. Aussi en donnerons-nous. Les hommes ne connaissent, ce semble, que trois sortes de systèmes d'idées, les religions, les philosophies, les sciences; je prends ces trois mots dans leur acception vulgaire. L'empirisme se propose d'éliminer les religions et les philosophies, et de ne laisser subsister que les sciences. Il y tend du moins dans les trois pays où il s'est développé avec le plus d'éclat. Pour les religions, la chose est évidente. Quant aux philo-

---

[1] *A Biographical History*, etc. 4 vol., 1851; dans la collection de Knight.

sophies, elle l'est également, en France du moins ; si en Allemagne et en Angleterre le langage est moins absolu. Il y a sans aucun doute une tendance marquée à reléguer au rang des préjugés et des visions, à classer parmi les impossibilités, la majeure partie des recherches, des questions et des solutions métaphysiques qui ont jusqu'ici composé le corps de la philosophie, d'autant que si tout cela disparaissait, les religions resteraient en l'air et deviendraient en quelque sorte des formes sans aucun fonds.

Cependant quelque concession que l'on fît en ce genre, avec quelque facilité qu'on abandonnât comme pays des chimères le domaine disputé depuis Pythagore par les rois de l'intelligence, l'esprit humain demeurerait tel que la Médée du grand Corneille :

Que vous reste-t-il ? — Moi.

Ce court dialogue serait encore toute une grande question posée, et contiendrait tout ce que les écoles germaniques appellent sujet-objet. Pour parler plus simplement, il resterait que l'homme ne peut se défaire de ce quelque chose de pensant et de pensé qui est sa raison avec ses procédés, ses principes et ses lois. Il est lui-même et pour lui-même nature, observation, expérience ; il en résulte nécessairement une science de lui-même qui existe au même titre que toute autre science, et la philosophie, ne fût-elle rien de plus, devrait être conservée par ceux qui veulent tout réduire aux sciences, car elle en est une. Là est le mérite et la force de cette doctrine, aujourd'hui fort attaquée, qui fait de la psychologie la base de toute philosophie. C'est par là que Descartes est en effet le fondateur et comme le sauveur de la science moderne. Dans l'immortel *je pense* est renfermé tout un monde philosophique. Il semble qu'après avoir, par une résolution désespérée, tout jeté à la mer du doute, élevant d'une main puissante, comme un autre Camoëns, au-dessus des flots mobiles, l'œuvre de sa pensée, il ait ainsi regagné la plage et déposé sur le roc solide ce qui ne pouvait périr.

Mais si, pour représenter descriptivement la marche de l'esprit humain, ou pour en analyser la logique, ou pour lui trouver une méthode, l'on cède un pouce de terrain à cette réflexion sur soi-même, antécédent rationnel de toute science, on voit nécessairement se développer aussitôt comme des faits toute cette série d'idées et de questions, toutes ces conceptions de la raison des choses, qui sont la matière des philosophies et la base scientifique des religions. Ici nous rencontrons déjà Bacon. Aussi bien que le cartésianisme, le baconisme, quoiqu'il n'avoue pas la pensée pour son objet unique, l'étudie cependant, l'approfondit et la décrit, lorsqu'il cherche la méthode des sciences. S'il ne prouve pas, il raconte, comme le lui accorde Spinoza [1]. Il n'existe une méthode que parce qu'il existe un esprit humain, et une psychologie est *le postulat* nécessaire de toutes les sciences. L'objet des sciences existe absolument; la connaissance de leur objet, c'est-à-dire ce qui les constitue, n'est pas absolue, mais relative, et tient du connaissant autant

---

[1] Lett. à Oldenburg, II.

que du connu. Point de contenu sans le contenant. Il ne reste à élever sur la philosophie qu'une question d'étendue ou de quantité. Elle existe par le fait, elle est bien, ainsi qu'on l'a dit, science de la science : mais jusqu'où va-t-elle? Cela seulement est problématique.

Ici encore constatons des faits. Une fois que nous observons l'esprit humain, si nous le contemplons dans son histoire, nous le trouvons rempli et presque comblé de richesses ou de productions intellectuelles, idées, opinions, croyances, dogmes, systèmes. Comme faits, ce sont choses dont il est impossible de ne pas chercher le sens, la liaison, l'origine, le fondement; ou il existerait des objets réels et naturels qui ne correspondraient à aucune science. Si l'on considère l'esprit humain dans sa nature, on y retrouve à un état de pureté plus grande, sous une forme plus rigoureuse ou plus abstraite, comme des données primitives ou comme des résultats nécessaires de l'activité spirituelle, toutes ces notions qui n'existent historiquement qu'à titre de préjugés, d'enseignements ou de traditions. A ce point de vue, l'objet des philosophies, fondement préalable des religions, se retrouve comme étant tout aussi légitimement proposé à notre connaissance, à notre investigation méthodique, que tous les phénomènes percevables; et les sciences philosophiques se montrent investies d'autant de droits tout au moins à l'existence et à la puissance qu'aucune des sciences données pour exclusivement expérimentales, et comme telles, pour seules dignes d'être nommées.

Nous ne plaidons ici la cause d'aucune solution

CHAP. IV. — DERNIÈRES TRANSFORMATIONS.

On nous soutiendrait que la philosophie n'est pas plus avancée que la science du système du monde avant Newton ou la chimie avant Lavoisier; on nous prouverait qu'elle est encore dans l'état présent de la physiologie où de toute science au berceau; peu nous importerait. Il s'agit de l'essence de la science et non de ses progrès. Il nous suffit d'avoir montré qu'en partant de la psychologie, ou plutôt d'un fait simple d'observation immédiate, la philosophie s'étend à tous ces points de l'empire intellectuel dont on veut faire quelquefois l'Atlantide ou le Cathay d'une mappemonde imaginaire.

Cela dit, il n'est ni permis ni possible de supprimer la philosophie même métaphysique, c'est-à-dire au vrai le fond de la physique. Ce ne serait pas élaguer l'arbre, ce serait en couper les racines. Ce serait priver d'appui les sciences mêmes qu'on prétendrait conserver. On peut préférer celles-ci; on peut trouver tantôt plus agréable, tantôt plus facile, tantôt plus utile, de classer des pierres ou des plantes que des idées, d'analyser des corps que des raisonnements, d'observer des organes que des facultés, de mesurer des mouvements que d'évaluer des raisons. On peut, au nom de l'intérêt individuel ou social, assigner le premier rang à l'étude de tout ce qui est accessible aux sens; on n'est pas tout à fait obligé de dire comme Leibnitz : « Il n'est pas nécessaire de vivre, mais il est nécessaire de penser. » Mais si cette prédilection devenait exclusive et permanente, ce ne serait pas seulement un dommage scientifique et une perte intellectuelle. La doctrine de Bacon interprétée par l'empirisme pur, ne faisant aucun compte de tout ce qui n'est pas du ressort des sens, reléguant au nombre des spéculations chimériques tout ce qui est *à priori* dans les idées de l'espèce humaine, ne pourrait tenir pour réel rien de ce qui est tenu pour sacré, et la notion du droit n'aurait pas plus de valeur qu'aucune des conceptions arbitraires de la scolastique. Ces mots baconiens d'empire de l'homme sur l'univers ne seraient qu'un nom magnifique de l'industrialisme. La maxime : *La science est un pouvoir*, devrait s'entendre en ce sens : La science est la force. Ce sont en effet des abstractions que la justice, l'égalité, la liberté. Aucune de ces choses n'a été un fait d'expérience, apparemment, pour cette foule de générations inhumées dans les champs de l'histoire. Si l'induction servait de fondement unique au vœu le plus généreux des nations, elle serait elle-même faiblement motivée. Empirisme, réalisme, positivisme, industrialisme, tous ces mots ne désignent qu'une vue partielle des choses humaines. Une science ainsi mutilée place dans la société économique toute la société politique, et réduit au perfectionnement de la mécanique appliquée la victoire de la science sur la matière. A ce compte, toute cette libération fameuse de la renaissance n'aurait véritablement affranchi que nos bras et nos mains. L'émancipation promise n'aurait été que la transformation du travail. Les hommes sont un peu plus les maîtres de la nature ; ils ne le sont pas devenus d'eux-mêmes. Et vous, frivoles et téméraires intellectualistes, rêveurs d'idées, tisseurs des fils impalpables, que, nouvelle Arachné, dévide la raison pure, vous avez égaré la science humaine en proclamant les droits de l'humaine espèce. Vous ne nous entretenez que d'inventions logiques : vos fictions sont des *idoles de théâtre*. Rentrez dans la même poussière où gisent les Albert et les Scot, et que 1789 retombe enseveli dans la même nuit que le moyen âge.

Ou plutôt, ne serait-ce pas le moyen âge qui va renaître, et déjà se rouvre son tombeau. Si la raison, si la science déserte ces plages vastes et brillantes où la philosophie a marqué ses traces, le gros de l'humanité ne les abandonne pas. Toutes ces choses, que par l'examen et la méditation nous cherchions à connaître en les dégageant de l'erreur et de l'illusion, ne disparaissent pas à volonté de l'esprit humain. Elles y restent du fait de la tradition, si ce n'est plus du droit de la science. Elles s'y conservent et s'y développent sous la forme que leur donnent l'imagination, l'irréflexion, la passion et l'habitude ; le préjugé renaît à la place de la vérité. Dans ce champ dont l'art délaisse la culture, repoussent à l'état sauvage, privées peu à peu de leurs fleurs perfectionnées et de leurs fruits les meilleurs, toutes ces plantes qu'on n'extirpe pas en les négligeant, et la tradition des siècles de ténèbres reprend de l'audace et de l'empire devant une science qui s'intimide, devant une raison qui abdique. L'empirisme sans philosophie rend le sceptre et la vie au dogmatisme sans philosophie ; l'autorité se relève là où avait triomphé l'examen, et l'œuvre de la renaissance est détruite.

Tel est le terme fatal vers lequel marche cette

école scientifique qui se croit l'extrême gauche de la science. C'est en ce sens que travaillent tous ceux qui, avec plus de légèreté et d'un ton moins péremptoire, exaltent, au mépris de ce qui leur semble vaine curiosité spéculative, l'unique savoir des choses matérielles. Cette récusation, tour à tour humble ou dédaigneuse, des sciences philosophiques par les sciences qui prennent d'autres titres, ne tourne pas avec le temps au profit des unes plus que des autres. Jamais pourtant un philosophe digne de ce nom n'a contesté les droits ni la grandeur des sciences de la nature. Sans être Descartes ou Leibnitz, on peut concevoir et admirer la puissance des mathématiques, et celui qui s'en ferait une médiocre idée serait bien médiocrement philosophe. La physique générale et l'histoire naturelle enrichissent la philosophie sans la détruire ni la remplacer, et leurs progrès servent à rendre plus vive la lumière qui se répand dans toutes les parties du monde intellectuel. Plus il y a de flambeaux, plus on y voit clair. Il ne s'est point rencontré de vrai métaphysicien qui se fît gloire de nier les sciences, et qui n'eût même quelque idée de leurs méthodes et de leurs résultats. Le métaphysicien comprend du moins ce qu'il ne sait pas; — Il ne demande que la réciprocité.

Il est temps de revenir à Bacon. On ne peut contester que l'esprit général de sa philosophie, cherché surtout dans ces sentences absolues ou ces critiques hautaines qu'il adresse à certaines écoles métaphysiques, ait pu guider, encourager du moins, la marche de certaines époques vers un empirisme trop exclusif. On ne saurait absoudre le baconisme d'être pour quelque chose dans l'abus du baconisme. Rien dans ce monde n'est innocent de son abus. Ce livre cependant serait bien inutile, si l'on nous soupçonnait de rendre Bacon responsable de tout ce qu'on a cru trouver dans ses écrits. De sages restrictions y tempèrent souvent des principes hasardés; il a pu tromper plus qu'il ne s'est trompé lui-même. Toutefois ce qu'il a de dangereux vient précisément de ce qu'il a d'éminent. Sans aucun doute, il a été comme le héraut des sciences d'expérience. C'est la perspective de leurs progrès qui excite son enthousiasme. Il conçoit une juste et grande idée de leur méthode, de leur puissance, de leurs destinées futures. C'est par là qu'il y a en lui du *vates*; il est un prophète de la raison. Cette juste et grande idée, il l'a développée avec une singulière richesse de pensées et d'expressions. C'est un écrivain d'une imagination éclatante qui enseigne des vérités pratiques, et qui séduit l'esprit en cherchant à le rendre plus sage. Mais il n'a pas toujours approfondi les vérités qu'il sait embellir; plus rarement encore il a agrandi les sciences qu'il a célébrées. Il applique avec peu de bonheur et de clarté les méthodes qu'il a prescrites, et ne sait pas toujours pratiquer l'expérience savante dont il a posé les règles. Supérieur dans ses vues générales, il manque, dans les questions spéciales, de pénétration et d'exactitude. Il indique le chemin, il ne donne pas le fil du labyrinthe. Il a excité aux découvertes plutôt qu'il n'y a conduit. Dans les sciences, il est un promoteur, il n'est pas un inventeur. La métaphysique ne lui doit guère plus qu'un entraînant et vague rappel à l'observation, et par là il a laissé ses principes à la merci des interprétations extrêmes et des exagérations faciles. C'est un grand esprit ; oserons-nous dire que ce n'est pas tout à fait un grand philosophe ?

Si l'on trouve que son mérite, resserré dans ces limites, ne justifie pas la magnificence des termes dont on se sert en parlant de lui, et que nous avons nous-mêmes répétés, cela peut être ; mais dans l'histoire des lettres, il se rencontre, comme dans l'histoire politique, des hommes marqués d'un certain caractère de grandeur, des hommes que la raison mesure et réduit même, que dans sa sévérité elle ne mettrait pas au premier rang ; mais qui possèdent ce don particulier de parler à l'imagination de la foule et de s'en emparer. Ce ne sont pas les moins importants personnages d'aucune histoire, quoique leur renommée tienne moins à leur grandeur véritable qu'à leur manière d'être grands. Et s'il fallait, en finissant, dégager encore une fois Bacon de toute communauté dans les imputations méritées par les sectateurs extrêmes des méthodes empiriques et des systèmes utilitaires, il n'y aurait qu'à le laisser parler lui-même. Il suffirait de rappeler qu'il ne sépare pas l'utilité de la vérité, qu'il estime plus dans les œuvres de l'esprit la seconde que la première, qu'il ne propose l'autopsie anatomique des choses que pour substituer, dans les conceptions des philosophes, à un monde de fantaisie, un univers réel, dont l'exemplaire alors gravé dans l'esprit humain, reprodui-

CHAP. IV. — DERNIÈRES TRANSFORMATIONS.

rait, au lieu d'abstractions arbitraires, les vraies empreintes du créateur sur les créatures[1]. Il suffirait enfin de traduire pour sa gloire les lignes suivantes[2] : « Si l'utilité d'une seule invention particulière émeut tellement les hommes, qu'ils ont regardé comme plus grand que l'humanité celui qui a pu ainsi s'attacher le genre humain par le lien d'un seul bienfait, combien paraîtra-t-il plus sublime d'inventer quelque chose de tel que toutes les autres inventions en deviennent possibles ! Et cependant, pour dire la vérité, de même que nous devons une grande reconnaissance à la lumière qui nous donne le pouvoir de trouver nos voies, de cultiver les arts, d'étudier par la lecture et de nous reconnaître les uns les autres, et que cependant la vue même de la lumière est une chose et plus noble et plus belle que tous ses usages si multipliés ; ainsi la contemplation même des choses telles qu'elles sont, sans superstition, sans imposture, sans erreur ni confusion, est assurément en soi d'une valeur plus grande que tout le fruit de toutes les découvertes ensemble. »

[1] *Nov. Org.*, I, 124. Verum exemplar mundi in intellectu humano fundamus, quale invenitur, non quale cuipiam sua propria ratio dictaverit. Hoc autem perfici non potest nisi facta mundi dissectione et anatomia... Sciant quantum intersit inter humanæ mentis idola et divinæ mentis ideas. Illa enim nihil aliud sunt quam abstractiones ad placitum, hæ autem sunt vera signacula creatoris super creaturas... Ipsissimæ res sunt... veritas et utilitas, atque opera ipsa pluris facienda sunt quatenus sunt veritatis pignora quam propter vitæ commoda. » T. II, p. 76.

[2] *Nov. Org.*, I, 129 ; t. II, p. 81.

FIN.

TABLE DES MATIÈRES

Préface. 1

LIVRE I.
VIE DE BACON.

Chap. I. Considérations préliminaires. — Naissance et jeunesse de Bacon. — Ses commencements et ses succès au barreau. — Sa situation auprès de la reine Élisabeth. 1

Chap. II. Bacon à la Chambre des communes; son opposition et sa disgrâce. — Il est soutenu par le comte d'Essex. — Publication des *Essais*. — Puissance du comte d'Essex. — Ses expéditions en Espagne, ses imprudences et son déclin. — Situation de Bacon entre Essex et la reine. 24

Chap. III. Expédition d'Essex en Irlande. — Son retour, sa disgrâce et sa chute. — Premières poursuites contre lui. — Ses complots, son procès et sa mort. — Conduite de Bacon. — Derniers jours et mort d'Élisabeth. 45

Chap. IV. Avénement de Jacques Ier. — Bacon se marie et reçoit un titre. — Sa conduite à la Chambre des communes. — Première édition du *Traité de l'Avancement des sciences*. — Conflit avec Édouard Coke. — Bacon est nommé solliciteur général. — Composition des *Cogitata et Visa*. — Publication du *De Sapientia veterum*. — Bacon devient procureur général. — Ses services au Parlement et devant les cours de justice. — Il se venge d'Édouard Coke. — Faveur de Buckingham ; il protége Bacon, qui est nommé garde du sceau. 63

Chap. V. Bacon ministre. — Gouvernement de Jacques Ier. — Rapports de Bacon et de Buckingham. — Il est nommé pair et chancelier. — Procès de Raleigh ; procès de Yelverton. — Publication du *Novum Organum*. — Nouveau titre et grandeur de Bacon. . . 85

Chap. VI. Ouverture du Parlement. — Première dénonciation contre Bacon. — Il est mis en accusation. — Son procès et sa condamnation. 102

Chap. VII. — Bacon après sa chute. — Ses efforts pour rétablir sa fortune. — Ses consolations, ses amis et ses travaux. — Écrits divers. — Révision et édition définitive de l'*Instauratio Magna*. — Avénement de Charles Ier. — Démarches et occupations de Bacon. — Sa dernière expérience, sa maladie et sa mort. — Réflexions sur son caractère et sur ses opinions. . . 122

LIVRE II.

ANALYSE DES OUVRAGES ET DE LA PHILOSOPHIE DE BACON.

Chap. I. — Des ouvrages de Bacon en général. . . . 157

Chap. II. — Introduction à la philosophie de Bacon. — (Analyse de la première partie du *De Augmentis*.) . 169

Chap. III. Description encyclopédique de l'esprit humain d'après Bacon. (Analyse de la seconde partie du *De Augmentis*). 185

Chap. IV. — Exposition de la méthode philosophique de Bacon. (Analyse du *Novum Organum*.). 229

LIVRE III.

EXAMEN DE LA PHILOSOPHIE DE BACON.

Chap. I. — Objet, limites et caractère de la philosophie de Bacon. 257

Chap. II. De l'ordre encyclopédique suivant Bacon. . 285

Chap. III. De l'induction. 306

Chap. IV. De la méthode inductive. 354

LIVRE IV.

HISTOIRE DE LA PHILOSOPHIE ET DE L'INFLUENCE DE BACON.

Chap. I. Des prédécesseurs et des contemporains de Bacon. 375
Chap. II. De l'influence de Bacon en Angleterre et sur le continent. 400
Chap. III. De l'influence de Bacon pendant le dix-huitième siècle. 419
Chap. IV. Dernières transformations du baconisme. — Conclusion. 438

FIN DE LA TABLE.

Paris. — Imprimerie de P.-A. Bourdier et Cie, rue Mazarine, 30.

www.ingramcontent.com/pod-product-compliance
Lightning Source LLC
Chambersburg PA
CBHW050250230426
43664CB00012B/1899